개정증보판

지구화와 자본주의 국가

"이 저서는 2009년 한국학술진흥재단의 지원을 받아 수행된 연구임"
(KRF-2009 413-B00031)

개정증보판

지구화와 자본주의 국가

송백석 지음

ksi 한국학술정보㈜

| 개정증보판에 부쳐

이 책은 2008년도에 문화체육관광부가 선정한 사회과학분야 우수 도서로 선정되었다. 이후 국가론의 이론서로 관심을 받아 학술 등재 지인 『경제와 사회』에 서평이 실리는 등 저자로서는 매우 보람 있는 일이 많이 생겼다. 그러나 저자는 항상 이 책의 구성이 미흡하다는 생각에 부끄러움을 느꼈다. 그래서 지구화에 관한 부분을 보강해야 겠다고 마음먹고 2008년도 내내 지구화에 관한 연구를 계속하여 2009년 『한국사회학』 제43집 1호에 「신자유주의 지구화담론 비판」 이란 논문을 발표하였다. 이 글을 이 책의 제7장으로 보강하니 약간 이나마 얼굴을 들 수 있다는 기분이 든다.

개정증보판을 내는 차에 두 개의 논문을 더 싣는다. 제6장 「정치현 실주의 시각에서 본 '노무현식 정치'」는 2010년 『민주주의와 인권』 10권 1호에 게재한 논문이다. 제12장 「동북아체제구조 측면에서 본 한국의 '동북아중재자' 역할」은 2006년 『한국과 국제정치』 통권 53 호에 게재한 글이다. 일견 한국정치와 동북아 체제를 다룬 글이 『지 구화와 자본주의 국가』라는 제목의 저서에 부합하는가의 의문을 가질 수도 있을 것이다. 그러나 두 글은 정치시스템과 체제구조의 분석을 수행하고 있기 때문에 한국정치, 세계정치, 지구화를 구조적 맥락에서 연구하는 이 저서의 큰 틀에 부합된다는 것이 저자의 생각이다. 이 개정증보판이 독자들로 하여금 정치시스템과 경제시스템, 구조와 전

략의 문제들을 좀 더 천착하는 계기를 제공할 수 있다면 저자로서는
더 이상 바랄 나위가 없다.

2010년 8월
송백석

‘식민지 없는 제국주의는 어떻게 일어나는가’라는 질문이 30여 년 전 활짝 꽃피우고 사라졌던 자본주의 국가론을 다시 부활시키고 있다. 이전에 자본주의 국가론이 국가의 계급성, 상대적 자율성, 국가형태와 기능의 문제들을 다루었다면 현재 기지개를 켜고 있는 자본주의 국가론은 그간 진행되어 온 지구화를 반영하듯 국제적 수준에서 국민국가의 운명이라든가 신제국주의와 관련하여 관심을 끌기 시작했다. 자본주의 국가론은 1970년대에 커다란 영화를 누리기도 했지만 이내 사람들의 관심은 학계의 새로운 조류에 쏠리기 시작했다. 시민운동과 페미니즘이 새로운 주제로 각광받기 시작하고, 민주주의가 새롭게 조명받기 시작하였으며, 포스트모더니즘, 신제도주의, 합리적 선택 이론들이 폭넓게 지지를 확보해가기 시작했다. 게다가 자본주의 국가론과는 차별적인 국가중심적 국가론이 전개한 ‘국가 제자리 찾아주기’운동이 성공하면서 맑스주의 자본주의 국가론의 위상은 급격히 하락하였다. 설상가상으로 1990년대에는 이른바 시장의 힘으로 표현되는 신자유주의 쓰나미(neoliberal tsunami)가 몰아닥치면서 자본주의 국가론은 물론 국가중심적 국가론도 학술시장으로부터 완전히 휩쓸려 사라지는 것처럼 보였다. 그러나 역설적이게도 자본주의 국가론을 다시금 소생시키는 데 가장 큰 공헌을 한 것은 그것을 매장시킨 신자유주의 쓰나미이다. 왜냐하면 그것이 거세지면 거세질수록 ‘국가는 소멸하는가’, 그것의 무자비성이 강화되면 될수록 '새로운 제국주의가 도래하고 있는가' 따위의 질문들이 제기되었고 이러한 질문에 화답하는 도구로서 자본주의 국가론이 그 효용성을 보여주고 있기 때문이다. 특히 부시행정부가 주도한 아프가니스탄전쟁과 이라크전쟁과 관련하여 활발히 전개되고 있는 제국주의 논쟁은 그것의 필요성을 더욱더 높여주고 있다.

나는 이 같은 새로운 변화가 하나의 흐름으로 발전될지 아니면 금세 꺼져버리고 말 촛불이 될지 알 수는 없지만 그 누구보다도 이 변화를 반갑게 주시하고 있다. 그 이유는 물론 자본주의의 문제점을 읽어내고 비판하는 자본주의 국가론의 가치가 다시금 인정받는 데서 오는 즐거움 때문이기도 하지만, 너도 나도 시류변화에 민감하게 적응하면서 시장성을 쫓아가며 공부하는 우리 학계의 풍토를 잠시나마 다시 한번 생각해 보는 계기를 가져보았으면 하는 마음 때문이기도 하다. '변해야 산다', '경쟁하라 아니면 죽으라'의 구호가 한국자본주의의 현 국면에서 생존수칙이 되어버렸다. '대학도 기업이다'라는 명제가 당연히 받아들여지는 것이 우리 학계의 풍토이다. 지금 저 멀리서나마 일어나고 있는 새로운 변화가 하나의 의미 있는 흐름으로 발전되어 불평등의 지구화를 치유하는 것에 도움이 되기 바라며 그리고 나와 같이 수요를 무시하고 지나간 유행을 쫓는 것으로 보이는 미련함도 그 나름대로 가치 있는 것으로 받아들여질 수 있게 된다면 좋겠다.

이 책에 수록된 많은 논문은 니코스 풀란차스(Nicos Poulantzas)

의 이론 틀 안에서 쓰였다. 책의 전반부는 그의 이론 틀을 가지고 한국자본주의와 국가를 분석한 것이고 후반부에서는 풀란차스의 인식의 궤적을 추적하면서 그가 이미 30여 년 전에, 우리가 지금 논하는 제국주의/제국의 문제를 통찰하고 있었음을 분석하였다. 나는 40대 초반에 요절한 니코스 풀란차스를 본 적도 없다. 그러나 그는 나의 스승이다. 나는 풀란차스로부터 자본주의를 어떻게 사색해야 하는가를 배웠다. 만약 그가 요절하지 않고 생존해 있다면 현재 장황하게 중구난방으로 논의되고 있는 지구화, 제국주의, 초국민국가 등의 문제를 관류하는 높은 수준의 이론이 정립되어 있을 것임을 믿어 의심치 않는다. '제국'의 개념을 제시한 하트와 네그리가 인터넷 시대의 맑스와 엥겔스라 칭송받기까지 하지만 그 제국이란 것도 이미 30여 년 전에 풀란차스가 '제국주의의 현 국면'이라는 개념으로 우리에게 설명하고 있었다는 것이 나의 판단이다. 나는 이 책에서 이른바 '네오풀란차스안 접근(Neo – Poulantzasian approach)'을 주창하고 있다. 과거 연구의 주된 대상은 국민국가 사회구성체였지만 이제 지구화가 가져온 생산관계의 국제화는 필연적으로 우리의 관심을 초국민국가적 사회구성체의 연구로 돌리고 있다. 네오풀란차스안 접근이란 풀란차스의 국가론을 지구화가 가져온 변화에 입각하여 국제적 수준에 적용시키는 것이다.

풀란차스와 함께 봅 제숍(Bob Jessop) 역시 나의 사고에 가장 큰 영향을 미친 국가론 학자이다. 유학시절 기본기가 없는 상태에서 무수한 질문공세를 펼친 나에게 힘들어하는 답장을 보내기도 했던 제솝은 나에게 자본주의를 읽는 유연한 시각을 제공해 주었다. 풀란차스로부터 자본주의의 구조를 배웠다면 제솝으로부터는 자본주의의 가능성을 배웠다. 나는 이들이 충돌하는 지점에서 선택의 어려움을 느낀다. 그 어려움은 이 책의 2장과 4장에 잘 나타나고 있다. 선택의 어려움에도 불구하고 나는 내 자신이 한쪽에 더 경도되어 있다는 것을 알고 있다. 제솝 스스로도 자신에게 막대한 영향을 끼친 3인인 안토니오 그람시, 니클라스 루만, 니코스 풀란차스 중 풀란차스를 첫 번째로 꼽고 있는데, 나는 제솝보다 풀란차스에게 한 걸음 더 다가서 있다. 내 생각에 풀란차스는 천재이고 제솝은 수재이다.

　이 책은 새로 작성한 몇 개의 글과 그동안 이곳저곳에 게재한 논문들을 엮어 재구성하여 펴낸 것이다. 전반부는 자본주의 국가론을 분석틀로 하여 국가와 시장의 문제를 다시 한번 고찰하였고 한국의 김대중정권과 노무현정권을 자본주의 국가로서 분석하였다. 1장 「국가와 시장, 제로섬 관계인가」는 『진보평론』 2004년 겨울호에 게재된 것이다. 2장 「삼성공화국 현상과 자본주의 국가의 한계」는 『한국정치학회보』 2007년 4월호에 실렸다. 3장 「국가형태와 국가정책: 김대중정부의 재벌정책 분석을 중심으로」는 『한국사회학』 2005년 7월호에 게재되었다. 4장 「김대중정부의 정책성격분석 비판: 복지국가성격논쟁을 중심으로」는『경제와 사회』2006년 9월호에 실렸다. 5장 「김대중정부의 헤게모니프로젝트에 대한 비판적 고찰: 재벌정책과 제2건국운동을 중심으로」는『사회과학연구』2005년 여름호에 게재된 논문이다. 책의 후반부는 지구화를 반영하면서 분석의 수준을 국제적으로 넓힌 글들을 모았다. 8장 「니코스 풀란차스와 미국제국주의」는『마르크스주의 연구』2004년 겨울호에 수록되어 있다. 이 글은 2장 삼성공화국현상의 분석에 쓰인 분석틀이 국제적 수준에서 제국주의를 분석하는 데 어떻게 적용될 수 있는가를 보여주고 있는 바, 저자로서는 독자들이 특히 관심을 가지고 읽어주기를 바라는 욕심이 담겨져 있다. 이외에 후반부에서는 유럽연합을 자본주의 국가론의 관점에서 살펴보았고 현재 외국 좌파학계에서 논쟁거리인 신제국주의와 국가의 문제를 소개하고 있다. 또한 데이비드 헬드(David Held)의 '지구적 사민주의' 전략을 비판적으로 검토하고 있다.

2008년 2월
송백석

지구화 시대 맑스주의 국가론의 새로운 영역을 개척하기를 기대하며:

　내가 시간 나면 정독해서 공부하려고 보관하는 자료집이 한 권 있다. 90년대 말에 안식년 끝 무렵에 영국의 랭커스터 대학교에 가 있었을 때 복사한 것이다. 당시 그 대학에 재직하는 제솝 교수(Bob Jessop)가 어느 날 뉴욕에서 열리는 심포지엄에 갔다 오면서 가져온 것이었다. 그 모임은 '풀란차스 – 밀리반드' 국가론 논쟁 30주년을 기념해 맑스주의 국가론자들이 '지구화와 맑스주의 국가론'에 대해서 다양한 논문을 발표하고 연구하는 자리였다. 이것을 중요 자료로 해서 이 주제를 천착해야지 하고 있었는데 차일피일 미루어졌다. 송백석 선생의 초고본을 받아들고, '아 이 주제는 내가 천착해야지 했었는데…… 이제 송 선생 책을 공부하는 것으로 대체해야겠네' 하고 생각하게 되었다. 아무래도 내가 공부해서 논문을 내기보다, 송 선생의 글을 공부해야 하는 것으로 과제가 바뀌지 않았나 싶다.

　사실 지구화라는 '전 지구적 변환'은 사회과학의 패러다임과 연구 주제를 거의 바꾸고 있다. 주지하다시피 근대사회과학은 근대화, 그 질서의 일부로서의 근대국민국가, 근대국민경제, 근대시민사회를 지점으로 대결하면서 출현하였다. 그런데 이제 지구화라는 변화는 사회과학 연구대상의 지평과 구성 자체를 변화시키고 있는 셈이다. 그래서 모든 기존의 사회과학적 연구주제에 '지구화'라는 변수를 도입해서 새로운 시각에서 연구를 해야 하는 상황이 되었다. 그런 점에서 지구화라는 것은 근대사회과학에 패러다임적 도전으로 다가오고 있다. 비록 지구화의 역사적 기원 – 통역사적 현상, 근대적 현상, 혹은 탈근대적 현상 등 – 을 어떻게 보든지 간에, 지구화라는 도전 속에서 근대사회과학이 패러다임적 수준에서 새로운 '응전'을 해야 하는 상황에 놓여 있다고 생각된다. 이러한 응전의 과제는 맑스주의 연구, 그 중요한 일부로서의 국가론 연구에도 주어진다.

사실 경제환원주의적 시각이 강한 맑스주의의 영역에서 국가론의 영역은 상대적으로 지체된 영역이었다. 혹은 더 넓은 의미에서의 맑스주의적 정치론의 영역도 상대적으로 지체된 영역이었다고 할 수 있다. 그러나 70년대 맑스주의적 국가론에서 경제주의적 환원론과 구별되는 독립적인 국가연구가 진전되었고 이는 자유주의 사회과학에서도 '국가 제자리 찾기(bringing the state back in)'의 흐름을 촉진하기도 했다. 그러나 80년대 이후에는 '포스트 – 구조주의적' 흐름들에 의해서 이러한 국가론은 새로운 도전을 받고 있었다. 이제 다시금, 지구화라고 하는 새로운 맥락에서, 혹은 새로운 도전하에서 어떻게 맑스주의적 국가론을 확장할 것인지는 대단한 중요과제라고 할 수 있다.

일반적으로, 국가론의 영역에서는 국가와 국가의 관계, 국가와 경제(계급)의 관계(상부구조로서의 국가와 하부구조로서의 경제의 관계), 국가 자체의 내적 동학 등이 중요한 연구영역이다. 여기서 국가와 국가의 관계에 대한 논의는 제국주의론의 형태로 표현되었고(경제주의적 시각 위에 서 있지만), 국가와 경제의 관계는 '국가의 계급성 테제'로 표현되었다. 그리고 국가 자체의 내적 동학에 대해서는 크게 주목되지 못하였고 이는 스카치폴(T. Skocpol) 등의 자유주의 국가론으로 넘겨졌다. 이제 맑스주의 국가론은 지구화라고 하는 새로운 맥락에서 이러한 국가론 영역에서 지적 혁신과 창조적 천착을 해야 하는 과제를 안고 있다고 하겠다.

지구화의 시대는 더욱 복잡한 상상력을 맑스주의 국가론자에게 요구하고 있다고 하겠다. 지구화 시대의 국가와 국가의 관계는 기존의 제국주의적 통찰의 재해석을 요구하고 있고, 국가와 경제의 관계 역시 지구화 시대의 국가의 계급성을 어떻게 해석할 것인가 하는 문제를 제기하고 있다. 국가의 내적 동학과 관련해서는 자유주의적 연구의 영역으로 다시 넘길 것인지, 맑스주의적 국가론 속에서 전유할 것인지 하는 긴장이 존재하고 있다. 지구화 시대의 새로운 초국민국가적 현상(예컨대 EU 등)에 대해서는 기존의 일국적인 맑스주의적 국가론의 패러다임을 넘는 새로운 해석을 요구하고 있다.

송 선생의 글에서는 이런 문제들에 대한 고민과 천착이 담겨 있다고 생각된다. 1부는 한국의 국가현상을 대상으로 하여 국가와 경제의 관계에 대한 천착이 이루어지고 있으며, 2부에서는 지구화 시대의 새로운 국가현상에 대한 고민이 이루어지고 있다. 그람시 – 풀란차스 – 제솝으로 이어지는 '관계론적 국가론'의 흐름에 서 있는 필자는 특히 풀란차스(N. Poulantzas)를 '지구화 시대 새로운 국가론의 이론적 출발점'으로 삼고 있다. 이런 취지에서, 2부에서는 맑스주의적 국가론의 영역에서 풀란차스의 미국 패권에 대한 사고, 유럽연합을 둘러싼 맑스주의 국가론적 쟁점, 이른바 '신제국주의론' 논쟁 등을 심도 있게 다루고 있다.

지난 20년간의 '민주주의적 진보'의 시대에서 이제 '신성장주의'적 신보수정권 시대에 진입하게 되었다. 어떤 의미에서 '군부독재'의 시대를 지나 '민주주의적 개혁'을 거친 후 새로운 '자본독재'의 시대에 직면해가고 있다. 이러한 변화는 정확히 지구화라고 하는 초국민국가적 수준의 변화에 영향받고 그것에 조응하는 정권이 출현한 셈이다. 그렇기 때문에도, 한국의 진보적 연구진영, 그 일부로서의 좌파적·맑스주의적 연구진영은 지구화 시대의 새로운 맑스주의적 국가론의 진전을 요구받고 있다고 하겠다. 나는 송 선생의 정확한 천착 지점이 바로 여기라고 생각하고 많은 기대를 하며 그 연구성과를 배울 자세로 있다.

특히 송 선생에게 기대를 크게 거는 것은, 학문적인 측면에서 한국의 진보와 맑스주의 연구가 '심도(深度) 있는 분석(分析)'을 수행해야 하는 과제를 안고 있기 때문이다. 80년대 이 땅에 맑스주의가 '유행'했던 시대 이후 20년이 지난 지금, 우리의 진보·좌파·맑스주의적 연구가 '경제 환원주의', '계급 환원주의', '실천 환원주의'를 넘어서 얼마나 '심도 있는 분석'을 축적해 왔는가 하는 점과 관련하여 많은 부끄러움을 가지고 있다. 경제, 계급, 실천의 중요성을 견지하면서도 환원론에 빠지지 않고 풍부한 현실분석을 축적해 왔는가 하는 점 말이다. 새로운 학자군이 이러한 미완의 과제에 더 많이 도전해야 한다고 생각하고 송 선생이 이러한 도전의 물꼬를 터주기를 바라고 싶다. 송 선생이 국가론의 영역에서 기존에 정치학·사회학의 영역에서 이루어진 도달한 심도를 뛰어넘는 쾌거를 이루어주기를 바란다. 따라서 많이 배울 자세를 가지면서 말이다.

2008년 2월
조희연(성공회대 '민주주의와 사회운동연구소' 소장)

CONTENTS

PART 01

한국자본주의와 국가

제 1 장
국가와 시장, 제로섬(zero-sum) 관계인가?

제1절 들어가며

북대서양 주변부를 선회하던 신자유주의의 조류가 외환위기라는 제방의 붕괴를 틈타 한국의 해변에 급속히 밀쳐 들어온 이후 '국가와 시장'의 문제는 한국사회에서 학술적 범주를 넘어 정치세력들 간의 치열한 논쟁거리로 자리 잡은 지 오래이다. 일부는 신자유주의가 오늘날 세계자본주의를 이끄는 주도적 이데올로기임을 강조하면서 경제난국을 돌파하기 위해서는 정부가 시장에 대한 개입을 자제하고 한국경제를 시장의 원칙에 맡길 것을 주장하고 있다. 이에 반해 또 다른 일부는 신자유주의란 무자비한 자본의 공세일 뿐이며 90년대 말 국가의 외환위기를 불러일으켰던 한국독점자본의 무절제한 투자 행태를 제어하기 위해서라도 국가는 '보이는 손'의 역할을 적절히 해야 함을 강조하고 있다. 그런데 주목할 것은 양대 세력이 논쟁하는 가운데서도 양자 사이에 일치하는 전제가 있어 보인다는 점이다. 그것은 이미 한국사회에서 신자유주의적 의식이 지배하고 있어서일까? 보수든 진보든 '신자유주의시대에 국가의 개입은 바람직하지 않다' 또는 적어도 '자연스럽지 않다'라는 전제를 받아들이는 것 같다.

이 글에서 나는 신자유주의시대와 국가개입은 서로 상충한다는 오늘날 한국사회뿐만 아니라 서구 자본주의 사회에서도 만연된 신자유주의적 의식을 다시 한번 고찰해 보고자 한다. 신자유주의시대에 국가개입은 잘못된 것인가? 그것은 왜, 무슨 근거에서 부자연스러운 것인가? 신자유주의시대에 국가와 시장 사이에는 제로섬(zero - sum) 관계가 존재하는가? 신자유주의시대에 '시장경제'의 구호가 정치이데올로기로까지 기능을 한다면 그것의 근거는 어디에 있는가? 신자유주의시대에 국가개입을 주장하면 자유민주주의 질서와 시장원리를 부정하는 것과 직결되는가? 이 글은 이 같은 질의에 대한 저자 나름대로의 해답이다.

제2절 신자유주의적 사고 경향

정치경제 연구의 해묵은 분야라 할 수 있는 '국가와 시장의 관계'를 다시 한번 생각해 보아야 할 필요는 요사이 시장에 대한 국가개입 그 자체를 문제 삼는 풍조 때문이다. 이 풍조는 신자유주의의 의식에 우리가 젖어 있기 때문인데 여기서 벗어나기 위해서는 먼저 신자유주의적 사고 경향을 하나 지적해야 할 것 같다. 그것은 바로 국가와 시장의 관계에 관한 양분법적 사고 경향이다. 모두들 국가와 시장을 양분법적으로 구분하여 국가를 시장에 대응하는 개념으로 파악하는 경향이 신자유주의 시대에는 팽창하는 시장의 힘이 국가의 역할을 대체하고 있다는 주장을 가능하게 만들고 있다. 국가와 시장은 제로섬 관계가 되고 만다. 결국 이것은 신자유주의시대에 국가개입은 없어야 한다는 주장으로 비약 발전되기도 하고 그 정도까지는 아니라도 최소한 국가개입이라는 것은 신자유주의시대와는 어울리지 않는 매우 부자연스러운 것이라는 의식을 확산시킨다.

이러한 양분법적 사고 경향은 매우 폭넓게 확산되어 있어 정치경제분야의 내로라하는 학자들도 그것으로부터 완전히 자유롭지 못한 것 같다. 먼저 국가론 학자인 제솝의 경우다. 제솝은 대처리즘에 관한 연구에서 "[대처정부에 의한] 이러한 프로그램들은 **신자유주의적인 가면으로나마** 포스트포디즘으로 이행하는 고정에서 국가의 중요성을 잘 나타내주고 있다(인용자 강조)(Jessop, 1988: 33)." 다시 "국가의 경계는 점증하는 민영화, (재)상품화, 탈규제(그리고 재규제), 그리고 자유화의 조치들을 통하여 다시 그려졌다"라고 말한 후 "이러한 것들은 국가개입을 제거한 것이 아니고 포스트포디즘으로의 이행과정에서 그것의 형태를 변화시킨 것이다 …… 더욱이 [국가의] 불간섭(disengagement)이라는 정치적 수사에도 불구하고 과거의 많은 국가개입형태들이 다시 도입되었다"라고 대처리즘을 평가하고 있다(Jessop, 1989: 38). 제솝은 신자유주의 대처 정권이 행한 국가개입을 아주 정확히 지적하고 있다. 그러나 그는 국가와 시장의 관계를 양분법적 사고에 기초하여 보면서 시장의 흄이 지배적인 신자유주의시대에 대처 정부의 국가개입은 자연스럽지 못한 것이었다고 의식하고 있는 것이 엿보인다.

이 양분법은 국제정치경제를 이해하는 데에서도 주요한 기준이 되고 있다. 콕스는 그의 저서 『생산, 권력, 그리고 세계질서』에서 두 가지 타입의 사회 체제로서 국가 자본주의(state capitalism)와 초자유주의(hyperliberalism)를 대조시키고 있는데(Cox, 1987), 여기서 대조의 기준은 국가와 경제를 보는 양분법적 사고인 것으로 보인다. 『세계질서로의 접근』에서도 자본주의 세계에서 서로 경쟁하는 두 개의 체제를 밝히면서 역시 양분적 사고에 기초하여 "유럽의 두 경쟁하는 자본주의 형태인 초자유주의시장과 사회시장의 대결이(hyperliberal versus social market) 전체 지구경제의 사회·경제적 권력의 균형을 결정하는 데에 결정적으로 작용할지도 모른다"라고 말하고 있다 (Cox, 1996: 34).

이 양분적 사고 경향은 지구화 논의에서 더욱더 뚜렷하게 나타나고 있다. 지구화 시대는 '제동할 수 없는 시장의 파워'로 특징되기 때문에 그만큼 국가의 중심성이 쇠퇴하고 있다는 것이다. 스트레인지는 "국가의 권위는 위로, 옆으로, 그리고 밑으로 새어나가 버렸다. 어떤 경우에는 어디로 갔는지조차 모르겠다. 그저 증발해 버렸다. 사회와 경제의 무정부의 영역이 **점차 확장됨에 따라** 다른 종류의 모든 권위의 영역은 **줄어들고 말았다**"라고 주장한다(인용자 강조)(Strange, 1995: 56). 그녀는 여기서 국가와 시장의 관계를 양분법적으로 보기 때문에 국가와 시장의 제로섬관계를 전제하고 있다. 따라서 지구화라는 오늘날의 자본주의 국면에서 국가의 권위는 증발해 버리고 있음을 강조하고 있는 것이다.

우리의 연구가 이 같은 양분법적 사고에 기초하는 한 다음과 같은 질문에 해답을 제시할 수 없을 것이다. 첫째, 국가의 역할은 미래의 자본주의 사회에서 사라질 것인가? 다시 말해 국가와 시장 사이에는 제로섬관계가 존재하기 때문에 향후 거세지는 지구화의 강풍 속에서 국가의 역할은 제동할 수 없는 시장의 힘에 대치되고 말 것인가? 둘째, 만약 국가의 쇠퇴가 의견의 일치라면 현재 신자유주의시대에서 자본을 위하여 기능하는 국가의 역할은 어떻게 해석해야 하는가? 자본을 위하는 국가의 서비스는 국가의 역할이 아닌가? 셋째, 한국과 영국의 두 신자유주의 정권, 김대중정권과 대처정권이 각각 '시장경제의 창달'과 '불간섭(disengagement)'의 정치적 수사를 표방했었음에도 불구, 결과적으로 국가개입의 모습을 보이고 말았는데 이것은 시장경제의 원리를 훼손한 것이었는가?

제3절 정경분리와 국가개입의 문제

양분법적 사고의 배경을 살펴보고 그 배경을 재검해 보아야 한다. 이를 위해서는 자본주의 국가의 일반형태인 '자본주의 생산관계의 정치와 경제의 분리'에 대한 그동안의 연구를 잠시 되새겨 볼 필요가 있다. 정경분리 문제는 7장 신자유주의 담론과 10장 신제국주의 논쟁에서 다시 나오듯이 이 책을 끝까지 관통하는 정치경제의 핵심적 개념이기 때문에 독자들은 반드시 이 개념을 이해해 두고 넘어가야 하겠다.

정치와 경제영역의 분리는 자본주의 생산관계의 특수성에 기인하고 있다. 생산의 역사가 자본주의 단계에 도달하자 새로운 형태의 생산관계가 대두되었다. 봉건주의 생산관계에 존재하던 정치와 경제의 융합이 자본주의 하에서는 분리의 모습으로 나타나기 시작한 것이다. 봉건주의 시대에 영주들은 생산수단을 소유하였고 직접생산자들인 농노들은 생산수단을 소유(own)는 못하지만 점유(possess)는 할 수 있었다. 피지배자들의 생산수단 점유가 가능하다는 것은 지배자들은 정치력 강제력을 행사해야만 착취를 할 수 있다는 것을 의미한다. 그렇지 않으면 피지배자들은 점유한 생산수단을 통해 그들만의 몫만을 생산하고 말 것이기 때문이다. 이러한 이유로 봉건주의 생산관계에는 지배자인 영주의 정치적 강제가 구성적으로 존재한다.

그러나 자본주의에 접어들자 자본가들이 지배계급으로 부상하고 생산수단을 소유하는 주체가 되었다. 반면 직접생산자들인 노동자들은 생산수단에 대한 점유마저 상실하게 된다. 맑스는 이 점에 대하여 "노동자들과 그들이 노동을 실현함에 필요한 조건들 사이에는 완전한 분리"가 생겨나게 되었다고 표현한다(Marx, 1986: 874). 이 같은 생산수단의 완벽한 박탈은 노동자들을 "가진 것이라고는 그들의 가죽밖에는 아무것도 없는" 피지배자의 신세로 전락시켰다(Marx, 1986: 873). 이로써 노동자들은 "벌거벗은 존재상태(bare existence)"나마 연장시키기 위해서는(Marx, 1978: 485), 즉, 한국적인 표현으로 '먹고살기 위해서는' 정치적 강제력이 없어도 지배계급 자본가들과 "자발적인 계약"에 임하여 그들의 노동력을 기꺼이 팔지 않을 수 없게 된 것이다(Marx, 1986: 382). 이리하여 봉건주의 생산관계에 구성적으로 존재하던 정치적 강제가 없어도 자본주의하에서는 자본가와 노동자사이의 순수한 경제관계 속에서 생산이 일어날 수 있게 되었다.

이것이 바로 자본주의 생산관계의 특징인 정치와 경제의 분리현상인데 이 현상을 사회체제 전체적인 맥락에서 볼 때 우리는 자본주의 시스템에서는 정치적인 것과 경제적인 것의 영역이 각각 구분된, 특화된 영역으로 나타나게 되었다고 말할 수 있다. 경제적인 영역으로부터 분리된 정치의 영역이 바로 자본주의 국가의 가장 일반적인 형태, 즉 자본주의 국가유형이다. 이제 자본주의 국가를 자본가와 노동자들이 계급투쟁 하면서 경제활동에 임하는 시장의 영역과는 기본적으로 분리된 공간으로 볼 수 있게 되었다. 이 분리가 우리가 흔히 말하는 민간경제, 시장경제, 시장원칙 등의 개념이 기원하는 곳이다. 동시에 이 분리가 바로 신자유주의 시대와 관련한 국가의 연구를 혼동시키는 양분법적 사고경향을 확산시키는 주범이다.

이 정경분리를 제대로 해석하기 위한 다양한 노력이 이루어져 왔다. 정통맑스주의 이론가들은 이 분리의 존재를 너무 과소평가하고 있다. 그들은 국가라는 상부구조를 경제라는 토대의 부속물 정도로 여기고 경제환원주의의 오류를 범하고 있다는 비판을 받는다. 독일 국가도출론자들도 나름대로 새로운 해석을 시도했지만 결국 또 다른 모습의 경제환원주의의 실수를 범한다는 지적이다. 그런데 요사이 신자유주의시대에는 이 정치경제의 분리를 과대평가하고 있다. 정통맑스주의 이론가들이 상부구조를 토대의 부속물 정도로 보았다면 신자유주의자들은 반대로 상부구조와 토대는 완전히 절연된 공간으로 보아야 한다는 극단에 위치하고 있다. 이것이 위에서 말한 양분법적 사고다.

제4절 풀란차스와 정경분리

나는 정치와 경제의 분리에 관한 풀란차스의 통찰을 빌려오는 노력을 통하여 국가와 시장의 문제를 새로이 접근할 수 있다고 생각한다. 풀란차스는 앞서 언급한 정경분리에 관하여 말하면서 **"그 분리**

란 생산관계의 구성과 재생산에 있는 정치의 자본주의적인 존재 형태에 다름 아니다"라고 주장하고 있다(원문 강조)(Poulantzas, 1978: 19). 다시 말해, 자본주의 생산관계에 정경분리가 있기는 하나 그것은 단순한 분리가 아니며 그 분리라는 것은 결국 자본주의에서 특수한 형태로 나타나는 정치와 경제의 융합의 모습이라는 말이다. 그분리는 자본주의 생산양식에서 정치와 경제가 공존하는 자본주의 특유의 모습이라는 것이다. 인간의 뇌에서 개별적으로 기능하는 정신활동이 적절한 비유가 될 수 있을지 모르겠다. 우리는 그 정신활동이 개별적으로 이루어진다고 해도 정신활동이 일어나는 영역인 뇌와 다른 부분들 사이에 분리성이 존재한다고 말할 수 없을 것이다. 비록 풀란차스가 그의 등록상표인 '국가의 상대적 자율성'을 이 정경분리현상에 기초하고 있으나 그는 이 분리가 자본주의 생산양식 안에서 영역을 나누는 담장의 기능으로 이해되는 것을 아주 우려한 학자이다. 그는 생산양식의 전체 통합성을 강조하면서 "자본주의 이전의 생산양식들에서든 자본주의의 생산양식에서든 이 공간(경제)은 자체적인 재생산의 능력을 가지거나 내부적 기능의 자체 법칙을 가지고 외부와는 밀폐된 층위를 형성하지 못했다. 국가라는 정치의 영역은 생산관계의 구성과 재생산에 변하는 형태로서 언제나 존재하였던 것이다"라고 말하고 있다(Poulantzas, 1978: 17).

그에 따르면 우리가 이 정치적인 것과 경제적인 것의 분리를 잘못 이해할 경우 사회의 총체가 원래 자율적인 영역과 층위들의 집합형태의 모습으로 인식될 위험이 있고 이것은 우리들로 하여금 경제의 영역이라는 것이 자체적으로 재생산이 가능하다는 잘못된 믿음을 가지도록 할 수 있다. 자본의 재생산이란 단지 전체 사회자본의 순환만이 아니라 그 재생산이 일어날 수 있도록 해주는 정치적 그리고 이데올로기적 조건들의 재생산과도 밀접히 관련한다(Poulantzas, 1975: 97). 바로 이러한 맥락에서 우리는 아시아 자본주의의 독특한 면도 이해할 수 있을 것이다. 소위 말하는 정실 자본주의(crony capitalism)도 자본주의 생산양식 내의 개별적인 영역들의 교차와 혼합의 결과물로서 이해될 수 있다. 아시아국가의 자본주의 생산양식을 구성하는 비경제적 영역에 존재하는 요소들은, 이를 테면 부정부패는 경제영역의 다른 요소들과 결합하여 사회의 총체, 즉 정실자본주의를 만들어 내고 있다. 만약 우리가 자본주의 생산양식을 구성하는 영역들이 원래 서로 간에 자율적으로 작용한다고 생각하면 서방의 자본주의와 아시아의 정실자본주의를 구분하기 어렵게 된다. 따라서 위에 언급했던 분리라는 것이 국가와 경지가 서로 외부적으로 존재한다는 주장을 뒷받침하는 것으로 해석되는 것을 경계해야 한다. 그 분리라는 것은 기껏해야 자본주의 생산관계에 존재하는 정치의 또 다른 형태에 불과한 것이다. 국가는 자본주의 생산관계의 재생산에 구성적으로 작용한다고 말할 수 있다. 따라서 역설적이게도 자본주의에서 정경분리의 모습으로 존재하는 정치의 영역이 봉건사회에서 정경융합으로 존재하는 정치의 영역만큼이나 생산관계에 뚜렷이 존재하고 있다고 말할 수 있다. 자본주의체제에서 국가의 개입은 원래적이고 본질적이다.

확고부동한 국가의 존재성은 자본주의 초기 단계인 경쟁적 자본주의 시기(competitive capitalism)에 존재했다는 자유방임국가(the liberal state)에 관한 잘못된 이해를 바로잡음으로써 더욱 분명해진다. 흔히들 자유방임국가의 역할은 '생산의 일반적인 외적 조건들'을 유지하고 재생산하는 것에 한정되었다고 이해되고 있다. 이 같은 주장에 의하면 자유방임국가는 국가개입을 하지 않았으며 소위 '보이지 않는 손'이 자본주의 생산양식을 재생산하는 중추적 역할을 한 것이다. 예를 들면 하버마스도 경쟁적 자본주의 시대에는 시스템의 재생산은 시장이 한 것으로 생각하고 있다. 이에 근거 그는 "독점자본주의 시대가 도래하자 국가가 시장을 대체하면서 자본주의체제를 재생산하는 주도적인 메커니즘으로 자리 잡았다"라고 말한다. 계속하여 "(독점자본주의 시대에) 국가기제는 경쟁적 자본주의하에서 그랬던 것처럼 단순히 생산의 일반조건들을 유지시키는 것이 아니라 이제는 그것에 적극적으로 개입한다"라고 주장하고 있다(Habermas, 1988: 36). 그러나 국가개입은 원래적이고 본질적이라는 믿음에 근거하면, 경쟁적 자본주의시대에 자유방임국가의 역할이 보이지 않았던 것은 시장이 자체적으로 주도적인 역할을 하였기 때문이 아니라 자본주의 초기에 자본주의 발달의 수준이 국가로부터 강력한 개입을 요구하지 않았기 때문이라는 해석이 타당하다. 이 점에 관하여 풀란차스는 이미 여러 차례 언급을 하였는데(Poulantzas, 1979: 99~100; 2000: 217), 다음의 구절에서 우리는 그의 이론적 배경을 찾아낼 수 있다. 풀란차스는 말하기를:

> 생산관계, 노동분업, 노동력 재생산, 그리고 잉여 가치의 착취 등에서 일어나는 변화로 인하여 이전의 많은 '주변적' 분야들이(노동력 훈련, 도시 계획, 수송, 의료, 환경 등) 확대되고 수정된 형태로 자본의 재생산과 가치증식(valorization)이 일어나는 경제적 공간-과정에 직접적으로 통합되고 있다. 정확히 이러한 통합이 일어나는 그 정도만큼 이 분야들에서 국가의 역할은 새로운 의미를 갖는다. **국가 활동의 영역을 새로이 정하고 국가를 자본 재생산의 핵심부에 끌어오는 것은 바로 이 경제적 공간-과정의 변형이다**(인용자 강조). 자본의 가치증식(valorization)과 노동력 재생산의 전체 영역들(무엇보다도 공공적이고 국유화된 자본의 영역들)이 국가에 직접적으로 내입되는(inserted) 정도만큼 병행하여 국가의 공간은 확장되며 그리고 변화한다(Poulantzas, 1978: 167).

경쟁적 자본주의에서 출발, 독점자본주의로 연결되고 국가독점자본주의로 나타난 자본주의 발달 역사는 결국 자본의 재생산과 가치증식(valorization)이 일어나는 경제적 공간-과정이 변형되는 진행 순서이다. 그 변형에 조응하면서 국가는 자유방임의 국가형태로부터 개입국가형태로 그 모습을 변화해 왔다. 정도가 거세지는 경제적 공간-과정의 변형은 그 변형의 정도에 상응하는 만큼 국가의 역할을 요구하였고 이에 따라 자유방임국가는 개입국가의 모습으로 발전해 왔다. 우리가 분명히 알아두어야 할 것은 그 변형이란 것은 경쟁적 자본주의 이후에 비로소 일어나기 시작한 현상이 아니라는 점이다. 그 변형은 그에 상응하는 정치적 역할, 즉 국가의 개입을 필요로 했는데 이것은 이미 경쟁적 자본주의 당시에 일어나고 있었다. 경쟁적 자본주의에 국가개입이 미력했던 것은 그 시기에 일어났던 경제적 공간-과정의 변형 수준이 미력했기 때문이다. 그 시기에 강력한 국가개입이 관찰되지 않는다는 이유로 시장의 보이지 않는 손이 자본주의 사회체제의 재생산을 담당하는 주역이었음을 주장하는 것은 곤란하다. 자본주의 초기 그 변형이란 것이 미력혔으나 그것으로 자유방임국가가 절연되어 존재할 수 없었다. 경쟁적 자본주의 시기에 국가개입은 분명히 존재했다. 다만 경제적 공간-과정이 국가의 강력한 개입을 요구하지 않는 수준의 변형이었기에 국가의 개입이 미력했을 뿐이다. 자본주의사회에서 시장경제란 환상일 뿐이다. 이러한 점에서 볼 때 폴라니의 통찰은 매우 예리하다. 그는 "경제의 역사를 보면 시장이라는 것도 결코 정부의 조정으로부터 경제영역이 점차적이고 자발적으로 해방되어서 얻어진 결과가 아니다"라고 말하고 계속하여 시장이라는 것은 "정부 측의 의도적이고 때로는 폭력적이기까지 한 개입의 결과였다"라고 주장한다(Polanyi, 1957: 250). 국가는 그래서 시스템에 확고히 존재한다. 국가와 시장의 관계는 제로섬 관계가 아니기 때문에 국가와 시장의 관계를 양분법적 사고에 기초하여 보는 것은 잘못이다.

그리고 또 하나의 신자유주의적 사고 경향이 요사이 팽배하고 있음이 지적되어야 한다. 그것은 바로 신자유주의시대에 노동을 위한 국가의 개입이 현저히 눈에 띄지 않는다는 이유로 국가의 쇠퇴를 확정 지으려는 경향이다. 틀림없이 이 같은 경향은 유럽에서 케인지안 시대에 복지국가가 주로 노동계급을 위해서 기능했던 전통이 우리의 의식을 지배하는 결과이다. 이로 인해 우리는 강력한 국가는 케인지안시대, 힘없는 국가는 신자유주의시대라는 잘못된 등식을 아주 자연스럽게 받아들이고 있다. 자본을 위하는 국가의 서비스는 국가의 역할이 아닌가? 과거에 국가를 자본의 도구로 보았던 정통맑스주의를 계급환원주의라 비판했던 사람들이 이제는 어느새 국가개입의 기능을 오로지 노동계급의 이익과 동일시하고 있는 새로운 계급환원주의의 오류에 빠져 있으니 참으로 아이러니라 아니 할 수 없다. 여기서 새삼스럽게 자본주의 국가가 자본을 위해 기능함을 강조할 필요도 없다. 다만 풀란차스가 위에서 언급한 내용을 잠시 상기시키자면 그는 국가는 자본의 가치증식에 점증적으로 관여해 왔고 그것은 자본주의 국가의 가장 중요한 기능 중의 하나라고 말한다. 신자유주의 국가가 수행하는 현재의 과업들, 예를 들면 자유화 조치는 바로 자본의 가치증식을 달성하기 위한 자본주의 국가의 기능인 것이다. 우리가 신자유주의시대에 국가의 사망을 가정하는 것은 크게 잘못된 것임을 알 수 있다. 신자유주의시대에 국가는 죽지 않았다. 국가가 제어할 수 없는 시장의 힘에 의해 대치된 것이 아니라 신자유주의 국가는 자본주의 현 국면에서 자본을 위해 왕성하게 기능하고 있는 것으로 이해해야 한다.

제5절 맺으며

알게 모르게 체득된 신자유주의적 의식에서 깨어나게 될 때 비로소 국가개입과 신자유주의에 대한 새로운 해석이 가능해진다. 한국과 영국에서 신자유주의 정권이 '시장경제의 창달'과 '불간섭(disengagement)'이라는 슬로건을 내세웠지만 신자유주의시대에서도 국가개입이란 두 정부가 피할 수 있는 것이 아니기 때문에 그 슬로건은 실천 불가능한 것이었다. 두 정권이 자본주의 생산양식에 토대한 자본주의 국가인 이상 국가 불개입은 불가능한 것이다. 국가 개입은 그것이 신자유주의적 가면으로든 케인스안적 가면으로든 반드시 그리고 불가피하게 일어날 수밖에 없는 것이다. 국가는 퇴각한 것이 아니라 신자유주의라는 자본주의의 현 국면에서 자본을 위하여 충실히 봉사하면서 건재함을 과시하고 있다. 오늘날의 자본주의 발달을 가속시키는 원동력은 제어할 수 없는 시장의 힘이 아니라 국가의 힘이다. 즉 자본을 위해 봉사하는 국가의 힘이다. 국가는 사라지는 것이 아니고 자본주의 국면에 따라 지배계급과 피지배계급 사이에서 좌우로 이동한다고 보는 것이 옳다. 이 같은 인식은 현재의 신자유주의시대를 뒤이어 미래에 가칭 '신케인스안시대'가 도래할 수 있다는 전망을 가능케 해 준다는 점에서 아주 중요한 것이다. 따라서 자본주의의 현 국면에서 우리가 던질 수 있는 더 생산적인 질문은 신자유주의시대에 범람한다는 시장의 힘에 관한 것이 아니라 그것은 바로 자본주의 세계에서 국가가 좌로 그리고 우로 큰 주기를 그리면서 움직이게 하는 그 보이지 않는 힘은 과연 무엇이며 어디에서 기원하느냐에 관한 것이다.

제 2 장
'삼성공화국' 현상과 자본주의 국가의 한계

제1절 들어가며

노무현정부가 출범한 이후 국가-재벌 관계에 대한 논의의 성격이 이전 시기와는 다른 차별성을 보이고 있다. 노무현정부하에서 주된 관심 의제는 패권독점자본분파 삼성의 지배력에 관한 것이다. 이전에 국가-재벌 관계의 관심이 주로 국가와 독점자본 일반, 즉 국가와 재벌 전체에 관한 것으로 모아지면서, 외환위기 이전에는 경제발전 성공모델을 탄생시킨 국가-재벌관계의 한국적 특수성은 무엇인가 아니면 비판적 시각에서 국가-재벌의 공모 속에 진행된 개발독재가 한국 사회와 민주주의에 미친 영향은 무엇이었는가를 분석하려는 연구방향이 나타났다(김시윤, 1995; 김인영, 1998; 박찬응, 1998; 손호철, 2004; 2006; 이병천, 2000). 그리고 외환위기 이후에는 국가-재벌 관계가 과연 변하였는가라는 큰 질문의 틀 안에서 발전국가 속성의 잔존 여부, 시장경제의 실현 여부 등의 문제에 연구의 초점이 모아져 왔다(배용수, 2003; 이연호, 2002; 임성학, 2000; 장지호, 2004). 이에 반해 노무현정부하에서는 이전 시기와 비교해 매우 차별적인 것으로서 국가와 개별자본 삼성의 관계에 관한 논의가 활발하게 진행되고 있다. 소위 '삼성공화국' 논란이 부상하면서 한국의 노무현정부는 삼성의 지배력에 종속되어 있으며 삼성이 재계, 정계, 관계 그리고 언론계를 이미 장악했을 뿐만 아니라 재경부와 금감위 등의 정부부서가 삼성의 이익을 보장하는 방향으로 기능하고 있다는 지적이 제기되고 있다. 그런데 유의할 점은 삼성공화국논란은 삼성이 외환위기 이후 실시된 구조조정과정을 성공적으로 거치고 국내외의 기타 개별자본과의 경쟁에서 승리하면서 구축한 경제적 토대에 기반하고 있다는 점에서 단지 논란이 아니라 삼성공화국현상이라고 말할 수 있다는 것이다.

이러한 삼성공화국현상 속에서 자연스럽게 제기되는 질문은 자본주의 국가에 관한 것이다. 예컨대 국가의 자율성, 국가의 계급성의 문제를 주요 연구 대상으로 하는 맑스주의 국가론의 관점에서 다음과 같은 질문이 가능할 것이다. 최강 독점자본분파 삼성이 지배하는 한국 자본주의 체제하에서 노무현 자본주의 국가의 자율성은 한계에 봉착해 있는가? 특히 김대중정부의 재벌개혁 이후 국가-자본 간 대결의 상징이 되어 버린 출자총액제한제도(출총제)가 결국 2007년 노무현정부의 국무회의에서 대폭적으로 완화되는 것으로 의결되는 것을 볼 때 자본주의 국가는 장기적인 차원에서 자본의 이익에 충실하게 기능할 수밖에는 없는 것인가?[1] 노무현정부가 지속적인 재벌개혁

---

1) 노무현 정부는 2007년 1월 국무회의에서 '독점규제 및 공정거래법' 개정안을 의결하여 출총제 적용대상을 자산규모 6조 원 이상 기업집단의 모든 소속 회사에서 10조 원 이상 집단의 2조 원 이상인 중핵기업으로 축소하는 내용을 확정 지었다. 또한 개정안에 따르면 출총제의

을 주요 국정과제로 삼았고 과거 정권과는 상대적으로 진보적인 정권이라 평가할 수 있는데도 종국에 친재벌적 정책노선으로 회귀하는 것을 목도할 때 과연 자본주의체제에서의 정권은 그 성격이 진보적이든 보수적이든 결국 부르주아 국가일 수밖에 없는 것인가?

본 연구는 이 같은 질문에 대한 답을 정치사회학 관점에서 찾고자 한다. 다시 말해 국가자율성의 한계와 직결되어 인식되고 있는 삼성공화국현상이 국가지도자의 리더십이라든가 국가권력을 소유한 정치세력의 전략성 등의 문제와 무관치는 않겠지만 기본적으로 삼성공화국현상에서 나타나는 국가자율성의 한계, 패권자본분파의 지배력 등을 현(現)한국자본주의시스템의 효과로 이해해야 할 것임을 강조하고자 한다. 이렇듯 큰 틀에서 노무현 자본주의 국가의 한계를 현(現)한국자본주의시스템의 구조적 특성에서 읽어내면서 삼성공화국현상에 대해 체계적인 이해를 높이고자 하는 의도에서 다음의 두 가지 질문을 던지고자 한다. 첫째, 삼성공화국의 정의는 무엇인가? 삼성공화국에 대한 논의가 활발하게 개진되어 왔음에도 불구하고 삼성공화국에 대한 의미 정립은 제대로 시도되지 않았다. 삼성공화국의 용어가 국가와 자본의 개념이 병렬된 합성어이니만큼 국가 – 자본 관계의 맥락에서 정의가 내려져야 할 것이다. 둘째, 만약 삼성공화국의 문제가 있다면 그것이 무엇이며 과연 그것으로부터 벗어날 수 있겠는가? 이 글은 위의 두 가지 질문에 답하면서 삼성공화국이라는 정치경제적 현상을 구조적 측면에서 이해하는 시도를 한다.

이 글은 자본주의 국가 연구의 초석을 닦아 놓은 니코스 풀란차스

적용을 받는 기업들의 출자한도가 현행 순자산의 25%에서 40%로 완화되고 지주회사의 부채비율도 자본총액대비 100%에서 200%로 높였다. 일부 시민단체는 이 정부안은 실질적으로 출총제의 폐지임을 주장하고 있다. 최한수, 「노무현 정부, 재벌에 항복문서 보내다」 프레시안 2006년 11월 20일자.

(Nicos Poulantzas)국가론의 틀 내에서 한국 국가와 독점자본 재벌의 관계를 탐구한다. 가속화되는 지구화와 국가권력의 중심성을 부정하는 포스트모더니즘의 확산 속에서 연구의 관심대상이 국가에서 시장과 시민사회로 옮겨진 것은 이미 오래된 일이다. 그러나 시장과 시민사회연구가 괄목할 만한 성과를 가져다 준 것이 사실임에도 불구하고 '그래도 국가'라는 메아리가 잠들지 않았다. 다시 국가를 보자는 흐름은 '새로운 형태의 전 지구적 주권'을 찾으려는 노력에서도(Hardt and Negri, 2000) 그리고 "부적절하게 매장된 국가론"을 부활시키겠다는 일단의 서구학자들의 의지에서도 매우 뚜렷하게 나타나고 있다(Aronowitz and Bratsis, 2002: xi). 그런데 이러한 움직임은 사회체제의 재생산은 '정치적인 것'의 구성적 작용 없이는 불가능하다는 너무나 당연한 사실을 다시 한번 되새겨 본다면 별로 놀라운 일은 아니다. 지금의 움직임은 반드시 돌아오게 되어 있는 것이 단지 외도를 마치고 돌아오는 상황과 같은 것이라면 지나친 비유일까? 국가론은 다시 활발한 연구영역이 될 것인데 다만 향후 어떠한 형태의 국가가 연구의 대상이 될 것이냐 하는 점이 문제일 것이다.

최근 참여연대와 KBS가 삼성의 지배력을 실증적 차원에서 분석한 자료인 삼성보고서를 발표하였다(참여연대, 2005a; 2005b; 2006; 2007). 본 연구는 풀란차스 국가론과 삼성보고서의 구체적 자료를 접목시키면서 한국의 삼성공화국현상을 분석하는 작업이다. 삼성보고서가 삼성의 경제적 지배력, 삼성인적네트워크, 삼성지배구조, 삼성의 홍보전략 등에 심층적인 실증적 자료를 포함함에 따라 그동안 저널리즘의 공간에서 중구난방으로 제기된 삼성공화국 보도와는 매우 차별적이다. 그럼에도 불구하고 삼성보고서는 여러 가지 자료를 분절적으로 제공하는 것에 지나지 않아 한국정치경제를 이론적 차원에서 총괄하여 이해하는 것에 별다른 도움이 되지 않는 것이 사실이다. 이 글은 삼성보고서를 풀란차스의 이론 틀로 새로운 각도에서 읽어내는 작업이다.

연구의 구성은 다음과 같다. 제2장에서는 본 연구의 분석틀인 니코스 풀란차스의 시스템 재생산원리를 소개한다. 제3장에서는 앞장에서 소개한 이론 틀을 한국에 적용, 국가와 재벌 사이에는 객관적 관계가 형성되어 있음을 주장하고 삼성공화국현상에 대한 정의를 내린다. 제4장 역시 풀란차스 이론을 한국에 대입시켜 노무현 자본주의 국가는 정부 부서의 장치통일성을 통하여 삼성을 필두로 한 재벌 전체의 이익실현을 위해 기능하고 있음을 주장한다. 결론에서는 삼성공화국현상의 맥락에서 한국사회의 과제를 던져본다.

제2절 자본주의 국가의 한계: 풀란차스 국가론을 중심으로

1. 껍데기로서의 자본주의 국가

국가를 사회변화의 독립변수로 보는 주류정치학의 관점과는 달리 맑스주의자들에게 있어 국가는 하부구조인 경제체제 작동의 효과로서 나타나는 상부구조로 받아들여진다.[2] 물론 국가의 상대적 자율성

---

2) 국가를 사회변화의 독립변수로 보는 관점은 국가중심주의 이론가들(state - centred theorists)의 견해에서 뚜렷하다. 예를 들면, 스테판은 『국가와 사회』의 서문에서 다원주의와 맑시즘이 국가를 단순히 종속변수로만 여기고 있음을 질타하고 있다. 요컨대 "근대국가의 집행부는 부르주아의 전체의 공무를 담당하는 집행위원회에 불과하다"라는 명제는 국가를 하나의 종속변수로 가정하고 경제시스템을 독립변수로 가정하는 우를 범하고 있다는 것이다(Stepan, 1978: 20). 비슷한 맥락에서 스카치폴은 다원주의자들과 구조기능주의론자들 사이에서는 국가가 결코 독립변수로 채택되지 않고 있음을 비판하고 있으며(Skocpol et al., 1985: 9), 노드링거는

을 강조하는 것에서 보듯이 국가를 종속된 상부구조로만 보는 것은
아니지만 기본적으로 맑스주의 국가론은 자본주의 국가를 사회구성
체 재생산에 '필수적이지만 제한적 기능'을 담당하는 정치영역으로
간주하고 있다. 여기서 필수적이지만 제한적이라 함은 국가가 현 계
급지배체제의 재생산에 필수적이지만 현 계급질서를 뒤바꿀 수 있는,
다시 말해 부르주아 지배의 자본주의 생산관계까지도 바꿀 수 있는
기능까지는 할 수 없다는 점에서 제한적이라는 것이다. 이러한 국가
기능의 한계를 염두에 두고 풀란차스는 "국가란 자본주의 생산관
계의 핵심이 보장되어야만, 그래서 노동자계급과 인민 대중에 대
한 착취가 유지되어야만 존재한다. 생산관계에 대한 국가의 개입
이라는 것은 그 자체가 **자본주의적** 관계들로서의 재생산에만 목
적이 있는 것이다"라고 말하면서 "자본주의 국가의 개입은 **부정
적인 일반적 한계**로 구성되어 있다. 즉 자본주의 생산관계의 '핵심
부분'에 대한 **특수한 불개입**을 특징으로 한다"라고 역설한다(원문
강조)(Poulantzas, 2000: 191).

풀란차스는 사회주의자로서 국가가 자체적으로 자본주의 생산관계
를 철폐하고 사회주의를 구현할 수 있겠느냐의 문제에 부심하였는데
그는 경제로부터 상대적으로 분리된 자본주의 국가의 특수한 제도적
물질성(institutional materiality of the capitalist state)을 고려하는
전략이 필요하다고 생각하였다. 그것은 정경분리의 물질성을 고려하
지 않고 제기된 레닌과 사민주의자들의 전략을 통합하여 분리의 문
제를 해결하면서 민주적인 절차와 방법으로 실천하는 소위 '민주사

맑시즘을 "대체로 낡아빠진" 사회 중심적 접근방법이라 평가하고 그것은 "국가를 경쟁하는 이
익집단들의 자본과 부채의 총량을 정확히 계산한 뒤 경쟁의 결과를 비준해 주는 '현금출납기'
로 여기고 있다"고 비판하고 있다(Nordlinger, 1981: 42). 그는 국가관리들이 국가자율성을
행사하는 힘의 원천이며 그들이 국가자율성의 핵심적인 요소라고 주장한다.

회주의(democratic socialism)' 전략이었다(Poulantzas, 2000: 251~265). 구체적으로 그 전략이란 "**어떻게 해야 정치적 자유 및 의회민주제도의 확장과 심화가 직접민주주의 형태의 전개 그리고 자치체의 생성 등과 맞물려 발전될 수 있도록 국가를 급진적으로 변형시킬 수 있느냐**" 하는 것이었다(원문강조)(Poulantzas, 2000: 256).[3] 따라서 이같은 전략이 성공하기 전까지 경제영역에 대한 자본주의 국가개입의 한계는 구조적으로 결정된 것이며 그 한계는 국가기제의 외부에서 부과되고 있다고 생각하고 있는 것이다. 그리고 또 하나 중요한 것은 국가개입의 한계는 국가기제 내부에서도 부과되는데 그것은 국가가 '관계의 응축'이기는 하지만 최종적으로 부르주아 계급지배의 특수한 물리적 응축이기 때문에 그 한계가 내재되어 있다고 풀란차스는 생각하고 있다는 점이다(Poulantzas, 2000: 190~199).[4]

풀란차스에게 자본주의 국가는 자본과 노동의 지배/피지배관계인 자본주의 생산관계에 어떠한 변화를 가할 수 없는 껍데기와 같은 존재이다. 비유를 들자면 국가의 기능이란 벼 껍질이라든가 피막의 기능에 불과하다. 자본주의 국가와 자본주의 체제의 관계는 벼 껍질과 쌀알의 관계와도 같다. 자본주의 국가는 자본주의 체제 지배관계의 재생산에 구성적인 작용을 하지만 그 지배관계 질서를 바꾸지 못하는 근본적 한계를 가지고 있다. 벼 껍질은 수정된 씨방이 점차 자라서 쌀알로 발달하는 과정에서 이를 보호하는 역할을 하면서 쌀알 내

---

3) 여기서 민주사회주의에 대한 설명은 『한국정치학회보』에 게재되었던 내용을 수정 보완한 것이다.

4) 풀란차스를 포함한 맑스주의 국가론자들은 자본주의 생산관계의 특징인 정경분리에서 비롯한 자본주의 국가의 물질성 때문에 국가는 자본 법칙에 자유로울 수 없어 국가의 계급성도 최종 분석에서 친자본적일 수밖에 없다고 생각하였다. 이러한 경향은 주로 경제환원주의의 오류라는 비판을 받아 왔는데 봅 제섭(Bob Jessop)은 조절이론의 접목이라든가 '자기생산적 접근(Autopoiesis approach)', '구조적 결합(Structural Coupling)', '전략적 조정(Strategic Coordination)' 개념 등을 도입하여 최종적으로 경제적 구조가 정치적인 것을 구속하지 않는다는 소위 '전략-관계적' 국가론을 펼쳤다(Jessop, 1990).

부의 습도를 유지하고 병균이나 해충과 외부의 충격으로부터 쌀알을 보호해 주는 역할을 한다. 쌀알이 튼튼한 열매로 성장할 수 있도록 도와주고 보호해 주는 매우 중요한 역할을 하고 있는 것이다. 그러나 벼 껍질은 쌀알을 구성하는 씨눈과 씨젖의 상호관계를 변화시키지는 못하는 근본적인 한계를 가지고 있다.[5] 즉 자본주의 국가는 자본주의 생산관계에 구성적으로 작용하면서 자본주의 체제 재생산에 중요한 역할을 하지만 자본과 노동의 지배관계인 자본주의 생산관계를 변화시키는 것에는 관여할 수 없는 근본적 한계를 가지고 있다. 따라서 국가는 껍데기와 같은 존재일 뿐이다. 또한 국가는 중요한 내용물을 감싸고 있는 피막과도 같다. 피막은 그것이 감싸고 있는 내용물의 현 상태를 변하지 않게 유지시키는 중요한 기능을 가지지만 내용물의 성분 따위를 바꾸지 못하는 근본적인 한계를 가지고 있다.

2. 시스템재생산원리[6]

국가를 껍데기로 보는 시각은 풀란차스의 시스템재생산원리에 잘 나타나 있다. 시스템재생산원리는 구조주의자로서의 그의 면모를 잘 보여주고 있는데 그는 시스템재생산원리를 통해 과거에도 자본이 지배하는 시스템, 현재에도 자본이 지배하는 시스템 그리고 미래에도

---

5) 국가를 벼 껍질로 비유하는 과정에서 필자는 농촌진흥청 작물과학원의 최해춘 박사로부터 많은 도움을 받았다. 이 지면을 빌려 감사를 표하고자 한다.

6) 필자는 풀란차스의 '시스템재생산원리'에 관하여 2004년 7월 옥스퍼드대학교에서 개최한 세계정치학대회(IPSA)에서 발표하였다. "Poulantzas, American Imperialism, and Global Class Reductionism: A critique" in Globalization or Imperialism? Theoretical and Practical Perspectives, Annual Conference of Research Committee 49: Socialism, Capitalism and Democracy, International Political Science Association, Rothermere American Institute, University of Oxford, Oxford, UK, 2–4 July 2004.

자본이 지배하는 시스템에서 우리가 살게 될 것임을 말하면서, 앞서 살펴보았듯이 어떻게 해야 우리가 평화적인 방법으로 자본주의 생산관계의 철폐를 통해 자본주의 시스템의 재생산이 변하는 계기를 찾을 수 있는가의 문제를 풀려고 노력하였던 것이다.

시스템재생산원리는 풀란차스가 국민국가 사회구성체를 연구할 때 적용하였음은 물론 1970년대 미국제국주의와 유럽국가들의 관계를 연구할 때도 국제적 수준에서 적용하였던 분석틀이다. 일견 풀란차스가 국가의 상대적 자율성을 강조하였던 점, 그리고 후기 풀란차스는 더 이상 구조주의자가 아니라 오히려 '정치주의자'(politicist)의 모습을 보이고 있다는 표피적 해석을 내세우며 시스템재생산원리가 풀란차스 이론의 중핵이라는 본 연구의 주장을 반박할 수도 있겠지만, 풀란차스는 그가 그토록 강조한 자본주의 국가의 상대적 자율성이라는 것도 시스템재생산원리가 부과하는 구조적 한계 내에서 작용하는 것으로 인식하고 있었음을 강조하고 싶다.

한국의 '삼성공화국현상'을 연구하는 데 있어 시스템재생산원리가 중요한 이론 틀이다. 그 유명한 밀리반드 – 풀란차스 논쟁을 다시 한 번 회고하면서 시스템재생산원리를 이해하는 노력을 해 보자. 밀리반드 – 풀란차스 논쟁은 풀란차스가 밀리반드의 저서 『자본주의 사회의 국가』에 몇 가지 문제점이 있음을 제기하는 선공으로 시작되었다 (Miliband, 1969). 특히 문제 삼았던 것은 자본주의 국가의 계급성격에 관한 대목이다. 밀리반드는 자본주의 국가의 친부르주아 성격을 자본가계급 구성원들이 정부 내에서 요직을 차지하고 있다는 사실이나 자본가들과 정부관료들 사이의 밀접한 관계 등과 같은 인적제휴에 연유하고 있다고 주장하였다. 그러나 풀란차스에 따르면 인적제휴라는 것은 국가가 친부르주아 성격을 갖는 결정적 이유가 아니라는 것이다. 풀란차스에게 인적제휴보다 훨씬 더 중요한 것은 자본주의 국가의 구조 자체였다. 다시 말해 시스템의 효과로 인하여 자본가들과 정부관료들 사이의 인적 제휴 따위가 일어난다는 주장이다. 풀란차스는 말하기를,

> 국가기제와 정부 안에 자본가 계급 구성원의 **직접적** 참가는, 비록 그것이 일어나는 곳에서도, 문제의 중요한 측면이 아니다. 부르주아 계급과 국가의 관계는 **객관적 관계**이다. 이것은 만약 특정 사회구성체 내의 국가의 **기능**과 이 구성체 내의 지배계급의 **이해**가 **일치**한다면, 그것은 시스템 자체 때문이다: 국가기제 내에 지배계급 구성원들이 직접적으로 참가하는 것은 이 객관적 일치의 **원인**이 아니고 **효과**일 뿐이며 사건적이고 우연적인 것이다(원문강조)(Poulantzas, 1969: 73).

이러한 비평에 대하여 밀리반드는 풀란차스의 이론적 접근을 "국가와 시스템의 변증법적 상호관계의 현실적 고려를 근본적으로 불가능하게 만드는 일종의 구조적 결정주의, 더 나아가 구조적 극도 결정주의"라고 비판한다(Miliband, 1970: 53). 그는 다음과 같이 답변한다.

> 풀란차스는 한쪽에 너무 치우쳐 있고 국가 엘리트의 특성을 전혀 고려하지 않고 있는 점에서 지나치다. 왜냐하면 '객관적 관계들'에 대한 그의 **과도한** 강조는 국가가 하는 것은 매번 그리고 언제나 이들 '객관적 관계들'에 의하여 **전적으로** 결정된다는 것을 믿어야 한다고 제안하는 것과 같기 때문이다: 다른 말로, 시스템의 구조적 제약성이란 그야말로 절대적이기 때문에 국정을 운영하는 사람들은 단순히 '시스템'에 의해 그들에게 부과된 정책들을 단순히 수행하기나 하는 기능인들과 집행인들에 불과하다고 말하는 것과 같은 것이다(원문 강조)(Miliband, 1970: 53).

여기서 필자는 밀리반드는 풀란차스가 어떠한 맥락에서 '객관적

관계'를 언급하고 있는지 정확하게 간파하지 못한 채, 풀란차스를 그저 단순히 구조주의자라고 비판하고 있는 한계를 가지고 있음을 지적하고자 한다. 풀란차스는 "밀리반드의 문제는 사회계급들과 국가를 객관적 구조와 시스템으로 이해하지 못하는 어려움에 있다"라고 말하고 있다(Poulantzas, 1969: 70). 따라서 풀란차스에 대한 올바른 비평은 바로 풀란차스가 말하는 '이해하지 못하는 어려움'이 무엇인지를 정확히 파악하는 것에서 출발해야 한다. 이에 대한 파악을 위해서는 풀란차스의 '시스템재생산원리'를 이해하는 것이 필수적이다.

풀란차스의 국가론에는 두 개의 핵심 명제가 있다. 첫째, 그는 "국가는 사회구성체 통합의 요소이며 한 계급의 다른 계급들에 대한 지배를 결정짓는 시스템 생산 조건들의 재생산 요소이다"라고 주장한다(Poulantzas, 1969: 73~74; 1987: 44~45). 이 명제를 통해 풀란차스는 계급들에 의해 구성된 시스템은 그 자체가 지배의 실재물(entity)이며 국가의 역할은 투쟁하는 계급들을 사회적으로 통합시키는 것에 있다고 생각하고 있음을 알 수 있다. 따라서 국가는 계급투쟁으로 특징되는 사회시스템의 재생산에 필수 불가결한 구성요소다. 둘째, 풀란차스는 시스템의 통합이 이루어지는 것은 국가가 **패권계급의 이익을 보호하면서** 이루어진다고 굳게 믿고 있다(Poulantzas, 1973a: 299; 1973b: 1979). 이러한 맥락에서 그는 "국가의 중심적 역할은 조절의 역할이며 그것은 지배계급과 지배계급분파들의 이익을 대변(represent)하고 조절(organise)하고 있다"고 말하고 있다(Poulantzas, 2000: 127).

위의 두 가지를 결합하면 **시스템은 국가가 지배계급의 이익을 보호하면서 계급들로 갈라진 사회를 통합하는 가운데 재생산된다**는 완성된 명제가 탄생한다. 이것이 바로 풀란차스가 믿고 있는 자본주의 경제시스템의 재생산 원리이다. 이에 근거 풀란차스는 부르주아지와 국가 사이에는 객관적 관계가 존재함을 주장하는 것이다. 그가 말하려고 하는 것은 만약에 A가 사회구성체 시스템 내에서 지배계급이면 그것이 부르주아지가 아니더라도 국가의 역할은 지배계급 A의 이익을 보호하면서 사회의 통합을 이룩한다는 것이다. 이는 결국 국가는 부르주아지의 이익을 체계화하고 대변하는데 그 이유라는 것이 바로 부르주아지가 자본주의 경제시스템에서 지배계급이기 때문이라는 말이다. 국가와 부르주아지 사이에는 어떠한 주관적 관계가 있을 수 없다. 국가의 역할은 껍데기로서 자본주의시스템의 지배관계를 바꿀 수는 없으며 단지 현재의 지배계급인 부르주아의 이익을 보호하면서 계급투쟁으로 갈등이 내재한 자본주의 시스템을 통합하는 것이다. 그림1)의 가)에서 보듯이 국가는 지배계급인 자본과의 객관적 관계 속에서 자본의 이익을 대표하며 조절한다. 바로 이러한 맥락에서 풀란차스는 "만약 특정 사회구성체 내의 국가의 **기능**과 이 구성체 내의 지배계급의 **이해**가 **일치**한다면, 그것은 시스템 자체 때문이다. 국가기제 내에 지배계급 구성원들이 직접 참가하는 것은 이 객관적 일치의 **원인**이 아니고 **효과**이며 사건적이고 우연적인 것이다"라고 주장한 것이다.

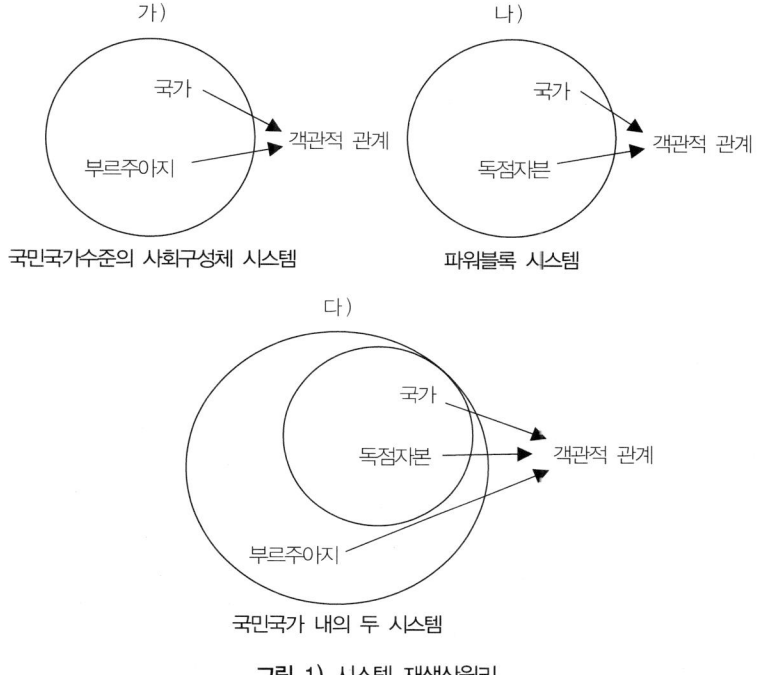

그림 1) 시스템 재생산원리

　풀란차스가 국가는 지배계급의 이익을 대변하며 둘 사이에는 객관
적 관계가 존재한다고 언급할 때 그림1)의 가)처럼 하나의 사회구성
체 단위를(한국, 일본, 영국 등의 단위) 시스템으로 염두하고 있음은
분명하다. 그는 여기서 하나의 사회구성체를 재생산원리에 종속받는
경제시스템으로 상정하고 있다. 그런데 특별히 주목해야 할 것은 풀
란차스는 그의 마음속에 또 하나의 시스템을 그리고 있다는 것이다.
그것은 바로 파워블록 시스템이다. 파워블록(power bloc)의 개념은
국가기제의 주변부에서 사회지배계급들이 정치활동을 벌이는 정치공
간을 더욱더 조명하고자 하는 의도에서 다듬어진 개념으로 볼 수 있
다. 파워블록은 몇 개의 지배계급들이 참여하는 정치적 지배의 공간

이다. 풀란차스는 파워블록 역시 하나의 패권계급 분파가 다른 세력들에 대한 지배를 이루면서 재생산되고 있는 경제 시스템으로 생각한다. 역시 여기서 국가는 파워블록의 통합의 요소이다. 이 통합이 이루어지는 것도 역시 패권지배계급분파의 이익을 보호하는 가운데서 이루어진다. 파워블록에서의 통합은 독점자본의 이익을 보호하는 가운데 완성된다. 왜냐하면 독점자본이 파워블록 내에서 지배계급분파이기 때문이다(Poulantzas, 1973a: 229~239). 이에 따라 그는 "그것의 [국가의] 정책이라는 것이 결국 패권 계급 또는 패권계급 분파를 위하여 형성되고 있는데, 오늘날 바로 독점자본을 위하는 방향으로 되고 있다"라고 언급하고 있다(Poulantzas, 2000: 136).[7] 그림1)의 나)에서 보듯이 국가와 독점자본의 관계 역시 객관적 관계이다. 사회구성체라는 경제시스템의 재생산과정이 필연적으로 부르주아지의 지배를 유지시키듯이 파워블록시스템의 재생산도 국가가 독점자본의 지배를 유지시키는 가운데 이루어진다. 이러한 맥락에서 풀란차스는 "국가는 독점자본의 이익을 조절하고 있다"라고 말하고 있다(Poulantzas, 2000: 128~136). 그는 자본주의 시스템의 재생산이란

---

[7] 일부에서 풀란차스가 국가를 독점자본의 것으로 보는 국가독점자본주의론자들을 비판했다고 하여 풀란차스는 국가를 독점자본의 것이라고 생각하지 않았다는 주장을 제기하기도 하지만 그것은 잘못된 생각이다. 왜냐하면 풀란차스가 국가독점자본주의론자들을 비판한 것은 그들이 국가를 독점자본의 것으로 보고 있다는 점을 비판한 것이 아니라 그들이 국가를 하나의 'thing'으로 생각하면서 국가를 독점자본의 것으로 보고 있는 것을 비판한 것이기 때문이다. 주지하다시피 풀란차스는 국가를 'relation'으로 보았으며 국가독점자본주의론자들이 국가를 'thing'으로 보는 것과 국가중심론자들이 국가를 완전한 자율성과 이성을 가진 하나의 'subject'로 보는 것을 모두 비판하였다. 풀란차스 생각에 국가를 하나의 'thing – state'로 보게 되면 국가기제 내에서 일어나는 다양한 갈등을 설명할 수 없다는 것이다(Poulantzas, 2000: 131). 풀란차스는 최종분석에서 자본주의 국가란 파워블록시스템 내에서 독점자본의 이익을 위해 기능하는 독점자본의 국가, 그리고 사회구성체 전체 수준에서는 총자본의 일반적 이익을 위해 기능하는 총자본의 국가로 보고 있다는 점이 강조되어야 한다. 다시 한번 강조하면 풀란차스가 국가독점자본주의자들을 비판한 것은 그들이 국가를 thing으로 보고 있기 때문에 그러한 것이며 그들이 국가를 독점자본의 국가로 보았기 때문에 비판한 것이 아니라는 것이다. 풀란차스는 국가는 독점자본의 국가이고 그리고 동시에 전체자본의 총자본적 국가라고 생각하고 있었다.

결국 그림 1)의 다)에서처럼 사회구성체와 파워블록이라는 두 시스템이 동시에 맞물리고 상관하면서 일어나는 것으로 인식하고 있다.

제3절 삼성공화국현상 I : 국가와 재벌의 객관적 관계

1. 재벌의 지배력

삼성공화국현상이란 한국자본주의시스템이 재생산되는 가운데 노무현 자본주의 국가와 최강자본분파 삼성이 주도하는 독점자본 재벌 사이의 객관적 관계하에서 재벌 일반의 이익이 유지되고 보호되는 현상을 말한다. 따라서 삼성공화국현상은 재벌공화국 현상을 말하는 것이며 다만 최근 삼성이 재벌 중 뚜렷한 선두주자의 역할을 하고 있는 가운데 삼성의 이익이 두드러지게 관철되고 있다는 의미에서 삼성공화국이라 말할 수 있다. 한국의 역대 정부는 자본주의 국가로서 독점자본 재벌과 객관적 관계에 있다. 정부7- 사회구성체 수준에서 지배계급A 그리고 파워블록 수준에서 지배계급분파 A + 가 지배하는 자본주의 체제의 재생산에 구성적으로 작용하면서 순기능하는 한 그 정부는 지배계급A와 지배계급분파 A + 의 국가이다. 그림2)에서 보듯이 한국의 역대정부는 사회구성체 수준에서 한국 자본일반의 지배를, 파워블록 수준에서 독점자본의 지배를 보장해 왔기 때문에 역대 정부는 한국 자본일반과 독점자본 재벌의 국가이며 그들의 관계는 객관적 관계이다. (글의 뒷부분에서도 보겠지만) 국가는 사회관계의 응집이라는 점에서 한국 자본주의 국가는 자본뿐만 아니라 한국노동의 이익을 대변하기도 하지만 그 응집이란 종국에 시스템재생산원리가 작용하는 **특수한 물질적 응집**이기 때문에 한국자본주의 국가는 최종분석에서 한국 자본일반과 독점자본 재벌의 지배를 보장한다. 이로 인하여 박정희국가, 김영삼국가, 김대중국가, 그리고 노무현 국가의 시기에도 한국 자본은 지배계급이었으며 재벌은 지배계급분파의 지위를 유지하였고 앞으로도 그러할 것이다. 한국 국가는 한국 자본일반과 재벌의 이익을 대변하고 조절하는데 그것은 한국 자본이 지배계급이고 재벌이 지배계급분파이기 때문에 그러하며 어떠한 주관적인 관계에서 그러한 기능을 하는 것이 아니다.[8]

---

8) 자본주의 국가 연구에 있어 어려운 문제는 정경분리의 일반적 형태를 가진 자본주의 국가는 동시에 구체적 수준에서 정권이고 정부이기 때문에 분석의 수준을 어디에 두어야 하는가의 문제이다. 이것은 직립보행의 일반적 인간형태를 가진 홍길동은 동시에 구체적 수준에서 (예를 들면) 한국인이고 중산층이고 내성적이기 때문에 분석의 수준을 어디에 두느냐에 따라 홍길동에 대한 평가가 다르게 나올 수밖에 없다는 어려움에 비유된다고 하겠다. 본 연구는 풀란차스가 자본주의 국가를 일반적 형태의 수준에서 보고 있는 것에 맞추어 한국의 역대정부를 분석하면서, 한국의 역대정부는 자본일반과 독점자본 재벌의 국가임을 주장하고 있는 것이다. 그러나 구체적 수준에서 정책을 집행하는 한국의 역대정부를 언제나 자본일반과 독점자본을 위해 기능하는 부르주아국가라고 주장할 수 있겠느냐 하는 점에는 의문이 뒤따른다. 이를테면 김대중정부는 자본주의 국가유형의 수준에서는 친자본적이지만, 복지정책을 집행하는 구체적 수준의 김대중정부를 친자본적이라고는 말할 수 없는 것이 아니냐는 주장을 할 수 있으며 이에 대한 자세한 이론적 근거는 제4장 참조

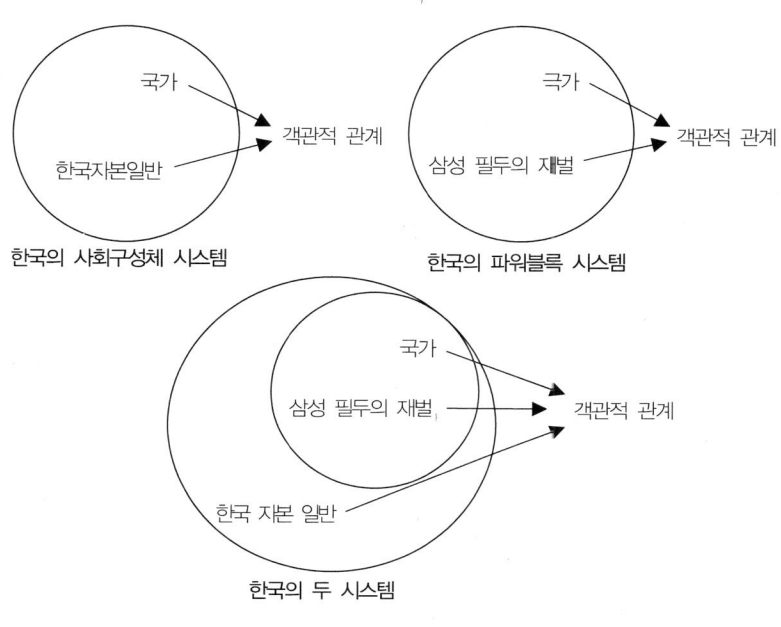

한국의 사회구성체 시스템

한국의 파워블록 시스템

한국의 두 시스템

그림 2) 한국자본주의 시스템 재생산원리

객관적 관계를 뒷받침하는 재벌의 한국자본주의 체제에서의 지배
력은 수치로도 확인된다.[9] 표1)에서 보듯이 30대 재벌의 GDP대비
자산비중, 매출액비중, 부가가치비중이 각각 최소 50%, 60% 그리고
10%를 상회해 왔다. 외환위기 이후 30대 재벌의 점유비중이 하락해
오기는 했으나 한국경제에서 재벌이 차지하는 비중이나 영향력이
1987년에 비해 약화되었다고 볼 수 없다. 2002년 현재 한국경제에
서 재벌의 자산이나 매출액 혹은 고용이 차지하는 비중은 비록 1987
년 수준에 비해 하락했지만 결코 낮은 수준이 아닐뿐더러, 1997년
이후 재벌의 당기 순이익은 경제 전체의 당기 순이익의 변화를 거의

---

9) 재벌의 경제적 지배력을 실증적으로 분석한 내용은 다음 참조(송원근·이상호, 2005, 『재벌
의 사업구조와 경제력 집중』, 나남출판).

결정할 수 있을 정도로 그 영향력이 크게 높아졌기 때문이다. 또한 부가가치 측면에서 재벌이 차지하는 비중은 여전히 크며, 1997년 외환경제위기 이후에는 그 값이 5대 재벌을 중심으로 점점 더 높아지고 있다(송원근·이상호, 2005: 110~111). 단기적 경기상황의 변동, 정세적 변화, 그리고 계급투쟁양상의 변화에 따라 재벌의 지배력이 변동을 맞이할 수도 있지만 한국이 독점자본주의 체제인 이상 재벌은 파워블록 내에서 상존세력이며 구조적으로 지배계급분파일 수밖에 없다.

국가가 독점자본의 이익을 조절하고 보호하지만 자본주의 국가가 상시적으로 재벌이익에 충실한 것처럼 보이지는 않는다. 국가는 재벌과 객관적 관계라는 큰 틀에서 재벌지배를 보장하기는 하나 정세적으로 상대적 자율성을 가지고 재벌의 활동에 개입하면서 공세를 펼치기도 한다. 30대 재벌의 GDP대비 자산비중은 1996년부터 98년까지 각각 75.8%, 88.8%, 93.4%, 매출액 비중은 78.6%, 83.9%, 88%, 부가가치의 비중은 12.8%, 11.6%, 13.4%를 기록하였다. 이러한 과도한 집중이 IMF위기라는 한국자본주의 시스템의 위기를 불러일으키자 국가는 상대적 자율성을 가지고 재벌정책을 통해 독점자본의 활동에 개입하였다. 이 결과 자산비중, 매출액비중, 부가가치의 비중은 2002년 각각 54.9%, 65%, 11.4%로 떨어지게 되었다. 그러나 김대중정부와 노무현정부의 재벌정책 역시 한국독점자본의 이익을 대변하고 조절하는 자본주의 국가의 기능으로 인식되어야 한다. 왜냐하면 재벌개혁은 재벌과 자본일반의 지배를 특징으로 하는 자본주의 생산관계의 핵심을 건드리지 못할 뿐만 아니라 개별자본에게 공세적으로 보이는 재벌개혁도 종국적으로 전체 독점자본의 안정적 지배체제의 구축을 도모하는 자본주의 국가의 기능이기 때문이다.

표 1) GDP대비 30대재벌, 5대재벌, 삼성그룹의 비중(금융보험업 제외)

(단위: %)

		1987	1990	1995	1996	1997	1998	1999	2000	2001	2002
자산 /GDP	30대재벌	55.1	61.9	69	75.8	88.8	93.4	79.6	72.3	58	54.9
	5대재벌	29.9	34.1	39.1	43.2	54.5	62.5	51.5	42.3	35.8	34.6
	삼성	5.8	7.3	9.6	10.5	12.9	12.4	12.2	10.9	10.3	10.5
매출액 /GDP	30대재벌	66	61.7	73.1	78.6	83.9	88	72.4	78.8	67.5	65
	5대재벌	41.9	37.6	48.7	52.6	57.8	66.9	54.6	56.5	44.1	44.6
	삼성	10.9	10.7	12.6	12.6	13.6	15.4	15.7	17.5	14.9	15.8
부가가치 /GDP	30대재벌	10.8	12.1	14.2	12.8	11.6	13.4	11.4	10.9	9.8	11.4
	5대재벌	6.1	6.7	8.7	7.6	7.5	7.6	9.1	7.6	6.7	8.2
	삼성	1.4	1.9	2.6	1.8	1.7	2.1	2.5	3.3	2.3	3.1

(출처: 김상조 2005)

표 2) 30대재벌 대비 5대재벌과 삼성그룹의 비중(금융보험업 제외)

(단위: %)

		1987	1990	1995	1996	1997	1998	1999	2000	2001	2002
자산	5대재벌	54.2	55.1	56.6	57	61.4	66.9	64.7	58.5	61.7	63
	삼성	10.6	11.8	13.9	13.8	14.8	13.3	15.3	15	17.8	19.1
매출액	5대재벌	63.5	61	66.5	67	68.9	76	75.4	71.7	65.4	68.5
	삼성	16.5	17.3	17.3	16	16.3	17.5	21.6	22.2	22.1	24.3
부가가치	5대재벌	56.6	55.9	60.8	58.9	65.1	57.1	80.3	69.9	68.3	71.7
	삼성	13	15.6	18.3	13.9	15.1	15.5	21.8	30.7	23.9	27.2

(출처: 김상조 2005)

표 3) 5대재벌 대비 삼성그룹의 비중 (금융보험업 제외)

(단위: %)

	1987	1990	1995	1996	1997	1998	1999	2000	2001	2002
자산	19.5	21.5	24.6	24.3	23.7	19.9	23.3	25.7	28.8	30.4
매출액	26	28.3	26	23.9	23.6	23	28.7	30.9	33.8	35.4
부가가치	23	27.8	30.1	23.6	23.2	27.2	27.1	43.9	35	38

(출처: 김상조 2005)

현 한국자본주의시스템에서 일어나는 특기할 만한 것은 30대재벌 내에서 5대재벌의 비중과 특히 삼성의 비중이 크게 강화되고 있다는 점이다. 외환위기 이후 5대 그룹이 강도 높은 구조조정을 겪기도 했지만 최근 오히려 매출액과 부가가치 점유비중에서는 상승 경향을 보이고 있는데 이러한 현상의 배경에는 삼성의 발전이 자리 잡고 있다. 최강독점자본분파 삼성의 지배력이 점진적으로 강화되는 경향이 뚜렷하게 나타나고 있다. 표1)에서 보듯이 2002년 5대재벌 및 삼성의 점유 비중은 모든 항목에서 1987년 수준을 크게 상회하고 있으며 특히 삼성(금융보험업 제외)이 창출한 부가가치가 농림어업 · 금융 · 비영리 부문을 제외한 GDP에서 차지하는 비중은 1987년 1.9%에서 2002년 4.1%로 크게 높아졌다. 표2)와 표3)은 30대재벌과 5대재벌에 대비한 삼성의 비중이 증가하고 있음을 명확히 보여주고 있다. 삼성은 2005년 4월을 기준으로 총자산 209조 630억 원을 보유하고 있으며 그룹 전체 매출액은 금융회사들을 포함하면 약 139조 원 정도에 이른다. 이것은 2004년도 우리나라 전체 경상 국내총생산의 17.9%에 이르는 규모이며, 2004년 국내 부가가치 생산액의 20.1%에 해당한다. 삼성은 2005년 4월 현재 5대재벌 일반자산의 50.8%, 자본총액의 45.9%, 매출액의 39.5%, 당기순이익의 46.2%를 점유하고 있다. 삼성의 2005년 현재 주식 시가총액은 94조 원으로, 우리나라 4대 그룹 중 현대, LG, SK그룹의 시가총액을 모두 합한 88조 원보다도 많다 (송원근, 2005: 43).

2. 시스템 효과로서의 삼성네트워크

위에서 살펴보았듯이 국가와 재벌 사이에는 격관적 관계가 형성된 가운데 외환위기 이후 구조조정과정을 거치고 선두 주자로 부상한 개별자본 삼성의 영향력이 표면적으로 선명하게 드러나고 있기 때문에 삼성공화국이라는 국면적 현상이 나타나고 있다. 노무현 대통령이 2005년 5월 대기업과 중소기업 대표를 만나 "이미 권력은 시장으로 넘어간 것 같으며, 우리 사회를 움직이는 힘의 원천은 시장에서 비롯되고 있다"라고 발언하였는데 이를 두고 일부에서는 "정확히 말하면 권력은 삼성에게 넘어갔다"라고 해석하는 것이 옳다고 주장한다.10) 저널리즘에서는 이 같은 삼성공화국현상이 나타나는 배경으로 한국 사회의 요직에 삼성인사들이 포진하고 있다는 점에 주목하고 있다. 국회에서 처리되는 경제관련 법안은 삼성의 영향력에 변형되지 않은 것이 없으며 삼성은 재계, 정계, 관계 그리고 언론계를 장악하고 있다는 것이다. 뿐만 아니라 삼성은 전직 검사 및 판사들에 대한 대대적인 영입에 나서고 있으며 정부고위관리들은 퇴임 후를 위해서라도 삼성과 밀접한 관계를 구축하려 애쓰고 있다고 한다. 삼성과 언론재벌의 '동맹'으로 '삼성저널리즘'이 팽배하고 삼성에 유리하게 보도가 나가 경제의제를 왜곡하기까지 한다는 것이다.11)

참여연대-KBS의 삼성보고서는 삼성인사의 인적네트워크를 구체적으로 분석하고 있어 이전까지 저널리즘에서 삼성공화국현상을 구

---

10) "노 대통령 '권력은 이제 시장으로 넘어갔다'", 세계일보(2005년 5월 17일); "중기(中小)를 경제정책 중심에", 문화일보(2005년 5월 17일); 권영준, "삼성제국, 참여정부와 발 맞췄다", 조선일보(2005년 7월 6일).

11) "한국경제, '삼성저널리즘' 탓에 더 망가져" 프레시안(2005년 7월 12일); "윤영철 헌법재판소장은 삼성그룹 헌법소원 사건을 회피해야", 참여연대논평, 뉴스와이어(2005년 7월 6일).

체적인 자료 없이 선정적으로 보도해 오던 단점을 보완하고 있다. 그런데 삼성보고서가 "삼성공화국의 힘은 그 인적네트워크를 통해 발현되고 있음"을 강조하고 있는 데서 알 수 있듯이 밀리반드식 접근에 입각하여, 삼성공화국현상에는 삼성의 광범위한 인적네트워크의 힘이 주된 원인으로 작용하고 있다는 것을 주장하고 있다. 삼성보고서는 삼성의 이너서클이라는 소위 삼성네트워크의 인적구성을 1) 삼성에 취업한 고위공직자(5급 이상), 법조인(판검사 경력자), 언론인, 2) 삼성그룹 계열사의 사외이사, 3) 삼성그룹 관련 재단이사, 4) 삼성출신 고위공직자, 법조인, 정치인, 주요 경제·경영학회 임원 등으로 분류하여 분석하였다. 보고서에 따르면 삼성 인적네트워크는 로비스트의 기능, 법률적 위험(legal risk)에 대한 '방패막이'의 역할, 그리고 삼성의 이해관계와 가치를 사회 전체의 바람직한 모델 내지 유일한 모델로 포장하고 이를 대변하는 기능을 하고 있다는 것이다. 삼성 인적 네트워크의 전체 인원수는 총 278명으로 파악되었는데 좀 더 구체적으로 보면 사외이사가 99명(전체의 35.6%)으로 가장 많고, 다음이 재단이사 85명(30.6%), 삼성에 취업한 고위공직자 44명(15.8%), 법조인 28명(10.1%) 순이다. 경력별 분석을 보면 관료가 101명 (34.4%)으로 가장 많고, 그 다음이 학계 87명(29.6%), 법조인 59명 (20.1%), 언론인 27명(9.2%) 순이다. 진보적인 노무현정부 들어서도 삼성의 인사들이 다수 입각을 하고 삼성에 의한 전직 관료나 판검사를 영입하는 추세가 더욱 강화되고 있음을 보고서는 지적하고 있다. 참여정부 출범 이후 3년(2003~2005년)과 그 이전 3년 (2000~2002년)간 삼성에 취업하거나 사외이사가 된 관료나 법조인의 수를 비교해 보면, 참여정부 이후에 각각 34명과 22명으로 그 이전의 25명과 12명에 비해 크게 증가하였다. 그리고 삼성의 관료 네트워크와 법조계 네트워크에서 노무현정부 들어와 취업한 관료와 법조인이 차지하는 비율은 각각 63.6%와 68.2%로, 이전의 40.3%와 37.1%에 비해 크게 증가하였다.

삼성공화국현상을 이처럼 밀리반드식 접근으로 보는 것이 인적네트워크의 구체적 현황을 분석하고 있다는 점에서 매우 흥미를 끌기도 하지만 삼성공화국현상을 노무현정부 시기에 조응하는 한국자본주의 체제의 맥락에서 이해하는 데에 크게 도움을 주지 못하는 것이 사실이다. 이러한 점을 보충하기 위하여 삼성보고서를 풀란차스식 접근에 입각하여 보고서의 구체적 자료를 삼성 필두의 재벌이 지배하는 한국자본주의 시스템의 효과로서 이해하는 것이 의미 있는 일일 것이다. 즉 삼성의 영향력이 커지면서 노무현정부와 삼성의 이해가 일치하는 것으로 보이는 것에 삼성네트워크가 **원인**으로 작용하고 있는 것으로 분석할 것이 아니라 삼성네트워크는 단지 삼성 필두의 재벌이 지배하는 한국자본주의시스템의 **효과**로 이해하는 것이 현재의 한국자본주의 시스템의 국면적 특성을 이전 시기의 시스템 성격과 비교할 수 있도록 만드는 효과적인 정치사회학적 접근이다.

보고서가 삼성의 인적네트워크에 분석의 초점을 맞추고 있는데 그것은 실제로 존재하는 재벌인적네트워크의 작은 일부분에 불과한 것이다. 한국독점자본주의 시스템에서 정부조직과 독점자본을 연결하는 재벌인적네트워크는 삼성인적네트워크보다 훨씬 더 광범위하고 복잡다단하다. 따라서 삼성공화국현상 이전에 재벌공화국현상은 오래전부터 계속되어 왔고 현재도 재벌공화국 현상은 계속되고 있으며 재벌공화국현상의 국면적 현상으로 삼성공화국 현상이 이해될 수 있다. 노무현정권이 상대적 진보정권이라고 하지만 정권의 성격은 현(現)한국자본주의 시스템의 효과에 묻히고 만다. 즉 패권자본분파 삼성을 필두로 한 독점자본이 지배하는 한국자본주의 시스템의 효과로서 노무현정권도 친(親)삼성정권으로 변모한다. 지속적인 재벌개혁을 국정운영목표로 내세운 노무현정부는 단기적이고 정세적으로 대재벌 공세를 강화해도 기본적으로 시스템의 효과로서 나타나는 피막과 같은 자본주의 국가의 한계에 봉착한다. 진대제 전(前) 삼성전자사장의 정통부장관으로의 입각, 삼성계열사인 중앙일보 홍석현 사장의 주미대사 부임, 그리고 정부 내에 소위 말하는 '삼성장학생'의 포진 따위의 일들은 그저 별개의 사건들이 아니고 한국파워블록시스템 작동의 객관적 효과로서 나타난 것이다. 한국사회의 파워블록에서 삼성은 리더자본으로서 영향력을 확대하고 있으며 파워블록시스템의 재생산 과정에서 삼성의 이익이 객관적으로 보장되고 있는 것으로 보인다. 삼성의 이익이 고위 정부관료들이 의식도 못하는 사이 보장되고 있으며 친삼성적으로 보이는 정부의 행정조치, 국가권력에 대항하는 것으로 보이는 삼성의 행보, 이 모든 것들이 이제는 자동적으로 삼성을 위해 기능하는 파워블록의 재생산 메커니즘에 의거하여 일어나고 있다. 현재 노무현 정권시기에 조응하는 한국자본주의 시스템에서는 국가와 삼성을 필두로 한 재벌 일반의 이익이 객관적 작동에 의해 유지, 보호되고 있는 가운데 특히 삼성의 이익관철 현상이 뚜렷하게 나타나고 있다.

제4절 삼성공화국현상 II: 노무현 자본주의 국가의 장치 통일성

1. 자본주의 국가의 장치 통일성(통합–집중화)

풀란차스는 국가와 독점자본 사이에는 시스템재생산원리가 보장하는 구조적 연대가 존재한다고 보았다. 그러나 만약 좌파세력이 국가권력을 획득한 경우에는 국가의 친독점자본적 성격이 변할 수 있다고 보았을까? 그렇지 않다. 그는 결국 극가의 모든 정책이라는 것이 친독점자본적인 것으로 변하게 될 것이라고 말하고 있다. 이러한 이유에서 그는 비록 좌파가 국가권력을 잡더라도 자본주의 생산관계를 바꾸지 못하는 한 그다지 중차대한 일이 아님을 알고 있다. 그는 "비록 좌파정부가 극가의 부서와 국가기제를 정말로 장악하는 경우라도 그것이 정말로 국가에서 중심적 역할을 하고 그에 따라 실제권력의 주축을 구성하는 곳들을 항상 장악한다고는 볼 수 없다(Poulantzas, 2000: 138)"라고 말하면서 좌파세력에 의한 국가권력의 장악도 국가의 친독점자본적 성격을 변화시킬 수 없음을 강조한다.[12]

풀란차스는 이 같은 국가기능의 친독점자본성은 한편으로 앞에서

---

[12] 좌파정권의 한계를 지적한 풀란차스의 이론적 함의는 한국 유일의 대중좌파정당인 민주노동당의 진로에 어려운 이론적 과제를 부여하고 있다. 민주노동당은 강령에서 "사적 소유권을 제한하고 생산수단을 사회화"하는 체제의 구현을 지향하고 있어 민주사회주의로의 이행을 꿈꾸었던 풀란차스와 공동의 목표를 가지고 있다고 평가된다. 풀란차스는 자본주의 국가의 제도적 물질성과 통합–집중화 기능 때문에 좌파세력이 정권을 잡아도 생산수단을 사회화하는 사회주의로의 이행이 요원하고 다만 정경분리라는 그 물질성을 고려한 '민주사회주의'전략을 통해서 실현가능하다고 생각하였다. 이를 위해 구체적으로 **"어떻게 해야 정치적 자유 및 의회민주제도의 확장과 심화가 직접민주주의 형태의 전개 그리고 자치체의 생성 등과 맞물려 발전될 수 있도록 국가를 급진적으로 변형시킬 수 있느냐"** 하는 점에 고민하였다(원문 강조)(Poulantzas, 2000: 256). 그러나 문제는 풀란차스가 이렇게 방향만 제시했을 뿐 어떠한 구체적인 지침을 내놓지 못하고 갑작스런 죽음을 맞이했다는 것이다.

보았듯이 자본주의 국가의 제도적 물질성 때문으로 생각하고 있으며 또 다른 한편으로 국가기제 수준에서 국가기제란 종국적으로 독점자본의 이익관철을 지향하는 통합－집중화의 기능을 갖추고 있기 때문으로 생각하고 있다. 친독점자본적 기능으로 수렴하는 국가의 장치 통일성 때문에 기타 계급분파를 대표하는 정책의 입안도 결국 친독점자본적 정책으로 탄생하고 만다는 것이다. 비록 "국가란 일종의 힘의 관계, 좀 더 정확히 계급들 그리고 계급분파들 사이에 존재하는 관계의 물질적 응집이다"라고 주장하지만 그는 국가는 결국 최종 분석에서 패권계급/패권계급분파의 이익을 위할 수밖에 없다는 생각에서 "국가란 순수하고 단순한 관계 혹은 관계의 응집이 아니다. 그것은 계급들과 계급분파들 사이에 존재하는 관계의 **특수한 물질적 응집이다**"라고 주장하고 있다(원문 강조)(Poulantzas, 2000: 128~129). 그는 국가를 단순히 관계의 물질적 응집이라고 본다면 국가의 친자본적 통합－집중화 기능을 설명할 수 없다고 생각하는 것이다. 즉 국가가 단순한 물질적 응집이 아니라 특수한 물질적 응집이기에 기타 계급분파들을 대표하는 정책의 입안도 결국 친독점자본 정책으로 탄생하게 된다고 보고 있다. 풀란차스가 생각하기에 비록 국가의 "많은 부서와 기제들 사이에 그리고 심장부에 내부 갈등"이 존재하지만 "국가의 정책은 지배계급에 우호적으로 확립된다." 왜냐하면 그림3)에서 보듯 "국가는 보통 **구심성**(centralism)으로 지칭되는 **장치 통일성**(apparatus unity)을 가"지고 있기 때문이다(원문 강조)(Poulantzas 2000, 132~133). 국가 내의 부서들 사이에 많은 갈등이 존재하더라도 결국에 자본계급과 독점자본계급분파의 이익과 지배를 보장하는 국가의 통합－집중화기능이 존재한다는 것이다. 그는 다음과 같이 말하고 있다.

오늘날 독점자본을 선호하는 국가의 통합-집중화는 따라서 아주 복잡한 과정을 통하여 확립된다. 국가제도들은 어떠한 지배적인 메커니즘들, 양식들, 의사결정체들이 독점자본 외의 이익에 대해서는 열리지 않도록 변화하며, 국가의 어떤 '다른 곳'에서 자본의 다른 분파들을 위하여 생겨난 국가정책이나 조치들을 차단하는 거점들이 된다. ……패권계급이나 계급분파는 그들의 이익을 이미 실현시키고 있는 국가기제를 지배적 지위로 확립시키기도 하고……장기적으로 모든 지배적 국가기제는 패권분파의 이익을 위한 **특권처**가 되는 경향이 있고 패권관계의 변화를 반영하는 경향도 있다. 국가권력의 통일성은 어떤 기제들이 다른 것들에 종속되게 만드는 하나의 사슬을 통하여 확립되기도 하고, 패권 분파의 이익을 구현하는 특정한 국가기제와 부서(군대, 정치경찰, 내각 등 그 무엇이든 간에)가 행하는 지배 다시 말해 파워블록 내 다른 계급분파들의 저항 거점들이라 할 수 있는 다른 부서들과 기제들에 대한 지배를 통하여 확립되기도 한다(인용자 강조)(Poulantzas 2000, 137).

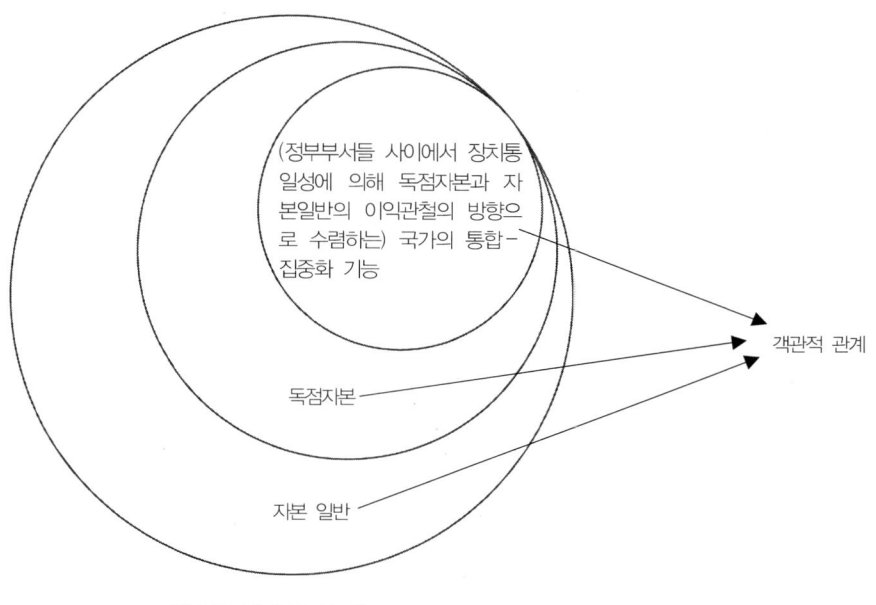

민족 국가내의 두 시스템

그림 3) 국가의 통합-집중화 기능

2. 노무현 자본주의 국가의 장치 통일성

노무현정부에서 재경부와 금감위의 친삼성 역할이 줄곧 논란의 대상이 되어 왔다. 삼성보고서도 역시 이 문제를 다루고 있다. 보고서에 따르면 삼성에 취업한 공직자 10명 중 평균 8명은 감독기구 혹은 (준)사법기구 출신이다. 지난 10여 년 동안 삼성에 취업한 공직자는 총 74명이다(행정부 공무원 47명과 전직 판검사 27명). 이 중 82.4%(총 61명)가 재경부, 금감위 등의 행정감독기구나 경찰, 검찰, 법원과 같은 (준)사법기관 출신이었다. 행정부의 경우 재경부, 금감위, 공정위, 감사원 등 감독기관이 삼성 스카웃의 선호대상이 되었고 검사의 경우 특수부 출신처럼 기업 및 경제 관련 수사를 한 경험이 있는 검사들이 선호의 대상이 되었다. 특히 삼성그룹의 현안과 관련 있는 재경부의 금융정책 담당부서 경력자의 영입이 눈에 뜨이고 있음을 보고서는 지적하고 있다.

삼성보고서가 역시 밀리반드식 접근에 입각, 재경부와 금감위 출신의 삼성인사들이 재경부와 금감위의 친삼성 성격의 **원인**임을 부각하고 있지만 풀란차스의 관점에서 재경부와 금감위의 친삼성 기능은 앞에서 살펴본 노무현 자본주의 국가의 친독점자본적 통합 – 집중화 기능의 **효과**로 이해해야 할 것이다. 노무현 자본주의 국가의 통합 – 집중화는 재경부, 금감위 등의 많은 정부 부서의 장치통일성을 거쳐 독점자본 재벌의 이익을 관철하는 방향으로 기능하고 있다. 정세적 변화 등으로 인하여 통합 – 집중화 기능이 단기적으로 작동하지 못하는 시기도 있지만 결국 재벌에 요구에 부응하는 2007년 1월의 공정거래법개정안의 국무회의 의결에서 보듯이 장기적으로는 국가기제의 친재벌적 성격은 지속적으로 유지되어 오고 있다. 삼성보고서가 삼성에 취업한 공직자의 구체적 숫자 그리고 그들 중 대부분이 정부의 감독기구 혹은 (준)사법기구 출신임을 밝혀내었지만 그 구체적 숫자는 각 재벌에 취업한 공직자 전체 숫자 중 일부일 뿐이다. 이를테면 2001년부터 2006년까지 최근 6년간 재정경제부, 공정거래위원회, 금융감독위원회, 금융감독원, 국세청 등 경제관련 부처 및 건설교통부(2006년 5월 현재)에서 퇴직한 퇴직 후 취업제한제도 대상 고위공직자의 재취업 현황에 따르면, 조사대상 283명 가운데 80%인 243명이 재취업하였으며 이 중 189명이 금융회사 및 기업 등 기업체에 재취업한 것으로 나타났다. 구체적으로 기업체에 취업한 퇴직관료 189명 중 59명이 재벌에 취업한 것으로 나타났다.[13]

이처럼 재경부, 금감위 등의 경제관료가 재벌에 취업하는 사실과 검찰, 법원 같은 (준)사법기관 출신 고위공직자가 재벌로부터 스카웃을 받고 있는 사실은 그 부서들이 자본주의 체제의 재생산에 결정적 역할을 하는 핵심부서들이라는 점을 생각할 때 놀라운 일은 아닌 것으로 보인다. 흔히들 말하는 '모피아'가 위세를 펼치는 것은 이 점에서 이해할 수 있다. 노무현 자본주의 국가의 친재벌적(친독점자본적) 통합-집중화 기능은 선진자본주의 국가에서도 볼 수 있는 보편적 현상이며 현 시기에 일어나는 친삼성적 통합-집중화, 특히 재경부, 금감위의 뚜렷한 친삼성적 기능은 삼성의 경제 지배력에 조응하는 한국의 특수한 국면적 현상이다. 그림4)에서 보듯이 삼성을 필두로 한 재벌의 이익은 풀란차스가 통찰한 대로 노무현 자본주의 국가의 장치 통일성을 통하여 최종적으로 확립되고 있으며 재경부와 금감위가 핵심경제부서이기 때문에 기타 부서보다 삼성을 위하여 기능하는 현상을 뚜렷이 발현시킬 수밖에 없다.[14]

---

13) 참여연대, 경제 및 건설관료의 퇴직 후 재취업 실태 보고서(2007. 1. 23.), 퇴직 후 취업제한 제도 대상 공직자: 4급 이상 재산등록의무자 및 5~7급 이상 공직자 중 감사, 계약 등 업무 수행 공직자.

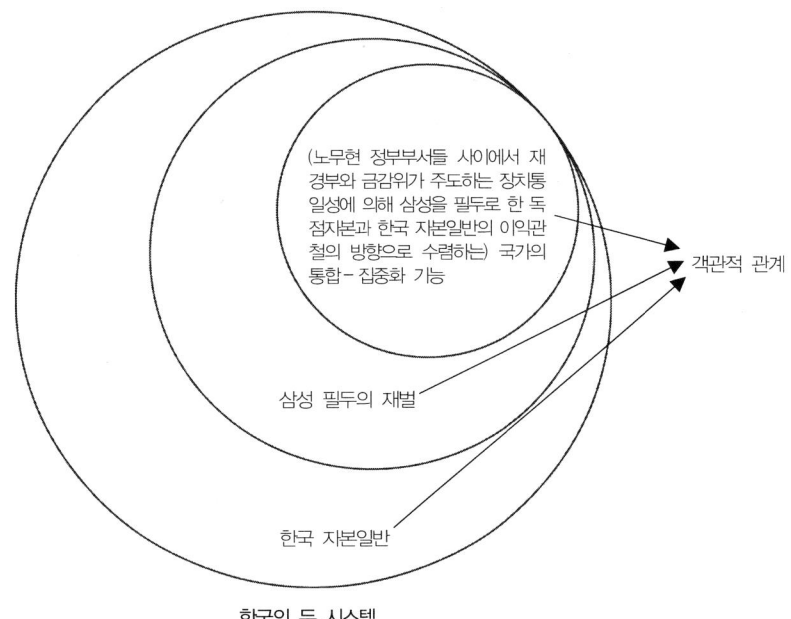

(노무현 정부부서들 사이에서 재경부와 금감위가 주도하는 장치통일성에 의해 삼성을 필두로 한 독점자본과 한국 자본일반의 이익관철의 방향으로 수렴하는) 국가의 통합-집중화 기능

객관적 관계

삼성 필두의 재벌

한국 자본일반

한국의 두 시스템

그림 4) 노무현 자본주의 국가의 통합-집중화 기능

14) 삼성보고서는 재경부와 금감위가 삼성의 특권처임을 구체적으로 밝히고 있다. 금감위는 삼성생명과 삼성카드 등 삼성그룹계열사들의 금산법 위반 행위에 대해 아무런 제재조치를 취하지 않았을 뿐만 아니라 관련사실을 제대로 발표하지도 않았다는 것이다. 그리고 재경부가 국회에 내놓은(2006년 12월 통과된) 금산법 개정안이 삼성생명과 삼성카드의 위법행위를 결과적으로 사후 합법화하는 내용이었음을 지적하고 있다. 정부 최종안에는 2004년 11월 입법예고 당시에도 없던 내용까지 부칙 조항에 추가되어 삼성생명 및 삼성카드의 금산법 제24조 위반행위를 완벽하게 합법화해 주고 있다는 것이다. 또한 삼성에버랜드의 금융지주회사법 위반 문제도 지적되고 있다. 2004년 4월 공정위는 삼성에버랜드가 공정거래법상의 지주회사에도 해당됨을 확인하고, 1년 이내에 법위반상태를 해소할 것을 명령했지만 금융지주회사법의 소관 부처인 금감위는 삼성에버랜드의 법 위반 사실을 확인하고도 자발적 처리 계획 제출만을 요구한 채 검찰 고발 등 형사처벌을 위한 법 집행을 유보했다는 것이다(김상조 2005). 신문과 방송에서도 이미 재경부와 금감위가 삼성의 특권처임을 뒷받침하는 많은 근거를 보도하고 있다. 정부부처의 많은 곳이 이미 삼성에 예속되어 가고 있다는 것이다. 재경부의 박병원 차관도 삼성사람이며 정부에서 삼성과 대결했던 금감위 이동걸 부위원장은 결국 밀려났고, 그 후 금감위는 삼성의 여러 불법과 편법을 덮어주는 조치를 취하고 있다는 것이다. 좀더 자세한 내용을 알기 위해서는 다음 자료 참조 요. KBS 추적 60분. "삼성공화국을 말한다" 2005년 8월 3일자 방송. "노 대통령, '금감위'냐 '공정위'냐?", 노컷뉴스(2005년 7월 14일); "삼성에 금융실명제 누설자, 현장부 고위관리", 프레시안(2005년 6월 28일); "삼성공화국 파문 국무회의까지 번져", 한겨레신문(2005년 2월 7일); "삼성공화국 선포한 정부의 금산법 개정안", 참여연대논평, 뉴스와이어(2005년 7월 5일).

제5절 맺으며

 이 글은 과거정권보다 상대적으로 진보적이라는 (일부 세력으로부터 좌파정권이라고도 불리는) 노무현정권이 대(對)자본관계에서 보이는 한계를 국가론의 시각에서 읽어보았다. '삼성공화국' 현상에 나타나는 노무현 자본주의 국가의 미약한 자율성과 친삼성적, 친재벌적 일면은 국정운영의 리더십이라든가 정세적 변화 등과 무관치 않겠으나 기본적으로 자본주의 국가의 구조적 한계와 시스템재생산원리의 맥락에서 이해할 수 있다. 그러나 이 글이 시스템재생산원리와 자본주의 국가의 한계를 조명한다고 하여 회의주의적 시각에서 현재 한국사회에서 진행되는 사회개혁을 위한 다양한 시민운동이 결국 소용없는 것임을 강조하는 것으로 이해되어서는 안 될 것이다. 그렇지만 최종 분석에서 자본일반이 그리고 재벌이 지배하는 시스템의 재생산은 계속될 것이라는 풀란차스의 통찰은 곰곰이 씹어볼 가치가 있으며 그러한 맥락에서 삼성공화국 현상을 경험적 수준에서 분절하여 읽지 않고 이론적 수준에서 총체적으로 이해하는 시도를 하였다.
 이러한 시도를 하면서 이 글은 다음의 두 가지 문제를 다루었다. 첫째, 삼성공화국의 정의와 관련한 것으로서 삼성공화국이란 재벌공화국을 말하며 다만 최근 삼성이 재벌 중 뚜렷한 선두주자의 역할을 하고 있는 가운데 삼성의 이익이 두드러지게 관철되고 있다는 의미에서 삼성공화국이라 말할 수 있음을 주장하였다. 삼성공화국이란 한국자본주의 시스템이 재생산되는 가운데 자본주의 국가와 최강자본분파 삼성이 주도하는 독점자본 재벌 사이의 객관적 관계하에서 재벌 일반의 이익이 유지되고 보호되는 현상이라고 정의하였다. 표면에서 드러나는 노무현 정부의 친삼성적 기능은 삼성 필두의 재벌이 지배하는 한국자본주의 시스템의 효과로서 그리고 지배계급과 지배계급분파의 이익을 관철하는 방향으로 기능하는 자본주의 국가기제의 통합 – 집중화의 효과로서 이해해야 할 것임을 강조했다. 두 번째 만약 삼성공화국의 문제가 있다면 그것이 무엇이며 과연 그것으로부터 벗어날 수 있겠는가의 질문을 서론에서 제기하였는데 이에 대해 답하면서 본 연구를 마치고자 한다.

한국사회의 모든 구성원들은 삼성공화국, 즉 삼성 필두의 재벌공화국에 존재하고 있다. 재벌공화국은 양차원의 의미를 내포하고 있어서, 한편으로 국가와 독점자본 사이의 객관적 관계하에서 재벌의 이익이 유지되고 보호되는 정치경제의 시공간으로 정의되는 재벌공화국에 우리는 존재하고 있으며 동시에 다른 한편으로 X파일 사건에서 극명하게 드러나듯 정경유착의 주역인 독점자본의 영향력이 지배하는 정실자본주의(crony capitalism)의 공간으로 정의되는 재벌공화국에 우리는 살고 있다. 따라서 우리는 전자의 보편성과 후자의 한국적 특수성의 공간에 모두 존재하고 있는 것이다. 그런데 여기서 분명히 해야 할 것은 전자로서의 재벌공화국은 자본주의 발전단계에 조응하는 보편성의 공간이고 후자로서의 재벌공화국은 한국적인 특수성의 공간이기 때문에 재벌공화국에 문제점이 있어 그것에서 벗어나야 한다면 그것은 후자로서의 재벌공화국에서 탈피를 의미한다는 점이다. 현 자본주의 발달국면에 조응하는 정치경제의 시공간으로서의 재벌공화국에서 우리는 벗어날 수 없다. 미래의 생산력 발전과 생산관계의 변천이 어디를 지향하는지 알 수 없으며 따라서 독점자본주의라는 시공간의 국면이 언제까지 계속될지 알 수 없다. 이러한 이유로 만약 재벌공화국을 벗어나야 하는 것이 우리의 당면한 과제라면 그것은 한국적 천민자본주의 세력이 주도하는 시공간으로부터 벗어나는 것을 말하는 것이다.

후자로서의 재벌공화국에서 벗어나는 길은 전자로서의 재벌공화국에 존재하는 국가와 재벌 사이의 객관적 관계에 순응하는 것으로 가능하다. 자본주의 체제의 변혁을 꿈꾸는 사회주의자들에게 국가와 독점자본의 객관적 관계에 순응해야 한다는 것은 결국 자본주의 체제를 존속시켜야 한다는 것을 의미하기 때문에 그들에게 최선의 지향점은 아닐지 모른다. 그러나 자본주의 시스템재생산에 변화를 가할 구체적 전략이 없다는 점, 즉 민주사회주의로의 이행을 위한 구체적 이정표도 완성하지도 못하고 있다는 점을 고려하면 최소한 차선책이 될 수는 있을 것이다. 왜냐하면 객관적 관계에 순응하는 것을 통해서 적어도 한국적 특수성의 공간으로 정의되는 재벌공화국의 기반을 흔들 수 있기 때문이다.

국가 – 재벌 사이의 객관적 관계에 순응한다 함은 첫째, 정경유착으로 상징되는 '공모관계'를 철폐해야 한다는 것을 의미한다. 그동안의 공모관계는 국가 – 재벌 사이의 '주관적 관계'를 설정해 왔고 이것은 계급 갈등의 악화, 국가와 시민사회 영역의 갈등, 대재벌 국가 자율성의 약화, 한국적 천민자본주의 속성의 심화로 연결될 수밖에 없음을 우리는 지켜보았다. 객관적 관계에 양자가 순응하게 되면 개별자본 삼성과 현대가 각각 8천억 원과 1조 원의 기부금을 마지못해 사회에 헌납하지 않아도 한국자본주의 시스템의 재생산이 자연스럽게 일어나는 시공간을 만들어 낼 수 있다. 국가와 재벌 양자가 객관적 관계에 순응한다 함은 둘째, '공세와 저항 관계'의 종식을 의미하기도 한다. 이것은 국가와 재벌 사이에 바람직한 상대적 분리가 존재하게 된다는 것으로서 국가가 그토록 호소하는 '자율적인 재벌개혁'이 진행되는 것을 의미하는 것이며 또한 재벌이 그토록 주장하는 '시장경제원칙'이 확립되는 것을 의미한다. 재벌이 자체적으로 개혁에 임하여 결과적으로 시스템 안정화를 위한 국가개입의 공세가 원천봉쇄될 경우 자본주의 시스템의 구조적 특성인 정경분리의 형태가 유지되면서 국가-자본 사이에는 객관적 관계가 유지될 수 있을 것이다. 객관적 관계에 순응한다는 것이 매우 추상적으로 들리지만 그것을 구체화하여 실천적 지침을 만들어 내는 것은 재벌공화국을 탈피하려 하는 사람들이 풀어야 할 과제이다.

제 3 장
국가형태와 국가정책:
김대중정부의 재벌정책 분석을 중심으로

제1절 들어가며

그동안 맑스주의 국가론은 자본주의 이전의 시대에 존재하던 국가 형태와 비교되는 자본주의 국가의 일반적 형태, 즉 자본주의 국가유 형을 연구하는 데 유용한 이론이기는 하지만, 자본주의 발전 도상의 특정한 국면에 조응하는 구체적 형태의 자본주의 국가를 경험적 수준에서 분석하는 데 유용하지 않다는 비판을 받아왔다. 그런데 이 글은 맑스주의 국가론을 분석틀로 하여 한국의 김대중정권을 자본주의 국가로서 구체적 수준에서 분석하는 시도이다.[1]

이 글은 김대중정권의 재벌정책을 자본주의 국가형태의 구조적 맥

---

1) 이 연구에서 선별적으로 김대중정부, 김대중정권, 그리고 김대중(자본주의)국가의 용어를 사용 하였다. 행정부의 정책을 논하는 수준에서는 정부, 의회를 중심으로 형성된 파워블록 공간에서 펼쳐지는 정치를 논하는 수준에서는 정권, 사회계급들과의 관계 및 자본주의 경제시스템의 재 생산에 개입하는 총체적 제도의 수준에서 논의할 때는 국가의 용어를 사용하였다.

락에서 분석한다. 맑스주의 국가론의 근간이라 할 수 있는 국가형태의 구속성 테제를 구체적 수준에서 증명하기 위해 '김대중국가형태'를 규정한다. 여기서 김대중국가형태란 국가와 사회계급들의 정책과 활동을 제어하는 구조로 이해되어야 한다. 김대중국가형태는 제 요소의 결합체, 즉 국제경제 차원에서 '심화된 대외종속(IMF체제)', 국내 사회계급들의 세력변화 차원에서 '노동세력의 신장', 그리고 구체적 정치적 상황의 차원에서 '취약한 소수정권'이라는 세 가지 요소들의 총합으로 규정된다. 따라서 이 글은 삼중 총합의 김대중국가형태가 김대중 정권의 재벌정책에 미치는 영향을 주된 목표로 삼는다.

이 시도는 다음과 같은 문제들에 대한 해답을 제공해 준다. 첫째, 정권전반기 상당한 수준의 국가자율성을 유지하며 국가정책을 추진하던 김대중 정권이 후반기에 급속도로 몰락한 배경에는 무엇이 있는가? 둘째, 김대중 정권이 '자유민주주의와 시장경제의 병행발전'이라는 정치적 수사를 표방하였으나 실제로 강력한 시장개입의 행태를 보인 바, 이 같은 상충성은 어디에서 기인하는가? 셋째, 김대중정권의 후반기에 뚜렷이 나타나기 시작한 재벌 개혁의 후퇴는 어떻게 설명해야 하는가? 넷째, 노사정위원회의 출범이 상징하듯이 한국 노동은 김대중정권 초기에 전례 없는 파워를 구가했으나 무슨 이유로 김대중정권 전반에 걸쳐 투쟁목표달성에 실패하였는가? 나는 김대중국가형태의 분석을 통하여 구조적인 측면에서 해답을 찾을 것이다.

제2절 자본주의 국가형태

자본주의 국가형태는 주로 자본주의 국가의 계급적 성격이라든가 상대적 자율성의 문제와 밀접하게 관련되어 논의되어 온 주제이다. 논의의 중심에는 국가형태의 구속성 테제가 자리 잡고 있다. '자본주의 국가는 최종분석에서 친자본적일 수밖에 없다'라든가 '자본주의 국가는 절대적 자율성을 확보할 수는 없다' 등의 명제에는 자본주의 국가는 그것의 형태로 인하여 자유로울 수 없다는 의미가 함축되어 있다. 이러한 맥락에서 자본주의 국가형태는 국가정책의 향방을 구속하는 틀로서 이해되고 있다.

그런데 자본주의 국가형태의 개념은 다른 추상성의 수준에서 이해되고 있다. 가장 고도의 추상성 수준에서 논의되는 자본주의 국가형태란 자본주의 시스템에 존재한다는 정치적인 영역과 경제적인 영역의 분리를 의미한다. 제1장에서 상세히 살펴보았듯이 이 분리는 가장 일반적인 자본주의 국가형태로서 자본주의 국가유형이라고도 불린다. 모든 자본주의 시스템, 즉 한국, 일본, 영국, 미국 등에서는 정치적 영역과 경제적 영역의 분리가 공통적으로 나타나고 있다. 이 정경분리로 특징지어지는 자본주의 국가형태의 문제는 주로 정통맑스주의, 풀란차스국가론, 그리고 독일 국가도출톤의 세 가지 다른 접근에서 연구되어왔다. 이들은 모두 이 정경분리의 국가형태가 국가의 계급성격을 결정하고 국가의 자율성을 억제하고 있다는 구속성 테제에 의견을 일치하고 있다. 다만 정치와 경제의 분리를 보는 정도의 차이를 보이고 있을 뿐이다.

정경분리에 대한 정통맑스주의자들의 이해는 토대–상부구조의 개념에 반영되어 있다. 그들은 정경분리를 과소평가하고 정치를 경제라는 하부구조의 부가적 현상 정도로 이해하고 있다. 이에 따라 그들은 경제 환원론의 오류에 빠진다는 비판을 받고 있다. 그들의 이해는 국가를 부르주아지를 위해 일하는 "공식적 대표자"(Engels, 1988: 65)라든가 "특별한 기계"(Lenin, 1988: 168)에 비유하는 것에 잘 드러나고 있다.

이와는 반대로 풀란차스는 정경분리를 과대평가하여 국가의 자율성을 지나치게 강조하고 있다는 이유로 '정치주의자'라는 비판을 받아왔다. 국가도출론자들은 풀란차스가 정통맑스주의자들에게 과잉반응을 보이면서 극단에 위치하고 있다고 비판한다. 이들은 정통맑스주의자들과 풀란차스가 서로 양분법적 극단에 위치하고 있다고 주장하면서 자신들의 접근방법이 양분법의 오류에서 벗어나는 중도적 접근방법임을 강조하고 있다. 국가도출론자들 중 일부는 자본주의 국가의 형태란 자본주의 생산관계의 성격, 즉 계급투쟁에서부터 도출되어야 한다고 주장하며(Hirsch, 1979; Holloway and Picciotto, 1979) 다른 일부는 자본주의 국가형태란 자본주의 생산양식 내의 자본의 일반법칙으로부터 도출되어야 한다고 주장하고 있다(Blanke et al., 1979).

주목해야 하는 점은 세 가지 접근이 비록 정경분리를 보는 정도에 차별성을 보이기는 하지만, 그들은 공통적으로 정경분리가 야기하는 구속성에 그들의 주장을 기반하고 있다는 것이다. 국가도출론자들이 풀란차스가 정경분리의 구속성을 과소평가하여 정치의 자율성을 지나치게 강조한다며 그를 '정치주의자'라고 비난하고 있지만 그들은 풀란차스가 제시한 국가의 '상대적 자율성'의 개념에서 '자율성'의 부분만을 너무 강조하고 있음이 지적되어야 한다. 풀란차스 역시 정경분리의 구속력을 명확히 의식하고 있고 이에 따라 그가 국가의 절대적 자율성이 아닌 **상대적** 자율성을 강조하고 있는 점에 충분한 주목이 필요하다. 정경분리는 자본주의 국가의 가장 일반적 형태이고 국가정책은 이 형태가 부과하는 구속성에서 결코 자유로울 수가 없다.[2]

제3절 구체적 수준의 국가형태 분석 전략: 풀란차스의 경우

이 논문이 분석하는 대상은 정경분리로 특징되는 가장 일반적 형태로서의 김대중자본주의 국가가 아니다. 분석의 대상은 1998~2003년까지 국내적 – 국제적 환경에 조응하는 구체적 형태의 김대중자본주의 국가이다. 자본주의 국가를 구체적 수준에서 분석하는 것은 국가가 조응하는 국내외적 환경의 복잡다단한 변수들을 연구에 감안해야 한다. 가장 일반적인 형태로서의 자본주의 국가는 모든 선진자본주의 국가가 이에 해당한다. 그러나 모든 자본주의 국가는 구체적 형태로서 그 발달 정도가 국경마다 각각 다르며 고유의 특징을 가지고 있다. 즉 한국과 일본이 서로 다르고 미국과 영국이 서로 다르다. 더 나아가 보다 구체적인 수준에서는 국경 내에서도 각 정권마다 그 형태가 상이하다고 할 수 있다. 이러한 점에서 영국의 토니 블레어

---

2) 그러나 국가형태의 구속성 테제는 비판으로부터 자유로울 수 없다. 다음과 같은 질문이 가능할 것이다. 첫째, 국가형태 때문에 국가정책의 성패는 이미 결정 나 있는가? 둘째, 정경분리의 국가형태는 결국 최종적으로 노동에 대한 불리한 국가정책과 직결되는가? 제솝(Bob Jessop)은 바로 이러한 문제에 부심해왔다. 그는 정치적인 것의 국가와 경제적인 것의 자본논리 사이에는 불상호성(non – correspondence)이 있음을 강조하면서 국가론 분야에서 전략 – 관계론적 접근 방법을 도입하였다. 제솝에 따르면 정경분리는 자본주의 사회에서 국가의 행위에 제한을 가하는 구조로 인식할 수 있는 것이 사실이나, 그 분리라는 것은 동시에 양날의 칼이라고 주장하고 있다. 그는 뒤집기 해석을 통해, 그 정경분리란 국가가 자본의 법칙에 반하는 행위를 할 수 있도록 만들어 주는 구조적 특징이라고 말하고 있다. 제솝은 국가의 자율성을 긍정적으로 평가하면서 국가를 "전략의 장, 전략의 생산자, 그리고 전략의 생산물로 분석 가능한 사회관계"라고 주장한다 (Jessop, 1990: 255).

정권이 마가렛 대처 정권과의 구분됨을 알 수 있고 한국에서 전두환, 김영삼정권과 김대중정권이 모두 정경분리라는 일반형태를 가지고는 있으나 제각기 독특한 형태를 가진 자본주의 국가라고 말할 수 있다.

여기서 김대중 자본주의 국가형태를 구체적 수준에서 정의하기 위한 사전 노력으로서 풀란차스가 파시스트국가를 어떻게 구체적 수준에서 정의하였나 분석해 보자. 나는 김대중정권이 파시스트 정권 같은 독재정권이라고 말하는 것이 아니다. 파시스트국가도 자본주의 국가인데 이것을 분석한 풀란차스의 방법을 똑같은 자본주의 국가인 김대중국가의 형태를 정의하는 데에 적용하겠다는 것이다.

풀란차스는 정경분리라는 자본주의 국가의 일반형태를 공유하는 구체적인 형태의 자본주의 국가들로서 자유방임국가/개입국가 그리고 정상국가/예외국가를 연구하였다.3) 그리고 더욱더 구체적 형태의 자본주의 국가로서 그는 파시스트국가를 연구하였다. 풀란차스에 따르면 파시스트국가는 가장 일반적 국가형태 수준에서 자본주의 국가이면서 그 하위 수준에서는 예외국가다. 그에 따르면 파시스트국가는 자본주의의 정치적 위기의 시기에 출현했다. 그는 다음과 같이 말한다.

> – 파시스트국가는 특정한 **국가형태**로서 정치적 위기로 인한 필요에 조응하는 예외국가이다. 따라서:

---

3) 풀란차스는 자유방임국가와 개입국가의 구분을 자본주의 생산양식의 구조 측면에서 시도하였다. 그리고 정상국가와 예외국가의 구분을 사회계급의 힘의 역학관계 측면에서 시도한다. 이 정상국가와 예외국가의 구분은 그람시의 자본주의사회의 구분에 기반하고 있다. 그람시는 자본주의 사회에서 부르주아지의 피지배계급에 대한 지배는 주로 헤게모니의 유지를 통하여 이루어져 왔는데, 대부분의 선진 자본주의 사회에서 부르주아지가 헤게모니를 유지하고 있으며 이것이 '정상' 자본주의 사회이며 헤게모니가 유지되지 않아 폭력적, 물리적 힘으로 계급지배가 이루어지는 사회를 '예외' 자본주의 사회로 간주하였다. 이에 근거, 풀란차스는 부르주아 헤게모니가 안정적인 국가를 정상국가 그렇지 못한 국가를 예외국가로 구분한다 (Poulantzas, 1974: 332~334; 1978: 208; Jessop, 1990: 65~66).

1. 그것은 같은 단계(제국주의 단계)에는 같이 속하나 똑같은 종류의 위기를 경험하지는 않는 다른 사회구성체들의 국가와는 **상이 한** 형태를 가졌다.
2. 그것은 제국주의 발전단계에 속하는 다른 국가들과 **공통의 특징**들을 공유한다. 그것은 [국내 사회구성체 수준에서 일어나는] 위기를 대처해야 하는 동시에 이 특정한 단계 [국제 수준의 제국주의 단계]에서 그것에 요구되는 기능들을 수행해야 한다(Poulantzas, 1974: 310, 원문 강조).

위에서 우리가 분석해 낼 수 있는 것은 풀란차스는 파시스트국가를 국제수준에서 제국주의의 발전단계에 조응하고 국내적 수준에서 자본가의 헤게모니가 갖추어지지 않아서 정치적 위기를 내포하고 있는 예외국가로 보고 있다는 점이다. 다시 말해, 풀란차스는 국가의 형태를 규정함에 있어 외부적 요인으로 국제수준에서 국가가 차지하는 위치 그리고 내부적 요인으로 부르주아 헤게모니 위기(넓은 의미에서 사회구성체의 특성)를 고려하고 있는 것이다.

그러나 주목할 것은 풀란차스는 위에 언급한 수준의 변수들만을 분석하여 파시즘의 기원을 찾으려 했던 것이 아니라는 점이다. 그는 파시즘의 요인들을 이전의 두 가지 수준에서 찾으려는 노력은 필연적으로 경제결정론의 오류에 빠진다고 생각하였다. '공개적 독재체재'로 정의되는 파시즘 현상을 충분히 설명하기 위해서는 두 가지 수준의 경제적 변수만을 고려해서는 충분하지 못하고 구체적인 정치적 요인들을 반드시 고려해야 한다고 강조했다. 경제적 변수들만 생각해서는 유럽에서 왜 하필이면 독일과 이태리에서 '공개적 독재체제'가 탄생하게 되었는지 설명할 수 없다는 것이다. 그는 파시즘 분석에 반드시 정치적인 요인들을 고려해야 한다고 생각한다. 풀란차스는 파시스트 국가의 형태와 정치투쟁이 일어나는 정치공간의 사이에는 밀접한 상호 관계성이 존재한다고 생각한다. 그는 주장하기를

- 파시스트 국가는 또한 특정한 **정권형태**이다. 따라서:

1. 그것은 역시 예외국가에 속하는 다른 형태의 정권들과 **공통의 특징**들을 공유한다. 다른 형태의 정권들도 [파시스트정권처럼] 자본주의 발달 과정 중 일어나는 비슷한 유형의 정치적 위기들에 조응하는 점에서 그렇다는 말이다. 예를 들면 군부독재와 보나파르티즘.
2. [그러나] 그것이 특정한 정치적 위기와 특정한 계급관계들에 조응한다는 점에서 다른 형태의 정권들과는 **상이**하다(p.310)(원문 강조).

풀란차스에 따르면 파시스트 정권은 군부독재와 보나파르티스트 정권과 공통분모를 가진 예외국가이다. 세 개의 정권들 모두 예외국가로서 국내 사회구성체의 수준에서 부르주아 헤게모니가 불안정한 위기를 안고 있다는 말이다. 그러나 파시스트정권은 정권수준에서 군부독재정권과 보나파르티스트 정권과는 다른 특정한 위기를 가진 점에서 두 정권들과는 구별된다는 말이다. 즉 종합하면 파시스트 자본주의국가형태는 국제정치경제수준에서 제국주의 국가들 중 약한 고리이며, 국내의 계급 세력 균형 차원에서 예외국가로서 부르주아 헤게모니의 위기에 조응하며, 정권(regime) 수준에서 다른 정권들과는 차별적이고 구체적인 정치투쟁의 복잡한 상황에 조응하면서 특별한 위기들을 가지고 있는 정권이라는 것이다. 그는 이 세 가지 변수의 중층결정의 결과 '공개적 독재체제'라는 파시즘이 독일과 이태리에서 생겨난 것이라 주장하는 것이다.

이 글 역시 한국에서 김대중정권하 일어난 정치 – 사회현상이 세 가지 수준의 변수들이 복합적으로 중층결정하여 생겨난 결과로서 분석된다. 풀란차스가 고려한 이 같은 수준의 변수들이 모든 자본주의 국가 형태를 분석하는 데 있어 반드시 적합하느냐는 점에는 의문이다. 왜냐하면 구체적인 특정한 상황에 위치하고 있는 일개 자본주의 국가란 반드시 위에 언급한 세 단계 변수에만 가장 크게 영향을 받는 것이 아니기 때문이다. 구체적인 국가형태라는 것은 위에서 언급한 변수들 이외의 것들에 더욱더 심하게 규정받는 경우도 있을 것이다. 그럼에도 이 글은 한국의 김대중국가형태를 정의하는 데에 풀란차스의 방법을 적용하는 것이 매우 적절한 시도임을 입증한다.[4]

제4절 김대중 자본주의 국가형태

풀란차스는 파시스트 국가형태가 세 가지 수준의 변수에 의해 중층 결정되는 것으로 생각하였다. 나는 이것을 김대중 자본주의 국가분석에 대입, 김대중 자본주의 국가형태는 국제경제수준에서 IMF관리체제에 편입된 '심화된 대외종속', 국내사회계급들의 세력균형수준에서 '노동세력의 신장', 그리고 정권수준에서 '취약한 소수정권'의 총합으로 정의하겠다.

김대중국가형태는 '심화된 대외종속'의 특성으로 구성된다. 국제경제수준에서 한국은 전통적으로 종속국가이다. 이 전통적 종속은 1997년 외환위기의 발발 이후 더욱더 심화되었다는 점에는 이견이 없다. 한국은 IMF에 도움의 손길을 내밀면서 전례 없이 큰 액수인 570억 달러의 구제금융을 빌렸고 이의 대가로 국가경제의 전면적 개편이라는 조건을 받아들여야만 했다. 이 조건을 받아들임으로 해서 한국은 사실상 경제주권을 잃고 말았다. IMF는 긴축적인 거시경제정책, 금융부문의 개편, 그리고 무역자유화, 자본자유화, 기업경영투명성

---

4) 파시즘의 성립 메커니즘, 기능, 성격 등에 대한 심층적 분석은 독일에서의 파시즘 논의를 편집, 번역한 김세균 편역, 1987 『자본주의 위기와 파시즘』 참조.

과 지배구조의 개선, 그리고 노동시장의 개혁 등을 포함하는 국가경제의 전면적 개편조치들을 요구하였다(IMF, 1997a; 1997b; 1997c). 한국은 국가경제의 운영에 있어 대외 자율성을 완전히 잃었다.

IMF프로그램에 의한 한국의 종속은 전례를 찾아볼 수 없을 정도로 심한 것이었기 때문에 많은 전문가들은 한국에 구조적 개혁을 요구하였던 IMF의 조치들을 비판하였다. 한국에 부과된 IMF의 조치들은 구제금융을 차입하던 국가들에 부과하던 전통적 수준을 훨씬 넘는 가혹한 것이었다. 이에 따라 IMF가 통화위기를 이용해 한국에 근본적인 구조개혁과 제도개혁을 강제하고 있다는 비판이 있었다(Wade and Veneroso, 1998). 같은 맥락에서 IMF의 강제성을 비판하며 "한 국가의 경제적 구조와 제도들의 성격을 결정하는 일은 그 국가의 합법성 있는 정치제도가 주체가 되어야 한다"는 주장까지 제기되었다(Feldstein, 1998: 27). 김대중 정권은 IMF의 서울지부에 해당한다는 것이 일반적 평가였으며 IMF에 대한 충실성으로 김대중은 'IMF man'이라는 별칭까지 얻게 되었다(Cumings, 1998). 이 모든 것들이 '심화된 대외종속'이 김대중국가형태를 구성하게 되었음을 웅변해 준다.

김대중국가형태를 구성하는 또 하나의 중요한 요소는 '노동세력의 신장'이다. 브루스 커밍스는 한 논문에서 한국이 군사정권하에서 이룩해 낸 급속한 경제발전의 배경에는 국가, 재벌, 그리고 은행이 함께 손을 잡고 노동은 철저히 제외된 소위 '노동이 제외된 조합주의(corporatism without labour)'가 있었다고 말하지만 같은 글에서 김대중정권의 등장시기에 한국노동은 세계에서 가장 강력한 노조의 파워를 갖추고 있었다고 말하고 있다(Cumings, 1998). 수십 년 동안 박해로 설움 받던 한국노동이 드디어 만개의 꽃을 피운 것이었다.

김대중정권은 노동세력의 협조 없이는 국가위기를 극복할 수 없었다. 노사정위원회의 탄생배경을 민주적 지도자의 배려라고 볼 것인가? 그것보다는 노사정위원회의 발족이라는 '신조합주의'의 부상에는 바로 '노동세력의 신장'이 있었다.5) 노사정위원회의 탄생은 "국가와 다수 계급들 간의 어느 한쪽도 다른 쪽에 자기들이 선호하는 조치를 부과할 수 없는 가운데 이루어지는 이해충돌과 정책위기의 의도하지 않은 결과"로서 받아들여져야 한다(Schmitter, 1985: 36~37). 김대중정권은 과거 군사정권하의 상황과는 달리 노동이익 실현요구들을 봉쇄할 만한 위치를 구축할 수 없었다. 노사정위원회의 출현이란 국가와 계급세력들 간의 긴장된 세력균형의 결과 혹은 상호 간의 타협으로 이해되어야 한다. 한국 노동은 더 이상 국가 - 자본이 담합하는 가운데 거래되는 부가물에 아니었다. "국가는 노동을 제외하고 산업정책을 추진하는 것의 비용이 그것의 효용을 초과하는 것을 깨달았다"라고 보아야 한다(Schmitter, 1985: 48). 노사정위원회의 등장과 함께 한국노동세력은 신조합주의체제의 가장 큰 수혜자가 될 수 있는 구조적 위치에 있다고 전망되었다. "자유주의의 19세기를 뒤이어 20세기 조합주의 세기가 도래할 것임"이 전망된 것처럼 한국에서 김대중정권하에 신조합주의의 시대가 도래한 것으로 생각되었다(Manoilesco quoted in Schmitter, 1979: 7). 노사정위원회의 등장은 노동세력신장의 제도적 표현이었으며 김대중정권은 대재벌에 있어 국면적이나

---

5) 조합주의를 구분하기 위한 목적으로 몇 개의 접두어 묶음이 제시되어 왔다. Schmitter의 경우 독재적 성향을 띠면서 국가가 주도하는 조합주의를 '국가(state)' 조합주의 그리고 사회계급 등의 이익단체가 자율적이고 국가와 동등한 입장에서 참여하는 조합주의를 '사회적(societal)' 또는 '신(neo)'조합주의라고 일컫는다(Schmitter, 1979: 20). 같은 맥락에서 조합주의를 구분하여 Lehmbruch 각각 '독재적(authoritarian)' 그리고 '자유적(liberal)' 조합주의라 칭하고 있다(Lehmbruch, 1979: 121). 흔히들 박정희정권을 조합주의 정권이라고도 평가하는데 이를 김대중정권과 구분하자면 박정희정권을 '국가' 조합주의 체제 그리고 김대중 정권을 '신' 조합주의 체제라고 부를 수 있을 것 같다.

마 힘의 상대적 우위를 확보한 노동세력에 조응하는 역대 최초의 한국 자본주의 국가였다.

김대중국가형태는 정권수준에서 '취약한 소수정권'의 특징으로 구성되었다. '취약한 소수정권'은 정치파워블록(정치권) 내의 통합성이 불안정하다는 것을 의미한다.[6] 이것의 불안정은 곧 국가 통합성의 불안정이다. 패권세력의 지배 아래 이루어지는 정치파워블록의 통합성이 곧 국가권력의 통합성이기 때문이다. 이 통합성의 불안정은 국가 자율성의 상실로 이어진다. 따라서 모든 정권은 정치파워블록, 즉 정치권 통합을 모색하는 정치프로젝트(state project)를 추진한다. 독재정권은 군대나 경찰 같은 폭력적 국가기제가 제공하는 물리적 힘을 통하여, 민주정권은 투명한 정치행위, 선거의 합법적 승리를 통하여 성취하려는 차이가 있을 뿐이다. 이 정치프로젝트의 성공은 민족-민중적(national-popular) 프로젝트와 결합하여 종국에 전체사회의 계급 및 계층의 분열을 통합시키는 헤게모니 프로젝트가 성공하기 위한 전제다.[7] 한국에서 정치프로젝트의 유형은 주로 국가권력을 장악하는,

---

6) 나는 풀란차스가 제시한 파워블록의 개념을 '정치파워블록'과 '사회파워블록'으로 구분하였다.

7) 제솝이 제시한 개념인 '국가프로젝트(state project)' 개념에 대한 혼동이 적지 않다. '국가 프로젝트'의 해석범위를 어떻게 볼 것이냐에 의견의 일치가 없다. 예를 들면 손호철은 김호기가 국가프로젝트의 해석을 단순히 국가 장치의 내적 통일성이라는 형식적 측면에 국한하고 있음을 지적하고 있다(손호철, 2002: 125). 국가프로젝트에서 국가를 어떠한 범위로 보느냐의 문제인데 나는 '국가프로젝트'를 '정치프로젝트'로 대체하고자 한다. 제솝은 "고정된 실체로서의 국가"는 없으며 "국가의 실질적 통일성은 선험적으로 주어지는 것이 아니고 [국가프로젝트에 의해] 정치적으로 구성"된다며 '국가프로젝트' 개념의 유용성을 강조한다(Jessop, 1990: 8; 353). 통합성 구축을 목적으로 하는 제솝의 '국가프로젝트'의 대상 영역은 한나라 전체 사회구성체가 아니라 정치권으로 보아야 한다는 것이 나의 생각이다. 즉 '국가프로젝트'란 국가의 정치권 통합프로젝트, 좀 더 정확히 말해 국가권력을 소유한 패권정치세력의 주도하에 이루어지는 정치권통합프로젝트이다. 이렇게 '국가프로젝트'를 이해해야 또 다른 제솝의 개념인 '민족-민중 프로젝트'와 '헤게모니 프로젝트'를 효과적으로 이해할 수 있다. 패권정치세력은 정치권 통합을 위한 정치프로젝트를 추진하며, 경우에 따라(이를테면 국가의 위기의 시기에) 애국심을 고취하는 민족-민중프로젝트도 병행하고, 더 크게 계급갈등을 잠재우고 시민사회까지 포함하는 국가대통합의 헤게모니 프로젝트를 추진한다는 것이다. 구체적으로 김대중정권과 관련해서 예를 들자면, 김대중 패권세력은 본문에서 소개하게 되는 정치프로젝트를 추진했으며

즉 행정부를 장악하는 패권정치세력이 의회의 다수의석을 확보하여 행정부와 의회의 일원성 및 통합성을 확보하려는 시도였다. 독재정권 하에서는 부정선거실시와 비민주적 제도장치(왜곡된 비례대표제 등)의 설치를 통해, 민주정권하에서는 한국적 후진성을 가지고는 있으나 합법적인 정계개편과 당 대 당의 통합 등을 통하여 정치권의 통합성을 구축하려는 노력이 이루어졌다. 독재정권에서든 민주정권에서든 패권정치세력은 의회 내에서 다수당의 위치를 열망한다. 다수당의 위치를 통해 비패권세력들의 도전을 안정화시킴으로써 정치권의 통합을 달성, 국가자율성을 극대화시킨다.[8]

1997년 12월 김대중은 대통령에 당선되었다. 김대중의 승리는 한국 정치파워블록의 재구성을 의미했다. 그동안 경상도 정치세력이 곧 패권정치세력이라는 전통적 구성이 깨지는 것을 의미하였고 패권 정치세력은 곧 의회의 다수당이라는 등식도 종료된 것이었다. 정치 파워블록의 전통적 구성이 깨진 것과 의회세력구성의 새로운 형태는 곧 김대중국가의 취약한 통합성을 의미했다. 김대중패권정치세력은 의회 내에서 절대적 소수였다. 이 점에서 김대중정권은 '분할 정부(divided government)'였다.[9] 정권이 시작할 무렵 집권당 국민회의 는 의회 299석 중 겨우 78석만을 점유하고 있었다. 김대중정치세력 은 국가권력을 담당한 패권세력으로서는 최초로 의회에서 소수세력 이었다. 이로써 정치프로젝트의 추진은 필수적 과제였다.

국가위기의식을 고취하며 애국심에 호소하는 민족 – 민중프로젝트(금 모으기 운동 등)를 적절히 펼쳤고 더 나아가 전 사회적 통합을 모색한 '제2건국운동'이라는 헤게모니 프로젝트에 나섰다고 볼 수 있다.

8) 이 점에서 2003년 민주당 분당 사건은 주목할 만하다. 민주당 분당의 정치학적 의미는 국가권력을 쥐고 있던 패권정치세력이 자발적으로 손과 발을 자르고 극소수 패권세력으로 탄생한 점에 있다. 노무현 패권정치세력은 이미 소수당이던 민주당을 깨고 열린우리당을 창당하여 극소수 패권정치세력으로 태어났다. 결과는 헌정사상초유의 사건인 대통령 탄핵이었다.

9) 미국에서는 정부가 의회를 장악하지 못하면 분할정부라 일컬어진다(Thorson, 1998).

분할정부의 형태로 표현된 김대중패권정치세력의 취약성은 DJP연합을 통해 보강되도록 기대되었다. 그러나 이 정치적 연합은 깨어지는 운명을 피할 수 없을 것으로 전망되었다. 두 정당 사이에 존재하는 이러한 이념적 차이는 연합정권의 안정성을 위협하는 최대의 적이었다. 이념이란 정당들의 핵심적 요소다. 그들이 공공의 지지를 얻어내는 기반이다. 정당들이 정체성을 유지하기 위하여 그리고 당의 통합성을 구축하기 위하여 연합이 깨어지는 일이 있더라도 정당들은 이념적 문제에 강경한 자세를 취한다(Narud, 1995: 19). 그들의 정치적 연합은 너무나 취약한 기반에 토대하였기 때문에 붕괴란 처음부터 임박한 것처럼 보였다. 김대중 자본주의 국가는 정권수준에서 '취약한 소수정권'의 특성으로 구성되었다.

제5절 김대중정권의 전개와 국가형태의 변화

　김대중정권은 위에서 살펴본 김대중국가형태를 구성하는 세 가지 수준의 변수들이 복합적으로 상호작용하고 중층결정하는 가운데 전 - 후반기의 두 시기로 구분된다. 우리는 김대중정권의 구분(periodisation)을 통하여 김대중 자본주의 국가에 대한 이해를 체계화할 수 있다.

　김대중정권의 전반기는 김대중의 취임으로부터 시작해 2000년 총선까지에 해당한다. 전반기는 국가자율성의 안정기라고 표현할 수 있다. 이 시기에 김대중정권은 '악화된 대외종속'을 이용하여 '신장된 노동세력'의 호전성에 응전하고 '취약한 소수정권'의 문제점을 보완한 시기이다. 동시에 김대중정권은 '취약한 소수정권'의 한계를 극복하고자 적극적으로 정치프로젝트를 추진한 기간이다. 다시 말해 김대중정권은 IMF의 지침을 적극적으로 포용하면서 재벌과 한국 노동으로부터 나오는 계급세력의 공세를 무력화시키고 거대야당 한나라당을 정점으로 하는 한국보수정치세력의 도전을 성공적으로 봉합한 기간이다. 이와 함께 소수정권의 취약성을 극복하기 위해 정계개편과 당 대 당 합당이라는 정치프로젝트를 필사적으로 시도한 시기이다. 즉 김대중정권은 대외국가자율성의 상실을 대내국가자율성의 증대로 전환시키면서 국가자율성의 안정을 이룩한 기간이다.

한편 김대중정권은 정치프로젝트를 꾸준히 추진하였다. 정치프로젝트를 통한 의회 내의 안정세력구축의 필요성은 명확했다. 김대중은 김종필을 초대 총리로 지명했지만 한나라당의 반대에 부딪혀 6개월 동안 정식총리 없이 국정을 운영해야만 했다. 한국적 유형의 정치프로젝트인 정개개편의 시도가 시작되었다.10) 그리고 좀 더 야심 찬 유형의 정치프로젝트인 신당창당도 시도되었다. 김대중 패권정치세력은 비정치권인사들의 영입은 물론 자민련과의 통합까지 포함하는 신당창당을 통하여 정치권 통합을 모색하였다. 그러나 정치프로젝트는 난국에 봉착하게 되었다. 김종필은 내부에서 강력한 저항을 받았다. 김종필은 결국 합당논의가 더 이상 없을 것임을 약속하였다.11)

---

10) 전통적으로 정계개편(political realignment)은 시민사회의 변화와 병행하여 연구되어 왔다 (Mair, 1994: 1~22). 정계개편은 주로 사회경제적 변혁을 뒤따르는 정당에 대한 정치적 지지의 변경을 전제로 한다. 주로 어떠한 이슈에 대한 유권자들의 성향변화의 결과로 여겨진 다(Clubb et al., 1980: 11). 주목할 점은 정계개편은 주로 종속변수로서 연구되어 왔다는 것이다. 그러나 한국에서는 사회적 변화나 유권자의 성향변화를 이끌어 내는 독립변수로서 정계개편이 심층적으로 연구될 만한 가치가 있는 것으로 보인다.

11) 경상도 출신의 자민련 의원들로 구성된 반대세력은 합당논의가 계속되면 당을 떠나겠다고 공언하였다. 또한 집단행동에 들어가며 김종필을 압박했다. 자민련 의원 55명 중 47명이 합당

2000년 총선 압승을 목표로 취임 이후 계속되어 왔던 김대중 패권정치세력의 정치프로젝트는 실패했다. 국민회의는 독자적으로 신당을 창당했다. 정치프로젝트의 실패는 김대중국가형태와 관련하여 중대한 함의를 가지고 있었다. 그것은 김대중정권이 IMF관리체제에서 벗어나 '악화된 대외종속'으로부터 벗어나게 되는 것이 결코 정권에 대한 축복이 아니라 고난의 길을 의미하는 것이었기 때문이다. IMF가 한국을 떠나게 되고 '취약한 소수정권'의 문제를 보완하려던 정치프로젝트는 결국 실패하게 됨에 따라 김대중정권은 거대세력의 파상적 도전을 홀로 대응해야 하는 구조에 빠지게 되었다.

김대중정권의 후반기는 총선 이후부터 정권의 종료시기까지이다. 이 기간은 국가자율성의 침몰기로 특징된다.

2000년 4월 총선은 김대중 패권정치세력이 '취약한 소수정권'이라는 구조적 한계를 극복하는 전기를 마련하게 되느냐 아니냐의 차원에서 중요한 것이었다. 결과는 김대중 정치세력이 과반수 의석을 확보하지 못하여 2년 동안 추진해 왔던 정권프로젝트는 사실상 실패로 드러났다.

정치프로젝트의 실패는 정권의 가시밭길을 예고하였는데 이 같은 우울한 전망은 김대중국가형태의 변화로 인해 더욱 심각한 것이 되고 있었다. 앞서 말했듯이 '악화된 대외종속'의 형태가 사라지는 것, 즉 IMF 관리체제의 졸업은 김대중정권이 의지하던 버팀목이 사라지는 것을 의미했다. 한국정부는 1997년 구제금융을 신청한 이후 11회에 걸쳐 IMF와 의무적인 정책협의회를 가졌다. 그러나 2000년 8월 마지막 정책협의회를 끝으로 자율적인 경제정책 시행을 하기 시작하

논의에 대한 반대서명으로 압박하자 김종필은 결국 "앞으로 합당논의를 하는 그 누구도 당을 떠나야만 한다"라고 선언한다(동아일보 1999년 12월 23일자).

였고 2001년 8월에 한국은 구제금융의 상환을 모두 마무리 지으면서 경제신탁통치에서 해방되어 경제주권을 완전히 되찾게 되었다. 그러나 이것은 '취약한 소수정권'의 형태적 특성이 전면에 대두되는 구조적 환경을 제공하게 된다. '악화된 대외종속'의 형태가 사라지면서 그동안 수면하에 봉합되어 있던 '취약한 소수정권'의 형태가 부상하는 현상이 김대중정권 후반기의 주된 특징이다.

김대중세력과 김종필세력 사이에 존재하는 이데올로기의 격차로 인하여 연합이 얼마나 오래갈지는 처음부터 의문이었지만 DJP연합이 3년이 넘게 유지되어 오고 있었다. 그러나 이 불안한 동거를 깨는 결정적 사건이 발생하였다. 이 결정적 사건이란 당시 온 나라가 이념의 대결로 양분되고 국론이 분열하고 있던 상황의 한복판에서 일어났다는 점에서 강한 파괴력을 예고하였다.[12]

2001년 8월 평양에서 광복절 기념행사에 참석한 방북단의 일원이 김일성 참배를 강행하였고 이는 한국의 보수세력을 격노케 하였다. 2001년 8월 말에 한나라당은 통일부장관 불신임안을 제출하였다. 9월 2일 주사위는 던져졌고 불신임안은 한나라당과 자민련의 공조 속에 국회를 통과하였다. 임동원은 정부에서 물러나야 했다. 불신임안의 통과는 3년간의 연합정권의 종료를 의미했다. 의회연합의 붕괴는 곧 행정부연합의 붕괴로 뒤따랐다. 자민련 출신 인사들에 의해 채워

---

12) 연정의 붕괴를 설명하는 몇 가지 관점이 있다. 먼저, 정당 사이에 존재하는 이념적 다양성 등의 구조적 문제를 연정의 붕괴 요인으로 보는 '전통적 접근(tradition approach)'이다. 이것이 DJP연정의 붕괴를 설명하는 데 적절한 것 같다(Axelrod, 1970; Dodd, 1974; 1976). 그러나 DJP 연합은 3년이나 버티어 왔던 점에서, 그래서 결정적 사건이 발발하지 않았다면 연정은 더 지속될 수도 있었다는 점에서, 돌발적으로 일어나는 결정적 사건을 연정의 붕괴요인으로 설명하려고 하는 '사건적 접근(event approach)'이 DJP 연합의 붕괴를 더 잘 설명해 준다고 볼 수도 있다(Browne et al., 1984; 1986a; 1986ɔ). 따라서 양자의 장점을 따라서 설명하는 중간적 접근방식이 한국의 DJP연합정권의 붕괴를 이해하는 데 가장 적합한 것처럼 보인다(Narud, 1995).

졌던 장관자리는 김대중의 사람들로 바뀌었다.13) 결과적으로 김대중 정부는 그동안 유지하던 '최소적 안정 내각(minimal winning cabinet)' 의 지위에서 '소형내각(undersized cabinet)'으로 떨어지고 말았다.14) 일반적으로 최소 안정내각의 상황에서 연정은 깨어지지 않는 것으로 알려져 있다. 내분이 일으키는 이념적 갈등이 존재하더라고 과반수 의 지위를 깨어버리는 연정의 붕괴는 쉽게 일어나지 않는다는 것이 다(Warwick, 1979: 465~498). 그러나 한국의 경우에는 적용되지 않 았다.

'취약한 소수정권'의 특성은 연정의 붕괴를 뒤이어 악화되었지만 그것이 이야기의 끝은 아니었다. 김대중 패권정치세력이 주도할 수 있는 정치권의 통합성은 이미 물 건너가고 있었다. 2001년 9월 연정 붕괴 이후 치러진 보궐선거에서 민주당이 완패한 후 벌어진 당내 파 벌싸움은 김대중정권이 돌아올 수 없는 다리를 건너는 과정이었 다.15) 치욕적인 패배로 인하여 김대중정치세력 내에서 내홍이 격화 되기 시작하였다. 국민들 사이에 불안을 증대시키면서 당파싸움이 걷잡을 수 없이 커져갔다. 이에 한나라당은 여당이 무너지면 야당도 무너진다며 무정부상태와 국가표류를 걱정하기에 이르렀다.16)

2001년 11월 8일 김대중은 보궐선거패배의 책임을 진다며 민주당

---

13) 임동원의 불신임안이 국회를 통과한 직후 김대중은 자민련인사들이 차지하던 건교부 등의 장 관직에 김대중의 사람들로 채우는 개각을 단행하였다.

14) 세 가지 유형의 내각이 구분된다. '최소안정 내각(minimal winning cabinet)은 하나의 당이라 도 빠지면 과반수의석을 구성할 수 없는 다수당들로 구성된 연합내각을 말하며 대형 내각 (oversized cabinet)이란 한두 개의 정당이 빠져도 과반수의석을 구성할 수 있는 다수당들 로 구성된 연합내각, 그리고 소형내각(undersized cabinet)은 소수내각과 같은 의미로 쓰인 다(Lijphart, 1984b: 266).

15) 당내의 파벌에 관한 개념 분석을 위해서는 다음 참조. Sartori 1976 Nicholson 1972; Zuckerman 1971.

16) 조선일보 2001년 11월 6일자.

총재직을 사임하였다. 설상가상으로 이후 김대중은 당적을 버리고 민주당을 완전히 떠나야만 했다. 각종 부정부패사건이 전국을 몇 달 동안 흔들어 놓아 2002년 6월 지방선거에서 민주당이 대패할 것으로 예상되자 김대중은 노무현 후보에게 정치적 부담을 주지 않기 위해 5월 당을 완전히 떠날 것임을 선언했다. 김대중은 2001년 11월 총재직을 사임한 데 이어 이번에는 사실상 정치인생을 종료한 것이다.

제6절 IMF와 재벌정책

이제부터 김대중국가형태의 구조적 맥락에서 김대중정권 전반기 국가와 독점자본 재벌의 관계를 살펴보자.

김대중정권이 초기에 '민주주의와 시장경제의 병행발전'의 정치적 수사를 표방했지만 실제로 시장에 강력히 개입하는 개입국가의 모습을 보였는데 이 같은 상충성은 자본주의 국가의 국면적 기능 측면에서 이해할 수 있고 더불어 김대중국가형태에 기인하는 것으로 분석되어야 한다.

김대중정권이 초기에 '민주주의와 시장경제의 병행발전'의 정치적 수사를 표방했지만 실제로 시장에 강력히 개입하는 개입국가의 모습을 보인 바, 이를 두고 한국국가의 "발전국가적 속성"이라든가 "이중적 속성"으로 표현하고 있는데(이연호, 1999: 238; 이연호외, 2002: 200), 이 같은 상충성은 자본주의 국가의 국면적 기능 측면에서 이해할 수 있고 더불어 김대중국가형태에 기인하는 것으로 분석되어야 한다.

김대중의 시장경제 창달의 구호는 취임 후 얼마 되지 않아 자취를 감추고 만다. 이 배경에는 첫째, 김대중정권은 국가경제위기의 와중에서 탄생한 정권이라는 점이 있다. 김대중정권은 무분별한 투자와 채무의 과잉 차입으로 국가경제 시스템을 흔들어 버린 재벌이라는 개별자본의 활동에 개입해야만 하는 국면적 기능을 요청받은 전체자본으로서의 자본주의 국가이다. 재벌정책이란 김대중 자본주의 국가가 경쟁이라는 자본의 본질적 특성에 지배받지 않는 '자본일반'으로서 사회 전체를 위하여 개별자본들의 가치증식을 단기적으로 제어하였던 행위이다. 따라서 김대중정권은 시스템의 위기에서 개별자본의 시장활동에 적극적으로 개입해야만 하는 자본주의 국가였다는 점에서, '시장경제창달'이라는 정치적 구호는 애초부터 실천하기 힘든 것이었다.[17]

그리고 둘째, 김대중정부의 시장개입의 강력한 형태는 역시 '악화된 대외종속'에서 기인한다. 재벌정책에 관한 한, 김대중국가형태는 구속적 제약이라기보다는 강력한 국가개입을 가능케 하는 원동력이었다. 우리는 김대중정부와 IMF사이에 교류된 공식문서의 분석을 통해 김대중정부의 재벌정책 추진의 실질적 힘은 IMF로 나왔다는 것과 또한 1980년대 이후 미국과 영국에서 대두한 신자유주의적 구조조정은 IMF와 World Bank를 매개로 세계 다른 나라에도 강제되면서 전 지구적으로 확산되었다는 주장이(정성진, 2002) 한국에도 적용될 수 있음을 알게 된다.

아시아 외환위기가 격랑 치는 가운데 1997년 12월 3일 IMF 사무

---

17) '전체자본', '개별자본' 그리고 '자본일반' 등의 개념에 대한 상세한 연구를 위해서는 다음 참조. Marx 1976: 427~430; Clarke 1978; Yaffe 1973; Altvater 1979; Rosdolsky 1974. 그리고 맑스의 공장법 분석과 한국의 토지공개념에 대한 연구도 위의 개념을 이해하는 데에 큰 도움이 되는바, 손호철의 연구 참조. 손호철, 1991, 『한국정치학의 새구상』, 풀빛

총장 미셸 캉드쉬(Michel Camdessus)에게 '한국정부의 의향서'가 날아들었다(IMF, 1997a). 그 편지는 한국정부가 향후 취할 조치들을 제시하면서 IMF에게 긴급구제금융지원을 요구하고 있었다. 편지가 도착한 지 하루 뒤 그러니까 12월 4일, 마치 그동안 양자 사이에 조정이 이미 완료되었었다는 것을 시사하듯이 IMF집행위원회는 한국정부의 경제-금융프로그램의 지원 명목으로 SDR(특별인출권) 15.5billion (약 21billion 미국달러)어 해당하는 3년의 대기성 차관을 승인하였다. IMF는 총액 중에서 SDR 4.1billion이 즉시 가용될 수 있도록 하였고 나머지는 프로그램의 달성 여부에 따라서 순차적으로 지불될 수 있도록 하였다. 이어서 World Bank(세계은행)와 ADB(아시아 개발은행)가 각각 미화 3십억 달러와 2십억 달러를 한국정부의 구조조정계획을 위해 지출을 승인하였다. 그 순간부터 한국정부는 국제금융기구들의 지도하에 경제정책을 입안하고 시행하게 된 것이다.

IMF와 체결된 합의의 토대 위에 김대중정부는 기업구조조정에 착수하였다. 처음에 표면적으로나마 '시장경제'는 재벌개혁정책의 이행하는 데 있어 지켜야 할 기본원칙이었다. 정부는 국가의 직접적 개입은 시장경제의 원칙에 위배되는 것이라 여겼고 따라서 기업구조조정에서 정부가 아니라 채권은행들이 적극적 역할을 하는 간접적 국가개입을 원칙으로 하였다. 김대중 자신도 재벌은 스스로의 주도하에 구조조정이 앞장서야 함을 강조하였다. 1998년 5월에 IMF에 전달된 한국정부의향서에서 정부는 기업구조조정이 자발적이고 시장원칙에 입각할 것임을 강조하면서 '시장경제'원칙에 대한 철저한 다짐을 표명하고 있었다. 의향서에서 정부는 다음과 같은 지침을 표명하였다. 첫째, 모든 기업구조조정은 자발적이 될 것이다(즉 **정부주도가**

아닌 **시장주도가** 될 것이다). 둘째, 공적자금은 기업구제를 위하여 사용되지 않을 것이다. 셋째, 은행들은 기업채무조정의 필요성과 양상을 평가하고 정보를 교환하도록(외부인사들이 참여하는) 자발적인 채권단 위원회를 설립하도록 권고받을 것이다(IMF, 1998a).

그러나 IMF와 World Bank의 공동조치에 의해 '시장경제'의 원칙은 곧 뒤집어지게 되었다. 1998년 5월 29일 IMF집행위원회는 한국정부의 구조조정원칙을 평가하고 한국정부가 기업구조조정을 신속히 추진하기 위한 보다 결정적인 조치들을 취해야 한다고 권고하였다. 5월의 의향서를 점검한 후, 집행위원회의 감독관들은 기업의 경영투명성을 제고하고 시장원리를 강화시킨 중요한 조치들이 기업부채를 **결정적으로 해결하도록 하는 조치들**로 보강될 필요성이 있음을 지적하였다. 이러한 맥락에서 그들은 7월까지 기업 부채 **워크아웃을 위한 골격이 완성되어야 하는 필요성**을 지적하였다(IMF, 1998b). 감독관들의 평가는 사무총장에 의해 정리되어 한국정부에 보내졌다.

주목할 점은 한국정부의 기업구조조정에 대한 IMF의 이 같은 요구는 World Bank와의 공동보조에 의한 조치로 이해되어야 한다는 것이다. 한국정부는 IMF와 World Bank의 공동 지침을 하달받은 것이다. 예를 들면 한국은 World Bank로부터 1997년 12월의 경제재건차관과 1998년 3월의 제1차 구조조정차관을 뒤이을 제2차 구조조정차관의 승인을 기대하고 있었다. 1998년 9월 24일 한국정부는 세계은행총재 James D. Wolfensohn에게 개발정책의향서(a Letter of Development Policy)를 제출하면서 제2차 구조조정차관에 대한 공식신청을 완료하였다. 이 신청과 함께 한국정부는 거시경제정책프로그램, 금융부문프로그램, 기업부문개혁프로그램, 그리고 노동시장과 사회안전망프로그램을 포함하는 총괄정책프로그램(Policy Matrix)을 첨부하였다. 1998년 10월 22일 한국정부의 요청은 World Bank의 집행위원회에서 승인되었다. 특기할 만한 것은 World Bank에 제출한 기업부문개혁프로그램의 내용은 1998년 7월 24일 IMF에 제출된 한국정부의향서에 첨부된 기업구조조정개혁프로그램의 내용과 똑같은 것이었다는 점이다(IMF, 1998c). 이 사실은 두 개의 국제기구가 한국의 경제개혁 중에서도 기업구조조정을 핵심적 사안으로 여기고 있었고 재벌개혁의 입안과 실시가 실제로 IMF와 World Bank의 합작에 의해서 이루어진 것임을 말해 주고 있다.

한국정부는 이러한 공동 지침을 충실히 반영하면서 1998년 7월 의향서에 기업구조조정을 위한 구체적인 골격을 포함하여 제출하였다. 한국정부는 이 의향서에서 향후 기업 워크아웃을 위한 원칙과 절차를 구체적으로 제시하였다. 7월 의향서의 핵심적 변화는 5월의 의향서에서는 기업구조조정을 위해 시장원칙이 강조되었던 것이 7월 의향서에는 국가가 중심적 역할을 하는 것으로 대치된 것이다. 5월 의향서가 기업구조조정은 자발적, 즉 정부주도가 아닌 시장주도가 될 것임을 강조했지만 7월 의향서는 정부의 금융감독위원회가 다음과 같은 것들을 지도할 것임을 명시하고 있다. 첫째, 구조조정후보 기업의 선정, 둘째, 기업구조조정협약을 통한 채권단들과 채무기업들 간의 협상안의 타결, 셋째, 기업구조조정위원회의 발족과 운영 등에 금융감독위원회의 주도적 역할 등을 지도할 것임을 명시하였다(IMF, 1998c).

이후부터 한국정부와 두 국제기구들 간의 공동 보조하에 재벌개혁에서 국가의 개입은 뚜렷하고도 체계적이었다. 그들은 재벌개혁이 효과적이기 위해서는 재벌을 두 개의 그룹으로 전략적으로 분할하는 것이 좋다고 합의하였다(IMF, 1999a; Kim, D. H. 1999). 첫 번째 그룹은 1998년 현재 한국 전체 제조업 생산 중 27퍼센트를 차지하는 현대, 대우, 삼성, SK, LG 등의 상위 5대재벌이었다. 다음 그룹은 자산기준으로 6위부터 64위 내에 있는 과도한 채무를 진 중소 재벌이었다(Chopra, et al., 2001: 58). 이 같은 전략적인 구분 위에 7월 정부의향서에서 제시된 워크아웃의 원칙은 중소재벌에 적용되었다. 그러나 거대한 규모의 5대재벌에겐 보다 강력한 방식의 적용이 이루어졌다. 결국 김대중정부와 두 국제기구는 많은 논란을 일으켰던 '빅딜'을 5대재벌에 적용한다는 것에 합의하였다(IMF, 1999c). 시장원칙 위배 여부와 관련해 논란이 빚었던 빅딜도 실상은 두 국제기구의 지침이었다. 5대재벌의 구조조정과 관련하여 IMF는 규제와 제재를 통한 정치적 개입이라는 직접적 개입을 환영한 것이었다(IMF, 1999c). IMF의 영향력은 정부구성에까지 미쳐 금융감독위원회는 IMF의 권고에 따라 금융감독에 관한 모든 권한을 재경부로부터 이양받았고 정부조직법의 개정을 통하여 자율성과 독립성도 크게 신장시키는 등 막대한 파워 부서가 되었다(IMF, 1999b; 1999c; 2000). 기업구조조정에 대한 IMF의 강력한 접근방식은 '취약한 소수정권'이라는 태생적 한계를 가지고 재벌정책에 임하는 김대중자본주의 국가가 소유한 가장 큰 자산이었던 것이다.

이 같은 외부적 환경과 함께 정부의 통합성도 강력한 재벌정책을 가능케 하였다. 김대중정부의 제1기 경제팀에는 김대중계의 김태동, 자민련계의 김용환, 이규성, 그리고 관료출신의 전철환, 이헌재, 강봉균 등 정치적 지향이 상이한 여러 세력으로 구성되었지만 정권 전반기에 비교적 견실한 통합성을 구축할 수 있었다. 첫째, 경제적 문제를 통하여 내부 균열이 생기는 경우가 드물 뿐만 아니라[18] 둘째, 국

---

18) 연합정권의 붕괴와 경제적 이슈들과의 상관관계에 관한 많은 연구가 진행되어 왔다. 주목할 만한 점은 경제적 문제의 갈등으로 인하여 연합정권의 붕괴가 일어나는 경우는 거의 없다는 것이다. 여기에 관한 스칸디나비아 국가들의 경우를 참고하려면 다음 참조. Narud 1995;

정운영담당자들이 IMF의 지침을 따르는 것 오엔 대안도 없었으며 셋째, 국가위기의 상황에서 김대중의 재벌개혁의 의지가 강고했다. 한국의 강력한 대통령제하에서 재벌개혁에 관한 대통령의 의지가 확고한 이상 정파적 상이성이 존재한다고 해도 경제팀의 균열은 거의 불가능한 것이었다.[19] 1999년 5월 강봉균 재경부장관과 이헌재 금감위원장을 앞세운 제2기 경제팀이 출범하였는데 이들은 과거 정부 주도의 경제개발기간에 성장한 관료들로서 재벌의 관점에서 보면 이들은 "어느 기업을 어떻게 죽이느냐" 하는 문제에 잘 훈련받은 사람들이었다. 재벌개혁이란 그들이 "죽어야 할 기업을 고르는 전공실력"을 다시 발휘할 수 있는 좋은 기회였으며[20] 2000년 1월 출범한 제3기 경제팀의 구성 역시 강력한 재벌개혁의 의지를 상징하고 있었다.

김대중정부가 시장원칙에 충실하였다며 너세우는 '런던원칙' 또한 IMF와 공조한 시장개입정책이었다. 앞에서 보았듯이 재벌정책은 재벌을 두 개의 그룹으로 나누어서 실시하였는데 5대재벌에 대한 정부의 강력한 개입은 빅딜을 통해서 잘 나타났다. 워크아웃은 6대 이하의 재벌에 적용된 정책이었고 이 과정에서 정부는 '런던원칙'에 충실하였다고 말하지만 이 런던원칙 역시 정부가 주체가 된 개입이다.[21]

김대중정부는 워크아웃 프로그램으로 '런던원칙(London Approach)'을 준수할 것임을 선언했다(IMF, 1999a). '런던원칙'이란 영란은행(the Bank of England)에 의해 도입된 비법령적이고 비공식적인 제도적

Browne et al. 1986a; 1986b.

19) 김태동 전 대통령 경제수석과의 인터뷰, 2003년 9월 15일 한국은행.

20) 손병두 전 견경련 부회장과의 인터뷰, 2003년 9월 16일, 전경련 회관.

21) 구조조정추진방식에는 런던원칙(London approach) 이외에 'centralised approach'와 'decentralised approach'가 있다(김상조, 2001: 213).

틀이다. 그것은 곧 구조조정을 앞둔 부실기업들을 대상으로 은행들이 취하는 일시적 지원 조치들과 관련되어 있었다. 영란은행은 1980년도 기업구조조정기간에 채권단이 스스로 워크아웃을 하도록 유도하면서 채권단의 활동을 조정하는 데의 역할을 성공적으로 하였다. 채권은행들 사이에 존재하는 사회 '규범'이 그들을 조정하는 토대였기 때문에 런던원칙은 공식적이고 법적인 규칙과 제재 없이 순조로이 유지될 수 있었다(Armour and Deakin, 2000).

그러나 한국의 경우 영란은행에 해당하는 기능을 하게 된 금융감독위원회는 기업구조조정위원회를 직접적으로 통제하고 있었다. 채권은행단은 금융권구조조정과정에서 정부에 진 막대한 부채로 인하여 정부에 순치되어 있었고 따라서 부실기업들에게 있어 정부에 철저히 종속된 채권은행단은 국가권력의 다른 형태에 불과하였다. 2001년 12월 현재 정부는 금융권 구조조정을 위해 총 156조의 공적 자금을 투여하였는데 금융감독위원회는 공적자금 배분을 통하여 은행들 위에 절대적으로 군림하였다. 금융감독위원회는 은행의 생사여부를 결정하였고 그 결정에 따라 은행들은 공적자금의 수혜자가 될 수 있었다. 공적자금을 받는 대신 은행은 금융감독위원회에 양해각서를 제출하였으며 은행의 모든 조치들은 금융감독위원회의 통제를 받았다(IMF, 1998a). 그리고 금융감독위원회는 IMF에 모든 정보와 은행감독의 결과를 보고하였다(IMF, 1999a). 공적자금을 투입한 후 정부가 취한 강력한 조치는 기업구조정과정에서 채권단을 길들이는 것이었다. 금융감독위원회는 기업구조조정에서 적극 협조하지 않는 은행에게는 공적자금을 공급하지 않았다. IMF 및 World Bank와의 협의하에 정부는 은행이 기업구조조정에 정부의 의지대로 적극 참여하도록 공적자금을 이용하였다(IMF, 1999b). 정부가 '런던원칙'을 내세우며 구조조정에 임했지만 실제로 구조조정의 원동력은 '악화된 대외종속'으로 강화된 국가권력이었다.

김대중정권의 '시장경제 창달'의 원칙은 폐기될 수밖에 없었다. 김대중정권이 경제시스템의 위기라는 국면에 조응하는 자본주의 국가라는 점에서, 그리고 강력한 구조조정에 나서 서방열강자본의 이익을 관철해야 하는 신자유주의 정권이었다는 점어서도 '시장경제'라는 정치적 수사는 처음부터 실현하기 불가능한 것이었다.

제7절 신자유주의 정권과 정리해고

김대중국가형태가 한국노동에 의미하는 것은 그것이 노동운동의 좌절을 구조적으로 압박하고 있었다는 점이다. 김대중국가형태가 '노동세력의 신장'으로 구성되어 있었음에도 불구하고 노동운동의 양대 목표였던 '대량해고의 저지'와 '주5일근무제 도입'이 모두 실패하였다. 그런데 나는 여기서 김대중정권하의 노동운동의 좌절을 말하면서 한국노동이 완전히 패배했음을 말하는 것은 아니다. 2004년 민주노동당의 역사적인 원내진출이 2000년 민노당 창당, 2002년 지방선거에서 민노당의 선전 등 김대중정권하에서 일어난 노동정치세력화의 연장이라는 점에서, 그리고 김대중정권하 현격한 진보성을 나타낸 복지정책이 노동자의 복지와 직접적 연관을 가지고 있다는 점에서 한국노동이 김대중정권하에서 패배했다고는 단정짓기는 힘들다. 그럼에도 불구하고 한국의 양대노총이 내세운 전후반기 투쟁목표가 모두 실패한 사실은 '신장된 노동세력'이 김대중국가형태를 구성하고 있었다는 점을 감안할 때 김대중정권하에서 노동운동이 좌절했다는 분석은 정확하다고 생각한다.

노동운동의 좌절은 첫째, 그것이 구조적으로 결정되어 있었다는 점에 주목할 필요가 있다. 김대중국가형태는 노동정치의 가능성을 봉쇄하였다. 노동투쟁에 있어 정치란 필수 불가결한 것이다. 그것의 중요성은 맑스가 일찍이 정당조직을 통한 노동자의 체계적 투쟁의 중요성을 강조한 것에서 그리고 그람시가 정당을 마키아벨리의 '군주(Prince)'에 비유한 것에서 우리는 알 수 있다. 김대중정권이 '악화된 대외종속'에서 비롯된 IMF구제금융의 조건들을 적극적으로 껴안는 순간, 한국노동과 동지적 위치에 서 있었다고 평가되던 김대중은 이제 한국노동에게 새로운 적의 모습으로 나타났다.[22] 동시에 새로운 동지로서 대정부투쟁에서 연대해야 할 야당의 정체라는 것이 독재정권하에서 독점자본의 이익을 대변하며 노동을 탄압하고 소외시킨 부르주아 정당이었던 것이다. 민주노동당이 2000년에 창당되었지만 주체적으로 노동계급의 이익을 관철시킬 수 있는 '노동 있는 정당체제'(권수미, 2004)가 형성된 것은 2004년 이후이다. 구조조정의 태풍이 몰아친 김대중정권 전반기 노동정당의 세력이란 유아적 수준에 불과했던 것이 사실이다. 그러나 한국의 양대노총은 부르주아 정당과는 연대를 포기한, 선명하지만 그러나 무기력한 투쟁노선을 선택했다.

둘째, 노동운동의 좌절은 김대중 자본주의 국가의 '폭력의 독점적 사용권'에 기반한 가차 없는 '폭력기제의 발동'에서 찾을 수 있다. 김대중정권의 이 같은 과감성은 노동의 정치적 연대가 없었던 상황

---

22) 나는 이 글에서 김대중과 한국노동을 옛 동지 내지 옛 친구로 비유하면서 그들이 언제나 그리고 어디서나 행동을 같이하며 투쟁했다는 것을 말하는 것은 아니다. 다만 과거 독재정권과 독점자본에 맞서 대항하는 가운데 형성된 전선의 반대편에 그들은 공동의 적을 가지고 있었다는 넓은 뜻에서 그들은 동지이고 친구였다.

에 힘입고 있었음은 물론이다. 체제재생산의 기능을 담당하는 자본주의 국가가 노조의 호전성에 대응하는 가장 효율적인 전략은 폭력기제의 발동이었음을 정권 전반기의 김대중국가가 증명해주고 있다. 1998년 8월 현대자동차 노사분규 타결시기까지 존재하던 국가와 노동사이의 팽팽한 힘의 균형은 정리해고의 원칙이 관철되지 못함에 불안함을 느낀 국가가 만도기계 노사분규 사태에서 대규모의 공권력을 동원, 노동에 철퇴를 내려치면서 그동안의 시소게임의 양상은 끝이 났다. IMF호랑이의 등에 탄 신자유주의 정권은 정권 전반기 2년 동안 348명의 노동자와 노조간부를 구속하였으며(권두섭, 2002), 적절히 필요하다고 생각되는 경우에는 국가는 대규모의 경찰병력을 사용하는 데에 주저하지 않았다. 2000년 신라호텔의 농성장에 3,000여 명의 경찰병력, 2001년 대우자동차 공장에 다시 3,000여 명의 경찰병력을 투입하여 농성하는 노동자를 강제 해산시켰다.

셋째, 김대중정권은 효과적인 전략으로 노동투쟁을 무력화시켰다. 김대중이 국가지도자가 되자마자 옛 동지에게 요구한 것은 그들이 1997년 봄 김영삼정권에 대항 공동투쟁해 얻은 성과인 노동법의 개정을 원래대로 되돌려 정리해고를 받아들이라는 것이었다. 외환위기 직후 '고통분담'을 요구하며 '나라를 살리자'는 구호는 노동을 다루는 전략이었다.[23] 김대중정권은 금모으기운동과 같은 애국심을 고취하는 민족 – 민중프로젝트를 성공적으로 펼치면서 대량해고에 저항하는 노동자의 투쟁을 효과적으로 봉쇄한다. 재벌정책이 수반하는 계급의 저항을 대한민국 국민의 지지로 상쇄시키면서 김대중정권은 전사회통합을 모색한 제2건국운동이라는 헤게모니프로젝트를 시도하기도 하였다.[24] 한국노동자들은 자본주의 사회의 피지배계급으로서 항

---

23) 장성민 전 청와대 상황실장의 인터뷰, 2005년 1월 11일, 세계와 동북아 평화 포럼연구소

상 저항성과 폭발성을 내포하고 있었지만 그들은 선량한 대한민국의 국민이었으며 결국 민주노총과 한국노총은 1998년 2월 정리해고 원칙을 기본적으로 받아들이게 되었다.

정리해고를 허용하는 법안의 국회통과는 노동자들의 대량해고로 이어졌다. 이갑용 민주노총위원장은 재협상을 요구하면서 1998년 겨울, 단식투쟁에 들어갔지만 실업률은 계속 증가하고 있었다.[25] 1998년 7월 말 7.6퍼센트의 실업률을 기록하던 것이 1999년 2월에는 8.6퍼센트까지 치솟아 178만 명의 실업자가 양산되었다(한국노동연구원, 2000; 2001). 노사정위원회를 정부의 앞잡이로 비난하며 민주노총이 노사정위원회를 떠났다. 곧 한국노총도 노사정위원회를 떠남에 따라 노사정위원회는 절름발이 제도적 장치로 전락하고 말았다. 정권 전반기에 한국노동이 투쟁에서 얻은 주요 성과란 전교조와 민주노총의 합법화였지만 그것은 1998년 봄 대타협에서 약속된 것이다. 노조 지도자들은 "김대중은 더 이상 우군이 아님"을 천명하고 적으로 규정하였다.[26]

---

24) 이 책의 5장은 Jessop의 '민족 – 민중 프로젝트'와 '헤게모니 프로젝트' 개념을 한국사회의 분석에 적용하여 제2건국운동의 실패를 이론적으로 고찰한 글이다.

25) 이갑용 위원장은 2003년 11월 필자와 가진 인터뷰에서 단식투쟁이 당시 노조의 지도자로서 노동자의 '살 권리'를 보호하기 위하여 할 수 있는 최상의 유일한 방법이었다고 회고하였다. 그는 민주화에 공헌한 김대중의 역할은 이해하지만 한국노동의 입장에서 김대중은 "신자유주의의 충실한 집행인"에 불과하였다. 대통령은 "해고를 참아 달라. 경기가 좋아지면 다시 부를 것이다"라고 강조했지만 사회 안전망이 전혀 구축되지 않은 한국상황에서 그 같은 요구는 살 권리를 포기하라는 것으로 들릴 수밖에 없었다고 회고하였다.

26) 월간중앙 2001년 1월호와 신동아 2001년 8월호.

제8절 정권의 위기와 재벌개혁의 후퇴

정권 후반기에 IMF가 한국을 떠나면서 '악화된 대외종속'이 완화되고 심혈을 기울여 추진하던 정치프로젝트가 실패로 끝나자 '취약한 소수정권'의 특성이 전면에 부각하는 김대중국가형태의 변화가 일어났다. 재벌은 이 같은 김대중국가형태의 변화 흐름을 타고 다시 수면 위로 부상하기 시작한다. 재벌은 외환위기 직후 국면적으로 정치권에서 세력을 잃었지만 한국이 국가독점자본주의 사회구성체인 이상 독점자본인 재벌이 파워블록 내에서 완전히 밀려날 수는 없는 항존 세력이다.

재벌의 부상과 재벌개혁의 후퇴는 대략적으로 세 가지 측면에서 분석될 수 있다. 첫째, 재벌개혁의 후퇴는 정권의 취약함과 밀접히 관련되어 있지만, 취약한 소수정권의 한계란 사회저변에 형성된 지지세력이 취약함을 반영한다는 점에서, 재벌개혁의 후퇴란 김대중정권 후반기에 일어나기 시작했던 사회세력의 갈등 맥락에서 분석되어야 한다. 당시 한국사회는 남북정상회담 이후 남-남 갈등이 전개되면서 진보세력 대 보수세력의 대결이 악화되고 있었다. 이것은 일종의 정권의 헤게모니구축싸움이었는데 여기서 김대중정권은 패배하고 있었다고 보아야 한다. 언론사세무조사의 정치적 배경에 대한 논란 및 제2건국운동 추진의 실패 그리고 부정으로 얼룩진 각종 게이트 사건이 터지면서 김대중정권은 헤게모니싸움에서 밀리면서 사회저변의 지지를 더욱더 잃게 된다. 이러한 흐름을 타고 재벌이 저항의 목소리를 내기 시작하였다. 2001년 5월 전경련은 종전에 없던 과감한 모습으로 기업정책의 개선을 요구하는 결의안을 채택하여 33개항에 달하는 요구 안을 정부와 집권 민주당에 전달하였다.[27]

둘째, 정치권의 양상은 재벌개혁의 후퇴가 멀지 않음을 예고하였다. 2000년 총선 후 이제 더 이상 '집권당의 야당의원 빼오기'를 용납하지 않겠다는 이회창 총재의 엄포에 김대중 대통령이 선거결과를 존중하겠다는 것으로 화답하면서 김대중정치세력은 더 이상의 정치 프로젝트는 포기해야만 했다. 거대야당 한나라당에 2001년 5월 한국의 재벌체제를 확립한 주역인 김만제 정책위의장이 취임하면서 재벌은 전폭적인 지원을 받기 시작했다. 그는 지난 수십 년간 한국경제 발전의 핵심적 역할을 한 재벌체재의 힘을 고려하지 않고 김대중정권이 재벌을 해체하려 한다고 강하게 비판하였다.[28] 한나라당은 정부에 재벌규제조치를 철폐하고 경제정책에 대한 전면적인 재검을 실시할 것을 촉구하였다. 이에 따라 국가경제의 어려움을 타개한다는 명분하에, 정부, 민주당, 그리고 야당으로 구성된 3자협의가 열리기 시작하였다.

그런데 셋째, 재벌정책의 후퇴는 이미 정부 안에서부터 진행되고 있었다. 2000년 8월 출범한 제4기 경제팀은 진념을 재경부 장관으로 출범하였는데 이는 재벌정책에 대한 대통령 의지의 약화로 표현될 수 있었다. 김대중은 한국이 IMF체제를 벗어나면서 전반기 구조조정으로 국가위기는 일단락되었다고 생각하였다. 이제는 긴축정책보다는 점차적인 경기 부양책으로 나아가는 정책 기조의 변화가 필요하다고 생각하였다. 그는 경제개혁의 지속적 추진보다는 국가경제의 안정적 유지를 원했다.[29] 김대중은 신임 재경부장관의 자리에 개혁

---

27) 박용성 대한상공회의소 회장과 재벌의 싱크탱크 역인 좌승희 한국경제연구원의 원장은 기업 활동을 위하여 정부가 규제를 풀어야 한다고 정부를 강력 비판하였다. 더 나아가 민병균 자유기업원 원장은 이념대결이 한창이던 시류를 반영하듯 김대중정권이 사회주의 세력인 시민 단체와 노동운동가등과 손을 잡고 재벌을 억누르고 있다고 비판하였다.

28) 한겨레신문 2001년 5월 14일자.

29) 장성민 전청와대 국정상황실장과 손병두 전전경련 부회장과의 인터뷰.

주의자로 평가받는 김종인이 물망에 오르기도 했지만 결국 진념과 같이 일을 하기로 결정한다. 그러나 진념은 '재벌 장학생'이라 불릴 정도로 친재벌주의자였다.[30] 이처럼 정부 안에서나 밖에서나 재벌정책의 개혁노선은 위협받고 있었으며, 마침내 2001년 10월 정부가 30대 재벌에 대한 규제를 전폭적으로 재검하기로 결정한 후 공정거래위원회는 11월에 30대 재벌 지정제도를 철폐하고 투자규제제한을 완화하는 계획을 발표하였다.[31]

2001년 11월 21일에 한나라당 당사에서 정부와 야당 사이에 열린 소위 야정협의회라는 것은 2001년 한국에서 일어난 세력싸움의 승자와 패자를 명확히 구분해주는 자리였다. 이 회담의 목적은 정부가 야당에게 재벌정책관련 법의 개정안을 설명하는 데에 있었다. 즉, 다음 달에 법안들을 국회에 제출하기에 앞서 거대야당의 승인을 받는 자리였다. 특기할 만한 것은 그동안 정부, 여당, 야당의 3자 간에 이루어졌던 정책협의회가 정부와 야당의 양자 간에만 이루어졌다는 점이다. 이유는 대통령이 집권당 내홍 이후 당 총재직에서 사임하였기 때문이다. 이것은 행정부와 의회에 존재하는 김대중패권정치세력의 연대가 공식적으로 끝났으며 파워블록에서 김대중정치세력이 패권세력이 아니라 한나라당의 이회창 세력이 패권세력이 되었음을 의미하는 것이다. 전반기에 보였던 강력한 형태의 정부 개입이 후반기에는 야당정치세력에 대한 철저한 종속으로 대치되어 한나라당이 IMF의 역할을 대치하게 되었다.[32]

---

30) 여기에 관해서는 김상조 참여연대 소장과의 인터뷰 이외에 익명으로 남길 원하는 몇몇의 정부관료들과 인터뷰가 있었다.

31) 중앙일보 2001년 11월 20일자.

32) 아이러니는 당시 한나라당의 힘이 너무 강해서 문제였다는 점이다. 한나라당은 야당과 정부 간의 협의회가 언론에 '야정(野政)협의회'로 보도되자 "야당이 정부와 당정협의를 한다는 게 말이 되느냐"라며 "절대 그런 표현은 쓰지 말고 정부정책설명회로 해 달라"고 부탁하였는데

야정협의회에서 야당에게 설명되었던 정부안은 2001년 12월 21일 국회를 통과했다. 그것은 재벌정책의 전면적 후퇴를 말했다.[33] 이후 중요한 재벌개혁의 조치들이 순차적으로 폐기되었다. 기업경영의 투명성제고를 위한 결정적 개혁과제로 여겨졌던 '집단소송제'의 도입은 좌절되었다. 그런데 반재벌법안들이 좌초되는 것과는 반대로 친재벌 법안은 2002년 4월 국회를 통과하였다.[34] 2002년 4월 전윤철 새 부총리가 기업환경을 위하여 규제철폐를 하겠다고 선언했을 때 이미 재벌규제철폐는 정부의 주 정책 노선이 되어버렸다.[35]

제9절 정권의 한계와 '주5일근무제' 도입의 좌절

신자유주의적 구조조정기간 중 대량해고를 양산시켰던 김대중정권은 후반기에 상반된 모습을 보이면서 양대노총의 최대투쟁목표였던 '주5일근무제 도입'에 총력 지원의 모습을 보인다. 이 같은 김대중국

이는 한나라당이 정부와 당정협의를 하는 것으로 비춰질 경우 '이회창 총재가 벌써 대통령이 다 된 것처럼 행동한다'는 여론의 역풍을 우려했기 때문이다(문화일보 2001년 11월 20일자).

33) 새 법은 30대 재벌지정제도를 철폐하고 투자제한을 완화하는 것을 골자로 하였다. 새 법은 순자산의 25퍼센트 내로 투자를 제한하는 것은 자산 5조 원이 넘는 7대 재벌에만 적용하게 했다. 즉 자산이 5조 원이 넘은 재벌만 투자제한을 받게 되는 것이며 다른 재벌들은 모두 제한을 받지 않게 되는 것이었다. 더불어 이 법은 자산이 2조를 초과하는 38개 기업들만 상호출자와 지급보증의 제한을 받도록 하였다. 이 법이 포함하는 또 하나의 중요한 재벌개혁의 후퇴 사항은 재벌계열 금융회사가 동일재벌에 속하는 계열사 주식에 대한 의결권을 허용하는 조치였다.

34) 50대 재벌들이 은행주식의 4퍼센트만을 허용하던 규제를 철폐하면서 10퍼센트까지 소유를 허용케 하는 법안이 통과되었다.

35) 한겨레신문 2002년 4월 16일자. 재벌규제의 완화는 노무현 정권에 접어들어 다시 강화되는 모습을 보인다. 김대중정권 후반기 출자총액제, 금융사 의결권, 집단소송제 등의 문제에서 보였던 재벌개혁의 후퇴가 노무현 정권이 2004년 총선에 승리한 이후 크게 원상회복되었다. 여기서 의회 내 다수의석의 중요성은 다시 한번 증명되고 있다.

가의 양면적 계급성격에 대한 평가는 "상반된 신자유의적 구조조정과 사회복지의 관계"라든가 "노동시장개혁과 복지개혁과의 부정합성"(양재진, 2001: 212; 2003)이라는 표현에서는 혼란의 모습으로 나타나고 있다. 그리고 김대중정부의 복지정책까지도 신자유주의적으로 보아야 하고 그래야만 김대중정부의 경제정책과 노동정책이 왜 신자유주의 노선을 따라갔는지 이해할 수 있다는 한 연구자의 주장은(손호철, 2005) 김대중국가의 친노동적 계급성격을 애써 부정하려는 인상으로 나타나고 있다. 그러나 김대중정부의 경제정책과 전반기의 노동정책에서 나타난 신자유주의적 성격에 근거, 김대중국가의 친노동적 계급성격을 부인해서는 곤란하다. 제솝이 자본주의 국가의 계급성격은 정세적으로 달라질 수 있음을 주장하면서 "국가권력은 그것이 자본축적을 위하여 필요한 조건들을 만들고, 유지하고, 복구하는 정도만큼 그리고 그 경우에 친 자본적인 것이며 그러한 조건들이 실현되지 않는다면 그만큼 친자본적이 아니다"(Jessop, 1982: 221)라고 주장하듯이, 김대중 자본주의 국가가 신자유주의적 구조조정과정에서 한국노동에 칼을 휘두르며 대규모 실업을 양산한 그만큼 반노동적이었으며, 복지정책을 실시하고, 정권 후반기 주5일근무제도입을 지원하며 사회 통합을 위한 조건들을 만들어주고, 복구하려고 한 그 정도만큼 친노동적이었다고 말해야 할 것이다. 이러한 맥락에서 후반기에 노동정책에 나타난 김대중국가의 친노동적 성격을 이해할 수 있다.

정권 전반기, 한국노동의 최대 목표였던 '대량해고의 저지'가 신자유주의의 공세에 좌절된 이후 한국노동은 전략적 대안으로 정권 후반기에 '주5일제 근무제'를 제시하였다(김성희, 2003). 2000년도 초에 한국의 양대노총은 주5일근무제 도입을 투쟁 목표로 공언하였는데 그들이 원한 것은 근로 기준법 49조를 개정하여 주간 노동시간을 44시간에서 40시간으로 줄이는 것이었다(민주노총, 2000; FKTU, 2002).

1998년 2월 국난극복을 위한 대타협에서 근로시간단축을 통한 고용안정방안을 강구하기로 합의하였지만 구조조정의 회오리 속에서 유야무야되어오던 것이 2000년 5월 17일, 정부주도에 의해 노사정위원회가 드디어 '노동시간축소를 위한 특별위원회'를 발족시키기로 합의하였다(한국근로시간제도연구소, 2002). 그리고 몇 달간의 줄다리기 끝에 10월 24일 특별위원회에서 주5일근무제를 도입하자는 원칙을 합의하였다. 이로써 주5일근무제 도입을 위한 길을 열어 놓은 셈이었다.

원칙에 합의는 했지만 장시간 구체적 성과 없이 시간이 흐르자 2001년 5월 노동부는 노사정위원회에서 노사 간의 합의가 빨리 타결되어야 함을 강조하고 노사정위원회에서 해결이 안 되면 정부주도로 연말까지 일을 마무리하겠음을 선언하였다.[36] 7월에 접어들어 김대중 대통령도 노사정위원회에서 합의가 이루어져야 함을 강조하고 정부는 다시 노사 간 합의가 실패할 경우 정부안을 제출할 것임을 밝히고 노사의 대표가 합의할 것을 압박하였다.[37]

정부의 이러한 방침에 대해 재계는 정부가 주도하는 주5일근무제의 도입을 저지하겠다고 밝히면서 강력한 대응자세를 보였다. 2001년 8월 전경련을 위시한 재계5단체는 비상회의를 개최하여 주5일근무제를 도입하려는 정부가 더 신중한 자세를 취할 것을 촉구하였다. 이러한 움직임은 역시 한나라당의 지원이 뒤따랐다. 한나라당은 주5

---

36) 중앙일보 2001년 5월 29일자.
37) 한겨레신문 2001년 7월 24일자.

일근무제를 추진하려는 정부의 움직임을 비판하고 주5일근무제의 도입에 반대함을 분명히 하였다.[38]

의회를 장악하고 있는 한나라당이 주5일제 도입에 반대하는 한 정부 주도에 의한 법안 통과가 불가능함에 따라 정부는 다시 노사정위원회에서 타협이 이루어지도록 중재를 시도하였다. 김대중의 임기가 1년도 채 안 남은 상황에서 2002년 2월 마지막 협상이 시작되었다. 그 협상은 몇 달을 끌었다. 드디어 2002년 7월 22일 더 이상의 추후 협상일정은 잡혀지지 않은 채, 방용석 노동부장관이 주재하는 가운데 노사 양측대표가 참가하는 노사정위 본회의가 열렸다. 긴 과정의 협상을 주관한 정부당국자에 따르면, 그 본회의는 그간의 물밑 합의를 공식 발표하는 형식적 자리가 될 것으로 기대되었다. 그러나 놀랍게도 사용자 측의 대표로 본회의에 참가한 손병두 전경련 부회장이 "기업에 부담을 준다"라며 사실상 타결되었던 안을 거부하였고 밤 10시까지 계속된 협상은 끝내 결렬되고 말았다.[39] 결국, 2년간의 협상이 실패로 끝나고 만 것이다. 2000년 5월, 주5일근무제를 해결하기 위한 특별위원회가 노사정위원회에 발족되었지만 이미 '취약한 소수정권'의 한계를 드러내기 시작한 김대중국가는 자본과 노동 사이에서 성공적인 조정 능력을 발휘하지 못한 것이다.

마지막 조치로 정부는 자체적으로 정부법안을 다시 추진하기 시작하였다. 그러나 2002년 8월 정부안의 완성이 막바지로 접어들자 재계는 정부에 향해 주5일근무제의 도입을 1년 더 미룰 것을 요구하였다. 한편 노조는 정부안에 기대를 걸며 그것이 임금삭감과 노동조건의 악화를 수반하는 내용이 되어서는 안 된다는 것을 촉구하고 있었

---

38) 조선일보 2001년 10월 8일자.

39) 김성중 전 노동부 근로기준국장과의 인터뷰, 2005년 1월 13일, 서울지방노동위원회.

다. 정부가 재계의 압력에 무릎을 꿇을 것이 아니라 노동자 생활의 질을 실질적으로 고양시키는 법안의 완성에 치중할 것을 요구하였다.[40]

2002년 9월 5일 노동부 장관은 국회에 정부안을 제출하였다. 안에 따르면 주간노동시간은 44시간에서 40시간으로 단축되도록 되었다. 그러나 전체 노동자 절반 이상의 시행시기가 유예되는 등 막판에 정부가 재계의 압력을 반영한 것이었다.[41] 이 법안은 결국 정부 외에는 아무도 원하지 않는 것이 되고 말았다. 노조는 이 법안을 받아들일 수 없다고 주장하였고 재계 역시 법안이 국제수준에 미달하고 재정적으로 취약한 재벌을 도태시킬 수 있다며 강력히 비판하는 공동선언을 하였다.[42] 전경련은 정부안에 반대한다고 선언하고 한나라당도 노사 간의 합의가 없는 안에 정부가 밀어붙이고 있다고 비판하였다.

이 같은 혼란과 대결의 와중에서 국회환경노동위는 노사 간에 타협할 수 없는 문제가 법안에 내재하고 있다는 이유로 정부가 제출한 법안을 심사하지 않기로 결정하였다. 그러나 사실은 그것보다는 재벌이익을 대표하는 한나라당은 그 법안을 통과시키고 싶지 않은 것이었으며 민주당도 대통령선거를 얼마 남겨두지 않은 시점에서 가장 강력한 이익단체의 비위를 거스르기가 싫었던 것이다.[43]

---

40) 한겨레신문 2002년 8월 23일자.

41) 개정안의 핵심인 시행시기와 휴가일수를 보면 노동자 30명 이상의 업체에 대해서는 2003~2006년 7월까지 연차적으로 도입하기로 했지만 30인 미만 업체의 시행시기는 유보했다. 30인 미만 노동자는 전체 1,360만 노동자의 58.4%인 800만 명 정도로 2006년이 되면 562만 명은 주5일 근무를 하지만 800만 명은 하지 못하는 것으로 되었다

42) 한겨레신문 2002년 9월 7일자.

43) 한나라당 의원들은 정부안의 내용 자체에는 문제제기를 하지 않았지만 정치적 이유에서 더 이상의 논의를 원치 않았다고 한다. 그들은 "김대중에게 꽃다발을 줄 수 없다며 대선이 끝나면 이회창 후보가 대통령이 되니 다음에 국회에서 심의해야 한다"라는 것을 사석에서 말하곤 했다. 이 정부안은 노무현정권이 들어선 후 2003년 7월에 국회를 통과하였는데 이것은 노무현정부의 공(功)이라기보다는 한나라당이 더 이상 정부안을 문제 삼지 않기로 결정하였기 때

2000년 5월 노사가 주5일근무제의 도입원칙에 합의하였을 때 주5일근무제는 곧 도입될 것처럼 보였다. 그러나 한국노동운동의 이익실현은 김대중국가형태의 맥락에서 이미 구조적으로 제약되어 있었다. 후반기에 전면에 부상하는 '취약한 소수정권'의 한계는 조정능력을 뒷받침할 국가의 자율성을 앗아가 버렸기 때문이다.

제10절 맺으며

이 글은 맑스주의 국가론의 이론 틀을 가지고 한국의 김대중정권을 자본주의 국가로서 분석하면서 자본주의 국가형태의 구속성 테제를 구체적 수준에서 증명하는 시도를 하였다.

나는 김대중정권을 일반적 자본주의 국가형타인 정경분리로 특징되는 일반유형의 자본주의 국가로 보는 것을 넘어, 구체적 형태의 자본주의 국가로서 분석하였다. 김대중정권을 삼중 변수로 중층 결정되는 구체적 국가형태, 즉 국제경제 수준에서 '악화된 대외종속', 국내적으로 사회계급의 세력 수준에서 '노동세력의 신장', 그리고 정권수준에서 '취약한 소수정권'의 총합으로 정의한 후 이 국가형태의 구조가 주로 재벌정책에 있어 어떠한 영향을 미쳤는지 분석하였다.

자본주의 국가에 대한 분석은 정권 수준의 구체적 분석이 병행되어야 한다는 풀란차스의 주장이 한국의 경우에서도 적절한 것임을 살펴보았다. 풀란차스가 구체적 수준의 정치적 분석을 통하여 왜 하필 독일과 이태리에서 '공개적 독재체제' 현상이 일어나게 되었는지를 밝

문이다(김성중 전 노동부 근로기준국장과의 인터뷰).

했듯이, '취약한 소수정권'이라는 정권 수준의 특성을 감안하지 않고서는 김대중자본주의 국가를 올바르게 이해할 수 없다는 것을 알게 되었다.

국가형태의 구속성 테제도 구체적 수준에서 확인되었다. '악화된 대외종속'은 김대중정권이 대(對)자본 및 노동정책을 추진하는 데에 있어 가장 큰 자산이었다. 김대중정권은 IMF라는 호랑이를 등에 타고 한국 독점자본에 맞설 수 있었다. 강력히 부상한 노동세력의 호전성도 잠재울 수 있었다. 그러나 '취약한 소수정권'의 형태는 김대중국가의 자율성을 억제하는 구조적 제약임이 드러났다. '악화된 대외종속'에서 벗어나면서 김대중정권은 후반기에 태생적 한계인 '취약한 소수정권'의 굴레에 묶이기 시작하였다. 국가자율성은 급격히 쇠퇴하고 김대중정권은 재벌과 한나라당의 주도에 이끌려 가기 시작하였다. 이것은 집권 전반기 추진하던 정치프로젝트의 실패 그리고 자민련과의 연정이 붕괴된 것과 밀접한 관련을 가지고 있었다.

국가란 사회계급들이 전략을 구사하여 그들의 이익을 성취하는 지형이기도 하다(Jessop, 1990: 269). 이 점에서 김대중국가형태는 한국의 자본과 노동이 그들의 이익을 성취하기 위하여 전략을 펼 수 있는 지형이기도 하였다. 김대중정권 전반기에 김대중국가형태는 자본과 노동 모두에 유리한 지형이 되지 못하였다. 그러나 후반기에 들어 김대중국가형태의 변화가 일어나면서 재벌은 의회의 최대세력인 부르주아 정당과 연합하면서 그들의 이익을 실현하게 되었다. 그러나 한국노동에게는 김대중국가형태의 변화란 구조적 제약의 연속을 의미했다. 전반기에 '악화된 대외종속'에 그리고 후반기에 '취약한 소수정권'의 형태에 협공당한 한국노동운동의 좌절은 구조적으로 결정되어 있었다.

제 4 장
김대중정부의 정책성격 분석 비판:
복지국가성격논쟁을 중심으로

제1절 들어가며

요사이 한국학계에서 복지국가 연구의 르네상스가 시작되었다고 주장해도 결코 과장이 아닌 것처럼 보인다. 종전에 주로 사회복지학계의 관심영역으로 한정되어 있던 복지국가 연구가 이제 급속도로 정치·사회학 분야의 학술지에서도 지면확보를 넓혀가고 있는 추세이다(강명세, 2006; 문병주, 2005; 선학태, 2005; 신동면, 2005; 안재흥, 2004; 양재진, 2004; 2005; 이상일, 2005). 복지국가 연구는 다양한 세부 분야에서 전개되고 있지만 이 글은 국내에서 벌어지는 '복지국가 성격논쟁'에 초점을 맞추고자 한다.

김대중정부의 정책성격을 어떻게 평가해야 하는가 하는 문제는 주요한 논쟁의 대상으로 자리 잡아 왔다. 김대중정부의 정책성격에 관한 문제가 아직도 논쟁의 대상으로 남아 있는 배경에는 김대중정부가 경제정책과 노동정책에서 뚜렷한 신자유주의 정책노선을 펼쳤는데도 복지정책 분야에서는 이전 정권과는 차별적으로 보이는 개혁성을 보인 바, 이 같은 상충성을 어떻게 이해해야 하는가의 혼란이 자리 잡고 있기 때문이다(양재진, 2001; 2003). 이를 두고 한국의 사회복지학자들 사이에서 김대중정부의 복지정책도 신자유주의적으로 보아야 하느냐 아니냐의 소위 '복지국가 성격논쟁'이 전개되어 오고 있는데(김연명 편, 2002), 사회복지학계의 외곽으로부터 김대중정부의 경제정책과 노동정책의 총체적 연계 속에서 복지정책도 역시 신자유주의적이라고 평가해야 한다는 손호철(2005)의 새로운 주장까지 가세함으로써 복지국가 성격논쟁은 새로운 단계에 접어들고 있다. 여기서 새로운 단계라 함은 손호철의 주장은 지금까지의 논쟁이 복지정책 측면에 국한되었던 것을 이제 총괄적으로 김대중정부의 전반적인 정책성격 내지는 계급성격을 어떻게 보아야 하는가의 문제까지로 논쟁의 영역을 넓히고 있다는 것을 의미한다. 이 글은 김대중정부의 복지정책을 둘러싼 복지국가 성격논쟁을 지금까지 전개되어 온 접근과는 차별적으로 자본주의 국가론의 이론 틀에서 검토하면서, '김대중정부의 복지정책은 신자유주의적이다'라는 주장을 비판하는 것에 그 목적이 있다. 또한 복지정책 성격 분석에 대한 비판을 넘어 김대중정부의 경제 · 노동정책 성격 분석에 대한 평가도 시도하고자 한다.

김대중정부의 복지정책이 자본주의 국가의 기능과 밀접히 관련된 주제임에도 불구하고 현재까지 벌어지고 있는 복지국가성격논쟁이 국가론의 분석틀에서 전개된 작업이 없다. 본 연구는 자본주의 국가론의 발전에 큰 공헌을 해온 봅 제숍(Bob Jessop)의 접근 방법으로 복지국가성격논쟁에 참여하면서 신자유주의 세계경제체제 속에서 복

지정책의 축소가 일반적 현상인데 왜 한국의 김대중정부하에서는 진
보성을 보인 복지개혁이 가능했는가에 대한 특스성을 찾고자 한다.

제2절 자본주의 국가의 정책성격과 계급성격논쟁

국가정책의 효과가 최종적으로 미치는 대상은 사회계급이기 때문
에 국가정책의 성격분석은 그 정책의 계급성격에 대한 분석일 수밖
에 없다. 국가의 계급성격과 관련한 맑스주의 국가론은, 국가는 필연
적으로 자본의 것이라는 주장에서 시작해, 국가는 자본의 것이지만
기만적으로 피지배계급을 위한 기능을 가지고 있다고 생각하는 것을
거쳐, 기만적이 아니라 국가는 정세적으로(conjuncturally) 친자본적
일 수도 있고 친노동적일 수도 있다는 것을 인정해야 한다는 주장으
로 발전해 왔다.

1. 자본주의 국가의 양면성

맑스와 정통맑스주의자들에게 국가란 오로지 부르주아지만을 위한
도구이다. 그들은 1) 인류역사는 지배계급과 피지배계급의 계급투쟁
의 역사이고, 2) 국가라는 것은 계급지배를 위한 도구이고, 그래서
3) 국가는 계급투쟁의 사회에서 피지배계급의 지배를 위한 지배계급
의 도구라는 것으로 인식하고 있다. 이 같은 맥락에서 맑스는 공산당
선언에서 자본주의 국가와 관련하여 "근대 국가의 행정부는 전체 부
르주아지의 공무를 담당하는 집행위원회에 불과하다"(Marx, 1985:

82)라는 유명한 명제를 남기게 되었다. 역시 엥겔스도 자본주의 국가의 친지배계급성격을 강조하면서 "고대에 국가는 노예를 소유하는 시민들의 국가, 중세시대에서는 중세 영주들의 국가, 그리고 우리 시대에는 부르주아지의 국가"(Engels, 1988: 65)라고 주장한다. 따라서 이들에게 자본주의 사회에서 계급지배가 계속되는 한 제도적 민주주의는 큰 의미가 없다. 비록 의회제도가 존재하더라도 그것은 지배계급의 지배를 용이하게 하기 위한 제도로 인식된다. 레닌은 맑스가 의회제도를 가리켜 "피지배자들은 몇 년에 한 번씩 그들을 지배하는 계급의 대표자들을 선발하는 것"이라고 언급했을 때, 맑스가 이미 자본주의 민주주의의 핵심을 간파하고 있다고 말하고 있다(Lenin, 1988: 167).

그러나 정통맑스주의자들의 필연적 친자본적 국가관이 베른슈타인(Bernstein, 1988)의 사회민주주의 이론에 공박을 받은 이후, 맑스주의자들의 국가의 계급성격에 대한 평가는 많은 변화를 보이기 시작한 것으로 보인다. 자본주의 국가는 양면성, 즉 친자본적 성격뿐만 아니라 피지배계급을 위한 사회통합기능을 가지고 있다는 생각이 확산되었다.

잘 알려진 바와 같이 그람시(Gramsci)는 국가라는 것은 피지배계급을 강제적으로 지배하는 정치적·제도적 기제가 아니라 그것은 사회 통합적 기능을 하면서 대중으로부터 적극적 동의를 이끌어 내는 도덕적 지배의 기제라고 보았으며(Vincent, 1987: 167), 국가론학자인 풀란차스 역시 국가는 계급으로 갈라진 사회구성체의 통합과 일체성을 위해 핵심적 역할을 하는 일반기능을 갖고 있다고 생각하였다(Poulantzas, 1973: 44~50). 이외에 하버마스(Harbermas)는 선진자본주의시대에서 정치적 임금구조, 즉 계급 타협적 성격을 띠는 임금구조로 말미암아 국가가 생산관계에 개입하여 조정하는 기능이 일반화되면서 국가의 사회통합기능의 필요성이 다두되었음을 분석하였고(Habermas, 1988: 36) 오코너(O'conner)는 국가의 사회통합기능을 국가의 지출 측면에서 설명하면서 국가의 지출 중 '사회비용(social expense)'의 항목에 해당하는 지출이 사회통합을 위해 중요한 요소임을 강조한다. 그는 "대중의 충성과 국가의 정당성을 유지하기 위해 국가는 경제성장의 비용으로 고통받는 사람들의 요구에 적극 응해야 한다"라고 말하고 있다. 사회통합을 간과하는 국가란 "근본적으로 사회의 지지기반을 침식당하고 정권의 정통성을 상실하게 된다"라고 생각한다. 국가는 "사회통합을 위한 조건들을 창조하고 유지하면서 동시에 자본축적의 기능을 수행해야 함"을 강조하고 있다(O'Connor, 1973: 6).

그렇다면 맑스주의자들이 국가의 계급지배기능과 사회통합기능을 모두 중시한다면 국가의 계급성격을 중립적으로 생각하고 있을까? 이 대목에서 주의할 점은 맑스주의자들이 자본주의 국가의 친노동적 사회통합의 기능을 인정하고는 있으나 그들은 그 기능을 자본주의 국가의 기만적인 성격으로 이해하고 있다는 것이다. 예를 들면, 오코너는 "국가는 스스로 자본축적의 과정에 밀접히 관계되어야 하지만 자본가적 성격을 숨겨야만 한다"라고 말하고 있다(O'Connor, 1973: 6). 오페(Offe) 역시 같은 맥락에서 "자본주의 국가는 다양한 제도적 장치를 통하여 공동의 선과 사회의 공익을 추구하고 권력에 동일한 정도의 접근을 허용하고 민중의 요구에 민감한 것처럼 보이는 조치를 취하는 것처럼 보일 경우에만 자본축적의 기능을 제대로 수행할 수 있다"라고 말하고 있다(Offe, 1975: 127). 그는 "국가란 친부르주아적 자본주의 국가의 성격을 숨길 수 있는 상징을 성공적으로 취할 경우에만 자본주의 국가로서의 기능을 수행할 수 있다"라고 말한다.

다시 말해 "자본주의 국가로서의 존재함은 자본가의 성격을 체계적으로 부정한다는 전제에만 가능"하다는 것이다(Offe, 1975: 127). 어쩌면 이러한 이유로 우리는 세계의 어느 자본주의 국가에서도 자신을 '자본가의 당' 또는 '자본가의 국가'라고 부르는 정당이나 정권을 찾아볼 수 없는지도 모른다.

2. 봅 제솝(Bob Jessop)의 국가론

제솝의 차별성은 자본주의 국가의 계급성격과 관련, 기존의 맑스주의자들이 국가에 필연적 친자본적 계급성격을 부여하던 경향을 깨버리고, 자본주의 국가는 정세적으로 친자본적일 수도 혹은 친노동적일 수도 있다고 주장하면서, 국가의 친자본적 필연성을 우연성으로 바꾸어버린 것이라 할 수 있다. 앞서 살펴본 맑스주의자들은 국가의 친노동적 성격을 일종의 국가의 기만적 전술로 이해하여 받아들인 것과는 다르게 제솝은 나름대로의 정치경제 해석에 기반을 두어 국가의 친노동적 성격을 인정하고 있다.

제솝은 우리가 목도하고 있는 국가가 자본주의 국가이지만 국가가 자본주의 생산양식에만 기반하고 있다고 생각해서는 안 된다고 말한다. 자본주의 국가라는 것은 순수한 자본주의 생산양식에 기반을 두는 것이 아니고 [비자본주의 생산양식을 포함하는 여러 개의 생산양식들로 구성된] 사회구성체의 토대 위에 존재하고 있으며 계급관계뿐만 아니라 비계급관계들의 토대 위에 존재하고 있다는 것을 주장한다(Jessop, 1982: 222). 맑스주의가 이론적 접근으로서 생산관계, 생산관계의 조건, 그리고 그것들이 사회관계에 미치는 영향을 분석하고는 있으나 국가는 순수한 경제관계의 영역의 이상을 포함하고 있는 사회구성체 위에 토대하고 있다는 것이다(Jessop, 1982: 220). 따라서 제솝은 맑스주의 국가론의 분석이 효과적이기 위해서는 반드시 다양한 비맑스주의 관점으로 보강되고 통합될 때 비로소 가능하다고 생각한다. 제솝은 맑스주의를 비맑스주의 요소와 절충하면서 국가를 제도의 총체로서 분석하고 있다. 그에 따르면 국가는 그 자체로 권력을 갖지 못하는 제도의 총체이다(Jessop, 1982: 221). 국가라는 것은 획일된 영역을 가진 것이 아닌 다수의 경계를 가진 것이고 제도적으로 고정점도 없고 미리 정해진 형식적인 또는 실제적인 통합성이 있는 것도 아니다(Jessop, 1992: 90).

국가는 제도의 총체로서 필연적으로 누구의 '것(thing)'이 아니다. 제솝에 따르면 국가연구에 있어 '국가는 지배계급의 도구이다' 따위의 맑스주의 일반이론에 의지하면, 하나의 이론 축을 가지고 국가와 정치에 관한 모든 것을 설명하려고 하는 환원주의적 오류(reductionism), 겉으로 경험적 수준에서 드러나는 현상만을 주목하고 저변의 실제적 힘이라든가 흐름을 파악하지 못하는 경험주의적 오류(empiricism), 그리고 특정하고 구체적이어야 할 분석과 기술을 일반적 설명원칙 아래 끌어들여 버리고 마는 일괄주의적 오류(subsumption) 중 최소한 한 가지의 오류를 범할 수 있다고 주장하고 있다. 그는 국가론이란 특정한 사건의 구체적 분석과 기술이 되어야 하며 추상적 사색수준에서 정치의 본질이라든가 국가의 계급성격을 논하는 것이 되어서는 안 된다고 강조하고 있다. 제솝은 서로 상충적으로 보이는 두 단어를 절묘하게 결합시켜 국가연구의 방향을 제시하고 있다. 즉 그는 국가연구라는 것은 '우발적 필연(contingent necessity)'을 설명하는 것이어야 한다고 강조한다. 그에 따르면 어떤 현상이든 하나의 이론을 가지고 그것이 발생하게 되는 인과관계를 완벽히 설명하지 못한다. 따라서 어떤 현상이 일어난다는 것은 일반이론이 설명할 수 있는 필연적 인과관계에 의해서가 아니라 우발적(contingent) 인과관계를 거쳐 일어난다고 볼 수 있으며 국가연구는 이 우발적 과정을 거쳐 생겨난 특정 결과로서 나타난 현상(necessity)을 설명해야 한다는 것이다. 그렇다면 이것은 어떻게 해야 한다는 것인가? 제숍은 이러한 작업이란 특정현상이 특정국면에서 일어나는 데 작용한 다양하고 복잡한 결정변수에 대한 분석과 그 변수들이 어떻게 상호작용하고 중층결정되는지 밝혀내는 것이라고 말하고 있다. 이러한 연구방향은 소위 일반이론 혹은 일반명제라는 것으로 모든 것을 설명하려는 자세를 지양하고 현상이 일어나는 특정국면을 심층적으로 분석하는 자세를 지향하는 것에 있다(Jessop, 1982: 211~213).

이 같은 접근방법은 국가는 친자본적이라는 단정을 배격하고 자본 이외의 계급세력에도 국가권력이 사용될 수 있다는 가능성을 배제하지 않는다. 국가라는 것은 자본 이외의 세력에도 사용될 수 있는 제도적 장치이다. 제숍은 국가가 하나의 계급만을 위해 일한다는 생각에 저항하며 국가의 친자본적 성격을 필연적인 것이 아닌 우발적인 것으로 파악하면서 "국가권력은 그것이 자본축적을 위하여 필요한 조건들을 만들고, 유지하고 복구하는 정도만큼 그리고 그 경우에 친자본적인 것이며 그러한 조건들이 실현되지 않는다면 그만큼 친자본적이 아닌 것이다"라고 주장한다(Jessop, 1982: 221).

이처럼 국가의 계급성격문제에 유연한 인식을 가졌던 제숍이 '국가의 전략성'에 이론적 세련화를 시도한 것은 놀라운 일이 아닌 것 같다. 제숍은 국가를 '전략의 장'으로 이해한다. 그가 국가 이론가로 국제적 명성을 얻게 된 배경에는 '전략'의 개념을 성공적으로 국가 연구에 접목시킨 데에 있다. 제숍은 국가란 "전략의 장, 전략의 생산자, 그리고 전략의 생산물로 분석 가능한 사회관계"라고 주장한다(Jessop, 1990: 255). 전략의 장이라는 것은, 국가는 사회계급들이 그들의 이익을 실현하기 위하여 전략을 구사할 수 있는 지형이라는 것이며, 전략의 생산자란 국가 자체가, 다시 말해 국가권력을 획득한 패권정치세력이 전략을 생산하는 주체라는 것이고, 전략의 생산물이라는 것은 현재의 국가시스템의 구조는 과거에 국가권력을 쥔 패권세력과 사회계급들이 구사한 전략과 투쟁의 결과로서 생겨난 새로운 구조로서 이해될 수 있다는 것이다. 이에 따라 국가의 모든 활동은 전략의 차원에서 이해되어야 한다고 제숍은 주장하고 있다(Jessop, 1990: 260; 269).

제3절 김대중정부 복지정책 성격논쟁의 쟁점사항

김대중정부의 복지정책 성격을 둘러싼 논쟁에 주목할 만한 필요성은 '민주/반민주' 대결구도 이후에 한국사회에 서롭게 형성되고 있는 것처럼 보이는 '신자유주의/반신자유주의' 전선이 지나치게 양분법적 대결구도로 흐르는 것이 아니냐는 문제의식과 관련되어 있다. 현재 진행되는 양분법적 의식 구도가 학문의 공간에서 가장 명확히 드러나고 있는 지형이 '복지국가성격논쟁'인 것 같다. 왜냐하면 그것은 가장 반신자유주의적인 것으로 여겨지는 복지정책까지도 신자유주의/반신자유주의 논란의 쟁점 대상이 될 정도로 한국사회가 신자유주의/반신자유주의의 소용돌이에 빠졌다는 것을 뒷받침하는 증거라고 할 수 있기 때문이다.

문제는 이러한 양분법적 의식구도가 정치이데올로기화되어 가고 있으며 그러한 경향의 연장선상에서 반신자유주의적이라고 할 수 있는 복지정책도 신자유주의적이라는 성격으로 규정되고 있는 것이 아니냐는 의문이 제기될 수 있다는 점이다. 이 글은 신자유주의/반신자유주의 구호의 정치이데올로기화를 경계하면서 정치경제의 실제는 신자유주의/반신자유주의의 명확한 양분법으로 구분하기 쉽지 않음을 보여준다. 이러한 노력의 일환으로 여기서는 반신자유주의적이라고 평가할 수 있는 김대중정부의 복지정책도 신자유주의적이라고 평가하는 분석을 비판적으로 검토해 보고자 한다. 이를 위해 먼저 김대중정부의 복지정책까지도 신자유주의적으로 보아야 한다는 주장의 논점들을 살펴볼 것이다. 복지국가성격논쟁에는 많은 연구자들이 참여하지만 이 글은 논쟁의 선명성을 위하여 김대중정부의 복지정책을 신자유주의적이라고 가장 활발히 주장하는 조영훈 교수와 정무권 교수 그리고 새로운 각도에서 역시 신자유주의적임을 주장하고 있는 손호철 교수의 논점을 주로 살펴보도록 하겠다.

　첫째, 김대중정부의 복지정책이 "시장역할강화"를 지향하고 있다는 점에서 신자유주의적이라는 주장을 펼치고 있다. 조영훈은 김대중정부 복지정책의 특성은 "민간부분의 역할 강화"에 있다고 비판하고 김대중정부의 민간보험사의 개인연금에 대한 세금 공제확대, 민간의료보험제도 도입검토 등을 지적하고 있다. 그는 복지정책이 "저소득층의 생활보장이라는 복지적인 의미보다는 노동의 재숙련화와 유연성 확보를 통한 경제효율성 증대라는 경제적인 의미가 더 큰 정책이다"라고 말하면서 "근로연계복지정책은 노동의 상품화를 촉진"하는 것이며 이것은 "시민들로 하여금 자신의 생활을 위해 점점 더 시장에 의존하도록 한다는 점에서 신자유주의적 복지정책과 일치하는 것"이라고 말하고 있다(조영훈, 2002: 288: 291). 손호철 역시 "김대중정부하에서 사회보장비에 대한 민간 보험료의 비중이 월등히 높기 때문에 복지의 시장 의존도가 강화되었다고 볼 수 있으며 탈상 품화도 오히려 후퇴한 점"에서 김대중정부의 복지정책은 신자유주의 적이라는 것이다(손호철, 2005: 222).

둘째, 김대중정부의 복지정책은 신자유주의의 산파 역할을 수행하 는 IMF의 경제적 지배 체제하에서 나타났기 때문에 그것이 신자유 주의적이라는 주장이다. 이 주장에는 김대중정부의 복지정책이 그 자체로서 설사 반신자유주의적이라고 해도 결국 신자유주의체제 하에서 일어났기 때문에 신자유주의적으로 보아야 한다는 것과 김대 중정부의 복지정책이 IMF의 지침을 수행하는 과정에서 보인 김대중 정부의 기만적인 성격이 있음을 강조하고 있는 것이 엿보인다. 조영 훈은 공공부조프로그램을 강화하는 것은 신자유주의적 구조조정과정 을 밟은 나라에서 공통적으로 나타나는 현상이라고 말하면서 "신자 유주의 개혁의 첨병인 World Bank도 우리의 복지제도가 IMF 사태 로 인한 대량실업사태와 폭증하는 복지수요를 감당하기에 너무나 부 족하기 때문에 사회안전망의 확대를 요구하였다'라고 주장한다(조영 훈, 2002: 293). 손호철 역시 김대중정부의 복지정책실시의 피동성을 강조하며 "또 다른 복지확대의 요인으로서 주목할 것은 당시 한국의 정책의 큰 틀을 사실상 강제했던 IMF의 복지확대 권고이다. 다시 말해, 결코 친복지적이거나 진보적이라고 볼 수 없는 IMF까지도 당 시 상황에서 원활한 구조조정을 위해 복지확대를 권고한 것이다'라 고 말하고 있다(손호철, 2005: 226).

셋째, 이 점은 손호철이 강조하고 있는 것으로, 그는 김대중정부의 경제정책과 노동정책 모두 신자유주의적이고 이러한 큰 틀 내에 부속된 복지정책이 설사 반신자유주의 성격을 보인다 하더라도 그것이 신자유주의를 위한 과정에서 나타난 것이기 때문에 신자유주의적으로 보아야 한다는 주장이다. 따라서 김대중정부의 복지정책은 그것이 일견 반신자유주의적인 것처럼 보여도 신자유주의적이었던 경제정책과 노동정책의 큰 틀에서 결국 복지정책은 신자유주의적으로 평가받아야 한다고 주장하고 있다(손호철, 2005: 218). 이러한 맥락에서 그는 "김대중정부의 복지정책이 설사 국가책임의 강화가 기본적 색채라고 하더라도 이를 사회민주주의적인 것이라고 볼 수는 없다"면서 "결국 신자유주의적 경제정책과 노동정책을 용이하게 하기 위한 보조수단이라는 점에서 신자유주의적인 것으로 보아야 한다"라고 주장하고 있다(손호철, 2005: 217).

마지막으로 넷째, 복지정책을 펼쳤지만 김대중정부하에서 빈곤이 심화되고 소득불평등이 더 악화되었기 때문에 신자유주의적으로 보아야 한다는 주장이다. 조영훈은 KDI조사와 지니계수를 인용, 김대중정부하 소득불평등이 점진적으로 심화되어 왔음을 지적하면서 이것은 "노동시장 유연화를 핵심으로 하는 신자유주의 구조조정으로 인해 실업자, 비정규근로자, 저임금근로자가 증가하였기 때문"이며 "현 정부의 복지정책이 시장에서 발생하는 불평등을 감소시키는 기능을 하지 못했기 때문"이라고 말하고 있다(조영훈, 2002: 290). 손호철 역시 김대중정부하의 사회적 불평등의 심화를 제시하며 지니계수가 IMF 이전보다 악화된 점, 비정규직의 증가, 사회민주주의 복지레짐의 국가들의 수준에도 못 미치는 사회복지지출의 비율, 영국-미국과 같은 신자유주의 국가들보다 심각한 빈부격차 등을 거론하면서 김대중정부의 복지정책은 신자유주의적이라고 주장하고 있다(손호철, 2005: 219~221).

제4절 복지정책성격분석 비판

1. 국가와 시장 관계에 대한 양분법적 인식

김대중정부의 복지정책이 시장역할의 강화를 지향하고 있다는 점에서 신자유주의적이라는 주장에는 국가와 시장의 관계를 양분법적으로 보는 신자유주의 시대에 넓게 퍼진 지적 오류가 자리 잡고 있는 것이 아닌가 비판적으로 평가해 볼 수 있다. 이것은 제1장에서 이미 살펴본 신자유주의/반신자유주의 의식의 양분법과 직결된다. 신자유주의 시대를 국가역할의 축소와 시장기능 확대의 시대로 정의하는 것은 한국에서뿐만 아니라 선진자본주의 사회에서도 넓게 퍼진 인식이다. 나는 제1장에서 국가와 시장의 관계를 연구하면서 강조하였듯이, 국가와 시장의 제로섬(zero - sum) 관계를 전제하면서 신자유주의 시대를 국가역할의 축소와 시장기능의 확대 시대로 볼 것이 아니라 다른 각도에서 신자유주의 시대란 시장기능의 확대가 아닌 국가의 친자본적 기능의 강화 시대로 인식하는 것이 옳다고 본다. 다시 말해, 국가의 역할은 과거 복지국가시대나 현 신자유주의시대에나 자본주의체제에 흔들림 없이 구성적으로 존재하는 것이며 단지 과거 복지국가시대에 국가역할이 친노동적 기능에 치우쳤다면 현 신자유주의시대에는 국가 역할이 친자본적 기능으로 경도되고 있는 것으로 인식해야 한다는 주장이다. 신자유주의시대를 국가역할이 축소되면서 시장기능이 강화하는 것이라고 생각하는 경향은 다음과 같은 이유에서 비롯하는 바, 그러한 지적 경향을 교정해야만 현재의 자본주의 발달 양상을 좀 더 정확히 분석할 수 있다는 주장이다.

첫째, 신자유주의시대가 시장의 시대라는 인식은 국가와 시장의 관계를 양분법적 시각에서 보려는 경향 때문인데 이러한 경향은 자본주의 생산관계에 존재한다는 소위 '정경분리' 현상을 의식하는 것에 기인하는 것 같다.[1] 그러나 "그 분리란 생산관계의 구성과 재생산에 있는 정치의 자본주의적인 존재형태에 다름 아니다"라고 강조하는 풀란차스의 주장에 주목하면서 국가와 시장을 양분된 영역으로 보는 인식을 교정해야 할 필요가 있다(Poulantzas, 1978: 19). 풀란차스는 자본주의 생산관계에 정경분리가 있기는 하나 그것은 단순한 분리가 아니며 그 분리라는 것은 결국 자본주의에서 특수한 형태로 나타나는 정치와 경제의 융합의 모습이라고 강조하는 바, 국가와 시장을 양분된 영역으로 생각하는 양분법적 도식에서 탈피할 필요가 있는 것이다.

둘째, 신자유주의시대가 시장의 시대라는 인식은 과거 케인스안 복지국가시대에 국가의 역할이 주로 노동을 위한 기능이었던 전통에 깊게 기반하고 있는 것 같다. 따라서 지금 신자유주의시대에 벌어지는 국가의 자유화 조치 따위를 자본을 위해 봉사하는 친자본적 국가역할로 인식하지 못하고 시장기능의 확대로만 인식하고 있는 것이다. 이것은 과거 정통맑스주의자들이 국가의 기능을 친자본적인 것으로만 생각하던 계급환원주의의 오류를 범하였는데 이제 우리가 국가의 기능을 당연히 친노동적인 것만으로 생각하는 역방향의 계급환원주의의 오류에 빠져 있다는 것을 의미하고 있다는 점에서 아이러니가 아닐 수 없다. 한미 간 FTA협상이라든가 APEC정상회담에서 이루

---

1) 자본주의 생산관계의 '정경분리'에 대하여 자세한 설명은 다음 참조. Clarke, S. 1991. *The State Debate*, London: Macmillan; Holloway, J and Picciotto, S. 1979. "Introduction: Towards a Materialist Theory of the State" in J.Holloway and S.Picciotto ed., *State and Capital: A Marxist Debate*, London: Edward Arnold, 1~31.

어지는 신자유주의 자유화 조치 역시 그 중심에는 스스로 작동하는 시장의 힘이 존재하는 것이 아니라 국가가 존재하고 있었음은 두말할 나위가 없다.

신자유주의시대란 국가가 자본을 위한 국가역할을 확대시키는, 즉 친자본적 자본주의 발달 국면으로 인식해야 할 것이라는 점을 강조하면서 폴라니의 통찰에 주목하고자 한다. 그는 "경제의 역사를 보면 시장이라는 것도 결코 정부의 조정으로부터 경제영역이 점차적이고 자발적으로 해방되어서 얻어진 결과가 아니라"라고 말하고 계속하여 "[시장이라는 것은] 정부 측의 의도적이고 때로는 폭력적이기까지 한 개입의 결과였다"라고 주장한다(Polanyi, 1957: 250). 국가는 경제시스템에 확고히 존재한다는 것이다. 신자유주의시대를 국가기능의 약화와 시장기능의 확대라고 본다면 국가와 시장 사이에는 제로섬관계가 존재한다는 것을 전제하는 것이며 따라서 향후 지구화가 가속되면 국가는 점차 사라질 것이라는 납득하기 힘든 결론을 가능하게 만들고 있는 것이다. 국가정책이 '신자유주의적'이라는 것에 대한 정의는 시장기능의 확대를 말하는 것이 아니라 친자본적 국가기능의 확대를 말한다. 따라서 자본주의의 현 국면에서 우리가 던질 수 있는 보다 생산적인 질문은 신자유주의시대에 범람한다는 시장의 힘에 관한 것이 아니다. 그것은 바로 자본주의 세계에서 국가를 좌로 그리고 우로 큰 주기를 그리면서 움직이게 하는 그 보이지 않는 힘은 과연 무엇이며 어디에서 기원하느냐에 관한 것이다.

이 같은 국가와 시장의 관계에 대한 새로운 시각은 김대중정부의 복지정책성격 분석에 대한 의문으로 연결된다. 김대중정부의 복지정책이 시장 역할강화로 나아가기 때문에 그것은 신자유주의적이라는 손호철과 조영훈의 평가는 앞서 지적한 국가와 시장을 양분법적으로 사고하는 예에 해당하는 것 같다. 시장역할강화라는 것도 김대중자본주의국가의 기능에 의한 것이지 시장이 자체적으로 역할을 강화한 것이 아닐뿐더러 설사 시장의존도가 커졌더라도 그로 인한 복지정책의 실시가 사회의 약자들에게 더 큰 혜택을 주었다면 그것은 신자유주의적이라 규정할 수 있는 것인지 의문이다. 시장의존도와 관련해 중요하게 다루어지는 것이 '노동의 상품화'인데 이에 대한 인식도 다시 한번 점검할 필요가 있다. 손호철과 조영훈은 노동의 재숙련화, 근로연계복지정책은 노동의 상품화를 촉진하고 시민들로 하여금 시장에 더욱더 의존케 하는 점에서 시장 의존적 신자유주의라고 비판한다. 정무권(2002: 56) 역시 김대중정부정책을 신자유주의 노선에 입각한 정책으로 평가하면서 그 근거로서 복지개혁이 근로복지(workfare)의 강조, 재상품화(re – commodification)전략을 채택하고 있다는 점을 들고 있다. 그러나 이것은 지금까지 본 국가 – 시장의 관계인식에 대한 문제점을 넘어, 국가정책의 장기적 효과를 간과하는 근시안적인 분석인 것처럼 보인다. 예를 들어 저소득층 시민을 대상으로 하여 컴퓨터 교육, 직업재활훈련 등을 국가가 지원하는 것은 그것이 결국 노동력을 시장에서 상품화하는 것이기 때문에 사회통합을 위한 국가의 복지정책이 아니라는 의미인데, 민간보험사의 개인연금에 대한 세금공제확대, 민간의료보험제도 등의 실시가 사회의 약자들에게 더 큰 혜택을 주게 된다면 그것이 설사 그들이 표현하는 식으로 시장에 의존케 하는 것이더라도 그것을 신자유주의 정책이라고 규정하는 것은 문제가 있다. 그들의 주장은 복지체제 유형분류를 시도하는데 노동의 탈상품화 여부를 중요한 기준으로 삼았던 에스핑 – 안데르센(1990)의 연구방법에 기초하고 있다고 보여지는데, 에스핑 – 안데르센이 탈상품화를 통하여 복지체제유형을 분류할 때는 적어도 그들처럼 재상품화 복지정책을 시장강화의 친자본적 신자유주의 정책으로 직결하고 있는 것은 아니라고 생각된다.

노동의 상품화라는 것은 자본주의 이전 사회와 비교하여 자본주의 사회에서는 노동이 상품화됨으로 해서 인간소외현상이 생겨나게 되었다는 자본주의 사회의 일반문제이다. 자본주의란 기본적으로 노동을 포함하여 모든 것이 상품관계 내에 존재한다. 오페(Offe)는 자본주의란 상품 관계들의(commodity relationships) 집합체라고 생각하고 있다. 그는 그의 저서 『복지국가의 문제들』에서 사회의 모든 구성원이 상품화 관계 속에 놓이는 상황, 즉 완전 상품화의 상황이 완성된다면 서로의 대립성을 극복하는 최적의 상황을 자본주의 사회에서 만들 수 있다고 말하고 있다(Offe, 1984). 즉 상품화의 형태로 작동하는 것이 안 되면, 안 되는 그만큼 자본주의 국가가 위기를 맞게 된다는 것이다. 국가는 자본과 노동의 양쪽 모두에게 최적의 교환기회를 제공하여 양 계급에 속한 개인들이 자본주의 생산관계에 들어가 생산활동에 전념할 수 있도록 해야 한다는 것이다(Offe, 1984: 123). 따라서 국가는 노동의 재숙련화, 직업재활훈련, 근로연계복지정책 등을 펼쳐 노동자들을 자본주의 상품관계에 다시 속할 수 있도록, 다시 말해 일자리를 찾을 수 있도록 정책을 펼쳐야 한다. 이 점에서 김대중정부의 복지정책이 노동의 탈상품화가 아니라 상품화를 지향하는 방향이었기 때문에 신자유주의적이라는 주장은 납득하기 힘들다. 국가가 일자리를 잃은 실업자를 재교육시켜 시장에서 팔리도록 하는, 즉 노동 상품화를 적절히 지원하는 것을 신자유주의 정책이라 규정하는 것은 문제점을 내포하고 있다.

2. 정통맑스주의 오류의 재등장

김대중정부의 복지정책은 IMF체제에 펼쳐진 종속국가의 정책으로서 그것이 신자유주의적 경제정책의 집행을 용이하기 위한 기만적 성격을 가지고 있기 때문에 그리고 신자유주의적인 경제－노동정책과의 총체적 연계 속에 복지정책을 보아야 하기 때문에도 김대중정부의 복지정책은 신자유주의적이라는 손호철의 주장에는 과거 정통맑스주의자들이 국가의 사회통합적 기능을 인정은 하더라도 최종적으로 국가는 친자본적이기 때문에 사회통합기능을 기만적인 것으로 파악했던 의식이 자리 잡고 있는 것은 아닌가 하는 의문이 든다. 물론 복지정책을 펼치는 김대중정부도 자본주의 국가 유형에 속하기 때문에 현재의 부르주아 지배의 자본주의 체제를 재생산하는 한 최종분석에서 친자본적 국가라고 말할 수 있다. 그러나 복지정책을 입안하고 집행하는 주체인 김대중 자본주의 국가는 동시에 김대중정권이고 김대중정부이기 때문에 정권이나 정부 수준에 조응하는 복지정책의 성격을 최종적으로 친자본적 신자유주의적 성격이라고 규정할 수 없다는 것이다.

국가가 자본주의체제의 재생산을 유지시키는 한 부르주아만을 위한 국가일 수밖에 없다고 전제하게 되면, 김대중정부의 복지정책을 평가함에 있어 앞서 제솝에 의해 지적된 오류를 보일 수밖에 없다. 구체적으로 말하면 손호철은 진보적 성격을 가진 김대중정부의 복지정책을 애써 무시하면서 그것을 기만적으로 간주하는 접근에 충실함에 따라 김대중정부의 모든 정책들을 신자유주의적 성격으로 규정짓는 '일괄주의(subsumption)'의 오류를 범하고 있다. 즉 김대중정부가 신자유주의의 첨병인 IMF체제에 있었기 때문에 그 관할권 아래에 있던 복지정책도 신자유주의적일 수밖에 없다는 주장은 'IMF는 신자유주의적'이라는 일반명제 아래에 한국의 김대중정부가 보인 복지정책의 진보적 성격을 내치시켜 가리고 마는 것이다. 세계화의 진행이 국가복지의 축소를 가져온다는 명제에 반하여 오히려 한국의 경우는 IMF 구제금융을 계기로 세계화가 급속히 진행되는 가운데에서도 사회복지가 확대되고 있다는 점(김연명, 2002: 110)에 대한 배경을 찾으려는 시도를 하지 않으면서 한국에서 일어났던 김대중정부 복지정책의 특수성을 쉽게 무시해 버리려는 모습으로 나타나고 있다. 이것은 한국이 역사상 언어 및 문화적 측면에서 크게 중국의 영향을 받았기 때문에 여러 한국적 특성을 무시하고 '한국은 중국적이다'라고 규정하는 잘못과 다를 바 없다.

3. 정책의도와 정책결과의 부조응 문제

김대중정부가 복지정책을 펼쳤지만 김대중정부하에서 빈곤이 심화되고 소득불평등이 악화되었기 때문에 신자유주의적이라는 주장은 조영훈과 손호철 모두 제기하고 있는데 이것은 아무래도 그들이 정책의도와 정책결과는 반드시 조응하는 것이 아니라는 점을 간과하는 데서 비롯한 것이 아닌가 생각된다. 즉 김대중정부 복지정책의 의도가 반신자유주의적이었으나 결과적으로 그들이 보기에 신자유주의적 결과로서 나타날 수도 있다는 점을 무시하는 것이 아닌가 싶다. 조영훈은 김대중정부의 복지정책이 신자유주의적이었음을 주장하면서 "현 정부의 [김대중정부의] 복지정책이 시장에서 발생하는 불평등을 감소시키는 기능을 하지 못했기 때문"이라고 하는데 여기서 '기능을 못했다'는 것은 정책의도는 반신자유주의적이었지만 정책결과가 신자유주의적으로 나왔다는 것을 의미하는 것으로도 해석될 수 있는 것이 아닌가? 따라서 빈곤이 심화되고 소득불평등이 악화되었다는 것을 가지고 복지정책이 신자유주의적이라는 주장은 정책의도와 정책결과의 부조응성을 무시하는 것이며 이 점에 관해서는 오히려 남찬섭(2002)의 주장이 설득력이 강하다. 그는 김대중정부의 복지정책으로 인해 빈곤과 소득분배가 악화되었다기보다는 경제위기와 그에 따른 구조조정으로 인해 빈곤과 소득분배가 악화되었고 김대중정부의 복지정책은 그 상황에 실시된 국가개입이라는 것이다. 이에 따르면 조영훈과 손호철의 주장은 빈곤과 소득분배상황이 악화된 원인을 경제위기에 두지 않고 정부의 복지정책에 두고 있다는 것이다. 빈곤과 소득분배상황이 악화된 것을 두고 복지정책이 신자유주의적이었다고 판단하는 것은 타당치 못하며 남찬섭의 가설, 즉 "복지정책의 성격은 신자유주의적인 것이 아니었지만 그 결과에 있어서는 신자유주의적인 성격의 결과가 나왔다" 또는 "복지정책의 성격은 매우 진보적인 것이었지만 복지와 관련된 사회의 다른 부분의 작용으로 인해 신자유주의적인 결과가 나왔다"의(남찬섭, 2002: 305) 주장에 눈을 돌려 정책의도와는 다른 정책결과를 낳게 한 변수들은 과연 무엇이었는지에 대하여 분석을 시도하는 것이 바람직해 보인다.

제5절 제솝의 시각에서 본 김대중정부의 정책 성격

1. 김대중정부정책의 결정변수들[2]

제솝이 국가연구를 함에 있어 바람직한 접근이란 다양하고 복잡한 결정변수를 감안하고 그 변수들이 어떻게 상호작용하고 중층결정하는가에 대한 분석이라고 주장하고 있지만, 어떤 현상이 발생하는 것에 작용하는 수많은 결정변수들 중에서 무엇을 독립변수로 한정하여 채택할 것인가는 연구자의 직관과 개인적 선호에 달려 있을 수밖에 없다. 본 연구는 김대중정부의 정책 분석에 IMF체제만을 주요 변수로 채택하는 것을 넘어, 다음의 세 가지 수준의 결정변수들을 감안하고자 한다. 즉 김대중정부하의 대부분의 정책들은 국제경제 수준에서 IMF체제에 종속된 '악화된 대외종속', 사회계급세력 수준에서 '신장된 노동세력', 그리고 구체적 정치상황의 수준에서 '취약한 소수정권'이라는 삼중 총합의 변수들이 중층결정되어 나타나는 현상으로 분석하고자 한다.

김대중정부는 '악화된 대외종속'의 특성으로 구성된다. IMF는 긴축적인 거시경제정책, 금융부문의 개편, 무역자유화, 자본자유화, 기업경영투명성과 지배구조의 개선, 그리고 노동시장의 개혁 등을 포함하는 국가경제의 전면적 개편조치들을 요구하였으며 이에 따라 한국은 국가경제의 운영에 있어 단기적이나마 대외 자율성을 완전히 잃게 되었다(IMF, 1997a; 1997b; 1997c). IMF프로그램에 의한 한국의 종속은 전례를 찾아볼 수 없을 정도로 심한 것이었기 때문에

---

2) 이 부분은 제3장에 자세히 소개되어 있지만 이해의 연속성을 위하여 다시 짧게 재구성하여 옮겨 놓고 있다.

김대중정부는 IMF의 서울지부에 해당한다는 것이 일반적 평가였으며 IMF에 대한 충실성으로 김대중 대통령은 'IMF man'이라는 별칭까지 얻게 되었다(Cumings, 1998).

김대중정부정책을 결정짓는 또 하나의 중요한 변수는 '노동세력의 신장(伸張)'이다. 이 변수는 '악화된 대외종속'과 '취약한 소수정권'의 변수에 협공당하면서 결국 영향력을 상실하게 되지만 정권초반기 김대중정부의 정책결정을 좌우하는 변수로 작용하였다. 김대중정부 출범시기 "한국노동이 세계에서 가장 강력한 노조의 파워를 갖추고 있었다"라는 평가는 과장의 측면이 있지만(Cumings, 1998), 그리고 1997년 봄 노동대투쟁의 승리, 노동자후보의 대선 참가, 노사정위원회의 출범 등의 일련의 발전들을 '1987년 노동체제'를(노중기, 1997; 2000; 임영일, 1998) 뒤잇는 새로운 노동체제의 형성 징후로까지 해석하는 것은 무리일 수 있지만, 적어도 그것들이 급격히 신장하는 한국노동세력을 반영하고 있었다고 볼 수 있다. 노사정위원회의 탄생이 기껏해야 국가의 신자유주의적 포섭전략이었다는 비판에도 불구, 국가가 포섭전략을 펼칠 수밖에 없었던 것은 바로 노동세력이 그만큼 강력해졌기 때문이라는 점에서도 노사정위원회란 '신장된 노동세력'의 제도적 가시화였던 것이다.

김대중정부의 정책결정에 영향을 미치는 또 다른 수준에서의 변수는 김대중정권은 '취약한 소수정권'의 특징으로 구성되었다는 사실이다. 김대중 대통령의 취임은 한국 정치권의 재구성을 의미했다. 그동안 경상도 정치세력이 곧 패권정치세력이라는 전통적 구성이 깨지는 것을 의미하였고 패권정치세력은 곧 의회의 다수당이라는 등식도 종료되었다. 정치권의 전통적 구성이 깨진 것과 의회세력구성의 새로운 형태는 곧 김대중정권의 취약한 자율성을 의미했다. 김대중정권은 의회 내에서 소수세력이었으며 분할 정부(divided government) 형태를 유지하게 되었다. 김대중정치세력은 국가권력을 담당한 패권세력으로서는 최초로 의회에서 소수세력이었다. 이로써 정권자율성과 국가자율성의 증대를 위한 정치프로젝트의 추진은 필수적 과제가 되었다.

김대중정권은 세 가지 수준의 변수들이 복합적으로 상호작용하고 중층결정하는 가운데 전−후반기의 두 시기로 구분되는데, 정권 전반기는 김대중 대통령의 취임으로부터 시작해 2000년 총선까지에 해당한다. 전반기는 국가자율성의 안정기라고 표현할 수 있다. 이 시기에 김대중정권은 '악화된 대외종속'을 전략적으로 이용하여 '신장된 노동세력'의 호전성에 응전하고 '취약한 소수정권'의 문제점을 보완한 시기이다. 동시에 김대중정권은 '취약한 소수정권'의 한계를 극복하고자 적극적으로 정치프로젝트를 추진한 기간이다. 다시 말해 김대중정권은 IMF의 지침을 적극적으로 포용하면서 재벌과 한국 노동으로부터 나오는 계급세력의 공세를 무력화시키고 거대야당 한나라당을 정점으로 하는 한국보수정치세력의 도전을 성공적으로 봉합한 기간이다. 이와 함께 소수정권의 취약성을 극복하기 위해 정계개편과 당 대 당 합당이라는 정치프로젝트를 필사적으로 시도한 시기이다. 즉 김대중정권은 대외국가자율성의 상실을 대내국가자율성의 증대로 전환시키면서 국가자율성의 안정을 이룩한 기간이다.

김대중정권의 후반기는 총선 이후부터 정권의 종료시기까지이다. 이 기간은 국가자율성의 침몰기로 특징된다. 자민련과의 통합을 목표로 한 신당 창당이라는 정치프로젝트의 실패, 뒤잇는 연합정권의 붕괴와 더불어 김대중정부의 정책을 결정하는 변수들의 변화가 일어나고 있었다. IMF 관리체제의 졸업은 김대중정권에 대한 축복이 아니라 정권이 의지하던 버팀목이 사라지는 것을 의미했다. 한국정부는 1997년 구제금융을 신청한 이후 11회에 걸쳐 IMF와 의무적인 정책협의회를 가졌다. 2000년 8월 마지막 정책협의회를 끝으로 자율적인 경제정책 시행을 하기 시작하였고 2001년 8월에 한국은 구제금융의 상환을 모두 마무리 지으면서 경제신탁통치에서 해방되어 경제주권을 완전히 되찾게 되었다. 그러나 이것은 '취약한 소수정권'의 특성이 전면에 대두되는 구조적 환경을 제공하게 된다. '악화된 대외종속'의 변수가 사라지면서 그동안 수면하에 봉합되어 있던 '취약한 소수정권'의 변수가 부상하는 현상이 김대중정권 후반기의 주된 특징이다.

2. 경제정책 및 노동정책

김대중정부의 정책을 위에서 언급한 삼중총합을 독립변수로 감안하면 그동안 일치된 의견으로만 보였던 김대중정부의 정책성격을 좀 더 분석적으로 평가할 수 있다. 김대중정부의 경제정책은 신자유주의적이라는 평가가 저항 없이 받아들여지는 배경에는 정권이 '민주주의와 시장경제의 병행발전'이라는 신자유주의적 구호를 내세웠다는 점, 그리고 정권전반기에 신자유주의 본산인 IMF의 체제하에서 종속적인 경제정책을 펼치게 되었다는 점이 자리 잡고 있다. 즉 김대중정부정책을 결정하는 세 가지 변수 중 '악화된 대외종속'의 변수만을 감안하여 경제정책의 성격을 규정하고 마는 것이다.

김대중정부의 경제정책은 넓고 장기적 차원에서는 신자유주의적이다. 김대중정부의 경제정책이 국내시장을 개방하고 외국자본의 이익

창출공간으로 한국자본주의체제를 변모시킴에 따라 선진자본주의 독점자본의 이익에 부합하는 정책이었다는 점에서, 그리고 구조조정을 거쳐 한국의 자본들이 건강성을 회복하게 하고 향후 기업의 가치증식활동을 국가가 도모하였다는 폭넓고 장기적인 차원에서 신자유주의적이다. 그러나 한편으로는 김대중정부가 정권 전반기에 구조조정의 칼날을 휘둘렀고 빅딜의 경우에서 보는 것처럼 국가가 시장에 개입하여 개별자본의 시장활동을 직접적으로 개입한 것에서 알 수 있듯이 국가는 자본에 대해 강도 높은 공세적 모습을 보인 것도 사실이다. 다시 말해 '취약한 소수정권'의 한계를 극복하고자 '악화된 대외종속'의 변수를 이용, IMF호랑이를 등에 업고 자본에 대한 강도 높은 개입을 구사하였다.

이처럼 IMF체제 변수만을 감안하는 것을 넘어 제숍이 강조했던 '국가의 전략성'을 변수로 이해하는 시도를 하기만 해도 신자유주의적이라 할 수 없는 김대중정부의 강력한 시장개입에 대한 배경을 알 수 있다. 김대중정부는 한국자본주의 시스템 위기의 와중에서 개별자본의 시장활동에 적극적으로 개입해야만 하는 자본주의 국가였기 때문에 '시장경제창달'이라는 신자유주의적 구호에 부합하는 경제정책에 충실할 수만은 없었다. 단기적이나마 독점자본 재벌의 이익에도 상충하는 정책을 시행하였다. 국가의 강력한 시장개입과 자본에 대한 철퇴라는 전반기 국가기능은 결코 신자유주의적이라고 볼 수 없으며 '민주주의와 시장경제의 병행발전'이란 수사가 대(對)자본공세에 대한 부담으로 작용하자 집권 이후 금방 사라져 버리고 만 것도 이 점에서 이해될 수 있을 것이다.

김대중정부의 노동정책 역시 신자유주의적이라는 획일적인 평가를 내릴 수 없다. 노동정책을 김대중정부가 전반기에 펼친 노동유연화

조치에만 주목한다면 김대중정부의 노동정책은 분명 신자유주의적이다. 정부초기 노사정위원회의 출범에서 보듯이 '신장된 노동세력'이 정부정책에 영향을 미치는 주요 변수이었지만 그 변수는 '악화된 대외종속'이라는 변수와 상충되면서 한국노동조합은 IMF가 요구한 구조조정의 격랑 속에서 대량해고의 현실을 절감할 수밖에 없었다. 그러나 김대중정부는 집권후반기 한국 양대노총의 투쟁목표였던 '주5일근무제 도입'을 적극적으로 지원한다. 그러한 노력이 수면하에 잠복했던 '취약한 소수정권' 변수의 부상, 즉 퇴패했던 재벌세력의 대두, 재벌과 한나라당의 공조로 무산되기는 했지만 후반기의 노동정책은 신자유주의적이라기보다는 친노동적 노동정책이었음을 인정해야 할 것 같다.

정권 전반기, 한국노동의 최대 목표였던 '대량해고의 저지'가 신자유주의의 공세에 좌절된 이후 한국노동은 전략적 대안으로 정권 후반기에 '주5일근무제'를 제시하였다(김성희, 2003). 노사정위원회에서 도입의 원칙에 합의는 했지만 장시간 구체적 성과 없이 시간이 흐르자 2001년 5월 노동부는 노사정위원회에서 해결이 안 되면 정부주도로 연말까지 일을 마무리하겠음을 선언하였다.3) 그러나 정치 프로젝트 실패, 연합정권의 붕괴로 인하여 김대중정권은 의회 내 안정의석을 확보할 수 없었고 이에 따라 의회를 장악하고 있는 한나라당이 주5일제 도입에 반대하는 한 정부 주도에 의한 법안 통과가 불가능하였다. 정부는 다시 노사정위원회에서 타협이 이루어지도록 중재를 시도한다. 그러나 2002년 2월 시작된 마지막 협상은 물밑합의에서 사실상 타결되었던 안을 사용자 측이 거부함에 따라 끝내 결렬되고 말았다.4) 결국, 2년간의 협상이 실패로 끝나고 만 것이다. 마지

---

3) 중앙일보 2001년 5월 29일자.

막 조치로 정부는 자체적으로 정부법안을 다시 추진하기 시작하여 2002년 9월 5일 노동부 장관이 국회에 정부안을 제출하였지만 한나라당의 반대로 국회에서 심사를 못하게 되면서 김대중정부하에서 법안은 통과되지 못하게 된다.5)

법안통과의 좌절이 김대중정부 후반기에 나타난 노동정책의 친노동적 성격을 애써 무시하는 근거가 될 수는 없다. 왜냐하면 그 좌절이란 전반기 '악화된 대외종속'의 변수에 눌려 있던 '취약한 소수정권'의 한계가 IMF가 한국을 떠나면서 부상한 것에 크게 기인하기 때문이다. 후반기 김대중정부의 노동정책은 전반기 노동유연화 정책을 펼치던 시기와는 매우 상반된 계급성격을 보이고 있다는 점에 유의해야한다. 제솝이 자본주의 국가의 계급성격은 정세적으로 달라질 수 있음을 주장하면서 "국가권력은 그것이 자본축적을 위하여 필요한 조건들을 만들고, 유지하고, 복구하는 정도만큼 그리고 그 경우에 친자본적인 것이며 그러한 조건들이 실현되지 않는다면 그만큼 친자본적이아니다"(Jessop, 1982: 221)라고 주장하듯이, 김대중정부가 신자유주의적 구조조정과정에서 한국노동에 칼을 휘두르며 대규모 실업을 양산한 그만큼 반노동적이었으며, 정권 후반기 주5일근무제 도입을 지원하며 사회 통합을 위한 조건들을 만들어 주고, 복구하려고 한 그정도만큼 친노동적이었다고 말해야 할 것이다. 김대중정부의 경제정책과 노동정책 성격에 대한 평가는 IMF체제변수만을 고려하는 것을 넘어 다수의 변수가 중층결정된 결과물로 보는 시도를 할 경우 그것이 신자유주의적이라고 일괄할 수 없는 다중성을 보여주고 있다.

---

4) 김성중 전 노동부 근로기준국장과의 인터뷰, 2005년 1월 13일, 서울지방노동위원회.
5) 이 정부안은 노무현정부가 들어선 후인 2003년 7월에 국회를 통과하였다.

3. 복지정책

김대중정부 복지정책의 진보성은 복지관련 예산의 증가에서 상징적으로 나타나고 있다. 2000년에 일반회계 예산 중 사회보장 예산과 보건복지예산의 비중이 각각 7.27%와 5.23%로 증가하여 역대 최고의 수준에 도달하였다. 예산의 증가 이외에 김대중정부에서 시행된 조치들을 정책별로 구체적으로 살펴보면, 국민기초생활보장법(2000년 10월), 전국민연금실시(99년 4월), 고용보험 및 산재보험의 확대가 실시되어 사회안전망이 확충되었으며, 노인과 장애인 등 취약계층에 대한 복지시책을 강화하는 방편으로서 노후소득보장을 위한 경로연금제, 노인 보건의료서비스 및 재가복지사업의 확대, 장애인복지증진 및 재활촉진사업이 실시되었다. 보건의료개혁도 추진하여 의약분업, 국민건강보험을 실시하고 보건의료기본법제정과 장기 등 이식에 관한 법률제정(99년 2월)을 추진하였다. 또한 적극적 실업대책추진을 위한 방편으로 실업급여적용확대와 고용보험확대를 추진하였다. 김대중정부복지정책 중 특히 주목할 만한 것은 노동계와 시민단체들의 강력한 요구에 따라 실시한 국민기초생활보장법의 제정 실시이다(선학태, 2005). 기존의 생활보호법은 그 자격요건이 매우 엄격하여 근로능력이 없는 자들에게만 급여를 제공하였다. 그러나 국민기초생활법은 최소생활비 수준 이하의 저소득층은 누구나 나이와 근로능력과 관계없이 공공부조를 받을 수 있는 자격을 부여해, 기존 제도하에서 수혜자가 50만 명에 불과했던 것이 2001년에는 약 194만 명으로 대폭 증가하였다. 이것은 공공부조의 성격을 기존법의 공급자 중심(국가시혜성격)에서 수혜자 중심으로 전환한 것으로써 빈곤에 대해 개인과 시장의 책임보다는 국가의 책임을 강조한 것으로 평가받고 있다(선학태, 2005: 184).

이처럼 김대중정부의 복지정책의 수혜자가 한국계급사회를 구성하는 약자 계층인 것이 사실이라면 복지정책을 신자유주의적이라고 규정할 수 없다. 앞서 보았듯이 김대중정부의 경제·노동정책자체도 신자유주의적이라고 획일적 평가를 내릴 수 없는데 복지정책을 경제·노동정책안에 일괄하여 신자유주의적이라 평가하는 것은 잘못이라는 것이 매우 자명해 보인다. 경제·노동정책이 복지정책보다 범주가 크고 큰 범주가 신자유주의적이기 때문에 복지정책도 신자유주의적이라는 주장은 문제이며 한 연구자가 질문하듯, "복지정책의 이념정향은 경제정책의 이념정향과 항상 종속적으로 일치하는가" 하는 의문에 주의를 기울일 필요가 있다(이혜경, 2002: 467). 복지정책을 경제·노동정책과 '총체적 연계' 속에서 신자유주의적으로 보아야 한다고 주장하지만 그 총체적 연계란 바로 일괄주의의 오류일 뿐이다. 김대중정부의 복지정책을 '자본주의 국가는 부르주아의 국가이다' 또는 'IMF는 신자유주의 적이다'와 같은 대명제 아래에 내치시켜 버릴 것이 아니라 제숍이 제안하듯이 복지정책을 '우발적 필연'으로 파악하는 것이 바람직하며 이것은 복지정책을 평가함에 있어 여러 가지 요소들, 즉 IMF체제의 종속성뿐만 아니라, 계급세력의 균형, 정권의 자율성, 시민단체의 영향력, 정책당국자들의 의지 등의 변수가 상호작용 및 중층결정되는 인과관계를 효과적으로 분석하는 것을 말한다. 따라서 신자유주의 세계자본주의 체제에서 복지정책의 약화 현상이 일반적인데 왜 한국의 김대중정부하에서는 복지개혁이 일어났는가의 특수성을 찾아보는 접근이 바람직한 것 같다. 이 같은 한국적인 특수성은 여러 가지의 설명이 가능하겠지만 앞에서 제시한 분석틀 안에서 다음의 몇 가지에 주목하고자 한다.

첫째, 김대중정부 복지개혁의 특수성은 김대중정부의 이전정권과 차별적인 상대적 진보성에서 찾아져야 한다. 김대중 정권이 기본적으로 한국자본주의체제의 유지와 존속을 지향하는 부르주아 정권이고 김대중정부가 IMF 이데올로기의 충실한 전도사이었다는 점을 들어 김대중정부 복지정책의 개혁성마저도 부정하려는 경향이 존재한다. 그러나 복지개혁이 IMF개혁프로그램의 일부이었기 때문에 신자유주의적이라는 단정은 일개 국가의 정치적 자율성을 지나치게 과소평가하는 것이며 국가권력을 차지한 정권을 세계경제체제의 작동원리에 귀속시키는 경제환원주의 모순에서 크게 벗어나지 않는 것이다. 즉 김대중정부정책이 '악화된 대외종속'의 변수에 절대적 영향을 받은 것이 사실이지만, 그 이유로 하여 김대중정부의 친노동적 복지정책까지도 기만적 신자유주의 정책이라고 평가할 수 없다.

둘째, 김대중정부 복지개혁의 배경에는 '취약한 소수정권'의 한계를 극복하려는 전략적 배경이 있음에 주목해야 한다. 제솝이 주장하듯이 자본주의 국가는 전략의 주체이고 동시에 사회계급들이 전략을 구사하는 전략의 지형이기도 하다. 김대중정권 전반기 국가는 구조조정의 개혁정책과정에서 자본에 대한 공세를 펼쳤는데 이것은 '양날의 칼'로서 기능하며 한국노동에게도 대량해고를 양산하는 결과를 빚었으며 이로 인해 김대중정권은 전통적 지지세력인 한국사회의 피지배계급으로부터도 지지를 상실하게 되었다. '취약한 소수정권'의 한계를 극복하기 위해 반드시 승리해야만 하는 2000년 4월 총선을 앞두고 김대중정부가 '생산적 복지'의 구호를 주창한 것은 이해하기 어렵지 않으며 따라서 복지개혁의 배경은 '국가의 전략성'에서 찾아볼 수 있다.6)

---

6) 생산적 복지 정책의 배경에 김대중정부의 전략성이 있었다는 것은 장성민 전 청와대 국정상황

셋째, 역설적인 것은 IMF에 종속된 '악화된 대외종속'은 정부의 대(對)자본 국가자율성을 상승시켜 복지개혁의 추진을 용이하게 해 주었다는 점이다. 정부는 외환위기 직후 국가 비상사태의 위기에서 증대한 국가자율성을 바탕으로 노사정위를 출범시키고 노사 양쪽으로부터 사회보장제도 확충에 대한 합의를 이끌어 내었으며, 이후 노사정위원회는 4대보험의 통합운영, 사회보험 적용확대 등의 합의를 도출해 내게 되었다. 정권초반기에 시행된 복지개혁 조치들, 즉 실직자복지대책시행, 공무원·교원의보 및 지역의보 통합, 사회복지공동모금회법제정, 국민기초생활법제정 등은 모두 정권전반기 확보한 국가자율성의 환경 내에서 자본의 커다란 반대를 받지 않고 시행될 수 있었다.

넷째, 김대중정부 복지정책이 가능했던 한국적 특수성은 '신장된 노동세력'과 '신장된 시민사회의 힘'이라는 변수에 의해서 가능했다. 이 점에 관해서는 성경륭(2002)에 의해 자세한 분석이 나와 있다. 성경륭에 따르면 국민의 정부하에서 노동계급과 시민사회의 조직적인 노력으로 복지개혁이 가능하였는데 민주노총과 한국노총 등 노동단체는 국민의 정부 출범 직전부터 노사정위원회에 참여하여 복지개혁을 노사정 합의의 중요한 과제로 요구하였다고 한다. 예컨대 민주노총은 건강연대와 참여연대 등 시민단체와 협력하여 의료보험통합을 반대하는 직장조합대표이사협의회, 대기업경영주, 한국노총, 보건복지부 내 친조합주의적 관료세력의 저항을 무릅쓰고 1999년 1월에 국민건강보험법의 법제화를 주도하였고, 이로써 의료보험통합의 법적 기초를 마련하는 데 큰 기여를 하였다는 것이다. 국민기초생활법

실장과의 인터뷰에 의해 뒷받침되고 있다. 인터뷰는 2005년 1월 11일 세계와 동북아 평화포럼 연구소에서 있었다.

의 경우에는 참여연대와 경실련 등 30여 개 시민단체들이 발의를 하였으며 노동단체와 많은 시민단체들의 광범위한 연대활동이 없었더라면 건강보험의 통합과 국민기초생활법의 제정과 같은 복지개혁이 발의조차 되지 않았을 것이라는 점을 강조하고 있다.

제6절 맺으며

이 글이 가진 김대중정부 정책에 대한 차별적인 시각은 자본주의 국가연구에 대한 밥 제솝의 접근방법에 근거한 것이다. 제솝의 이론적 함의에 근거, 이 글은 김대중정부 복지정책을 평가하면서 IMF체제의 변수만을 감안하는 것을 넘어 정권의 국가자율성, 계급세력의 균형, 시민단체의 영향력 등의 변수를 종합적으로 고려하려 하였으며 이를 통해 김대중정부의 복지정책에는 어떠한 변수가 복합적으로 작용하여 한국적 특수성을 보였는가에 대한 해답을 찾고자 하였다.

동시에 이 글은 자본주의 국가론의 이론 틀 안에서 김대중정부의 복지정책이 신자유주의적이라는 주장이 가진 문제점을 비판해 보았다. 그러면서 현재 우리학계에서 일반적으로 받아들여지고 있는 국가와 시장관계에 대한 인식의 문제점을 지적하였고 김대중정부의 경제·노동정책에 대한 성격도 새로운 시각에서 평가해 보았다. 이를 통해 국가와 시장을 양분법적 관계로 보는 인식을 재고해야 함을 강조하였고 김대중정부의 복지정책까지도 신자유주의적이라고 규정하는 이면에는 정통 맑스주의의 오류가 자리 잡고 있음을 지적하였으며 김대중정부의 경제·노동정책에도 신자유주의적이라고 일괄할 수 없는 다중의 성격이 존재하고 있음을 보여주었다. 김대중정부가 최종분석에서 자본주의 국가로서 친자본적이라고 말할 수 있지만 이것이 복지정책을 펼치는 김대중정부의 반신자유주의적 성격까지 상쇄시키는 일괄주의적 오류로 발전해서는 안 된다. 복지정책까지도 신자유주의적이라고 규정하는 이면에는 혹시나 정치경제실제의 분석을 방해하는 신자유주의/반신자유주의 이데올로기가 존재하는 것은 아닌지 생각해 볼 일이다.

마지막으로 논문을 마치면서 김대중정부 정책의 결정변수들을 노무현 정부와 새로 탄생한 이명박정부에 대입해 보는 것도 유의미한 일일 것이다. 이것은 삼중총합의 변수인 구조가 노무현정부에는 어떠한 영향을 미쳤음을 알려주고 과연 향후 이명박정부의 정책에는 어떻게 영향을 미치게 될지 개괄적으로나마 가늠해주기 때문이다. 김대중정부 초기의 국가정책들은 국제경제 수준에서 IMF체제에 종속된 '악화된 대외종속', 사회계급세력 수준에서 '신장된 노동세력', 구체적 정치상황의 수준에서 '취약한 소수정권'이라는 삼중 총합의 변수들로 영향을 받았지만 후반기에 접어들면서 김대중정부는 IMF체제에서 벗어나고 재벌세력이 다시 부상하는 구조적 변화를 맞게 되었음을 살펴보았다. 노무현정권은 이러한 구조를 이어받지만 집권 민주당을 분해하고 열린우리당을 창당시킴으로 해서 취약한 소수정권의 변수는 '극소수정권'의 상태로 악화되게 된다. 결과는 한국 헌정사상 최초의 대통령 탄핵안 국회 통과였다. 그러나 국정혼란을 우려하고 민주주의 원칙을 존중하는 수준 높은 국민들의 지지로 노무현정권은 뒤이은 총선에서 승리하게 됨으로써 노무현정부는 김대중정부의 복지정책의 주요 기조를 이어받고 대통령 임기 기간 동안 복지정책을 시행할 수 있었다. 노무현정부하 복지예산 증가율은 김대중정부의 절반에 그쳤다는 비판이 있지만 그래도 지속적인 증가세를 유지하였다. 노무현정부의 사회보장 예산은 2003년 11조 3,420억 원에서 2006년 15조 1,560억 원으로 늘어난 것으로 나타났다. 연평균 증가율이 10.1%이다. 반면, 김대중정부 때는 연평균 19.6% 증가했다.[7]

이제 막 출범한 이명박정부의 정책에 영향을 주게 될 구조적 변수는 어떻게 작용할 것인가? 노무현정부 시기와 가장 큰 차별적인 요소는 아무래도 사회계급 수준의 변수일 것이다. 이것은 지난 10년간 계속되어 왔던 복지정책의 기조가 크게 변화하게 될 것이라는 예상을 가능케 해주고 있다. 이러한 예상은 이미 실제로 나타난 사실임을 주목해 보자. 2007년에 정부에서 심의된 2008년도 예산안에는 노무현정부의 의지가 반영되어 있었다. 국가의 역할을 강조하고 사회 양극화 해소 등 정부 지원이 필요한 분야를 지원하겠다는 정책 의지가 나타났다. 2007년 9월 20일의 '2008년도 예산안'을 보면, 사회복지·보건 분야 예산은 2007년보다 10%(6조 1천억 원) 늘어난 67조 5천억 원으로 전체 예산의 26.2%를 차지했다.[8] 그러나 이명박 후보가 당선된 대선이 끝난 후 새로 형성된 구조적 변수는 2008년도 복지 지출에 즉각적이고 직접적인 영향을 미치게 된다. 국회는 2007년 12월 28일 새해 예산안을 통과시키면서 복지 예산과 교육 예산을 대폭 줄였다. '2008년도 예산안 심사 보고서'를 보면, 국회는 정부 예산안을 심의하는 과정에서 사회복지 예산 1,642억 원, 교육 예산 1,461억 원을 삭감한 반면에 사회기반시설(SOC) 예산은 3,666억 원을 증액시켰다.[9]

---

7) 한겨레 신문 2007년 3월 21일자.
8) 한겨레 신문 2007년 9월 21일자.
9) 한겨레 신문 2007년 12월 31일자.

제 5 장
김대중정부의 헤게모니 프로젝트에 대한 비판적 고찰: 재벌정책과 제2건국운동을 중심으로

제1절 들어가며

김대중 대통령은 1998년 광복절 경축사에서, 한국전쟁 이후 최대의 국가적 위기로 여겨지던 외환위기를 극복하고 국운 재도약의 새로운 발판을 마련하기 위해서는 각계각층의 전 국민이 함께 동참하여 국가재건에 나서야 할 것임을 호소하며 국민대통합의 제2건국운동을 주창하였다. 그러나 제2건국운동은 시작 초기 큰 반향을 불러일으키며 전국적 규모의 조직을 갖추는 모습을 보이는 등 김대중정권의 의도대로 진행되는 것처럼 보이기도 했지만, 곧 추진의 탄력을 잃고 유야무야되고 말았으며 노무현정권이 들어서자 중앙의 공식 조직마저 해체되면서 초라하게 막을 내리고 말았다.

제2건국운동은 관권운동에 대한 시비, 정치적 배경의 유무, 제2의 새마을운동 논란 등의 문제를 공론화시켰던 김대중정권 시기에 일어난 중요한 정치 - 사회적 현상이었음에도 불구하고 이에 대한 학술 연구가 그동안 거의 전무한 것이 사실이다. 이 글은 이러한 문제에 착안, 김대중정권의 제2건국운동의 실패를 자본주의 국가론의 이론 틀 내에서 분석해 보는 것에 그 목적을 가지고 있다.

제2건국운동이 실패한 이유로 그것이 정부가 주도한 관권운동이었기 때문이라는 점에 모두 의견이 일치하는 것처럼 보인다. 그러나 단순히 국가와 시민사회의 대당(對當)적 관계만을 조명하여 그것의 실패를 이해하는 것은 충분한 해답이 되지는 못할 것이다. 만약 제2건국운동의 실패를 국가권력의 침투에 대한 시민사회의 저항이라고만 단순 결론 내린다면 국가의 재벌정책은 어떻게 설명할 것인가? 재벌정책이 수반한 한국 자본과 노동에 대한 강력한 국가개입도 일종의 시민사회영역에 대한 국가권력의 침투인데 그것은 시민단체의 전폭적인 지지를 받은 것이 사실 아닌가? 따라서 김대중정권의 제2건국운동의 좌절을 정확히 이해하기 위해서는 국가/시민사회의 대당적 관계만 조명하는 것을 넘어서야 한다.

이 글은 '시민단체가 국가의 재벌정책은 지지하였는데 왜 국민통합을 위해 추진되었던 제2건국운동에는 저항하였는가?'라는 질문에 답하는 방법을 통하여 제2건국운동 실패의 기원을 이론적으로 분석해 보면서, 현시점의 한국 민주주의를 다시 한번 평가해 볼 것이다. 이 글은 제솝(Bob Jessop)의 국가론을 이론 틀로 하여 김대중정권의 제2건국운동을 분석해 본다. 제솝은 헤게모니 프로젝트의 성공 여부는 국가형태의 구조적 결정성, 전략적 향방, 그리고 자본축적과의 관계 등의 3가지 요소에 달려 있음을 주장한다(Jessop, 1990: 209). 필자는 제2건국운동이 결국 김대중정권의 헤게모니 프로젝트라고 전제하면서, 제2건국운동이 김대중국가형태의 구조적 결정성에 상충하는 방향으로 추진되어 실패하였음을 구명해 보겠다.

제2절 제2건국운동의 국가론적 의미: 헤게모니 프로젝트

먼저 이 글의 목적 달성을 위해서는 김대중정권의 제2건국운동이 다름 아닌 제솝이 말하는 헤게모니 프로젝트임을 이해할 필요가 있다. '헤게모니 프로젝트(hegemonic project)'라는 것은 제솝 국가론의 핵심 개념 중의 하나이다. 헤게모니 프로젝트는, 국가는 '부분-전체'의 역설적 특성과 밀접하게 관련되어 있다. 제솝은 그 역설적 특성이라는 것은 국가는 한 사회구성체 내에서 많은 것들 중 하나의 제도적 질서(institutional order)에 지나지 않는데도 사회 전체의 통합과 결속을 유지해야 하는 정치적 책임을 가지고 있다는 점에 근거한다고 생각한다. 국가란 한편으로 사회의 일부분(a 'part' of society)에 불과하다. 그러나 그 정치적 책임으로 인하여 다른 한편으로 국가는 전체(the 'whole')라는 것이다(Jessop, 1990: 346). 헤게모니 프로젝트란 '부분'과 '전체'를 단일화시키면서 사회 전체의 통합과 결속을 추진하는 국가의 행위이다.

제솝의 헤게모니 프로젝트는 그람시의 '헤게모니'의 개념에 기반을 둔다. 그것은 특정 시기에 특정 목표의 달성을 위해 펼쳐지는 국가 리더십의 역동적 운동성을 강조하는 기능을 한다(Jessop, 1991: 182). 이것은 제솝이 국가론학자라는 사실, 즉 국가는 사회재생산의 결정적 요소이기 때문에 사회 변혁은 국가기능과 관련되지 않고서는 생각할 수 없다는 그의 믿음을 반영해 주는 것이라고 볼 수 있다.

제솝이 보기에 그람시의 '헤게모니'라는 개념이 맑스주의 사회과학에서 획기적 공헌을 한 것이 사실이나 그것의 한계는 그것이 주로 "정적인(static) 의견의 일치"라든가 "넓게 정의된 상식(common sense)" 정도로 쓰임이 환원되어 사용되고 있다는 점이다(Jessop, 1991: 182). '헤게모니'란 정상자본주의 사회에서 자본가에 의해 이루어지는 보편적 계급지배의 형태인데 이는 기본적으로 계급 차원과 밀접히 관련된 개념으로 국가 리더십이 주도하는 사회변화의 역동성을 표현하지는 못한다는 말이다. 그람시가 '수동혁명(passive revolution)', '기동전(war of manoeuvre)', 그리고 '진지전(war of position)' 등을 말할 때(Gramsci, 1983: 106~114), '헤게모니'의 역동성을 암시해 주기도 하지만 이때 헤게모니는 계급이 주체가 되는 차원에서 주로 언급되는 것이며 제솝의 주장대로 국가에 의한 사회변화의 역동성을 충분히 반영하지 못하는 것이 사실이다.

헤게모니 프로젝트의 개념이 '헤게모니'와 국가기능을 연계함에 따라 헤게모니의 완성을 연구함에 국가 리더십의 연구는 필수적이 된다. 제솝에 따르면 국가에 대한 지지와 저항의 사회적 기반은 이미 만들어진 것이 아니기 때문에 국가 리더십은 정치적으로 그리고 전략적으로 발휘되어야 한다. 국가란 사회 통합의 요소로서 사회의 통합을 확보하는 데에 나서야 한다. 헤게모니 프로젝트란 단지 행정부의 통합이라든지 정치권의 통합을 지칭하는 것이 아니며 계급과 이익단체로 갈라진 사회 전체의 통합을 말하는 것이다.

헤게모니의 구축에 국가의 적극적 기능을 염두에 두면서 제솝은 헤게모니 프로젝트를 '일 국민(one nation) 헤게모니 프로젝트'와 '이 국민(two nation) 헤게모니 프로젝트'라는 두 개의 전략으로 구분한다(Jessop, 1982: 244). 그에 따르면 일 국민 전략이란 주로 복지국가의 기능에서 보듯이 물질적 양보라든가 상징적 보상을 통하여 전 국민의 통합을 모색하는 전략이며, 두 국민 전략이란 주로 국가의 경제위기에 잘 채택되는 전략으로서 전체 인구 중 일부만의 지지를 모색하면서 다른 일부는 배제하는 방법을 통해 헤게모니를 구축하는 전략이다.[1] 예를 들면 대처리즘처럼 국민을 열심히 일하는 국민과 게으른 복지수혜자로 나누어 후자를 배제하고 전자의 지지를 얻어내는 전략이다(손호철, 2002: 132). 제솝에 따르면 대처리즘은 해고보다는 고용을 유지하는 케인스안 접근방식과 복지국가 정신이 기반을 두는 사회민주주의식 '일 국민' 헤게모니 프로젝트를 거부한다. 대신에 대처정부에 의하여 추구된 국가전략이라는 것은 영국국민을 양분화시키는 '두 국민' 헤게모니 프로젝트였다. 대처식 정책은 의도적으로 사회를 이분법으로 나누는 것에 전략을 두었다. 이러한 전략은 1983년과 1987년 선거에서 승리하는 원동력이 되었음을 그는 주장한다. 선거의 승리는 고용된 인구에게 실질임금인상 등의 정책을 통해 더욱더 열심히 일하기 위한 인센티브를 주고, 반면에 사실상 실업상태에 있으면서 공적인 재화와 서비스의 지원에 의존하고 있던 인구는 철저히 소외하는 이분법적 전략을 통하여 일구어 낸 것이었다고 주장한다(Jessop et al., 1984; 1988: 179).

제솝이 역시 국가론 학자로서 국가의 중심적 역할을 포함하는 '민족-민중 프로젝트(national-popular project)', '민족-민중 프로그램(national-popular programme)', 그리고 '민족-민중 목표(national-popular goals)' 등의 개념을 가지고 나온 것도 놀랄 만한 것이 아니다

---

[1] 김호기와 김영범은 한국에서 1987년 어떤 프로젝트를 통해 정치적 정당성이 허약한 권위주의 정권이 다시금 재집권할 수 있었는가를 분석하면서, 당시 한국의 지배블록은 피지배블록을 지역적-계층적으로 분단하는 두 국민전략을 통해 재집권할 수 있었다고 주장한다(김호기 · 김영범, 1995).

(Jessop, 1990: 161; 185; 209). '민족 - 민중(national - popular)'의 개념 역시 그 기원은 그람시에 있다. 제숍은 여기에 다시 국가 리더십의 역동성을 삽입한다.

'헤게모니'와 마찬가지로 그람시의 '민족 - 민중(national - popular)'의 개념은 사회세력의 차원과 밀접하게 관련된 개념이다. 그람시는 '민족 - 민중'운동의 주체는 사회주의로의 이행의 주체인 노동자계급이 되어야 한다고 생각하였다. 그는 '민족 - 민중'운동은 노동자 계급의 이익을 다른 계급들의 이익과 결합시켜 노동자의 헤게모니를 성취하는 중요한 전략이라고 생각하였다. 또 노동자계급의 전략은 부분적 이익을 성취하려는 투쟁(economic - corporate struggles)을 넘어서, 사회세력 전체의 대표자가 되기 위한 준비가 되어야 한다고 주장한다. 이것은 '민족 - 민중'운동이라는 새로운 차원의 전략을 도입함으로 해서 다른 사회 계급 세력들과의 연대를 통해서 가능하다. 어떠한 계급이 만약 그 계급의 이익만을 추구해서는 국가적 리더십을 성취할 수도 없고 따라서 헤게모니를 구축할 수도 없다. 그것은 계급적 성격을 가진 것이 아닌, 다시 말해 비(非)생산관계에서 나오는 투쟁도 함께 고려해야 한다는 것이다. 헤게모니란 계급적 차원뿐만 아니라 민족 - 민중적 차원을 가지고 있다. 헤게모니는 다양한 사회세력이 통합하여 민족 - 민중적 집합적 의지를 표현하는 하나의 폭넓은 연대가 되어야 한다. 그람시에 따르면 헤게모니를 가진 계급이란 이러한 민족 - 민중적 투쟁을, 이를테면 국가가 외침을 받았을 때 일어나는 애국적 투쟁을, 계급이익과 성공적으로 결합하여 사회전체의 리더십을 성취하는 그러한 계급을 말하는 것이다(Simon, 1991: 25~44).

제숍은 그람시가 계급투쟁전략의 일환으로서 언급하였던 '민족 -

민중'개념에 다시 국가의 주체적 전략성을 결합시키면서 '민족-민중 프로젝트'라든가 '민족-민중 프로그램' 개념을 들고 나온 것이다. 따라서 민족-민중 프로젝트란 계급적 성격이 아닌, 즉 생산관계 이외에서 비롯하는 이해관계, 갈등, 긴장 등을 국가 리더십 아래 조절하면서 국가통합으로 이끄는 국가의 행위이다. 전체 사회의 통합을 모색하는 국정운영자는 헤게모니란 계급적 차원뿐만 아니라 민족-민중적 차원과 깊이 관계되고 있음을 알아야 한다. 여기서 민족-민중적 차원의 애국심이란 중요한 요소다. 안정적 헤게모니를 구축하기 위해서는 비(非)생산관계에서 비롯하는 애국심과 같은 민족-민중적인 집합적 의지를 수렴하여 국가정책에 대한 사회 전체의 폭넓은 연대를 형성하여야 한다. "사회 공동의 목적을 추구하는 데에 있어 일반적 이익을 강조하는 구체적인 민족-민중 프로그램"이 중요하다. 민족-민중 프로젝트가 성공하면 "특정이익과 사회의 일반이익 사이에 존재하는 상충의 문제를 해결"할 수 있게 되어 헤게모니 프로젝트의 성공가능성은 그만큼 높아지는 것이다(Jessop, 1990: 161). 민족-민중 프로젝트가 추구하는 것에 저촉되는 특정집단의 이익추구행위는 사회 내에서 비도덕적 그리고 비이성적인 것으로 간주되고 따라서 제제를 받아야 한다는 공감이 사회에서 자연스럽게 받아들여진다(Jessop, 1990: 208).

종합하면, 제솝의 국가프로젝트, 민족-민중 프로젝트, 그리고 헤게모니 프로젝트는 다음과 같이 구분되어 이해되어야 한다. 국가는 제도적 총체로서 사회의 한 '부분'인데 이 영역의 통합을 모색하는 것이 국가프로젝트이다.2) 이것이 효과적인 민족-민중 프로젝트와

---

2) 국가프로젝트의 개념을 본문에서 설명하는 것은 오히려 글의 흐름과 독자의 이해에 방해가 되기 때문에 여기서 잠시 설명하도록 하겠다. 주의할 점은 헤게모니 프로젝트를 말하면서 제솝의 또 하나의 조어인 국가프로젝트(state project)의 개념과 혼동하지 않아야 한다는 것이

결합되면, 이는 가장 바람직한 헤게모니 프로젝트의 완성을 말하며, 이로써 국가가 사회의 '전체'로서의 완벽한 통합가능성은 높아지는 것이다. '국가프로젝트'란 결국 국가의 정치권 통합프로젝트, 좀 더 정확히 말해 국가권력을 소유한 패권정치세력의 주도하에 이루어지는 정치권통합프로젝트이다. 이렇게 '국가프로젝트'를 이해해야 또 다른 제솝의 개념인 '민족 - 민중 프로젝트'와 '헤게모니 프로젝트'를 효과적으로 이해할 수 있다. 패권정치세력은 정치권 통합을 위한 정치프로젝트를 추진하며, 경우에 따라(이를테면 국가 위기의 시기에) 애국심을 고취하는 민족 - 민중 프로젝트도 병행하고, 이것이 계급갈등을 잠재우고 시민사회까지 포함하는 국가대통합의 헤게모니 프로젝트로 연결되는 것이다. 구체적으로 김대중 정권과 관련해서 예를 들자면, 김대중 패권세력은 국가프로젝트(정치프로젝트)를 추진했으며 국가위기의식을 고취하며 애국심에 호소하는 민족 - 민중 프로젝트(금 모으기 운동 등)를 적절히 펼쳤고 더 나아가 전 사회적 통합을 모색한 '제2건국운동'이라는 헤게모니 프로젝트에 나섰다고 볼 수 있다.[3]

다. 제솝은 "고정된 실체로서의 국가는 없으며 국가의 실질적 통일성은 선험적으로 주어지는 것이 아니고 [국가프로젝트에 의해] 정치적으로 구성"된다며 '국가프로젝트' 개념을 소개하고 있는데 이로 인하여 국가프로젝트와 헤게모니 프로젝트에 대한 혼동이 생긴다(Jessop, 1990: 8; 353). 그러나 여기서 제솝의 '국가프로젝트'의 대상 영역은 한나라 전체 사회구성체가 아니라 제도적 총체로서의 국가라고 보아야 한다. 다시 말해, 국가는 '부분 - 전체'의 역설적 측면에서 사회의 일부분(a 'part' of society)인 바, 국가프로젝트란 이 '부분'의 통합과 결속을 모색하는 국가의 행위이다. 이에 반해 헤게모니 프로젝트는 사회의 '전체' 통합을 추구하는 국가의 행위이다. 한국 학자들 사이에 제솝이 제시한 '국가프로젝트(state project)' 개념에 대한 혼동이 적지 않다. '국가 프로젝트'의 해석범위를 어떻게 볼 것이냐에 의견의 일치가 없다. 예를 들면 손호철은 김호기(1993)가 국가프로젝트의 해석을 단순히 국가장치의 내적 통일성이라는 형식적 측면에 국한하고 있음을 지적하고 있다(손호철 2002: 125). 국가프로젝트 개념에 대한 상세한 설명은 다음 참조. B. Song, 2004.

3) 김대중정권의 국가프로젝트, 민족 - 민중 프로젝트, 헤게모니 프로젝트에 대한 자세한 설명을 보기 위해서는 다음 참조. B. Song, 2004.

제3절 재벌정책: 예외적 형태의 축적전략

이제 위에서 살펴본 개념들을 분석도구로 삼아 김대중정권의 제2건국운동이 왜 실패하였는가를 분석해 보도록 하겠다. 제솝에 따르면 헤게모니 프로젝트의 성공은 국가형태의 구조적 결정성, 프로젝트 추진의 전략적 향방, 그리고 자본축적과의 관계 등의 3가지 요소에 달려 있다(Jessop, 1990: 209). 국가형태의 구조적 결정성이란, 국가형태라는 것은 헤게모니 프로젝트의 성공 여부를 거의 결정하고 있는 구조라는 말이다. 국가형태라는 것은 사회에 존재하는 다수의 세력들 중 일부세력에게는 유리할 수 있고 다른 일부에게는 유리하지 못한 지형이 될 수 있는 것이다. 마찬가지로 국가권력을 잡고 헤게모니 프로젝트를 추진하는 패권정치세력에게 유리할 수도 있고 그렇지 않을 수도 있는 지형이라고 말할 수 있다. 이러한 국가형태의 특성은 흔히 '구조적 선택성(structural selectivity)'으로 표현된다. 그런데 이 구조적 선택성은 '전략적 선택성(strategic selectivity)'을 결정하고 만다. 즉 국가형태라는 구조는 일부 사회세력 또는 패권정치세력에게 유리한 전략과 그렇지 않은 전략을 이미 결정해 버린다는 것이다(Jessop, 1990: 209).4) 또한 제솝은 전략적 향방을 헤게모니 프로젝트의 성공 여부에 중요한 변수로 보고 있는데 여기서 제솝이 생각하는 효과적 전략이란 피지배사회계층의 이익실현을 민족 - 민중

---

4) 이해를 돕기 위하여 날렵하고 키 큰 선수와 키는 작지만 다부진 선수 사이의 복싱경기를 비유해 보자. 이들은 서로 다른 '구조적 선택성'을 가지고 있는 것이며 이에 따라 키 큰 선수는 '아웃복싱'을 키가 작은 선수는 '인파이팅'을 해야 유리한 '전략적 선택성'이 이미 결정 난 것이라고 볼 수 있다. 이처럼 특정시기의 국가의 구조적 특성인 국가형태에 따라 국가나(국가권력을 장악하고 있는 패권정치세력) 사회계급들이 그들의 이익을 실현하기 위하여 효과적으로 구사할 전략도 이미 결정 나 있다는 말이다.

프로젝트와 적절히 연계시켜 정권에 대한 지지를 극대화하는 것이다. 마지막으로 제솝은 국가의 축적전략을 중요한 변수로 보고 있다. 사회통합이란 경제적인 것과 직접적 관련은 없는 것처럼 보이지만 사회통합은 피지배사회계급에 대한 물질적 양보(material concessions)가 있어야, 다른 말로 물질적 양보를 가능케 하는 경제의 생산성을 확보할 수 있어야 한다는 점에서 축적전략과 깊은 관계가 있다는 것이다(Jessop, 1990: 210).

이 글에서 필자는 먼저 김대중정권의 헤게모니 프로젝트 추진은 재벌정책이라는 축적 전략이 수반하는 효과로 인해 성공의 가능성은 크게 제약받았으나 전략적으로 민족－민중프로젝트를 추진하여 헤게모니 프로젝트의 성공가능성을 다시 열어놓았음을 주장한다. 그러니까 김대중정권의 헤게모니 프로젝트는 자본축적과의 관계에서 성공의 가능성은 위축되었으나 정권이 효과적인 전략을 펼쳐 문제를 어느 정도 극복할 수 있었다는 것이다.

재벌정책은 김대중정권의 축적전략(accumulation strategy)이다.[5] 이 재벌정책의 내용은 일반적으로 5＋3원칙으로 이해되고 있다. 김대중정부는 1998년 초 재벌과 기업경영의 투명성제고, 채무보증의 해소, 재무구조의 개선, 핵심부문의 설정과 중소기업과의 협력강화, 지배주주 및 경영진의 책임강화 등의 5대원칙에 합의하였고 이후 1999년 광복절 경축사를 통해 재벌의 금융지배방지, 순환출자 억제, 변칙상속근절 등의 3대원칙을 추가해 재벌개혁의 구체적 목표를 제시하였다. 그러나 축적전략으로서의 재벌정책은 5＋3원칙보다 폭넓

---

5) 축적전략이란 역시 또한 자본축적의 개념에 국가의 리더십을 연계시킨 제솝의 조어로서 헤게모니 프로젝트와 민족－민중 프로젝트처럼 국가 리더십의 역동성을 강조하고 있다. 자본축적에 국가의 리더십을 연결시키는 예는 제솝이 메이지유신 이후 일본의 '부국강병책'이라든가 남미의 수출증대정책을 축적전략의 예로 들고 있는 것에서 잘 나타나고 있다(Jessop, 1991: 164).

은 의미를 가지고 있다. 재벌정책이라는 축적전략이란 국가경제시스템의 위기에 조응하는 '전체자본'으로서의 김대중 자본주의 국가가 방만한 경영과 무절제한 차입으로 국가경제 시스템을 흔들어 버린 '개별자본'의 시장 활동에 적극적으로 개입해야만 했던 자본주의 발달의 특정 국면에 조응하는 자본주의 국가의 기능이었다. 따라서 이 글에서 축적전략으로서의 재벌정책이란 IMF체제하에서 국가경제시스템의 안정적 복구를 지향하면서 펼쳐진 기업 및 금융권의 구조조정과 노동유연화정책 등을 포함하는 폭넓은 대외종속적 자본주의 국가의 기능으로 이해되어야 할 것이다.

재벌정책은 국가권력의 사회적 지지 기반을 약화시켰고 이것은 성공적 헤게모니 프로젝트의 기반을 상당한 수준에서 침식하게 되었다. 재벌정책은 그것이 가치증식(valorization)을 모색하는 것이 아니라 단기적으로나마 가치증식의 억제(de‐valorization)를 모색한 축적전략이었다는 점에서 예외적 형태의 축적전략이었다. 그것은 대규모의 산업 및 금융구조조정을 추진하면서 한국의 양대 계급에 희생을 요구하였다. 국가는 국가경제의 장기적 성장과 안정을 위한다는 명분하에 단기적이나마 개별기업에 가치증식을 위한 기업활동을 억제할 것을 요구하였다. 경우에 따라 국가는 시장에 강력한 형태의 국가개입을 펼치면서 정권의 민주 정통성까지 의심받기도 하였는데 특히 빅딜에 나타난 강력한 국가 개입은 시장민주주의 원칙에 관한 논란을 불러일으키면서 한국독점자본의 저항을 불러일으키기도 하였다. 동시에 재벌정책이라는 축적전략은 한국노동에게도 철퇴를 의미하였다. 제숍에 따르면 성공적인 헤게모니 프로젝트란 경제의 생산성과 피지배사회계급에 대한 물질적 보상에 달려 있다(Jessop, 1990: 209~215). 흔히들 하는 말로 부(wealth)라는 것은 분배되기 앞서 먼저 창조가 되어야 한다는 것이다. 그러나 재벌정책은 대량해고를 양산하는 구조조정이었으며 이로 인해 피지배계급에 돌아갈 물질적 보상이란 원천적으로 봉쇄되었다. 재벌정책은 전례 없는 대량해고를 양산했다. 1단계 구조조정 이후 실업률은 7.6%에 이르렀고 1999년 2월까지 178만 명을 실업자로 만들면서 실업률이 8.6%까지 이르렀다(한국노동연구원, 2000; 2001). 또한 재벌정책을 추진하던 김대중정부는 한국노조로부터 그 중립성을 의심받았다. 결국 한국의 노조는 김대중을 '한국노동의 적'으로 규정하고 김대중에 대한 지지를 철회하게 되었다.[6]

똑같은 신자유주의 정권인 영국의 대처정부는 두 국민 전략을 통해 국민의 한쪽으로부터나마 사회적 지지를 얻을 수 있었지만 한국의 김대중 정권은 어느 한 '국민(nation)'도 우군으로 만들 수 없는 딜레마에 봉착하게 된다. '고통분담'이라는 구호에 잘 나타나듯이(IMF체제가 부과한 높은 이자율정책으로 인구의 일부가 혜택을 보기는 했지만) 한국사회에 혜택 받는 국민과 그렇지 못한 국민의 양분이 있을 수 없었다. 국가경제의 구조조정이라는 재벌개혁은 예외적 형태의 축적전략이었으며 이것은 한국사회의 양대 계급 모두에게 고통과 희생을 요구하였다. 이처럼 자본축적과 관련하여 김대중 정권의 헤게모니 프로젝트는 그 성공의 가능성이 크게 제약되었다.

그런데 이 같은 축적전략으로 인한 사회적 지지의 상실은 김대중 정권의 효과적인 민족-민중 프로젝트에 의해 크게 보완되었다는 점에 주목할 필요가 있다. 그러니까, 국가전략이란 계급지지의 상실을 대한민국 국민의 지지로 상쇄하는 것이었다. IMF위기의 발발 이후

---

6) 『월간중앙』 2001년 1월호와 『신동아』 2001년 8월호. 필자는 2003년 11월 이갑용 전 민주노총 위원장과 인터뷰했다. 이갑용은 한국 노동의 입장에서 김대중을 "신자유주의의 충실한 집행인에 불과했다"라고 평가하였다. 대통령은 "해고를 참아 달라. 경기가 좋아지면 다시 부를 것"이라고 강조했지만, 사회안전망이 전혀 구축되지 않은 상황에서 그런 말은 살 권리를 포기하라는 것으로 들릴 수밖에 없었다고 회고하였다.

국가부도에 대한 우려는 '나라를 구하자'는 전국적인 운동으로 이어 졌는데 금모으기 운동의 배경에는 국가부도에 대한 공포와 국가를 살리려는 애국심이 자리 잡고 있었다.

민족-민중적 애국심에 호소하는 것은 강력한 재벌과 호전적인 한 국노동을 제압하는 데에 있어 효과적인 무기였다. 재벌은 무너진 국 가경제를 복원하는 데에 재벌 스스로 앞장서야 한다는 국가의 요구에 저항으로 일관하기는 힘들었으며 특히 애국심에 호소하는 국가의 전 략이 효과적이었던 것은 대(對)노동관계에서였다. 야당지도자 김대중 이 국가지도자가 되자마자 그의 옛 동지였던 한국노동에 요구한 것은 그들이 1997년 김영삼 정권에 공동 투쟁해 얻은 성과인 노동법의 개 정을 원래로 되돌리자는 제안이었다. 김대중은 IMF가 정리해고를 허 용하는 법의 국회통과를 요구하고 있음을 강조하면서 노동과 재벌 간 의 '대타협'을 호소하였고 '나라를 구하자'는 구호는 노동운동의 호전 성을 제어하는 결정적 역할을 하였다. 외환위기가 한국전쟁 이후 최 대의 국가적 위기로 받아들여지는 상황에서 '나라가 위험에 처해 있 으니 나라를 위해 타협해야 한다'는 호소가 투쟁에 나서는 한국노조 가 넘기 힘든 가장 큰 장애물이었음을 노조지도자들은 실토하고 있다 (KCTU, 1999a; 1999b). 결국 1998년 봄, 한국의 양대 노총은 정부 와의 협상테이블에 임하면서 정리해고의 원칙을 받아들이게 되었다.

민족-민중 프로젝트는 성공적으로 민중의 지지를 넓히면서 정권 은 민중으로부터의 지지를 이끌어 내고 계급의 저항을 무력화할 수 있었다. 일찍이 그람시가 말했듯이 애국심이란 민중의 지지(popular support) 를 동원하는 민중적 종교의 힘(the force of popular religion)과도 같았다(Simon, 1991: 44). 1997년 국가경제위기 직후에 김대중정권 에 의해서 고취된 애국심은 재벌정책에 대한 국민 전체의 전폭적 지지를 도출해 내고 '나라를 살리자'는 깃발 아래서 계급세력의 저항을 봉쇄하였다. 이에 따라 민족-민중 프로젝트는 헤게모니 프로젝트 성공의 가능성을 다시 열어놓게 된다.

이 기회를 놓치지 않고 김대중 정권은 헤게모니 프로젝트인 제2건국운동의 깃발을 높이 쳐들었다. 김 대통령은 1998년 8·15 경축사에서 국가의 나아갈 방향을 새로 정립하고 나라의 기강을 바로 세우며, 민족의 재도약을 위해 국민 모두 동참하는 '제2의 건국'을 제창하고 권위주의에서 참여민주주의로의 대전환, 관치경제에서 시장경제로의 전환, 독선적 민족주의에서 보편적 세계주의로의 전환, 물질위주 공업국가에서 지식기반 국가로의 전환, 신노사문화 창출, 남북 간 교류협력 시대 개막 등 6대 과제를 제시했다.[7]

제4절 한국시민사회와 김대중국가형태

헤게모니 프로젝트를 국가형태의 구조적 결정성과 관련하여 이해하는 시도를 하기에 앞서 또 다른 개념에 대한 이해가 필요한 바, 그것은 계급관계의 축과 관-민(officialdom-people) 관계의 축이다(Jessop, 1982: 247~252). 자본주의 국가를 연구하는 데 있어 주의할 점은 국가란 자본주의 사회 내에 존재하는 계급관계에 의해서만 결정받는 것이 아니라는 점이다. '국가는 지배계급의 정치적 도구이다'라든가, '국가는 계급관계의 힘을 반영하는 사회적 관계이다' 따위의 명제는 국가는 사회 내 계급관계의 축에 결정받고 있음을 전

---

7) 조선일보 1998년 08월 16일자.

제하는 가운데 성립된다. 그런데 동시에 잊지 말아야 할 것은 국가는 비계급관계의 축에 의해 결정받는데 그 축의 대표적인 것은 관-민 관계의 축이라는 점이다. '독재국가'라든가 '민주국가', 그리고 '시민사회의 성장'이나 '민주화의 성취' 등을 말할 때 우리는 국가와 시민사회에 존재하는 대당의 축, 즉 제솝이 표현하는 관-민 관계의 축을 염두하고 있다. 자본주의 국가는 따라서 두 개의 결정축과 관련하여 분석되어야 한다. 국가는 계급관계의 축과 관-민 관계의 축의 교차점에 위치해 있기 때문에 그것들의 상호작용의 맥락에서 이해되어야 하는 것이며 국가의 계급적 측면은 국가의 '관-민' 관계의 측면에 의하여 중층결정된다고 말할 수 있다(Jessop, 1980: 56; 1982: 247).

제솝의 '관-민' 관계의 축은 시민사회의 영역을 국가에 대당하는 하나의 전체 영역으로 전제하고 있는데 이것은 로크 등 사회계약론자들의 시민사회론에서 국가는 자연 상태의 무질서를 해결하기 위해 정치권력을 양도받아 법적, 정치적 제약을 행사하는 시민사회에 대립하는 영역으로 인식되는 경우와 같다. 여기서 사회는 양분된 구도로 간주된다. 이것은 맑스주의적 시각에서 자본주의 체제를 토대/상부구조로 양분하여 보는 시각과 유사하지만 맑스주의에서 국가는 토대에서 벌어지는 자본과 노동의 계급투쟁에 구성적으로 관여하는 상부구조로 인식되는 것에 반해 관-민 관계의 축에서 국가는 시민사회와 대당하는 영역으로 인식된다는 점에 큰 차이가 있다. 관-민 관계 축을 중심으로 국가는 시민사회에, 시민사회는 국가에 대당한다. 따라서 독재는 곧 시민사회의 약화를, 시민사회의 성장은 독재적 국가권력을 대치하는 민주화를 의미하게 된다. 이러한 대당관계가 낳는 효과는 시민사회에 존재하는 개인과 집단에 통합성을 부여하게 된다는 것인데 이로 인해 시민사회에 대한 국가권력의 침투가 합법

적 동의를 갖추지 못하는 순간 시민사회 내의 개인과 집단은 국가를 공동의 적으로 둘 수 있게 된다.[8]

김대중국가형태는 관－민 관계의 축에서 '민의 신장(伸張)'이라는 특성으로 구성되었다고 볼 수 있을 것이다. 1997년 대선에서 김대중의 승리는 지배블록 내에서 순수한 민주세력의 승리를 의미했다. 1961년 쿠데타를 통해 장면정부의 국가권력을 탈취한 군부는 지배블록에서 기타정치세력들을 주변화시키면서 패권정치세력으로 자리잡았다. 박정희의 암살 후 전두환의 신군부가 1979년 12월 12일 쿠데타에 성공함으로써 한국에서 지배블록의 패권은 여전히 군부 세력이 차지하게 된다. 패권군부세력은 1987년 대통령선거에서 민주세력이었던 비패권세력들의 분열을 통하여 국가권력의 유지할 수 있었다. 그러나 1988년 13대 총선에서 패배함에 따라 패권군부세력은 의회에서 다수당 지위 상실하면서 여소야대의 의회구성을 탄생시킨다. 의회를 지배하지 못하여 정치권의 통합이 깨어지고 정국이 불안정해지자 패권군부세력은 정치프로젝트를 단행하였으며 이것의 결과는 3당 통합을 통한 거대 여당의 출현, 즉 의회의 거대 패권단일정치세력의 등장이었다. 이후 김영삼은 대통령에 당선되어 문민정부를 출범시켰지만 3당 통합을 통해 군부세력과 동거한 한계성으로 국가권력을 군부세력과 공유할 수밖에 없었다. 1997년 12월 김대중이 대통

---

8) 시민사회영역을 어떻게 볼 것인가의 문제에 관해 국내 학계에서 많은 논의가 있어 왔다. 1990년대 '시민사회'가 정치학에서 연구의 중심대상으로 자리 잡은 이후 이제 시민사회를 국가에 대당하는 영역으로만 보고 연구하는 접근은 세련되지 못한 자세로 간주되는 것처럼 보인다. 많은 학자들이 시민사회를 국가에 대립하는 하나의 전체 영역으로 보는 것을 넘어 그람시적 접근에 입각, 국가(정치사회)/시민사회/경제라는 삼분법적 모델을 취하면서 한국사회에 대한 분석을 시도했다(임영일, 1992; 조현연·조희연, 2001; 최장집, 1991; 한완상, 1992). 또한 일부는 시민사회영역을 부르주아지가 지배하는 상부구조로 볼 수 있는가 그리고 그에 따라 시민사회의 시민운동이 사회 변혁을 위해 효과적인 것으로 간주할 수 있느냐 없느냐 하는 논쟁에 휩싸이기도 했다(강문구, 1995; 김세균, 1992a; 1992b).

령에 당선되었다. 김대중의 승리는 한국 지배블록의 재구성을 의미했다. 그동안 지배블록에 상존하던 군부세력이 물러나면서 순수한 민주세력이 지배블록의 패권정치세력으로 등장하게 되었다.

지배블록구성의 변화는 시민사회의 변천과 흐름을 같이한다. 지배블록의 패권세력, 다시 말해 국가권력을 잡은 패권세력은 선거를 통해 시민사회에 존재하는 사회세력의 지지로 탄생한다는 점에서, 지배블록의 구성변화는 곧 시민사회 저변의 변천을 반영한다. 한국에서도 박정희의 쿠데타 이후(비록 부정으로 점철되기는 했으나) 지배블록 구성의 변화는 선거를 통해 이루어졌다. 군부독재하에서 한국의 시민사회는 과대 성장한 국가에 비해 '과소성장'해 왔으며 자율적이지 못한 채 예속되었다(조현연·조희연, 2001). 그러나 80년대 시민사회는 6월 항쟁이라는 국가와 '한판승부'를 통해 역량을 강화하고 병영적 통제의 그물에서 탈출하기 시작하였으며(김병국, 1995), 1993년 김영삼 정부의 출범과 함께 한국 민주주의가 이행의 마지막 단계인 체제공고화 단계로 접어들게 되면서 시민사회는 '동원화 단계(mobilizational stage)'로까지 다다랐다.[9] 한 연구자는 김대중정부 시기의 시민사회를 연구하면서 시민사회의 현격한 성장에 주목, "국가에 반하는 시민사회" 테제를 부정한다. 그는 이제 중심적 갈등 축은 "국가 대 시민사회에서 시민사회 내로 이동했다"라고까지 말하고 있다(최장집, 2003: 193).

시민단체운동의 활성화가 민중의 파워와 반드시 직결되는 것은 아니지만 일반적으로 시민사회영역의 확대는 시민운동단체의 조직화와

---

9) 송호근은 민주화 이행과정에서 진전되는 시민사회의 활성화 단계는 대체로 방어적 단계(defensive stage), 생성적 단계(emergent stage), 동원화 단계(mobilizational stage), 그리고 제도적 단계(institutional stage)로 구분됨을 소개하면서 김영삼정권 초기에 한국 시민사회는 동원화 단계에 접어들었다고 생각한다(송호근, 1999: 48).

활동에 반영된다고 봐도 무방할 것 같다. 시민단체의 숫자는 1980년대 중반을 기점으로 급증하였는데 이는 1980년대 중반 이후 시작된 민주화운동이 각종 시민운동단체가 성장할 수 있는 토대였기 때문이다. 김대중정권 들어 시민단체의 숫자는 급격히 늘어, 행정자치부에 등록한 비영리민간단체 숫자로만 보아도 2000년 2,539개이던 것이 2003년 4,429개로 급격히 증가하였다. 김대중정권하에 한국의 시민단체들은 정부로부터 법적으로 위상을 인정받았다. 1999년 집권당은 '비영리민간단체 지원법'이라는 NGO섹터 육성을 지원하는 법안을 통과시키기까지 하였다. 이 법안에 따라 정부는 인권신장, 환경보호, 반부패운동에 임하는 시민단체들에 대해 재정지원까지 할 수 있도록 되었다(Park, 2003; Cho, 2002; Kim, 2000).[10] 김대중정권하 시민단체의 힘은 2000년 총선을 전후해 정치사회에 잘 반영되었다. 시민단체가 주도한 낙선운동은 유엔이 2000년도의 시민운동으로 소개하기도 하였는데 한국정치사회에 큰 영향을 미치며, 낙선대상자 86명 중 59명을 탈락시키기도 했다.

　김대중국가형태는 관-민 관계의 축에서 '민의 신장'으로 특징되었다. 문민정부의 과도기를 지나 김대중정권하에서 관-민 관계는 새로운 단계에 접어들었다고 말할 수 있을 것이다. 지배블록에서 순수한 민주세력이 패권정치세력이 되었다는 점에서, 그리고 시민단체의 활동이 시민사회 영역의 확대를 반영한다는 점에서도 김대중정권하 '민의 신장'이 확립되었다는 주장에 반론을 제기하기는 힘들 것이다. 이제 시민사회는 결코 국가에 주도당하는 영역

---

10) 그러나 이러한 재정지원은 Wahl의 NGO에 대한 정의의 측면에서 곱씹어 볼 만하다. 그는 NGO란 "비영리 지향성 공공의 이익을 대변하고 실현하기 위한 목표, 그리고 국가기제와 기업으로부터 재정적 독립"의 특성을 갖춘 "국내적 그리고 국제적 수준에서 활동하는 정식사조직체"라고 정의한다(Wahl, 1997). 이처럼 정부에 대한 독립을 유지하기 위해 참여연대와 경실련이 정부의 재정지원을 신청하지 않은 것을 이해해야 한다(Hwang, 2003: 271).

이 아니며 관-민 관계의 축에서 '민의 신장'은 김대중 국가형태를 구성하게 된 것이라 말할 수 있다.

제5절 재벌정책과 시민단체의 활동

그런데 '민의 신장'이라는 김대중국가형태는 두 가지 측면으로 이해되어야 한다. 그렇지 않으면 김대중정권하 국가와 시민단체의 관계를 정확히 이해하기 힘들다. 첫째 '민의 신장'이란 선진민주주의국가에서 일반적으로 확립된 민주주의 의식의 헤게모니를 말한다. 이것은 시민사회를 향한 국가의 권력이 반(反)공익성, 반(反)중립성, 반(反)범국민성의 모습으로 나타날 때 시민사회에 존재하는 개인과 집단들이 연합을 형성, 국가에 공동으로 대항하는 신장된 시민세력을 의미한다. 이 경우 시민사회 영역의 개인과 집단은 그들의 정파성에 상관없이 부당한 국가권력에 저항하게 되는데 문민정부의 과도기를 지난 한국의 시민사회에서도 민주의식은 이미 헤게모니를 형성한 것으로 보인다. 이것은 김대중정권의 정책이 민주주의 원칙에 어긋난다는 공론이 시민사회에 형성되면 국가개입은 관철되기 어렵게 된다는 것을 의미하는 것이다. 김대중정권하 시민단체에 대한 평가에 이견이 있기는 하지만 시민단체가 주도한 시민운동이 공익성, 중립성, 범국민성을 지향하는 것이었음은 분명히 인정해야 할 것이다. 시민운동이 환경의식고취, 경제정의 실현, 부정부패의 감시, 의정활동 감시 등의 분야에서 일찍이 없었던 적극적 참여의 모습을 보였는데, 시민단체의 이 같은 활동은 한국 민주주의의 성숙도를 잘 반영하고 있었다고 평가해야 할 것이다.

둘째, 김대중국가형태가 '민의 신장'으로 구성되었다는 것은 구체적 수준에서 '국가권력을 움켜쥔 주체가 누구인가'의 관점에서 살펴볼 필요가 있다. 국가를 추상적인 국가/시민사회의 구도에서만 볼 것이 아니라 구체적인 정권수준에서도 분석해야 하는데 왜냐하면 국가와 시민사회의 대당적 관계란 높은 추상성의 수준에서만 존재하며 실제로 정권수준의 구체적 수준에서는, 다시 말해 권력소유 주체의 수준에서는, 국가와 시민사회 사이에 대당관계가 존재하는 것이 아니기 때문이다. 국가는 패권세력 '가'와 주관적 관계이다. 국가란 바로 국가권력을 움켜쥐는 패권세력 주체일 수밖에 없으며 정치세력 '가'라는 것은 국가권력을 잡지 못하면 패권세력이 될 수 없기 때문에 국가는 곧 패권정치세력이며 패권정치세력이 곧 국가이다. 이 점에서 1961~1979의 한국국가를 박정희 국가, 1998~2003의 한국국가를 김대중 국가라고 말할 수 있을지도 모르겠다. 따라서 한국 현대사 50년을 회고하면서 '국가에 대항하는 시민사회의 힘이 신장되어 왔'느니 '국가의 힘이 약해졌'느니 '과대성장국가'니 '과소시민사회'니 하는 말은 정확한 것이 아닐지 모른다. 좀 더 정확히 말하자면, 과잉단순화의 위험이 있지만 한국의 사회세력을 양분하여, '민주세력의 국가이다' 혹은 '비민주 세력의 국가이다'라는 표현이 옳을 것이다. 이러한 점에서 보면 역설적이게도 국가/시민사회의 대당은 없다. 국가는 시민사회 내의 일부세력의 것이다. 이러한 맥락에서 우리는 김대중국가란 한국시민사회에 존재하는 민주세력의 국가이며 김대중 정치세력과 시민단체세력은 한국의 비(非)민주 세력을 공동의 적으로 가진 우군이었음을 새삼 깨닫게 된다. 누가 김대중정권과 시민단체를 각각 포퓰리스트정권, 정권의 홍위병으로 비판하기만 한다면 그는 정권수준에서 김대중국가를 관찰하지 못하고 추상적 수준에서 '관-민' 관계의 대당적 관계만 염두에 두고 있기 때문이다.

'민의 신장'이라는 특성은 김대중국가형태의 '구조적 선택성'이기 때문에 김대중정권이 어떠한 정책을 추진함에 있어 취할 '전략적 선택성'이란 '민의 신장'을 이용하는 것이다. 시민단체는 김대중정권의 우군이었으며 정부의 재벌정책을 적극적으로 지원한다. 이것은 공익을 추구해야 할 주체로서 시민단체가 국가적 위기를 극복하는 데에 자발적으로 나섰기 때문이며 또한 국가위기를 역설하며 시민단체의 지지를 이끌어 낸 정권의 전략도 효과적이었기 때문이다. 재벌정책에서뿐만 아니라 정부가 추진한 언론사 세무조사에서도 시민단체는 초기에 김대중정권을 지지하였다.

시민단체는 1997년 외환위기 발발 이후 기업경영의 투명성과 책임성 확보를 내걸고 재벌개혁 운동을 전개하기 시작했다. 계열사 간 부당내부거래, 문어발식 사업 확장, 과도한 채무의 차입 등으로 연쇄부실을 낳고 한국 경제시스템을 파탄으로 몰아버린 재벌을 개혁하는 것을 핵심 목표로 하였다. 시민 단체 중 재벌개혁에 가장 앞장선 참여연대는 재벌 총수와 경영진이 소액주주의 권익을 침해하는 사례에 대해 법적 책임을 추궁하는 소액주주운동을 펼쳐왔다. 특히 증권시장의 광범위한 불법행위를 근절하고 기업지배구조를 개선하는 데 효과가 있는 증권집단소송제도 도입을 위한 활동을 집중적으로 전개, 노무현정권 출범 이후 집단소송제가 도입될 수 있었던 점에 큰 역할을 하였다. 시민단체의 재벌개혁운동은 재벌의 투명성이 크게 신장되게 만든 원동력 중의 하나였다(Hwang, 2003). 이로 인해 재벌과 시민단체 사이에는 전선(戰線)이 형성되었다. 시민단체는 5대재벌에 대한 전쟁을 선포했고 재벌은 반재벌적인 시민단체를 강력 비판하였다. 전경련은 시민단체의 활동을 지적하고 특히 참여연대가 재벌기업의 내부 경영에 간섭하고 있음을 비판하였다.[11] 그러나 이에 맞서 시민단체는, 재벌은 국가경제위기를 불러일으킨 주범이며 당장 시대착오적인 경영 관행을 중지하고 과거의 실수를 되풀이하지 말 것을 주장하였다.[12] 취약한 소수정권으로서 재벌개혁을 추진하는 김대중정권에게 시민단체는 강력한 지지 세력이었다.

제6절 제2건국운동의 좌절과 한국 민주주의의 전망

김대중정권은 정부 주도의 제2건국운동을 펼쳤는데 이 정부 주도의 문제란, 그것은 '민의 신장'이라는 국가형태의 구조적 결정성에 상충하는 국가권력의 침투였다는 점이다. 정부는 제2건국운동이 자발적인 시민운동이 되어야 함을 강조했지만 그 운동은 과거 박정희정권이 주도한 새마을 운동을 연상케 해 주었다. 제2건국운동을 위한 구체적 조치로서 정부는 1998년 9월 대통령자문기구로서 제2건국위원회를 발족시켰다. 400여 명으로 구성된 중앙위원회 조직을 완성한 것에 이어 지방조직의 구성에 착수, 그해 말까지 240여 개의 지방위원회가 조직되어 전국적으로 2만여 명의 참여가 이루어졌다. 이로써 제2건국위원회는 전국의 각 시·군·구에 방대한 조직을 갖추게 된 것이다.

---

11) 코리아타임즈 2001년 03월 03일자.
12) 한겨레신문 2001년 03월 08일자 및 참여연대 경제개혁센터 김상조 소장을 포함한 시민단체간부들과의 인터뷰(2003년 9월 22일, 한성대학교). 시민단체와 재벌과의 긴장이 최고조로 고조되었을 때 테러의 위협까지 걱정되었을 정도이었음을 시민단체 간부들은 회고하였다.

처음에는 시민단체지도자들도 조직위원으로 참여하였지만 공무원들이 각 지역에 위원으로 참여한 것이 드러나면서 그것은 시민의 자발적인 조직이 아니라 정부주도의 조직으로 인식되기 시작하였다. 건국위원회의 출범 배경에는 공익과는 거리가 먼 정치적 목적이 있으며 제2건국위는 결국 또 하나의 정부조직이 아니냐는 비판이 거세졌다. 정치적 의도에 대한 의심을 불식시키고자 김대중 대통령은 종교계 인사를 건국위원회의 수장으로 임명하는 노력을 기울이기도 했지만 후에 제2건국위원회 업무에 행정자치부가 개입한 것이 드러나면서 제2건국위의 활동은 강력한 저항에 부딪히게 되었다. 김대중정권의 헤게모니 프로젝트는 제대로 시작도 못하고 동력을 잃기 시작했으며 이후 노무현정권이 들어서자 2003년에 조직이 완전히 해체됐다.

제2건국운동의 실패 이유를 단순히 그것이 관권운동이었다는 점에서만 찾으려는 접근은 잘못인 것 같다. 이러한 접근은 질문이 조금만 복잡해지면 적절한 해답을 제시하지 못한다. 예를 들어, 첫째, 재벌정책의 구조조정과 노동유연화 과정에서 국가가 민주 정통성을 의심받을 정도로 독재적 모습을 보였지만 왜 시민단체는 국가의 재벌정책을 지지하였는가, 둘째, 역시 정부주도운동으로서 시민사회의 독립성을 제약한다고 볼 수 있었던 박정희정권의 새마을 운동은 무슨 이유로 별다른 저항 없이 성공할 수 있었는가의 문제를 답할 수 없다. 따라서 관권운동의 문제에 대한 분석은 국가형태, 국가전략, 시민세력 등의 많은 문제를 고려해야 한다. 이제 이러한 문제들을 고려하면서 '시민단체가 정부의 재벌정책은 지지하였는데 왜 제2건국운동에는 반대하였는가'에 답하는 방법을 통하여 제2건국운동의 실패를 분석해 보자.

재벌, 노동자 그리고 시민단체는 관－민 관계의 축에서 모두 국가에 대당하며 공동으로 시민사회의 영역을 구성하고 있다. 그러나 그들은 재벌정책에 관한 한, 대(對)국가관계에서 각기 다른 정치적 범주(political category)에 속해 있다. 계급결정(class determination: 생산관계에서의 위치)이 계급위치(class position: 계급투쟁에 있어 위치)와 반드시 동일한 것은 아닌 것처럼 관－민 관계에 있어서도 관－민의 축이 결정하는 장소(people location)가 민중－민주적 투쟁(popular－democratic struggle)에서의 위치(people position)와 반드시 일치하는 것은 아니다(Jessop, 1982: 241~251). 민중－민주적 투쟁에서 '위치'가 다르게 나타나는 것은 정치적 범주 문제와 직결되어 있는데 이 정치적 범주의 형성은 시민사회영역에 대한 국가개입으로 생겨난다. 제숍은 "국가는 정치적 범주들의 구성에 아주 중요한 역할을 하는데 이것은 국가개입이 그 성격과 목적에 따라 '민(people)'을 서로 상이하고 대립되는 범주로 조직해 놓기 때문이다. 이로 인해 시민, 납세자, 복지혜택 청구자, 징병자, 죄인, 외국인 등 수많은 정치적 범주들이 생겨난다"라고 말한다(Jessop, 1980: 65). 재벌정책이라는 국가개입은 재벌, 노동자, 시민단체를 각각 다른 범주로 나타나도록 하였다. 재벌정책에서 국가개입이 목표로 하는 대상은 시민단체가 아니고 재벌과 노동자이다. 재벌과 노동자는 국가권력에 영향을 직접적으로 받는 국가개입의 대상을 구성하고 국가는 개입의 행위자다. 반면 시민단체는 재벌정책에 관한 한(간접적으로 국가권력에 영향을 받지만) 국가개입의 대상이 아니다. 따라서 시민단체, 재벌, 노동자는 관－민 관계의 대당 축에서 공동으로 시민사회의 영역을 구성하지만 그들은 별개의 정치적 범주가 된다.

그들이 다른 정치적 범주에 속해 있다는 사실은 몇 개의 가능성을 내포하고 있다. 첫째, 그들이 정부주도의 재벌정책에 저항하며 공동의 '위치'에서 연합하느냐, 둘째, 국가가 재벌, 노동자, 시민단체 중 일부를 정치적 전략을 통해 포섭하면서 그들을 서로 대립하는 정치적 범주로 만들면서 그들이 공동의 '위치'에서 연합하는 것을 막아내느냐, 아니면 셋째, 재벌, 노동자, 시민단체 중 일부가 자발적으로 국가와 공동의 위치에 서면서 국가와 연합하느냐 하는 것이다. 여기서 마지막 두 가지 경우가 재벌정책과정에서 일어난 것이라고 볼 수 있을 것이다. 시민단체가 김대중정부의 재벌정책을 지지한 것은 시민단체의 자율적인 판단에 근거한다. 외환위기라는 국가적 난제를 극복하려는 시민단체의 자발적 운동이다. 그러나 시민단체가 김대중정부의 재벌정책을 지지한 배경에는 재벌정책을 추진하는 정권의 효과적인 전략도 크게 작용한 것이 아닌가 생각된다. 애국심에 호소하는 국가의 민족-민중 프로젝트는 재벌정책에서 시민단체의 지지를 확보하는 효과적인 정치적 전략이었다. 김대중정권은 재벌정책에 있어 '나라를 살리자'는 깃발을 높이 치켜세우며 비(非)재벌과 비(非)노동조합 범주들의 연합을 성공적으로 이끌어 냈다. 국가는 재벌과 노동조합의 저항이 공공이익에 반하는 비도덕적이고 사적인 이익추구행위임을 강조하였고 시민단체는 국가를 적극 지지하였다.

재벌과 노동자는 국가개입과 시민운동이 향하는 공동의 목표물이 되었다. 비록 정부가 재벌정책에 있어, 빅딜 등에서 본 바와 같이 독재적인 국가개입의 모습을 보였지만 시민단체는 그것을 국가경제의 위기에 대응하는 적절한 공권력의 행사로 보았다. 같은 맥락에서 정리해고에 저항하는 한국노조에 대한 국가의 강경 진압도 비록 그것이 경우에 따라 무자비하기까지 했으나 그것은 김대중정권에 대한 민중-민주적 투쟁을 불러오지 않았다. 시민단체의 눈에 재벌정책을 추진하는 김대중국가란 관-민 관계의 축에서 시민사회에 대당하는 공권력으로 인식되기보다는, 계급관계의 축에서 국가경제시스템의 회복을 위해 자본주의 생산관계에 개입하는 공권력이었던 것이다.

그러나 제2건국운동은 정부와 시민단체 사이에 형성되었던 연합이 결렬되는 계기를 마련해 주었다. 정부주도에 의해 공무원이 개입된 2만여 명의 건국위원이 전국적으로 조직되었다는 사실이 의미하는 것은 제2건국운동이란 정확히 시민사회를 향한 국가권력의 침투였다는 것이다. 시민사회영역이 전체로서 국가개입의 대상임을 말한다. 그리고 그것은 시민단체 자율성의 억제와 시민단체 활동영역의 축소를 의미한다. 정부주도의 제2건국운동은 관-민 관계의 축에 존재하는 국가와 시민사회의 대당의 성격을 조명해 주면서 민중-민주적 저항의 불씨를 살리게 되었다. 재벌정책을 추진하는 김대중국가란 국가경제시스템의 안정을 위해 생산관계에 개입하는 공권력이었으나 제2건국운동에서 관권의 성격을 나타내자마자 김대중국가는 관-민관계의 축에서 시민사회에 대당하면서 시민사회를 위협하는 '위험한' 공권력으로 보이기 시작하였다.

이렇게 '위험한' 모습이 보이자 시민사회영역의 정치적 범주들은 연합하게 되었다고 볼 수 있다. 관-민 관계 축에서 장소(people location)와 위치(people position)가 반드시 조응하는 것은 아니라는 것은(재벌정책과정에서 본 것처럼) 국가가 시민사회의 영역에 존재하는 정치적 범주들 중 일부를 포섭하거나 시민사회의 일부 정치적 범주가 자발적으로 국가와 공동의 위치에서 서서 국가와 연대할 수 있는 가능성을 의미하기도 하지만, 동시에 시민사회의 영역에 존재하는 정치적 범주들이 국가에 대항 연합을 결성할 수 있다는 가능성도 의미한다. 시민단체는 제2건국운동에 반대하기 시작하였다. 그렇다면 김대중정권이 반(反)시민단체의 정치적 범주들을 포섭하여 우군으로 배치할 수 있었는가? 이것은 시민단체뿐만 아니라 거의 모든 정치적 범주들이 제2건국운동에 저항하고 있었다는 점에서 불가능한 것이 아니었나 생각된다. 시민단체는 물론 반(反)김대중정치세력이라 할 수 있는 한국사회의 보수 세력도 제2건국운동을 비판하는 세력이었던 것이다. 제2건국운동에 관한 한, 시민사회의 영역에 존재하는 거의 모든 정치적 범주들이 연합하여 김대중정권에 대항 전선을 형성하였다. 국가가 시민사회 내의 정치적 범주들을 포섭한 것이 아니고 시민사회의 서로 적대적 정치적 범주들까지도 대(對)국가 연합을 형성한 것이다.

높은 추상성의 수준에서 '민의 신장'이란 부당한 국가권력에 저항하는 한국 시민세력 전체의 성장을 말하는 것이다. 김대중정권하 한국 시민사회 내 민주주의 의식은 이미 헤게모니를 확립하여 시민사회영역에 존재하는 개인과 집단은 그들의 정파성과 상관없이 부당한 국가권력에 저항할 수 있는 성숙한 민주주의의 토대 위에 있었다고 볼 수 있다. 이 점에서 정치적 목적을 의심받아 공익성을 잃은 제2건국운동이 시민사회의 전면적 저항을 받은 것은 이해하기 어렵지 않다. 그런데 여기서 중요한 것은 시민사회영역의 거의 모든 정치적 범주들이 김대중정권에 저항 연합을 형성했다는 사실이 아니라 김대중정권의 정치적 지지 세력으로 분류될 수 있는 정치적 범주들이 저항하였다는 점이다. 앞서 구체적 수준에서 '민의 신장'이라는 특성은 김대중정치세력과 시민단체의 단일성을 말하는 것임을 살펴보았다. 그들은 넓은 의미에서 동일 정치세력이었다. 따라서 제2건국운동 반대연합에 거의 모든 정치적 범주들이 참가하였다는 점은 큰 의미가 있는 것은 아니며 넓은 의미에서나마 친(親)김대중 정치세력으로 분류되었던 시민단체가 반(反)김대중정권 연합의 중추세력이었다는 점이 더욱더 조명받아야 하는 대목일 것이다. 한국 민주주의 발전과 관련하여 중요한 것은 국가권력을 잡은 정치세력이 누구인가와 상관없이, 정권이 펼치는 국가정책이 공공의 선이라든가 민주주의 원칙에 부합하느냐의 여부에 따라 지지와 저항을 선별적으로 할 수 있는 세력이 시민사회영역에 존재하느냐 하는 점이다.

이러한 맥락에서 필자는 한국 민주주의 토착 가능성은 매우 높다고 보고 싶다. 김대중정권하 한국의 시민단체는 선별적으로 김대중정권을 지지하기도 하고 저항하기도 하였다. 이것은 김대중정권의 언론개혁에 처음에 지지를 보냈지만 후에 정권의 정치적 의도가 의심되자 지지를 철회하기 시작한 것에도 시민단체의 공익성은 나타났다. 이전에 국가권력의 지배를 받아들였던 '무비판적이고 무의식적인(an uncritical and unconscious way)' 한국 사회의 '상식(common sense)'은 민중의 힘이 독재정권을 타도한 이후 오래전에 깨어졌음을 말해 주는 것은 아닐까?[13] 민주화 이후의 한국 민주주의를 걱정하고(최장집, 2003), 한국에서 민주화의 실질적 측면이 강화되지 않고 있음을 애석해하기도 하지만(임혁백, 1995; 송호근, 1999), 김대중정권하 시민사회의 민중의 파워는 이미 충분히 성장하여 '관'의 시민사회에 대한 침투를 적절히 그리고 효과적으로 조절하고 있었던 것이다. 총선시민연대의 경우에서 보듯이 '민'은 자율적이면서 동시에 매우 단합된 세력으로 구성되어 있었다. 민중-민주적 투쟁 차원에서 '진지전(war of position)'은 이미 김대중정권하에서 시민세력에 의

---

13) 일반적으로 한국의 학계에서 '민중'은 사회계급의 차원에서 쓰이는 용어이나 나는 여기서 '관-민' 관계의 축에서 시민사회의 영역에 속한 시민을 의미하는 것으로 쓰겠다. 제솝의 'popular-democratic struggle'은 민중-민주적 투쟁이라고 해석하는 것이 바람직하다. 그러나 여기서 제솝은 여기서 민중을 계급 차원으로 사용하는 것이 아니라 시민의 개념으로 보고 있음을 주의해야 한다.

해 강화되어 있었으며 이것은 앞으로 시민사회의 영역을 침범하는 국가권력의 어떠한 시도도 한국시민사회의 견고한 구조를 쉽게 위협할 수 없다는 것을 웅변해 주는 것이다.

제7절 맺으며

이 글은 헤게모니 프로젝트는 자본축적과의 관계, 국가형태의 구조적 결정성, 그리고 전략의 향방 등의 세 가지 주요 변수에 따라 성패가 결정된다는 제솝의 이론을 한국에 적용하면서 제2건국운동의 실패를 이론적으로 분석하여 보았다.

김대중정권은 국가 경제 시스템의 위기에 조응하는 자본주의 국가라는 점에서 어떠한 헤게모니 프로젝트를 펼치더라도 그것의 성공을 기대하기 힘든 국면에 토대하고 있었다. 왜냐하면 경제위기를 극복하기 위하여 착수한 재벌정책이라는 축적전략이란 한국사회의 양대 계급인 독점자본 재벌과 노동에 양날의 칼을 의미하였기 때문이다. 이로 인해 김대중정권은 한국자본과 한국노동의 양자로부터 지지를 상실하게 되었다. 이에 대한 대처 방안으로 정권은 민족-민중 프로젝트를 펼쳤는데, 그것은 매우 효과적인 전략이었다. 이로써 김대중정권은 재벌정책이 수반한 계급지지의 상실을 국민지지로 상쇄, 국가권력에 대한 국민 저변의 지지를 일정 정도 확보할 수 있었다. 이를 바탕으로 김대중정권은 헤게모니 프로젝트인 제2건국운동의 기치를 높게 쳐들었다.

그러나 제2건국운동은 관-민 관계의 축에서 '신장된 민의 힘'에 배치하는 정부주도의 관권운동이었다. 이것은 국가의 '구조적 선택성'에 배치하는 실패한 전략이었다. 김대중정권은 제2건국운동을 추진함에 있어 채택했어야 할 전략이란 '신장된 민중의 힘'이라는 국가형태의 특성에 부합하는 것이어야 했다. 정치적 목적을 의심받아 공익성을 상실한 정부주도의 제2건국운동이 시민단체의 반대에 부닥친 것은 전혀 놀랄 만한 일이 아니다. 이것은 향후 한국에서 국가형태가 민중의 힘으로 구성되는 한, 공익성을 상실한 어떠한 관권운동도 성공을 기대하기 쉽지 않다는 것을 시사해 주고 있다.

제 6 장
정치현실주의 시각에서 본 '노무현식 정치':
대통령 탄핵소추 배경 분석을 중심으로[1)]

제1절 들어가며

2004년 3월 12일에 일어난 헌정사 초유의 대통령 탄핵소추사건 이후 탄핵과 관련된 논의들은 대부분 탄핵소추 추진세력에 대한 규범적 비판에 모아져 왔다. 그러나 이제 노무현 대통령 탄핵소추에 대한 접근을 새롭게 시도해 볼 필요가 있다. 즉, 탄핵소추의 요인을 다른 각도에서 분석하면서 과연 무슨 이유로 국가권력을 가진 집권 정치세력이 탄핵소추를 당할 수밖에 없었는지 고민해 볼 필요가 있다. '의회쿠데타'라든가 '비민주세력의 폭거'라는 비난으로 일관하기

---

1) 이 논문의 완성을 위해 이른바 '노무현식 정치'와 대통령 탄핵소추의 배경을 잘 알 수 있을 것으로 생각되는 인사들과의 직접인터뷰를 시도하였다. 많은 인터뷰 대상자들이 현실정치의 민감한 문제를 언급하는 것을 부담스러워했지만 다음의 분들이 기꺼이 각속을 잡아주었다. 이 분들에게 감사를 표하며 이 글로 인한 모든 문제는 전적으로 저자의 책임이다(설훈 전 국회의원, 신기남 전 국회의원, 신학용 현 국회의원, 안희정 현 민주당 최고위원, 유시민 전 보건복지부 장관, 유인태 전 청와대 정무수석, 이호웅 전 국회의원, 장영달 전 국회의원).

보다는 비판적 시각에서 국민으로부터 국가권력을 위임받은 집권정치세력이 무슨 이유로 유례없는 정치적 사태를 맞이하게 되었는가를 분석하는 것이 의미 있는 일이 될 것이다.

그동안 진행되어온 노무현 대통령 탄핵소추에 대한 연구를 살펴보면 예상외의 문제가 보인다. 노무현 대통령 탄핵이 한국정치사에 있어 극적인 사건임에도 불구하고 탄핵배경, 과정, 의미에 대한 학술적 연구가 기대하는 수준만큼 존재하지 않는다. 대통령탄핵에 대한 많은 논의는 정치적 공세 차원에서, 학술지보다는 비학술지의 주요 주제로 다루어져 왔다(이동형 2004; 이치왕 2004; 조갑제 2004; 지만원 2004). 또한 노무현 대통령 탄핵에 대한 학술적 연구가 있기는 하되 주로 법적 측면에서의 논의가 활발할 뿐이며 정치학계의 연구는 기대 이하의 저조한 모습을 보인다. 법학분야에서 노무현 대통령탄핵과 관련된 연구는 헌법재판소의 권한과 기능문제에 대한 고찰을 중심으로 진행되어 왔다(강기홍 2004; 김종철 2004; 송기춘 2004; 정종섭 2005; 조홍석 2004; 차강진 2004). 이외에 경제분야에서 탄핵정국 후 한국 경제를 전망하는 글들이 있지만(나성린 2004; 이근·윤민호 2004; 이인실 2004; 황인학 2004), 정치학분야에서 대통령탄핵을 연구한 저술은 극히 제한되어 있다. 정치학 분야의 연구가 저조한 가운데 최한수(2006)의 글은 노무현 대통령 탄핵소추에 관한 소고를 밝히고 있다. 박명림(2005)은 대통령탄핵과 신행정수도 위헌판결 문제에 관련된 헌법재판소의 역할과 기능을 논하면서 학계와 시민사회의 헌법개정논의를 주장하고 있다. 그리고 대통령탄핵 문제를 둘러싸고 나타난 정치인들의 행위를 막스 베버(Max Weber)의 관점에서 분석한 연구가 정치학 분야에서 눈에 띄는 저작일 뿐이다(최치원 2005).[2]

이 글은 정치시스템 재생산원리와 마키아벨티 정치사상의 틀 속에서 한국정치를 새롭게 읽어 보면서 노무현 대통령 탄핵소추 배경에는 이상과 현실사이에 선 '노무현식 정치'가 중요한 요인으로 작용하였음을 주장한다. 노무현식 정치는 현실정치에 상충하는 이상주의 정치노선으로서 대통령 탄핵소추안 국회통과를 이끌어 낸 주요 요인이 되었다. 2004년 총선 이전 노무현정권은 이전 노태우정권과 김대중정권과 똑같이 분할정부의 취약성에 노출되어 있었지만 노무현식 정치는 노무현 대통령으로 하여금 노태우 대통령, 김대중 대통령과는 다른 정치적 선택을 취하게 만들었다. 노무현 대통령의 정치에는 한국의 역대 정치지도자들이 보인 정치와는 매우 차별적인 예외성이 자리 잡고 있다. 돌이켜 보면 이 예외성의 노두현식 정치가 노무현정권을 탄생시킨 저변의 요인이기도 하지만 결국 노무현 대통령 탄핵소추를 추동시킨 원동력이기도 하다.

제2절 현실정치의 메커니즘: 정치시스템 재생산원리

민주주의의 고매한 이상이 정치 제도로 발전해 오기는 했지만 현실정치는 대개 반민주적으로 흐른다. 우리는 정치시스템 재생산원리를 이해하는 것을 통해 국가지도자와 집권정치세력이 외견상 민주적이고 중립적인 국정운영을 추구하지만 표피 하에서는 그들 중심의 정치적 지배를 관철하는 것에 매진하고 있음을 알 수 있다. 다수 정

---

2) 서구학계에서도 대통령탄핵에 대한 연구는 주로 법과 역사적인 측면에서 연구가 진행되어 왔고 정치적인 접근을 통해서 연구한 업적은 많지 않다. 정치적 접근의 대표적인 연구(Baumgartner 2003; Kada 2003) 이외에 법과 역사적인 측면에서 탄핵을 연구한 업적은 다음 참조 (Berger, 1973; Ehrlich, 1974; Perkins, 2003; Tassel & Finkelman, 1999).

치세력들이 권력투쟁을 벌이는 정치투쟁의 공간은 시간이 경과하면서 **특정 질서가 형성되는 정치시스템**으로 변하게 된다. 이것은 경합하는 정치세력들 중 하나의 특정 정치세력이 국가권력을 차지하여 집권세력으로 거듭나게 되면 정치공간에는 일종의 "규칙적인 행태양식(regularized pattern of behaviors)", "규칙적인 실천(regularized practices of agents)"(Wendt and Duvall 1989, 58~59), "재발하는 행태 양식(recurrent behavioral patterns)"(Giddens 1984, 17)이 형성되기 때문이다. 즉, 집권세력이 주도하는 일종의 질서가 확립되기 때문이다. 정치시스템이란 국가권력을 획득한 집권세력의 중심질서가 확립된 구조라 정의할 수 있다.3) 아래 그림1에서 보듯이 **정치시스템 재생산원리란 시스템 내의 중심행위자인 집권정치세력이 정치프로젝트를 통하여 비중심행위자들의 도전에 응전하고 시스템의 통합성을 구축하면서 현재의 지배질서를 재생산하는 것이다.**

---

3) 본 논문에서의 정치시스템(political system) 개념은 'democracy as a political system'이라고 할 때처럼 지배 ─ 피지배 관계의(민주적 혹은 독재적) 규범과 제도를 의미하는 것이 아니다. 또한 제(諸)가치들이 한 사회를 위해 권위적으로 배분되도록 하는 일련의 상호작용적 과정을 강조하는 데이비드 이스턴(David Easton)의 정치시스템 개념과도 거리가 있다 하겠다. 이 글에서의 정치시스템 개념은 구조주의나 구조화이론과 좀 더 밀접하게 관련된다. 본 논문의 정치시스템 개념을 명확히 하기 위해 구조(structure), 시스템(system), 행위자(actor)의 개념은 명확히 구분되어 이해되어야 한다. 이 책의 12장에서 동북아 체제구조를 연구하면서 밝히듯이, 구조주의나 구조화이론의 연구영역에서 구조는 행위자의 활동을 제어하는 일종의 틀로서 그리고 시스템은 그 틀 안에서 행위자들 사이에서 일어나는 "규칙적인 행태 양식(regularized pattern of behaviors)", 즉 일종의 '질서'로서 명확히 구분되어 쓰이고 있는 점에 주목할 필요가 있다. 웬트(Wendt)와 듀발(Duvall)은 구조와 행위자를 "상호 결정적 관계(codetermined irreducibility)"로 인식하면서 시스템이란 구조 내에서 존재하는 "행위자들의 규칙적인 실천(regularized practices of agents)"으로 이해하고 있다(Wendt and Duvall 1989, 58~59). 앤서니 기든스(Anthony Giddens) 역시 그의 구조화이론에서 구조와 차별되는 개념으로서의 시스템을 언급하고 있다. 그에 따르면 행위자들은 구조에서 활동한다. 그러면서 행위자들은 시간이 경과함에 따라 "재발하는 행태 양식(recurrent behavioral patterns)"을 발생시킨다고 생각하면서 이것을 시스템이라고 인식하고 있다(Giddens 1984, 17, 송백석 2006). 이러한 맥락에서 이를테면 쿠데타가 진행 중인 정치공간은 아직 국가권력을 차지한 집권세력의 질서가 형성되지 않은 무질서 상황이기 때문에 정치시스템으로 이해할 수 없다. 동북아의 체제구조 변천을 다룬 글은 이 책의 12장을 참조 요.

패권을 가진 집권세력은 자체 결속을 강화하고, 비패권세력의 도전에 응전하는 정치프로젝트를 펼친다. 왜냐하면 그러한 활동이 성공해야만 정치시스템의 평형상태(equilibrium)를 유지하고 정권자율성 및 국가자율성의 증대를 기대할 수 있기 때문이다. 정치프로젝트란 집권정치세력의 지배질서 유지의 수단이고 전략이다. 집권정치세력은 정치프로젝트를 통하여 지배질서를 재생산하면서 정치시스템의 안정적 평형상태를 유지하려 한다. 여기서의 안정적 평형이라는 것은 복수 정치세력간의 수평적 힘의 균형을 의미하는 것이 아니다. 안정적 평형이란 곧 지배적 통합으로서 시스템 내의 중심행위자의 주도적 질서가 유지되는 가운데 비중심행위자들의 저항이 최소화되어 전체 이익의 총합이 극대화되는 평형 상태를 말한다. 결국 안정적 평형의 최적 상태는 시스템 통합성의 극대점을 말한다. 정치프로젝트는 그 유형으로서 적극적 공격과 방어뿐만 아니라 유화적 포섭까지도 포함한다.[4]

정치시스템의 중심행위자인 국가권력을 획득한 행정부세력은 통합성의 제고를 목표로 의회에 대한 영향력 확대를 기도한다. 권력분산의 이상을 제도화한 정부형태(권력구조)가 존재하기는 하지만 국가권력은 조직화된 통합의 형태로 작동한다. 이러한 맥락에서 국가론 학자 풀란차스가 "행정부와 입법부의 권력분립의 원칙에도 불구하고 자본주의 국가는 두 권력 중 하나가 다른 하나를 지배하는 결과로 조직화된 통합된 형태로 기능한다"라는 예리한 주장을 펼치기도 했다(Poulantzas 1987, 303).[5] 잘못하면 의원내각제, 대통령제, 분권형

---

4) 중심행위자란 국가권력을 획득한 집권정치세력으로서 그 세력이 동일 세력을 의회에 포진시킨 정도에 따라 소수중심행위자와 다수중심행위자로 구분된다.

5) "몽테스키가 삼권분립을 제창한 이래 입법, 행정 사법의 영역을 '두부 자르듯이' 정확하게 나눌 수는 없"고 "어떤 나라도 중복되지 않게 완벽하게 권력분립을 실시하는 경우는 없다"는 지적(박효종 2002, 20)도 같은 맥락에서 이해될 수 있다.

대통령제 등의 권력구조를 연구하면서, 민주사회에서 국가권력이란 분할되어 작동하는 것으로 간주할 수 있는데, 실상 국가권력이라는 것은 집권세력의 행정부권력을 정점으로 하여 조직화되고 있다는 것을 간과해서는 안 될 것이다.

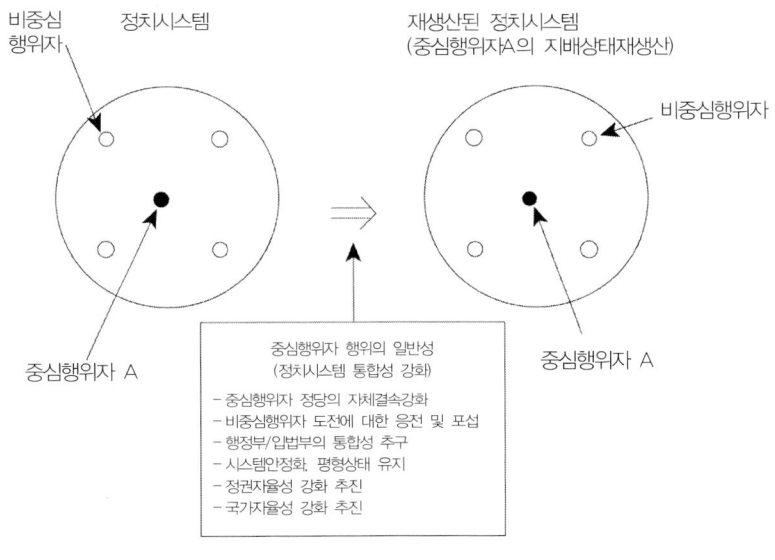

그림 1) 정치시스템 재생산원리

집권세력이 추구하는 통합의 지향은 그 과정에서 국가권력의 집중화를 낳게 되기 때문에 독재에 대한 인간 이성의 대응으로서 의원내각제, 대통령제, 분권형 대통령제라는 정부형태는 각각 권력 분산을 위한 장치를 가지고 있다. 의원내각제는 내각불신임권으로 내각을 담당하는 집권세력의 독주를 견제하고 국정운영에 대한 정치적 책임을 추궁하며 역으로 비패권정치세력이 무책임하게 집권세력을 방해하는 행위를 견제하기 위하여 의회해산권을 집권세력에게 부여하고 있다. 대통령제는 권력분산의 제도적 장치로서 삼권분립이 있다. 의회와 행정부의 권력이 융합된 의원내각제와는 차별적으로 대통령제는 행정부와 의회의 제도적 분리가 뚜렷하다. 따라서 행정부 국가권력을 장악한 집권세력이 의회권력을 장악하지 못하여 권력의 분산이 현저해지는 분할정부의 형태가 출현하기도 한다. 분권형 대통령제의 권력분산 장치는 대통령과 총리의 역할 분담이다. 이것은 대통령제보다 권력을 분산시킨 변종의 대통령제라 할 수 있는데 국가수반과 행정부수반의 분리를 통하여 권력이 집중되는 현상을 방지하고 있다. 국가수반인 대통령은 주로 군사・외교의 분야를 담당하고 행정수반인 총리는 내치를 담당한다.[6]

그러나 정부형태라는 권력분산 장치에도 불구하고 권력분산의 이상과 권력작동의 실제를 혼동해서는 안 된다. 정작 현실정치에서 집권세력은 제도적 장치에 구속되기를 거부하며 국가권력의 통합 조직화를 지향하면서 정권자율성과 국가자율성의 증대를 모색하고 있다. 권력분립의 이상이 실현되기 어려운 이유는 동일정치세력이 행정부와 의회에 동시에 포진한 구조적 문제 때문이다.[7] 의원내각제에서든, 분권형 대통령제에서든, 대통령제에서든 집권정치세력인 행정부세력은 의회에 동일정치세력을 포진시키고 있다. 정치시스템의 안정화는

---

6) 한국에서의 바람직한 정부형태는 무엇인가는 많은 관심의 대상이다(박찬욱 2004; 문종욱 2006; 김광선 2004). 이 문제에 대한 연구에서 하나의 대안으로 떠올랐던 분권형 대통령제의 개념에 적지 않은 혼선이 나타나고 있다. 황태연(2005)은 이 용어의 사용이 바람직함을 주장하지만 최한수(2005)의 경우 '준대통령'제를 선호한다. 박찬욱(2004)은 분권형 대통령제라기보다는 이원집정제나 혼합제(hybrid system)에 속하는 준대통령제, 반대통령제 또는 의회주의적 대통령제로 부르는 것이 타당함을 주장한다.

7) 한 논문에서(최준영 외 2008, 152) "행정부와 국회를 구성하고 있는 다양한 구성원들은 자신이 속해 있는 기관의 목적을 위해서 일사분란하게 행동"하는 "전제조건"이 이루어질 때 "행정부와 국회가 서로 견제하고, 이를 통해 균형을 이루어 권력의 남용과 부패를 억제"할 수 있다는 희망을 피력하고 있지만 그 전제조건이 실현되기 어려운 것도 근본적으로 이러한 구조적 문제 때문일 것이다.

집권세력이 동일정치세력을 얼마나 많이 의회에 포진시키느냐에 달려 있다. 따라서 행정부의 집권정치세력이 의원내각제 하에서는 연합내각이라든가 소수내각보다는 선거의 승리를 통한 다수내각의 구성을 위해 노력하는 것이며, 분권형 대통령제 하에서는 동거정부를 구성하기보다는 총선에서 승리하여 총리까지도 동일정치세력 출신의 인사를 지명하는 대통령중심정부를 구성하기를 갈망하는 것이며, 대통령제 하에서는 총선에 승리하여 의회의 다수당 지위를 확보하고 분할정부가 아닌 통합정부의 형태를 구성하려 한다. 권력구조란 집권정치세력의 독재성에 대응하는 이성의 산물일 뿐 현실정치에서 정치시스템의 중심행위자는 언제나 권력의 통합과 집중을 지향한다.

대통령제 하에서 행정부의 집권정치세력은 의회에 포진하고 있는 동일정치세력의 자체결속을 강화하고 의회에 포진한 비패권정치세력에 대한 응전에 성공하는 것을 통하여 정치시스템의 안정화를 도모한다. "내각의 안정성은 의회 권력에 대한 행정부권력의 우위를 말한다"(Lijphart 1984, 164)라는 주장은 왜 행정부세력이 의회에 영향력을 행사하려 하는지 말해주고 있다.[8] 행정부권력과 의회권력의 연결축인 집권세력의 분열과 집권세력의 비패권세력에 대한 응전의 실패는 의회권력에 대한 행정부권력의 약화로 직결되며 이것은 정권의 불안정성을 증가시킨다. 따라서 집권세력이 행정부-의회관계에서 우위를 확보하려는 정치행위는 일반적인 것이며 다만 그 유형이 민주적인가 아니면 비민주적인가의 차이가 존재할 뿐이다. 민주정당이든 독재정당이든 모두 정치시스템의 통합성 증대를 목표로 한 정치프로젝트를 펼친다. 다만 성격과 방법에서 차이가 있어 독재정당은

---

8) 이 경우에 레이프하트(Lijphart)가 의원내각제를 염두하면서 말했지만 그의 주장은 대통령제에 대해서도 적실성을 갖는다.

폭력적 국가기제의 물리적 힘에 의존하고 민주정당은 선거의 합법적 승리 또는 투명한 정치활동을 통하여 목표를 달성하려 한다.

제3절 마키아벨리와 정치프로젝트의 전략

통합성이 극대화되는 정치시스템의 완전한 평형상태(equilibrium)는 극히 예외적이기 때문에 정치프로젝트란 특수한 상황에서 추진되는 것이 아니며 현실정치에서 항상 가동된다. 시스템 통합을 지향하는 정치프로젝트의 전략은 시스템 중심행위자인 지도자와 집권정치세력의 현실인식, 가치관, 성향, 목표의식 등에 따라 다른 유형을 보일 수 있다. 또한 정치프로젝트의 유형은 한 나라의 정치제도, 국민의식, 경제발전 등에 따라 상이할 것이다. 정치프로젝트 전략의 성공 여부에 따라 국가통합성은 유동적이기 때문에 어떠한 전략을 어떻게 효과적으로 구사해야 하는가는 집권정치세력에게 있어 영원한 숙제의 문제이다. 제솝이 "국가는 내적으로 변화하고, 상충적이고, 혼합적인, 그리고 상대적인 열린시스템"이며 "국가의 통합성은 운영 절차(operational procedures), 조정 수단(means of coordination), 그리고 설정된 목표(guiding purposes)에 의해 구성되는 것"임을(Jessop 1990, 346) 말한 것도 정치프로젝트 전략의 중요성을 강조하는 맥락에서이다.

정치프로젝트가 차별적인 현실을 배경으로 해야 하는 매우 복잡한 통합프로젝트라는 것은 그것을 추진해야 하는 국가지도자에게 고도의 리더십을 요청한다. 정치시스템의 통합성과 정치프로젝트의 문제는 이미 수백 년 전 마키아벨리의 정치사상에 관류하던 핵심적 내용이다.9) 주지하듯이 그는 정치공동체의 통합을 완수해야 할 군주의 정치프로젝트 전략으로서 현실주의 접근을 제시한다. 마키아벨리는 비르투(virtù)를 가진 신군주의 출현을 고대하였다.10) 조국 피렌체의 암담한 현실을 극복하고 광범위한 통합을 구축하여 과거 로마제국의 영광과도 같은 꿈을 구현할 수 있는 신군주의 출현을 열망한 것이다. 그는 당대의 이태리 군주들의 무능, 즉 비르투의 결핍을 비판한다. 마키아벨리는 "이태리의 군주들이 왜 자신의 국가를 상실하게 되었는가" 의문하면서 비르투 없이 전적으로 요행에만 의존하는 군주는 늘 멸망할 수밖에 없다는 것을 말한다(박상섭 1998, 26). 강국들의 힘 앞에서 제 목소리를 낼 수 없었던 약소국의 한 현실정치인으로서 마키아벨리에게 로마의 성장은 본받아야 할 모범이었고 비르투를 지닌 신군주는 동경의 대상이었다(김경희 2005b, 28; 42). 그에게 비르투를 가진 지도자란 철저하게 현실적 감각으로 무장된 군주를 말한다. 마키아벨리는 다음과 같이 주문한다.

---

9) 그는 수백 년 전 『로마사논고』와 『군주론』에서 로마공화정을 연구하고 이상적인 신군주의 출현을 동경했다. 로마공화정을 한 나라가 본받고 따라해야 할 모범으로 파악했던 마키아벨리는 로마가 구축했던 정치공동체의 통합성을 어떻게 그의 조국 피렌체에 재현할 수 있는가에 부심하였다. 마키아벨리는 통합을 두 개의 수준에서 '소수의 귀족에 기반하는 정체(governo stretto)'와 '시민층에 기반하는 정체(governo largo)'로 개념화하면서 대통합을 위해서는 다양한 재능과 자질을 갖춘 광범위한 시민층을 정치로 충원할 수 있는 자유정체, 즉 '저변이 넓은 정체'를 만드는 것이 중요하다고 생각하였다(김경희 2005a, 133). 통합성의 제고를 위한 모델로서 베니치아의 '소수의 귀족에 기반하는 정체(governo stretto)'보다는 로마공화정의 '광범위한 시민층에 기반한 정체(governo largo)'를 완성해야 함을 역설하였다. 모든 공동체는 지배하고자 하는 욕망을 가지고 있는 귀족(grandi)과 자유롭게 살고자 하는 인민들(popolo)로 구성되어 이들 사이의 대립과 반목은 피할 수 없는 것이다(김경희 2005a, 136-137). 따라서 이 갈등과 긴장을 해결하여 전체의 힘을 극대화시키기 위해서는 베네치아 모델처럼 평민을 배제하는 가운데 공동체를 완성하려는 시도보다는 로마모델처럼 평민을 정치에 적극적으로 수용하여 광범위한 시민층에 기반하는 공동체의 통합이 바람직한 것이었다.

10) 비르투(virtù)에 대해서는 다양한 개념이 있지만 본 논문 안에서 비르투는 좁은 의미로 일종의 '지도자의 통치능력'에 한한다. 이 개념에 대한 자세한 내용은 박상섭(1998) 참조.

······ 하지만 어떤 악덕을 행사하지 않으면 국가를 유지하기 힘든 어쩔 수 없는 경우라면 오명 따위는 생각하지 말고 행사하는 것이 좋다. 왜냐하면 미덕처럼 보이는 것도 그것을 행하다 보면 자신을 파멸로 이끌어 가는 수도 있으며, 반면 악덕으로 보이지만 그것을 행사함으로써 자신의 안전과 번영이 유지되는 경우도 있기 때문이다 (Machivaelli 1952, 85). ······ 현명한 신군주는 자신에게 도움이 되지 않는다고 판단했을 때 또는 더 이상 유효하지 않을 때는 신의를 지킬 수도 없고, 또한 지켜서도 안 된다 ······ 신군주는 자신의 신념의 파기를 정당화할 수 있는 정당한 이유가 부족해서는 안 된다 ······ 군주라면, 특히 신군주라면 국가를 보존하기 위해서는 신의도 버리고 자비도 버리고, 인간미도 잃고, 반종교적인 행동도 때로는 취해야 한다는 것을 알아야 한다. ······ 군주는 운명의 방향과 사태의 변화에 따라 자유롭게 행동하는 것이 필요하다. ······ 부득이 필요할 때는 나쁜 일에도 발을 들여 놓을 줄 아는 것이 중요하다. ······ 군주는 오로지 전쟁에 이기고 국가를 유지하는 일이 제일이다(Machivaelli 1952, 92~94).

정치 현실주의자로서 그에게 중요한 것은 대의명분이나 도덕성이 아니라 안정된 정치질서를 창출할 능력이었다(탁상섭 2002; 이수석 2001). 정치시스템의 통합성을 극대화시키고 국가안위를 보장해야 할 지도자가 정치프로젝트 전략을 선택함에 있어 대의명분과 도덕성 따위는 제일 중요한 고려대상이 아니다. 마키아벨리에게 비르투를 갖춘 신군주란 필요에 따라 악덕도 행사하여 국가 위기를 극복하고 영광을 창출하는 지도자이다. 실상 현실주의에 입각한 그의 주문이 우리가 살고 있는 이 시대의 정치지도자들에 의해서도 충실하게 실천되어 온 것을 보면 그것이 그다지 새삼스러울 것도 없다. 곧이어 보듯이 그의 주문은 항상 실천되기 때문에 우리는 정치를 흔히들 '더럽다'고 욕하는 것인지도 모른다.

제4절 한국의 정치프로젝트:
노태우정권과 김대중정권의 예를 중심으로

　제도적 민주주의가 견실하게 구축된 곳에서 정치프로젝트는 민주주의의 외피를 입고 전개된다. 행정부세력이 입법부와의 통합성을 지향하는 정치프로젝트는 삼권분립의 전통이 강한 미국에서도 쉽게 발견된다. 특히 야당이 의회의 주도권을 행사하는 분할정부일 경우 그러한 활동이 더욱 활발했다. 분할정부 하에서 미국 대통령이 정치프로젝트를 펼치면서 국정을 성공적으로 수행한 예는 많다. 미국식 정치프로젝트로서 미국 대통령은 비중심행위자가 주도하는 의회의 지도자들과 선린관계를 유지하려 노력하고 백악관 참모들도 의회와 지속적인 접촉을 유지하려는 활동을 하고 있다. 예컨대 1964년 자신이 추진했던 경제기회법의 서명을 위해 사소한 것까지 신경 쓴 린든 존슨 대통령, 제2기 임기 초 '생존의 정치(survival politics)'라고도 불렸던 클린턴 대통령의 공화당의원들에 대한 노력 등을 들 수 있다 (박찬욱 2004; 함성득 1998, 394). 그리고 분할정부였던 레이건 행정부시기 대통령비서실장 베이커(James Baker III)가 정책안들을 의회에서 통과시키기 위하여 백악관 내에 입법 전략회의를 만들어 의원들과의 접촉을 가지고 의회의 리더십과 친밀한 관계를 유지하려는 노력을 끊임없이 전개하였던 일들은 정치프로젝트의 미국식 '운영 절차'이고 '조정 수단'이었다고 평가할 수 있다.

　한국에서 나타난 정치프로젝트의 유형은 한국정치의 후진성을 반영한다. 정치프로젝트의 한국식 '운영 절차'와 '조정 수단'은 민주화 이전에는 주로 비례대표제의 왜곡이라든가, 부정선거, 관권선거의 실시였고, 민주화이후에는 의원영입, 신당창당과 같은 정계개편의 형태이다. 이승만정권 시기에는 부정선거가 대표적인 정치프로젝트의 유형이었고, 박정희정권시기에는 부정선거와 함께 급진적인 정치프로젝트 유형인 유신 조치가 있다. 유신헌법의 핵심조항은 대통령선거 인단을 통한 대통령 간접 선출, 대통령의 입법부와 사법부 장악, 그리고 집권정치세력의 자체결속을 극대화하기 의한 집권당인 공화당의 재조직이었다. 유신체제는 박정희의 '마키아벨리적인 시간'이 완성되는 기간이었다(임혁백 2005). 이후에 나타나는 전두환정권 시기의 관권선거와 전국구제도의 왜곡 실시, 노태우정권의 3당합당, 김영삼정권의 의원/당선자영입, 김대중정권의 의원영입과 DJP 연합정권의 구성 등은 모두 집권정치세력의 정치프로젝트로 이해할 수 있으며, 이러한 모든 프로젝트에 관류하는 목적은 행정부와 입법부의 일원성 제고를 통한 시스템의 통합성의 구축이라고 말할 수 있다. 한국에서 집권세력이 입법부 장악을 추구하는 모습을 '한국 행정국가화 현상'이라 애석해하며 민주주의 원칙의 확립을 촉구하기도 하지만(양재진 2002), 이러한 행정국가화 현상은 정치시스템 작동의 맥락에서 이해하는 것이 필요하다.

정치프로젝트의 맥락에서 '노무현식 정치'를 살펴보기에 앞서 노태우정권과 김대중정권의 정치프로젝트를 살펴브는 것이 필요하다. 왜냐하면 세 정부 모두 분할정부의 시기를 공유하고 있기 때문이다. 노태우정권과 김대중정권은 모두 구조적 위기에 봉착하게 된다. 노태우 대통령의 민정당은 1988년 4월의 13대 총선에서 겨우 34%를 득표하여 125석을 차지하고 국회 과반수에 훨씬 모자라는 지위로 전락하였다. 한편 통일민주당, 평화민주당, 민주공화당의 야 3당은 도합 164석을 차지하게 되어 한국 의회 역사상 최초로 여소야대의 구도가 형성된 것이다. 이로써 건국 이후 줄곧 동일정치세력에 의해 행정부와 의회가 장악되었던 통합정부의 형태가 사라지고 행정부 세력과 의회의 주도세력이 대적하는 분할정부가 탄생하였다. 통합성이 깨어지자 한국정치시스템의 재생산이 불안정하게 되고 국정운영이 파행으로 치닫게 된다.11) 김대중정권 역시 소수정권의 어려움을 안고 출범했다. 김대중정치세력의 집권은 한국정치시스템의 전통적 구성이 깨졌다는 것을 의미하였다. 줄곧 유지되었던 군부와 경상도정치세력의 패권이 종식되는 것이었으며 노태우 대통령 집권 초에 형성되었던 분할정부가 새롭게 나타난 것이었다. 김대중정권 초기 국민회의는 299의석 중 겨우 78석을 가지고 있었다. 이 분할정부의 취약성은 DJP연합으로 극복되어야 했지만 43석의 자민련과 합해도 121석에 불과하여 연합정권마저도 소수정권에 불과하였다.

---

11) 당시 군부집권세력은 정국주도권을 빼앗긴 나머지 대법원장 임명동의안을 부결당했으며 야당은 공동으로 국정감사법, 증인법, 의료보험 통합법, 양심수 석방결의안 등을 통과시켰다.

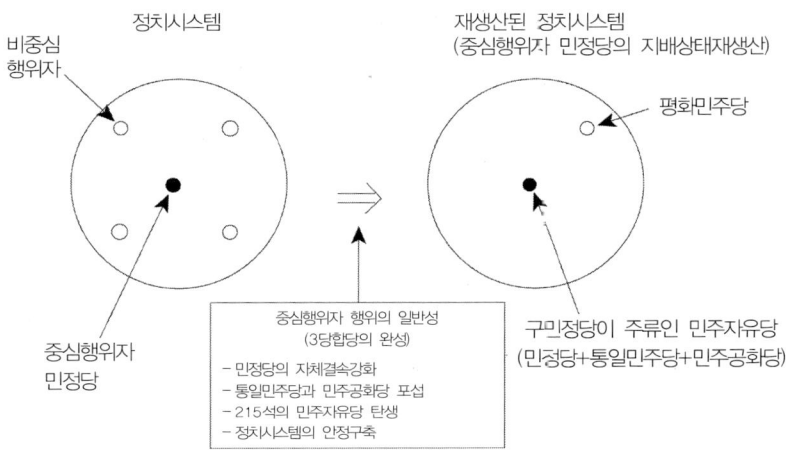

그림 2) 노태우정권의 정치시스템 재생산

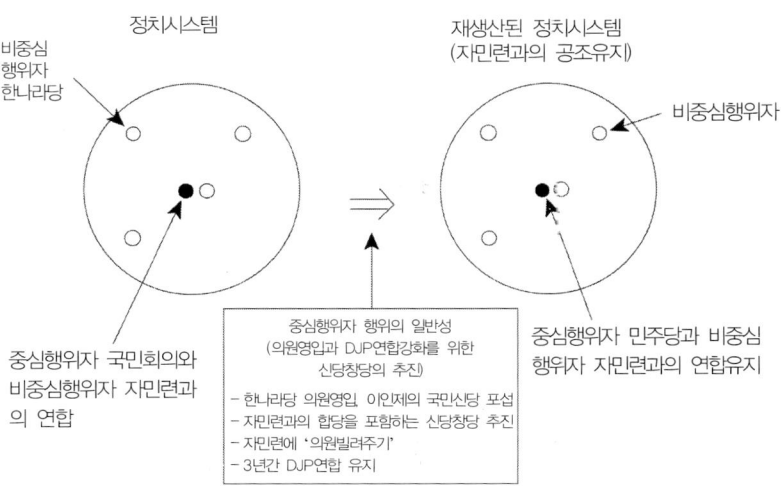

그림 3) 김대중정권의 정치시스템 재생산

그림 2와 3에서 에서 보듯이 구조적 위기에 봉착한 두 정권은 모두 정치프로젝트를 추진했다. 정당체제론적인 시각에서 4당체제의 불안정한 정당체제구조가 3당합당의 가장 중요한 원인으로 작용했다는 분석은 적절하다(조정현 1995). 3당 합당을 흔히들 '야합'이라고 비판하지만 "정치인들이 권력을 추구하고 확대하려는 노력은 비합리적인 행동이 아니며 또 그렇게 보아서도 안 될 것"이라는 맥락에서 (문용직 1993) 3당합당을 정치시스템의 중심행위자가 합리적 판단에 입각하여 행한 전략적 선택으로 이해할 필요가 있다. 3당합당은 집권정치세력의 자체결속을 강화하고[12] 비패권정치세력과의 연합을 통해 정치시스템의 안정화를 모색하는 전략이었다. 그림3에서 보듯이 김대중세력의 정치프로젝트는 크게 두 가지로 나타난다. 한국의 전통적 유형인 야당의원영입 전략과[13] 자민련과의 합당까지 포함하는 신당 창당의 추진이었다. 김대중세력은 신당을 간판으로 2000년 4월 총선에서 승리하기 위하여 DJP연합이라는 어색한 동거를 넘어서는 합당까지 시도한 것이다. 그러나 그 과감한 정치프로젝트는 기득권 상실 위기에 놓인 자민련의원들의 결사반대로 인해 실패하고 말았다.[14] 국민회의는 2000년 4월 총선을 앞두고 1월에 명목뿐인 신당 창당을 개최하여 새천년민주당을 창당하였다. 창당 과정에서 두 정치세력은 소원하게 되었지만 김대중집권세력은 여전히 자민련에 종속적인 모습을 보이게 된다. 총선 이후 김대중세력의 종속성에서 소

---

12) 문용직(1993)은 3당합당을 집권정치세력의 자체결속을 위한 전략으로 분석하고 있다. 3당합당은 민정당 전체 수준에서는 반대가 많았지만 노태우와 박철언이 대표하는 민정당내 핵심 파벌의 전략으로 보아야 한다는 분석이다.

13) 1998년 초에 한나라당 국회의원 5명을 영입하고 1998년 8월 30일 이인제의 국민신당을 통합시켜 DJP연합정부는 과반수에서 5석 부족한 145석까지 의석을 확보하였다. 이후 한나라당 의원들의 포섭을 계속 진행하여 연합정부는 의석의 53.5%인 159석까지 확보하였다.

14) 합당이 되면 지역구 기반이 위축될 경상도 지역의 자민련의원들은 김종필 총재에게 탈당불사를 선언하기도 했다. 좀 더 자세한 내용은 제3장 참조 요.

수집권정치세력의 절박성을 엿볼 수 있다. 총선에서 자민련은 충청지역에서도 참패하여 17석만을 유지하게 되고 원내교섭단체 구성도 못하게 되었지만 김대중 대통령은 자민련을 절대적 동반자로서 대우한다. 김대중 대통령은 다시 자민련 인사를 총리로 지명했고 소위 '의원빌려주기'까지 감행하였다. 20석을 가져야 원내교섭단체가 될 수 있는 조항 때문에 교섭단체가 될 수 없던 자민련을 위해 민주당 의원들이 탈당하여 자민련에 입당하였다.[15)]

두 정권의 정치프로젝트는 상이한 결과를 낳았다. 노태우정권의 3당합당은 민자당이라는 215석의 거대정당을 탄생시켰다. 이로써 거대집권정치세력은 분할정부의 한계를 극복하고 정권의 종료 시기까지 비교적 견고한 시스템의 안정을 유지할 수 있었다.[16)] 1992년 14대 총선에서 민자당은 149석만을 획득해 과반수 의석에 미달하는 위기를 맞기도 했지만 다시 한국적 유형의 정치프로젝트인 '의원 영입'을 통하여 안정의석을 확보할 수 있었고, 노태우정권을 승계한 김영삼정권의 신한국당은 1996년 선거에서 139석만을 차지하였지만 역시 의원 영입을 통하여 158석이 넘는 의석을 확보하고 행정부의 의회지배를 지속시킬 수 있었다. 그리고 신한국당은 16명의 무소속의원들과 15명의 꼬마 민주당의원들을 대상으로 의원 영입 프로젝트를

---

15) 2000년 12월 민주당의 배기선, 송영진, 송석찬 의원이 자민련에 입당하였다. 그 후에 장재식 의원이 '추가임대'되었다.

16) 분할정부에 관하여 국내에서도 많은 논문이 나온 가운데 서로 상반되는 결과를 주장하는 논문들이 주목을 끈다. 김지희(1999)는 21개 대통령제 국가의 내각안정성을 연구하면서 의회 분절도가 민주적 대통령제 하에서 내각 안정성을 결정하는 가장 핵심적 인자라는 것을 주장한다. 반면에 이명남(2002)은 통계분석을 통해 분점정부(분할정부)가 단점정부에 비해 행정부와 의회 간 갈등과 교착으로 입법 산출이 낮다는 증거를 발견할 수 없음을 강조한다. 오승용(2004) 또한 1998년 13대 국회부터 2003년 16대 국회까지의 입법과정 분석을 토대로 단점정부와 분점정부의 입법산출은 거의 차이가 없고 따라서 분점정부가 정부의 통치력을 저하시킨다고 말할 수 없다는 것을 주장하고 있다. 이외에 한국에서 분점정부가 자주 등장하게 되는 요인을 분석한 논문이 주목을 끈다(장훈 2001).

성공적으로 전개하여 시스템의 안정화를 모색하였다. 반면 김대중세력의 통합프로젝트로 탄생하였던 DJP연합의 운명은 두 세력 간의 정체성의 대결을 가져다준 '돌발적 사건'으로 3년간의 대단원의 막을 내리게 된다.[17] 불안하던 공동정부의 운명은 2001년 9월 2일 임동원 장관에 대한 불신임안이 한나라당과 자민련의 공조 속에 통과함으로써 결국 파국을 맞게 되었다. 이후 김대중 정치세력은 소수집권정치세력의 한계에 봉착하면서 급격한 몰락의 길을 걷게 된다. 연정붕괴 이후 보궐 선거에서의 연속된 패배, 당내갈등의 심화, 대통령 가족의 비리문제가 연이어 터지자 김대중 대통령은 민주당 당적을 포기하고 정치불개입 선언을 하기까지 이르렀다. 이것은 이제 더 이상 김대중 대통령이 이끌던 민주당은 행정부권력을 가진 집권정치세력이 아니라는 것을 의미했다. 김대중정치세력의 급격한 몰락은 자민련과의 공조유지라는 정치프로젝트가 시스템 안정에 얼마나 절대적인 요소이었는지를 말해 주고 있다. 김대중정치세력이 3년간이나마 정치시스템의 안정성을 유지하고 중심행위자의 지위를 연장할 수 있었던 배경에는 집권세력의 정치프로젝트가 있었던 것이다.

---

17) '돌발적 사건'이란 2001년 8월 평양에서 광복절 기념행사에 참석한 방북단의 일원이 김일성 참배를 강행한 사건이다. 이것은 한국의 보수세력을 격노시키면서 DJP연합의 종식에 크게 작용하였다. 좀 더 자세한 내용은 제3장 참조 요.

제5절 '노무현식 정치'와 대통령 탄핵소추

1. 정치이상과 노무현식 정치

노무현식 정치란 정치시스템 재생산 과정 중 나타나는 중심행위자 행위의 일반성에서 벗어나는 예외성을 의미한다. 노무현식 정치는 '지배질서가 유지되는 정치시스템의 재생산'을 정치행위의 최종적 목표로 설정하지 않는다. 정치시스템 재생산원리란 시스템 내의 중심행위자인 집권세력이 정치프로젝트를 통하여 비중심행위자들의 도전에 응전하고 시스템의 통합성을 구축하면서 현재의 지배질서를 재생산하는 것이다. 노무현 정치세력은 국가권력을 획득한 한국정치시스템 내의 중심행위자로서 권력통합을 통해 정치시스템의 안정을 지향하는 중심행위자 행위의 일반성을 발현할 것이라 예상되었다.[18] 그러나 노무현식 정치는 정치시스템의 재생산을 최종적 목표로 설정하지 않는다. 노무현식 정치는 정치이상을 추구하면서 담지하고 있는 권력과 현재적으로 주도하는 지배질서까지도 포기할 수 있는 정치이다. 또한 노무현식 정치는 비중심행위자들의 도전으로 시스템의 통합성이 와해되는 위기의 상황에서도 구사해야 할 정치프로젝트의 유형이 정치이상과 상충한다면 시스템 재생산을 위한 응전을 적극적으로 모색하지 않는 정치이다. 다음의 인용문에서 노무현식 정치의 발원지점을 찾아볼 수 있다.

---

18) 일부에서는 17대 총선으로 열린우리당이 국회 주도권을 획득하기 전까지의 노무현 세력을 중심행위자라고 볼 수 있겠는가, 오히려 한나라당이 중심행위자가 아닌가 의문할 수도 있지만 중심행위자란 앞서 다루었듯이 행정부의 국가권력을 가진 파권정치세력으로 정의된다. 다만 의회의 소수세력으로서 노무현 세력은 소수중심행위자로 규정될 수 있을 것이다.

"정치에서 권력을 잡는다는 것은 두 가지 내용이 있을 수 있다고 봅니다. 즉, 우리 정파가 승리해서 권력을 잡는다는 정치적 목적이 하나라면 다른 하나는 우리 정파가 이기되 어떤 방법으로 이기느냐에 따라서 즉, 어떤 게임 판에서 어떤 법칙 위에서 어떤 방법으로 이기느냐에 따라서 우리가 이기는 것이 퇴보가 될 수 있고 진보가 될 수도 있다는 것을 고려하는 것입니다. 저는 정치에서 이기는 것이 매우 현실적인 목표인 것에 대해 부인하지 않지만, 이기는 방법이 민주주의 발전을 지향하고 있어야 이기는 데 의미가 있다고 봅니다(노무현 2008, 9~10)."

노무현에게 집권은 수단이지 목적이 아니다. 대개 정치인이 이 같은 이상을 구호하지만 노무현의 차별성은 이러한 이상의 구현을 적어도 실천해왔다는 점이다. 이기는 것보다는 이기는 방법을 중시하는 것을 지향한다. 노무현식 정치란 이기는 방법이 정치이상과 어긋날 경우 지는 것을 택하는 정치이다.

그러나 노무현식 정치는 매우 고매한 정치로 들리지만 이상을 맹신하고 현실에 배타적으로 흐르는 순간 그것은 다양한 전략의 가용성을 한정하는 일종의 '기계정치'가 되고 만다. 노무현식 정치의 추종자는 "법과 제도 이외의 틀 가지고 정치를 분석하는 것은 위험하다"는 것을 역설한다. "정치를 제도외의 영역으로 보아서는 안 되고 그것을 전제정치, 귀족정치의 시대와 같이 지도자의 리더십이라든가 대통령의 통치력의 문제로 연결시키는 것도 문제"라는 것을 지적한다. "정치도 규칙과 제도로 하는 것이고 제도 이외의 정치는 위험하다"라는 것이다[19] 이 노무현식 정치는 정치를 '가능성의 예술'로 만들지 못하고 현실적 전략으로 뒷받침되어야 할 정치시스템의 통합을 어렵게 만든다. 이상의 족쇄에 속박된 노무현 대통령은 마키아벨리의 주문을 받아들이지 못한다. 마키아벨리는 현명한 신군주는 자신

---

19) 안희정 인터뷰 (2008년 11월 6일).

에게 도움이 되지 않는다고 판단했을 때 또는 더 이상 유효하지 않을 때는 신의를 지킬 수도 없고, 또한 지켜서도 안 된다고 권고하지만 이상주의자 노무현은 그렇게 하지 못한다. 신군주는 자신의 신념의 파기를 정당화할 수 있는 정당한 이유가 부족해서는 안 된다고 말하지만 노무현은 차라리 완고한 고집쟁이가 되길 원한다. 노무현은 필요에 따라 신의도 버리고 자비도 버리고, 인간미도 잃고, 반종교적인 행동도 때로는 취해야 한다는 것을 용납하지 않는다. 그는 운명의 방향과 사태의 변화에 따라 자유롭게 행동하는 순발력의 정치인이 아니다.

2. 대통령 탄핵소추 배경

노무현식 정치는 대통령 탄핵소추가 발생하게 된 중요한 배경이 되었다. 노무현 대통령 탄핵소추안 국회통과는 한국정치시스템 내에서 중심행위자 노무현 집권정치세력이 주도하는 지배질서의 재생산이 중단된 것을 의미한다. 노무현을 정점으로 한 집권정치세력은 자체결속을 강화하고 한나라당과 민주당의 도전에 응전하는 정치프로젝트를 성공적으로 펼쳐야 지배적 지위가 유지되는 한국정치시스템의 재생산을 도모할 수 있었다. 그러나 중심행위자 노무현 정치세력은 집권세력의 자체결속에 실패했을 뿐만 아니라 한나라당과 민주당의 도전에 적극적으로 응전하는 것을 거부하였다. 일반적으로 소수 중심행위자는 다수비중심행위자에게 유화와 포섭의 정치프로젝트 전략을 펼치지만 노무현세력은 이를 거부하였다. 노무현식 정치가 1) 집권정치세력의 자체결속 와해, 2) 야당에 대한 적극적 응전의 거부,

그리고 3) 탄핵소추안의 상정에 대한 노무현 대통령의 대응에 어떻게 작용하였는지 살펴보도록 하자.

첫째, 노무현식 정치는 현실정치에서 집권세력의 자체결속을 약화시켜 종국에 집권세력의 분열을 가져오는 주요한 변수가 되었다. 노무현 대통령은 취임 이후 '제왕적 대통령제의 종언'을 표방하면서 한국 사회의 권위주의 청산을 주창하였다. 노무현 대통령은 권력기관의 사병화 포기를 단행하여 국가정보원, 검찰, 경찰, 국세청 등 4대 권력기관에 자신의 영향력을 억제하였다. 또한 민주주의 원칙에 충실한다는 취지 아래 '당정분리'를 표방하면서 의회와 일정한 거리를 두려는 노력을 기울였다. 청와대 비서실의 권력남용을 막는다는 취지에서 '분권형 국정운영' 또는 '국무총리중심의 국정운영'을 추진하였으며 내각운영에 있어서도 부분별 책임장관제를 도입하여 정동영, 김근태 장관 등 여권실세에게 권한을 넘겨 분권적 국정운영을 실시하였다(함성득 2005). 그러나 이러한 일련의 민주적 조치들은 한국민주주의 발전에 기여한다는 이상에도 불구하고 현실정치에서 통합성을 강화하는 정치프로젝트로 뒷받침되지 못하였기 때문에 결과적으로 스스로 권력을 쪼개고 자체세력을 분열시키는 선택이 되고 말았다. 권력 분산적인 그러한 조치들은 노무현세력이 민주주의 이상을 실현하기 위한 조건인 정치시스템의 재생산을 무력화시키는 방향으로 전개되었다.

특히 '당정분리' 원칙은 정치인 노무현의 순수 미국식 대통령제에 대한 소신에서 비롯되었다는 평가가 있지만 그것의 기계적인 적용은 민주주의의 이상과 권력작동의 실제를 구분하지 못한 것에서 기인하였다. 이 원칙에 근거 집권정치세력의 수장인 노무현 대통령은 당내 계파 간 권력투쟁을 방관하였다. 당정분리 원칙에 입각해 노무현 대통령은 당의 일은 당이 알아서 하는 것을 바람직하게 여겼고 당무보고를 받지 않았다.[20] 이전 김대중정권 하에서는 당정회의가 수시로 열리며 청와대 측에서 대통령, 대통령비서실장, 청와대대변인, 청와대수석이 참여하고 집권당 쪽에서 당대표, 정책위의장, 당대표비서실장, 당대변인이 참여하였던 것과는 대조적으로 노무현정권 시기에는 철저한 당정분리원칙이 행해졌다.[21] 이 '당정분리' 원칙은 민주당이 와해되고 노무현세력을 국회 내 극소수세력으로 만드는 주요 요인이 되었고 집권세력에게 절실한 행정부와 의회의 연대를 단절시키는 결과를 낳았다.

열린우리당의 창당은 주로 동교동계 의원들이[22] 주장하는 것처럼 노무현 대통령이 주도한 신당창당이 아니라 당내 계파 간 투쟁의 전개를 살피고 이후에 대통령이 합류한 우유부단한 정치적 선택이었다. 노무현후보를 내세워 집권한 민주당 세력은 집권 초기에 크게 2개의 파벌로 구성되어 있었다. 노무현 대통령은 한국 최초로 자기 파벌이 없는 대통령이었다. 유시민, 안희정을 중심으로 한 소위 노무현 사단은 2003년 말 열린우리당 창당을 전후로 당에 합류하였다. 이전에 민주당에는 천신정(천정배, 신기남, 정동영)으로 불리웠던 친노무현계의 신주류가 있었지만 이들은 대통령에게 종속된 계파의원들이 아니다. 나머지는 동교동계로서 대선전에 노무현 후보의 교체를 위한 후단협(후보단일화협의회)을 이끌었던 박상천, 정균환으로 대표되는 강성 구주류와 한화갑, 설훈 등으로 대표되는 온건 구주류세력이 있었다. 2002년 말 노무현 후보 당선 직후부터 신주류와 구주류는 신

---

20) 안희정 인터뷰(2008년 11월 6일).

21) 이호웅 인터뷰(2008년 11월 11일).

22) 설훈 인터뷰(2008년 11월 3일).

당창당과 '상향식 공천'을 포함하는 당개혁안을 둘러싸고 2003년 11월 열린우리당 창당까지 첨예한 대결을 거듭하였다. 이 과정에서 노무현 대통령은 신당창당 반대, 중립, 적극참여의 입장변화를 보이게 된다.[23]

대통령은 국가수반으로서 중립성을 견지하며 당정분리 원칙 아래 계파갈등에 관여 않는 것이 바람직하다는 입장을 취하고 있었다.[24] 노무현 대통령은 취임 이후 몇 개월 동안 집권당 의원들을 거의 만나지 않았다. "당 쪽의 면담 요구가 많았지만 신당 논의와 관련해 오해를 받을 가능성"이 있어서 집권당의원들을 만나기 힘들다는 것이 대통령의 의중이었다.[25] 집권정치세력의 지도자로서 일종의 '교통정리'에 나서야 하는 것이 아닌가 하는 의문이 들지만 노무현식 정치란 "당헌 당규상 개입은 조직과 능력 밖의 문제다. 그것은 노무현 대통령의 문제가 아니다. 개입하고 싶어도 수단이 없었다"라는 것이 노무현식 정치이다.[26] 한국의 역대 대통령의 역할에 익숙한 사람들에게는 대통령에게 수단이 없다는 것이 별 공감이 가질 않지만 "무슨 권한으로 하는가. 권한이 없었다. 꼬드기든가, 협박하든가, 인격적으로 감화하든가 해야 하는데 현실적으로 불가능하고 올바른 방법 아니다. 수단이 없다. 기본적으로 대통령은 법률가 출신이다. 은

---

23) 주로 동교동계에서는, 열린우리당의 창당은 시종일관 노무현 대통령이 기획하고 집행하여 성사시킨 일이며 민주당 내 신당파인 천신정은 노무현의 대변인이라고 주장하지만 그것은 사실과 다르다. 노무현 후보가 당선되자마자 민주당 개혁파는 그들의 눈에 대선과정 중 기회주의적 모습을 보인 동교동계와 반노(反盧)−비노(非盧)집단을 겨냥하며 신당창당을 공언하기 시작했다. 그러나 노무현 대통령은 후단협을 주도한 동교동계에 감정의 응어리는 가지고 있었으나 신당창당은 정치적 도의가 아니라고 생각했으며 신당창당에 대해 분명한 반대의 입장을 표했다.

24) 안희정 인터뷰(2008년 11월 6일).

25) 윤태영 청와대 대변인. 한겨레신문 2003년 7월 29일자.

26) 안희정 인터뷰(2008년 11월 6일).

밀한 것 못 한다"라고 대답하는 것에서 노무현식 정치를 읽어낼 수 있다.[27] 대통령의 중립적 입장은 전술적 위장이 아니었으며 당시로서 실제로 그것이 옳다는 믿음에 근거한 것이었다. 그러나 이러한 입장은 대통령은 중립성을 지켜야 하는 국가수반이지만 동시에 행정의 주체인 집권정치세력의 수장으로서 집권세력의 갈등을 조정하고 중재하는 정치적 책임을 가진다는 점을 경시하는 것이었다.[28]

장기간 중립을 지켜온 노무현 대통령은 2003년 7월 '독수리 5형제'라고 불렸던 한나라당 개혁파 의원들이 한나라당을 탈당하는 것을 보면서,[29] 2003년 9월 4일 민주당 당무회의 폭력사태 이후 신당창당을 지지하는 새로운 여론의 흐름을 포착하면서,[30] 그리고 한편으로 당 개혁안에 대한 강성 구주류의 요지부동한 비타협적 자세에 정치발전의 한계를 느끼면서 2003년 9월 29일 민주당을 탈당하고 신당창당 적극 지지의 입장으로 선회하기 시작하였다. 일단 신당창당으로 가닥을 잡게 된 노무현사단의 의지는 매우 단호하여 일부에서 분당을 막고자 후단협 동교동 세력에 비판적인 한화갑, 설훈 등의 온건 구주류세력과 연대해야 한다는 건의를 하기도 했지만 이러

---

27) 유시민 인터뷰(2008년 11월 24일).

28) 대통령은 국가수반으로서 초당파적 중립성을 요청받지만 동시에 행정의 주체인 집권정치세력의 수장으로서 집권정치세력이 주도하는 정치적 지배의 재생산을 지휘하는 책임을 가지고 있다. 대통령은 본연적으로 당파성을 가질 수밖에 없다. 이로 인해 대통령은 서로 상충적인 중립성과 당파성 사이에서 이중적 역할을 수행해야 한다. 대통령의 이 같은 이중의 역할은 오래전에 알렉산더 해밀턴(Alexander Hamilton)과 에드먼드 랜돌프(Edmund Randolpf) 사이에 있었던 미국 대통령의 강력한 행정권이 우선이냐 공화주의 이념이 우선이냐의 논쟁 저변에 흐르는 문제이기도 하다(양승태 2008). 대통령의 선거법 위반 논란은 대통령 역할의 상충성을 정치권 내에서 소화해내지 못하여 생기는 문제이다.

29) 이부영, 이우재, 안영근, 김영춘, 김부겸 등 한나라당 소속 의원 5명은 정치판에 전면적인 변화의 물꼬를 뜨겠다며 한나라당을 탈당했다. 이들은 탈당 5개월 후 열린우리당 창당에 합류했다.

30) 2003년 9월 4일 신당 논의 위해 열린 민주당 당무회의가 폭력이 난무하는 아수라장으로 변하고, 신주류가 독자신당 추진을 공식 선언하는 등 민주당이 사실상 분당 국면에 접어들기 시작했다.

한 건의는 받아들여지지 않았다.[31]

열린우리당이라는 신당이 창당되었지만 그것은 노무현 대통령이 리더십을 발휘한 정치적 선택이라기보다는 천신정, 그중에서도 적극적 신당창당론자 신기남을 중심으로 한 민주당 신주류의원들의 성과를 물려받았다는 것이 정확한 분석이다.[32] 결국 노무현 대통령은 당정분리 원칙하에 집권세력의 자체결속이 와해되는 것을 방관하다가 민주당 폭력사태를 정점으로 더 이상의 정상화가 힘든 최종적 순간에 정치적 개입을 단행하여 열린우리당 창당을 시도한 것이 되고 말았다. 당정분리를 평가함에 있어 계파 없는 노무현 대통령의 문제를 고려해야 하겠지만 분명한 것은 그것은 집권세력의 수장으로서 대통령이 가진 정치적 책임을 소홀히 한 것이었다. 당정분리 원칙은 집권세력을 분열시키면서 스스로 기반 없는 '모래 위의 대통령'의 처지를 만들어 냈다. 또한 그것은 동교동계의 민주당세력을 국회 내 반노무현세력으로 만듦과 동시에 노무현세력을 국회 내 극소수세력으로 전락시켜 탄핵소추안이 통과되는 중요한 배경이 되었다. 당정분리 원칙은 총선이후에도 지속되었는데 한 열린우리당 초선의원이 회고하기를 "17대 초선 108명은 대통령과 말 한마디 제대로 못해 보았고 대통령이 남같이 느껴졌다고" 회고할 정도면 당정분리는 사실상 '당정격리'가 아니었는지 의문해 보아야 한다.[33]

둘째, 노무현식 정치는 거대야당을 국회에서 적대한 소수정권이었음에도 유화와 포섭의 정치프로젝트를 구사하지 않는다. 노무현식

---

31) 장영달 인터뷰(2008년 10월 28일).
32) 천신정 중에서 호남에 정치적 기반을 두고 있던 천정배 의원과 정동영 의원은 지역정서에 부담을 느끼며 신당창당을 중도 포기하려 하기도 했으나 신기남 의원은 이를 제지하며 신당창당을 적극 추진하였다.
33) 신학용 인터뷰(2008년 11월 12일).

정치에서는 역시 한국정치시스템 내 소수중심행위자였던 노태우 정치세력과 김대중 정치세력이 보인 중심행위자 행위의 일반성을 찾아볼 수 없다. 왜냐하면 노무현식 정치는 응전을 위한 정치프로젝트의 유형이 정치이상에 어긋난다면 주관적 기준에서 '원칙 있는 패배'를 택하기 때문이다.[34] 노무현식 정치에서 비례대표제의 왜곡이라든가, 부정선거, 관권선거의 실시는 상상 밖이며 노태우세력의 3당합당이라든가 김대중세력의 의원빼오기는 모두 공작정치로 간주된다. 노무현식 정치의 예외성은 "이전 정권의 대야 관계를 보면서 우리는 그렇게 하지 말아야 한다는 것을 배웠다"라는 선언에서 명료하게 나타나고 있다.[35]

취임 첫해에 고영구 국정원장과 서동만 국정원 기조실장 인사청문회, 노 대통령의 대북 특검 수사 연장 반대, 김두관 행자부장관의 해임건의안 문제 등으로 야당과의 마찰이 거세지기 시작했다. 점차 야당과의 사이에는 노무현식 정치로는 극복하기 험든 장벽이 생겨나기 시작했다. 이러한 상황에서 노무현식 정치에 남아 있는 대안은 '거래'를 안 하는 것이다. 그 외에는 별다른 가용 전략이 없는 것이다. 노무현 대통령은 "시종일관 기존 정치세력과 큰 거래를 안 했다. 기존세력에 기대는 것이 바람직하지 않다고 생각하였으며 인위적으로

---

34) 노무현은 한 일간지와의 인터뷰에서 "원칙 있는 승리가 첫 번째고, 그 다음이 원칙 있는 패배, 그리고 최악이 원칙 없는 패배다"라고 말하고 있다(오연호 2009, 84).

35) 안희정 인터뷰(2008년 11월 6일). 노무현식 정치가 처음부터 편협한 배타주의 정치는 아닐 것이다. 고립을 먼저 원하는 정치는 없다. 노무현 대통령도 초창기 원만한 대야관계의 설정을 위해 많은 노력을 기울이기도 하였다. 당선자 자격으로 2003년 1월 한나라당 당사를 방문하기도 하였고 취임 후 6개월 동안 공개된 장소에서 야당의원을 깊이 만나려고 노력했다. 이라크 파병문제 등 야당의 협조가 필요한 문제가 많아 박희태 대표와 이상배 정책위의장과도 만나고 국회상임위별로 만찬도 개최했다. 그러나 "저게 무슨 대통령이냐"라며 노무현 대통령의 권위를 인정하지 않으려는 한나라당 의원들의 자세와 대통령을 공개리에 만나면 소위 '사꾸라'로 간주되는 한국의 정치 문화는 투명하게 야당의원을 만나서 대화하려는 노무현식 정치프로젝트를 어렵게 만들었다(유인태 인터뷰 2008년 12월 1일).

재집권하기 위한 테크닉을 부리지 않았다. 그런 노력을 후진적으로 보았다."36) 대야당 관계의 실종은 정무수석제의 폐지에 잘 나타난다. 과거에는 야당의원 담당자였던 정무수석이 대통령이란 소리를 들을 정도였지만 노무현 정부시절 그러한 기능은 사라졌다.37) 정무장관의 신설 등 대야관계에 집중하는 정무 기능을 강화해야 한다는 거듭된 요청이 있었지만 청와대 정무수석제는 폐지되었다. 대야 소통창구가 닫히고 거대야당 한나라당과의 대화가 단절된 셈이었다. 일반적으로 정치시스템구조가 불안정하면 중심행위자는 비중심행위자에 대한 포섭과 유화의 방향으로 나아가지만 분당 뒤에도 노무현식 정치는 동교동계의 민주당과 한나라당에 별다른 정치프로젝트를 구사하지 않았다. 뿐만 아니라 야당의 시각에서 보면 도발적인 공격도 마다하지 않았다.38) 노무현식 정치의 대야당 전략은 노태우정치세력의 3당통합과 김대중정치세력의 DJP연합, 그리고 클린턴 대통령의 '생존의 정치'와는 커다란 차이가 있다. 이와 같은 차이가 국회에서 절대의석을 가진 야당들이 탄핵공조를 하게 만드는 주요변수로 작용하였다.

셋째, 탄핵소추안 국회통과는 일정 정도 노무현 대통령의 선택이 있었기에 가능하였다. 탄핵당하는 것이 정치적 목적을 달성하려 한 대통령의 전략이었음을 말하는 것이 아니다.39) 그것은 설정된 원칙

---

36) 장영달 인터뷰(2008년 10월 28일).

37) 김영삼 정권시절에는 이원종 정무 수석이 대통령이라는 소리가 정가에 나돌기도 하였다.

38) 노무현 대통령은 2004년 다가오는 총선과 관련하여 "민주당을 찍는 것은 한나라당을 도와주는 것으로 인식될 것", "한나라당을 하나의 세력으로 하고 대통령과 열린우리당을 한 축으로 하는 구도로 가게 될 것"이라는 발언을 하였는데 이러한 것은 과거의 우군인 민주당이 탄핵공조에 적극 나서게 만드는 계기가 되었다. 국민일보 2003년 12월 26일자.

39) 일각에서는 2004년 총선에서 노무현세력이 시스템의 중심행위자로 등극하는 것을 보고 노무현 대통령이 열린우리당을 창당하고 탄핵소추를 당한 것이 전략이 아닌가 의문하기도 한다. 그러나 노무현 대통령이 2005년 4월 6일 열린우리당 지도부와 청와대 모임에서 "나는 우리당이 창당하면서 개헌선과 탄핵선을 넘겨주리라고 미처 상상도 하지 못했었다"면서 "탄핵이 나오기에 '내가 상상력이 부족하구나'라고 느꼈다"라고 언급한 것을 보아도 열린우리당

에서 벗어나는 타협을 하지 못하는 노무현식 정치에서 비롯된 원칙주의자 노무현의 선택이었다. 노무현식 정치란 마키아벨리의 비르투를 인정하지 않는 그래서 일견 "소승적 순결주의" 정치이다.[40] 노무현 대통령은 누구로부터도 독대보고를 받지 않았다. 국정원장으로부터도 독대보고를 받지 않았으며 언제나 국정상황실장이나 비서실장이 배석한다. 대통령은 독대해서 보고받다 보면 정보기관이 점차 알아서 정치사찰하기 시작할 것을 우려했다. 이런 이유로 노무현식 정치는 순결주의 정치이다. "현실적인 것 유연하게 대처하지 못하는 정치이다. 결벽주의가 만들어내는 성과도 있지만 기본적으로 구더기 무서워서 장 담글 줄 모르는 정치"이다.[41] 우리는 불법조성의 환경이 무서워 독대 안 하는 것보다 독대하여 보고를 받고도 금기의 선을 넘지 않는 자제력을 가진 지도자, 혹은 적절히 공리를 위해 그 정보를 활용할 줄 아는 지도자가 더 훌륭한 지도자 아닌가 생각할 수 있다. 그러나 비르투를 가진 지도자가 "사찰 정보를 좋은 목적에 쓴다고 누가 보장할 수 있겠는가" 반문하는 것이 노무현식 정치이다.[42]

노무현 대통령은 탄핵소추 의결을 막으려는 정치적 노력을 기울이지 않았다. 순결주의 정치이기 때문에 그의 기준에는 부당한 탄핵안에 맞서고자 했다. 대통령은 평소에 "타협하라고 하면 화를 벌컥 냈다"라는 회고는 탄핵안에 맞섰던 당시 상황을 이해하게 만든다.[43] 게다가 대통령은 "자기 성격을 자랑스러워했으며 자존심의 정치, 신념의 정치, 도전의 정치, 고집의 정치"를 펼쳐온 사람이었다.[44] 국회

의 창당과 탄핵소추를 당한 것이 전략적 선택이었다고 평가하기 힘들다. 한겨레신문 2005년 4월 7일자.

40) 이호웅 인터뷰(2008년 11월 11일).
41) 이호웅 인터뷰(2008년 11월 11일).
42) 유시민 인터뷰(2008년 11월 24일).
43) 유인태 인터뷰(2008년 12월 1일).

에 탄핵안이 상정되자 "탄핵안 나왔으니 의결하라"라고 했다. "대통령 탄핵되어서 나라 망하는 것 아니다. 이런 일 있을 수도 있다"라고 생각하고 있었다.[45) 노무현 대통령은 의원내각제에서는 내각불신임이 행사되는 등 행정부 수반이 교체되는 일이 흔히 일어나지만 한국의 경우는 대통령중심제라 행정부 수반이 교체되는 일이 선거 외에는 없었다고 인식하고 있었다. "전체적인 것에 대한 국민들 판단이 무엇이냐" 알고자 했다.[46) 노무현 대통령은 "국민의 자유의지에 맡기는 것을 정도(正道)"로 생각하였다. 그에게 있어 "전략이라는 것은 국민에 호소하는 것이고 모든 것의 중요성을 국민의 자유의지에서 찾았다." 대통령은 "국민에 기대면 산다"라는 믿음을 가지고 있었다. 이런 점에서 그는 매우 "낭만적이고도 모험적 통치스타일"을 보여주고 있었다.[47)

아마도 마키아벨리는 지적할 것이다. 노무현 대통령은 군주가 갖추어야 할 여러 가지 덕목을 갖추지 못하였다는 것을. 비르투의 덕목이 없다는 것을. 마키아벨리는 다시 한번 주문할 것이다. 어떤 악덕을 행사하지 않으면 국가를 유지하기 힘든 어쩔 수 없는 경우라면 오명 따위는 생각하지 말고 행사하는 것이 좋다는 것을. 왜냐하면 미덕처럼 보이는 것도 그것을 행하다 보면 자신과 국가를 파멸로 이끌어 가는 수도 있으며, 반면 악덕으로 보이지만 그것을 행사함으로써 자신과 국가의 안전과 번영이 유지되는 경우도 있기 때문에. 그는 강조할 것이다. 군주는 오로지 전쟁에 이기고 국가를 유지하는 일이 제일이기 때문에 부득이 필요할 때는 나쁜 일에도 발을 들여

44) 신기남 인터뷰(2008년 10월 21일).
45) 유시민 인터뷰(2008년 11월 24일).
46) 유시민 인터뷰(2008년 11월 24일).
47) 장영달 인터뷰(2008년 10월 28일).

놓을 줄 아는 것이 중요하다는 것을. 하지만 마키아벨리의 눈에 노무현 대통령은 저쪽 동방에 살았던 무능한 군주의 좋은 예일지도 모른다. 왜냐하면 국가 위기의 와중에서도 원칙주의자의 미덕을 행사하다가 결국 탄핵소추라는 파멸을 맞이했기 때문이다.

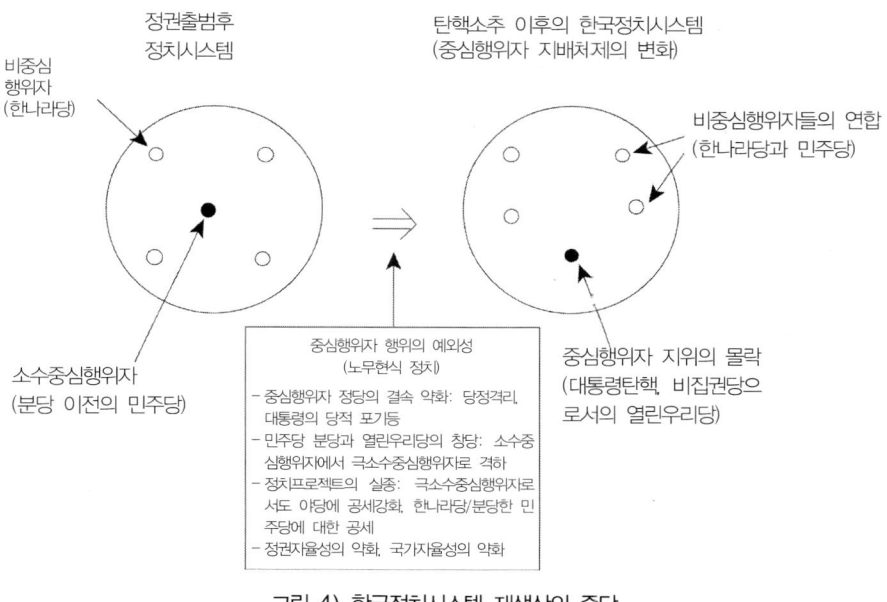

그림 4) 한국정치시스템 재생산의 중단
(노무현정권출범 – 탄핵소추까지)

제6절 맺으며

2009년 5월 노무현 전(前) 대통령의 죽음은 정치학자와 현실정치인 모두에게 영원한 숙제인 정치이상과 정치현실의 문제를 또다시 고뇌하게 만든다. 이상과 현실의 조정은 가능한 것일까? 이상과 현실 사이에 선 정치인의 지도력, 정치인의 전략, 정치인의 도덕성은 어떻게 연구되어야 할 것인가? 이상과 현실의 절묘한 균형 속에 대통합의 리더십을 발휘할 철인(哲人)의 출현은 가능한 것인가? 이 같은 문제의식을 저변에 두면서 이 글은 한국의 대통령 탄핵소추의 배경을 분석하고 노무현식 정치를 현실주의 시각에서 비판적으로 고찰해 보았다.

노무현식 정치란 한국정치시스템 재생산과정에서 나타난 중심행위자인 노무현 집권정치세력의 정치행위가 가진 예외성으로 정의할 수 있다. 노무현 대통령 탄핵소추의 배경에는 이른바 '노무현식 정치'가 자리 잡고 있었다. 이 글의 중심적 명제는 중심행위자의 지배가 유지되는 정치시스템의 재생산을 위해서는 중심행위자는 자체결속을 강화하고 비중심행위자의 도전에 성공적으로 응전해야 한다는 것이다. 이 명제가 매우 당연하게 들리는 것은 바로 일반성을 가지고 있기 때문이다. 만약에 어떠한 중심행위자가 자체결속을 약화시키고 구조적으로 취약한 가운데에서도 비중심행위자에 권력 통합적 정치 프로젝트를 펼치지 못한다면 정치시스템의 재생산은 중단될 가능성이 매우 높다. 이것이 바로 한국에서 노무현 정권시기에 일어난 경우이다. **노무현식 정치의 문제는 이상을 지향하던 정치행위가 그 이상을 실현하기 위한 현실적 조건인 '노무현 정치세력이 지배하는 정치시스템의 재생산'을 와해하는 방향으로 나아간 것이다.**

이 글이 대통령 탄핵소추 배경을 중심주제로 다루었지만 한국정치의 발전을 위해 다음과 같은 문제를 숙고해보는 계기가 되기를 바란다. 첫째, 구조적으로 취약했던 노무현 정치세력도 구조 내의 소수 중심행위자로서 노태우정권의 3당합당과 김대중정권의 DJP연합과 같은 정치프로젝트를 행사했어야 하는가의 질문이 제기될 수 있다.

아마도 현실주의 시각에서 정치시스템 재생산의 목적이 규범적 가치보다 앞서는 상황이라는 전제에서 그럴 수도 있을 것이다. 그러나 그 상황에 대한 해석은 아마도 매우 당파적일 것이다. 둘째, 이 글은 대통령은 국가수반이기 때문에 항상 중립적이어야 하는가의 질문을 제기한다. 대통령은 항상 중립적이어야 한다는 주장은 대통령은 동시에 행정부의 수반으로서 당파성을 본래적으로 가진다는 사실을 왜곡한다. 따라서 대통령의 상충적인 이중적 역할을 어떻게 제도적으로 소화하면서 소모적인 대결을 줄여 나아가느냐가 우리가 당장 풀어야 할 과제이다. 셋째, 이 글은 행정부와 국회의 이상적 관계는 무엇인가의 문제를 제기한다. 이 글은 권력분산 장치에도 불구하고 집권정치세력이 정치프로젝트를 통해 행정부와 의회의 통합을 추구하는 것은 일반적이라는 것을 강조하고 있다. 따라서 문제는 그것을 민주적인 정치풍토에서 얼마나 우아하게 할 수 있느냐 하는 것이다.

PART 02

지구화와 자본주의 국가

제 7 장
신자유주의 지구화담론 비판

제1절 들어가며

  지구화는 지난 수십 년간 세계자본주의 체제에서 일어나고 있는 가
장 포괄적인 사회현상으로서 헤어 나올 수 없도록 던져진 투망이 되
어 국가관계, 기업활동, 개인 삶의 구석구석에 밀도 있게 작용하고 있
다. 지구화라는 전일(全一)적 현상은 사회과학에서뿐만 아니라 인간
의 삶을 노래하는 서정문학에서도 작가가 영감을 불러일으키고 상상
력을 펼치는 중요한 원천이 되어간다. 1990년대 이후 급속하게 전개
되어온 지구화 논의는 많은 문제들을 다루어왔고 이에 상응하는 방대
한 저작들을 배출하여 왔다. 지구화는 복지국가의 향방, 자본주의 다
양성, 사회양극화, 국민국가의 운명, 국제기구의 기능, 초국민국가의
태동, 국제체제의 변화, 종속문제와 불평등, 신자유주의의 전개, 지구
적 사민주의, 신제국주의 등 실로 수많은 문제들과 관계하고 있다.

지구화현상의 가속화와 함께 지구화논의가 우리들의 사고를 포괄하는 담론으로 형성되는 가운데 지구화논의는 권력의 문제로 발전되고 있다. 담론은 긴장을 야기하는데 왜냐하면 담론은 곧 권력의 문제이기 때문이다. 주지하듯이 푸코는 성담론의 확산이 권력의 재편을 낳았다고 말하였다. 지구화담론 역시 권력의 문제로부터 분리될 수 없는 이유는 지구화논의의 방향이 어디로 흐르느냐에 따라 자본주의 일부 사회세력에게 이익이 되기도 하고 다른 일부에게 불이익이 되기도 하기 때문이다. 지금까지의 지구화담론은 신자유주의 지구화담론이 주류적 위치를 차지해왔다. 지난 30여 년 동안 신자유주의 지구화담론은 자본주의 사회에서 신자유주의 사회세력의 정당성을 뒷받침해주는 이데올로기로서 기능을 충실하게 해왔다고 볼 수 있다.

　　세계자본주의에서는 일어나는 글로벌 금융위기는 신자유주의 지구화담론을 재평가해보록 만드는 계기를 제공하고 있다. 지난해 미국에서 모기지(mortgate) 위기로 시작된 금융산업의 불안정은 2008년 10월 주요 미국금융기관들의 도산과 함께 자본주의 자체의 위기로 발전해 가고 있는 상황이다. 많은 학자들이 현재의 금융위기를 1930년대의 세계대공황과 비교하거나, 신자유주의의 몰락, 미국패권의 종언 등과 연결시키고 있는 것을 볼 때 현재의 위기가 과연 어떠한 수준으로 발전될지 정확히 예견할 수 없으나 이러한 위기가 그동안 주류담론이었던 신자유주의 지구화담론을 재평가하는 계기를 마련해주고 있다는 점에는 의심의 여지가 없는 것 같다.

　　본 연구는 담론은 곧 정치프로젝트이고 권력이라는 맥락에서 신자유주의 지구화담론을 비판적으로 고찰하는 것을 목적으로 한다. 특히 지구화논의에서 주요 쟁점사항인 신자유주의 담론의 ‘지구화 필연’테제와 ‘국가 쇠퇴’테제를 비판적으로 검토해 보고자 한다. 신자유주의 지구화담론은 매우 많은 세부 주제들을 포괄하고 있다. 복지국가문제와 관련해 복지국가의 점진적 축소라든가 복지국가의 재편담론이 대세를 이루고 있다. '자본주의 다양성(variety of capitalism)' 접근은 자본주의 발전의 중심축은 기업활동이라는 전제 하에 '생산레짐(production regime)'의 개념을 발전시켜 국민국가 수준의 비교정치경제 연구를 발전시켜오고 있다. 사회양극화라든가 구조적 종속의 문제는 신자유주의 담론에서 별로 중요한 논의거리가 되지 못한다. 국제정치에서 신제국주의 용어가 다시금 중요한 개념으로 부상하기도 하지만 신자유주의 담론은 그에 대응하여 인권과 민주주의 확산담론을 발전시켜왔다. 이처럼 포괄적인 신자유주의 담론을 이 글에서모두 다루는 일은 불가능한 일이다. 대신에 필자는 본 논문에서 신자유주의 담론과 반신자유주의 담론 사이에서 긴장과 갈등의 지점이 되어온 '지구화 필연'테제와 '국가 쇠퇴'테제를 중점적으로 다루어 볼것이다. 현재 벌어지고 있는 글로벌 금융위기가 시장경제에 대한 근본적 회의를 고조시키고 시장에 대한 정부개입을 강화시키는 반신자유주의적 사회현상을 동반하고 있다는 점에서 신자유주의 담론을 비판적으로 보는 것이 매우 시의 적절한 것이 아닌가 생각된다.

제2절 선행연구

지구화 연구는 양적 풍요로움에도 불구하고 이론화에 성공하지 못한 가운데 국제정치경제학(IPE)의 주요이론들을 분석틀로 삼아오고있다. 이러한 점에서 지구화연구는 국제정치경제학의 일부이다(Phillip,

2005a). 자체이론화에 성공하지 못한 채로 다양하게 전개되어온 지구화 연구는 그동안 '지구화의 진행정도를 얼마나 인정해야 하는가'를 기준으로 분류되어 왔다. 이 같은 기준에 입각하여 지구화연구를 선도하고 있는 영국 런던대의 사회학자 데이비드 헬드(David Held)는 지구화연구자들을 과대지구화론자(hyperglobalist), 회의론자(sceptical), 변형론자(transformationalist)로 분류하였다.[1] 또한 최근 그는 맥그루(McGrew)와 공동으로 이 같은 분류가 가지는 단순성의 한계를 지적하면서 지구화연구를 통시적 차원에서 네 가지로 분류하고 있다(Held and McGrew, 2007: 5). 그들에 따르면 지구화논의는 순차적으로 이론적, 역사적, 제도적, 탈구조적 흐름으로 연속되어 왔다. 첫번째 이론적 흐름은 주로 지구화의 개념화 연구에 주력했고 지구화의 역동성, 지구화가 가져다주는 구조적 변화를 연구하는 데 주력하였다(Albrow, 1996; Giddens, 1990; Harvey, 1989; lawrence, 1996; Ohmae, 1995; Robertson, 1992: Rosenau, 1990). 뒤를 이은 역사적 흐름은 역사사회주의적 관점에서 만약 현 지구화가 이전과 다른 점이 있다면 어떤 점에서 차별적이고 유일한 것으로 규정될 수 있는 것인가, 그것이 새로운 신세기라든가 변화로 정의될 수 있는 것인가, 그렇다면 그것들이 인간의 해방과 진보와 관련하여 의미하는 것은 무엇인가 따위를 연구하는 흐름을 보여왔다(Held, McGrew et al., 1999; Hirst and Thompson, 1999; Frank, 1998; Castells, 2000; Bordo et al., 2003; Dicken, 1998; Baldwin and Martin, 1999; Gilpin, 2002; Gill, 2003; Mann, 1986, 2001; Hopkins, 2002; Sassen, 1996; Hardt and Negri, 2000; Hoogvelt, 1997; O'Rourke and Williamson, 2000: Boyer

---

1) 비슷한 기준으로 홀턴(Holton)이 the hyper-globalist, the seceptical, the post - sceptical으로, 스크라이어(Sklair)가 the international or state-centrist, the transnational, the globalist로 분류하고 있다.

and Drache, 1996; Appadurai, 1998; Amin, 1997; Taylor, 1995). 세 번째 흐름은 제도적 변화와 지속성의 문제에 집중하면서 지구화가 가져다주는 제도적 합일성(convergence) 및 분기성(divergence)을 평가하였다(Garrett, 1998, 2000; Swank, 2002a; Held, 2004; Keohane and Nye, 2003; Cambell, 2004; Mosley, 2003; Cowen, 2004; Hay and Watson, 2000; Pogge, 2001). 가장 최근의 흐름으로서 네 번째의 흐름은 탈구조주의적이고 구성주의적인 경향을 반영하고 있다. 이 흐름은 지구화연구에 있어 구조의 변수보다는 아이디어라든가 행위자, 필연보다는 우연 따위의 변수들을 강조하고 있다(Hoffman, 2002; Rosenberg, 2005; Hay, 2004; Urry, 2003; Bello, 2002; Held and McGrew, 2002; Callinicos, 2003; Keohane and Nye, 2003; Rosamond, 2004; Wolf, 2004; Saul, 2005; Eschele, 2005; Harvey, 2003).

한편 예상과는 달리 지구화연구가 신자유주의 담론을 중점적으로 고찰하는 경우는 많지 않다. 신자유주의에 대한 비판적 문제의식이 폭넓게 확산되어 있기는 해도 그것이 지구화연구와 접목되어 정리된 경우가 별로 없다. 그것은 아마도 담론연구의 희소성 측면에서 이해할 수 있겠지만 신자유주의 지구화에 대한 정치사회적 저항의 흐름이 비교적 지난 몇 년 전부터 비롯되기 시작했다는 사실과 무관치 않을 것이다. 신자유주의 지구화라든가 지구적 사민주의 논쟁은 '우리를 만들어가고 있는 지구화'인가 아니면 '우리가 만들어 가야 할 지구화'인가의 각축으로서 이 같은 대결은 신자유주의적 지구화의 환상이 깨어지기 시작한 2000년 이후부터 본격적으로 가시화되었다. 그러나 이처럼 신자유주의 지구화담론에 대한 분석이 많지는 않지만 일부 논문들이 계급이익과 정부정책의 맥락에서 지구화담론을 연구하면서 사회적 긴장을 분석하고 있다. 초국가적 자본가 계급(the transnational capitalist class)이 '경쟁력'과 '지속가능한 발전'이라는 지구화담론을 어떻게 전략적으로 활용하여 자본의 이익을 실현하였는가를 분석하기도 하고(Sklair, 2000), 1997년 아시아 외환위기가 지구화담론에 가지는 함의를 연구하였으며(Assem, 2001), 그리스와 아일랜드의 두 국가에서 신자유주의 지구화담론이 어떻게 새로운 정책논의로, 새로운 정책추진으로, 새로운 정치로 연결되고 있는지를 분석한 논문이 있다(Andreas, 2007). 또한 정부 정책을 지구화담론의 맥락에서 분석한 연구로서, 현지구화담론이 교육정책에서 학생들로 하여금 지구화를 필연으로 인식케 하고 있음을 지적하고 지구화에 대한 대안적 이해가 필요함을 강조한다거나(Tony, 1999), 신자유주의 지구화담론이 정부의 주택정책에 미친 부작용을 분석하고, 대안으로서 주택정책의 사민주의 모델의 도입을 주장하는 논문도 있다(Clapham, 2006).

국내에서도 1990년대 초반 이후 지구화에 관한 연구가 방대하게 양산되어 왔다.2) 그중에서 본 논문과 관련된 일부 저술을 살펴보면, 많은 논문들이 국민국가의 문제를 다루고 있으며(성경륭, 2003; 손호철, 2006; 황혜성, 2006; 조태훈, 2006; 로택환, 2006) 지구화와 민주주의와 관련된 논문도 눈에 띈다(이화영, 2005; 조희연, 2008). 기타 지구화와 문화변동, 지구화와 한국사회의 변동을 분석한 논문이 주목을 끌고 있다(박길성, 2001; 2007). 지구화담론에 관한 연구는 저조한 가운데 강명규(2000)의 논문이 두드러진다. 저자는 한국

---

2) 국내에서는 '지구화'보다는 '세계화'가 일반화된 용어처럼 보인다. 국내의 한국학술정보(KSI) 학술논문 검색 데이터베이스에 '지구화'와 '세계화'를 키워드로 검색을 실시한 결과, 지구화가 172건 세계화가 1,441건 검색되었는데 그나마 '지구화'로 검색된 논문은 50% 정도가 자연과학 분야의 논문이다. 그러나 특이하게도 '세계화'라는 단어는 김영삼정부의 정책노선과 맞물려 1990년 초반부터 논문의 주요 키워드로 등장하였지만 2001년부터는 '지구화'가 논문제목에 활발히 나타나기 시작했다.

의 김영삼 정부 출범이후부터 1997년 외환위기의 시기까지를 3단계로 나누어, 한국의 파워블록이 대중의 지지를 확보하고 신자유주의적 세계화정책을 추진하기 위한 전략으로 펼쳤던 담론정치(discourse politics)를 단계별로 분석하고 있다. 기타 담론연구가 존재하기는 하지만 지구화담론에 직접적으로 관계하지 않고 담론 분석을 구체적 수준에서 행한 것들이 대부분이다. 한미FTA협상과정에 나타난 발전담론과 자주담론에 대한 분석(장지호, 2007), 마하티르의 동아시아 지역주의 담론 분석(이재현, 2007), 방사선폐기물처리장 입지선정 과정에서의 담론분석(강민아 - 장지호, 2006), 그리고 최근의 작업으로서 이명박 정부와 집권 한나라당의 정책 프로그램에 대한 비판적 담론분석을 수행하여 정책담론의 형식적 특성, 암묵적 가정, 핵심적 상징을 분석한 연구가 나와 있다(신진욱, 2008).

제3절 신자유주의 지구화담론

1. 자유민주주의 지구화

지식축적의 역사가 계속된다는 조건이 충족되는 한, 시공간의 압축현상으로 정의되는 물리적 측면의 지구화는 인류역사의 정해진 길이다. 16~17세기의 과학혁명 이후 인류역사는 일직선적인 발전의 모습을 보여 왔다. 과학기술이 가져다 준 근대사회의 급속한 변화를 설명하기 위해 앤서니 기든스(Anthony Giddens)는 매우 인상적인 비유를 하고 있다.

지구상에서 인류는 약 50만 년 동안 존재해 왔다. 그러나 정착생활의 중요한 기반인 농업은 겨우 1만 2천년 동안 지속되어 왔으며 문명의 기원은 약 6천 년 전으로 거슬러 올라간다. 만약에 우리 인류가 존재한 전체시간을 하루로 본다면 농업은 오후 11시 54분에, 문명은 오후 11시 57분에 시작되었다고 볼 수 있다. 그리고 근대사회의 발전은 오후 11시 59분 30초에나 시작된 것으로 볼 수 있다! 그런데 마지막 30초의 기간 동안에 일어난 인류사회의 변화는 아마도 이전의 전체시간을 통틀어서 일어난 것보다 더 커다란 변화를 일으켜 놓았다. 이러한 근대의 급격한 변화는 과학기술발전으로 쉽게 이해될 수 있다(Giddens, 1991: 776).

지구화란 과학기술의 발전에 상응하는 시공간의 압축으로서 지구 전체가 하나의 인간활동권으로 형성되는 현상이다. 지구화는 코페르니쿠스의 『천체의 회전에 관하여』(1543)를 기점으로 뉴턴의 『자연철학의 수학적 원리』(1687)에 이르기까지 약 150년 동안 유럽에서 일어난 과학혁명, 18~19세기 산업화, 20세기 우주시대의 전개에 발맞추어 진행되어왔다. 최근 화성탐사로봇 피닉스가 화성에서 물의 존재를 확인하였다는 소식이나 세계최초의 민간우주여행 우주선이 공개된 사실은 공간성을 극복하는 인류의 활동은 이제 지구라는 영역을 벗어나고 있다는 것을 시사해준다. 1차 세계대전과 2차 세계대전과 같은 파괴의 역사가 계속되어왔지만 과학기술의 보루인 학교, 연구소, 도서관은 지식의 전당으로 건재해왔고 인류의 지식은 점진적으로 축적을 계속해왔다. 이러한 전진은 인류재앙적 규모의 자연재해라든가 핵무기의 공포가 현실화되어 인류문명이 완전히 파괴되지 않는 한 계속될 것이다.

물리적 지구화는 반드시 비물리적 측면의 지구화를 동반하게 되는데 그것은 시공간의 압축이 국민국가 단위에서 일어나던 정치, 경제, 사회, 문화 현상들을 지구적 수준에서 유기적이고 복합적인 상호작용의 관계 속에 유입시키기 때문이다. 이로 인하여 비물리적 측면의 지구화는 삶의 양식, 정치사회제도, 사회관계에서 통합과 갈등의 현상을 발생시킨다. 이러한 지구화에 대하여 신자유주의는 매우 낙관적이다. 주지하듯이 신자유주의 지구화담론이 미래에 대한 희망과 낙관으로 채색된 배경에는 인류의 역사를 인간정신의 변증법적 발전과정으로 보는 헤겔역사관에 기초한 후쿠야마 테제가 사회주의 체제 이후 급속하고도 광범위하게 확산되었다는 사실이 자리 잡고 있다. 프란시스 후쿠야마(Fukuyama, 1992)는 인류는 종국에 자유민주주의적 지구화라는 인류사회체제에 도달할 것이라고 가정하는 가운데, 사회주의체제 몰락과 함께 인류가 이미 그 지점에 도달하였다고 단정하였다. 사회주의 체제의 몰락이후 출간된 『역사의 종언』에서 후쿠야마는 인류역사의 오랜 체제 경쟁 속에서 드디어 자유민주주의가 종국적으로 승리하였음을 선언하고 향후 자유민주주의는 지속적으로 인류의 삶을 포괄하는 제도적 양식으로 유지될 것임을 예견하였다. 그는 자유민주주의가 인류의 이데올로기적 진화의 최종적 단계이고 인류가 가지게 될 정부의 최종적 형태라는 것을 강조한다.[3] 후쿠야마의 주장은 1990년도 이후 확산되기 시작한 지구화담론의 근간을

---

3) 그는 '역사의 종언'을 통해 역사적 사건들(events)의 발생이 중단된다는 것을 말하는 것이 아니라 자유민주주의가 인류의 이데올로기적 진화의 최종적 단계이고 인류가 가지게 될 정부의 최종적 형태라는 것을 강조한다. 그는 이미 구현된 자유민주체제가 일시적인 퇴보를 맞이할 수도 있지만 후쿠야마는 자유민주주의는 가장 진보한 최종적 정치사회체제이기 때문에 다시 복원될 것이며 이외의 어떠한 것도 자유민주주의를 대체할 수 없을 것임을 강조하였다. 후쿠야마가 이미 도래했다고 생각하는 자유민주주의는 경제적 자유민주주의와 정치적 자유민주주의가 융합되어 존재하는 최적의 체제 상태이다. 그는 자유주의를 정치적 측면의 자유주의와 경제적 측면의 자유주의로 구분하여 과학발전은 경제적 측면의 자유주의로 귀결되어 "사유재산과 시장을 기반으로 한 자유로운 경제활동과 거래의 권리"가 지배적인 사회가 도래한다는 것을 강조하고 있다. 이와 함께 정치적 자유주의를 "일정한 개인적 권리나 자유가 정부의 통제를 받지 않는 법원칙"(장준호, 2007: 175)이 확립 된 상태로 규정하면서 정치적 자유주의를 실현시키는 추동력은 인류의 인간성의 근저에 자리잡은 '인정투쟁'에서 나온다고 보고 있다. 인정투쟁의 개념은 헤겔 사상에서 비롯된다. 헤겔은 인류역사의 원동력을 인정(recognition) 욕구에서 보았고 후쿠야마는 인정욕구를 헤겔의 사상체계를 관통하는 핵심으로 이해한다.

이루고 있다. 지구화란 곧 '자유민주주의의 정착', '역사의 진보', '시장경제의 승리', '자본주의의 확산', '이데올로기의 종언', '합리적 경쟁체제의 확립' 따위와 직결된다.

후쿠야마의 선언은 맑스주의자(Perry Anderson)와 포스트주의자(Jacques Derrida)로부터 조소를 받기도 하였지만 팍스 로마나(Pax Romana)와는 또 다른 차원의 지배를 구가한다는 팍스 아메리카나(Pax Americana) 시대에(Panitch and Gindin, 2003; Hardt and Negri, 2000) 그것은 탈냉전기 국제정치학의 문명패러다임으로 기능하면서(김명섭, 2003) 미국이라는 제국의 야심을 충족시키는 정책노선으로서, 지도이념으로서, 정통성의 기반으로서 확실한 위치를 구축해 왔다.[4] 자유민주주의체제의 지구화를 필연으로 보는 시각은 그 시각을 받아들이는 정치사회세력이 자본주의 사회의 주도세력이라는 사실에 뒷받침되면서 지배적 담론으로 발전되어왔고 더 나아가 이제 제국이라고도 일컬어지는 미국이 신자유주의적 정책기조를 삼고 있기 때문에 신자유주의 지구화담론은 전 세계 수준에서 제국담론으로까지 그 지위를 높여오게 된 것이다.

미국 외교정책에 관한 주요 저널인 *Foreign Policy* 최근호에서 젠틀슨(Bruce W. Jentleson)과 웨버(Steven Weber)는 지난 20세기 후반부에 시작해 세계정치를 포괄해 온 '5대 관념(five Big Ideas)'을 지적하고 있다. 이 5대 관념은 미국 중심질서로 표현되는 신자유주의 지구화담론을 구체적으로 표현한다. 그들이 말하는 5대 관념이란 다음과 같다. 1) 평화가 전쟁보다 낫다(better). 2) 패권이, 적어도 유화적인 성격의 패권은, 힘의 균형보다 낫다. 3) 자본주의가 사회주의

---

4) 후쿠야마 자신은 부정하기는 하였으나 그의 주장은 미국식 자유민주의를 다른 나라들이 채택해야 하는 가장 모범적인 정치시스템으로 옹호하고 미국의 민주평화론과 신보수주의에 정당성을 부여했다는 비판을 받게 되었다.

보다 낫다. 4) 민주주의가 독재보다 낫다. 5) 서구문화가 이외의 어떠한 다른 것들보다 낫다. 그들에 따르면 시니어 조지 부시(George H. W. Bush), 빌 클린턴(Bill Clinton), 조지 부시(George W. Bush) 대통령은 모두 5대 관념에 기반하여 세계문제에 임하였다(Jentleson and Weber 2008: 43).

'미국의 정신'이라 할 수 있는 이 5대 관념은 부시정권이 등장하여 더욱더 강화되었다. 신보수주의 세력이 국가권력을 주도하게 된 정치적 변화가 생겨났기 때문이다(Harvey, 2003). 자유민주주의체제의 우월성과 미국중심의 정당성을 전제하는 신자유주의 지구화담론의 이데올로기성은 한층 강화되었다. 자유민주주의적 지구화의 필연성을 인정한다는 것은 자신의 정체성을 친미, 친서방, 친자본세력으로 규정하는 것이 되고 만다. 신자유주의 담론은 미국식 자유주의를 다른 나라들이 채택해야 하는 가장 모범적인 정치시스템으로 옹호하고 미국의 민주평화론과 신보수주의에 정당성을 부여해왔다. 자본주의 체제에 저항하는 반신자유주의 담론은 반제국, 반미 담론으로 인식된다. 지구화담론은 더 이상 학술적 담론이 아니라 민감한 정치사회적 담론이 되어버린 지 오래이다.

신자유주의 지구화담론은 미국이 주도하는 자유무역의 발전이 필연적인 지구화과정이라는 것을 강조한다. 지나온 지구화의 과정은 금융산업의 발전과 자유무역체제 확립의 역사로 이해된다. 세계경제는 상품, 자본, 기술, 노동이 자유롭게 순환되는 가운데 각 국가들은 '비교우위'를 가지고 있는 상품을 생산하고 수출하는 것을 통하여 경제발전을 이룩하면 세계복지가 전체적으로 신장된다는 것이 자유주의 지구화의 시각이다(남궁영, 2002). 지구화는 국면적 어려움이 있었으나 자유화의 방향으로 진행되어왔고 앞으로도 그러할 것이다.

1947년에 자유무역주의 정신을 구현하는 GATT체제가 출범하였다. 전승국들은 제2차 세계대전을 일으킨 주된 원인 중의 하나였던 국제 사회에서의 보호주의를 타파하고 안정된 지구금융체제와 자유무역체제를 확립할 수 있는 방법을 모색했으며 이것을 실현하기 위한 제도적 장치로서 국제통화기금(IMF)과 국제부흥개발은행(IBRD)을 설립하였다. GATT는 출범 이후 8차례에 걸친 다자간 자유무역협상을 전개하여 지구화를 가속화시키는 역할을 하게 된다. 대표적으로 7차 도쿄라운드와 8차 우루과이 라운드는 과정이 순탄치 않았지만 결국 성공리에 타결되면서 자유무역체제의 확립에 크게 기여하였다. 도쿄 라운드의 타결은 관세와 비관세장벽의 문제를 해결하여 자유무역체제의 전개가 대세라는 것을 증명하였고 우루과이 라운드는 세계경제체제의 단일화를 실현하면서 세계무역기구(WTO)를 출범시킨다. 1995년 출범한 WTO체제는 상품무역뿐만 아니라 투자, 서비스무역, 지적재산권 등 GATT의 영역 밖의 문제로 인식되어 왔던 이슈들을 협상의제로 다루면서 세계무역의 무한경쟁시대를 열었다. WTO가 출범한 뒤 회원국들은 뉴라운드를 출범시키기로 합의하고 2001년 11월 카타르 수도 도하에서 다자간 무역협상 시작을 합의하였다. 도하라운드는 당초 예정된 협상 시한을 2년여 넘기면서 2006년 7월 말 결렬되었지만 이것은 과정상의 어려움이며 결국에는 지구화의 발전을 가속화시키게 될 것이라는 낙관적인 시각이 자유주의에서 나온다. 도하라운드의 실패가 자유무역에 대한 타격이며 보호무역주의의 새로운 시대를 초래할 가능성이 높다는 경고가 나오기도 하지만 이것이 지구화의 필연성을 거역하는 흐름은 되지 못한다는 것이 신자유주의 지구화담론의 낙관이다.[5]

---

5) WTO가 모든 회원국에게 최혜국대우를 보장해 주는 다자주의를 원칙으로 하는 세계무역체제

2. 국가기능의 약화

1) 자본주의 체제의 정경분리

자본주의체제는 정경분리를 특징으로 한다. 봉건주의나 사회주의 체제에서 보이는 정치권력의 강제성이 없어도 자본과 노동의 순수한 경제적 생산관계 속에서 자본주의체제의 재생산이 일어나고 있다. 국유화의 영역이 있지만 일반적 차원에서 자본주의는 정치영역인 국가와 경제영역의 시장이 분리되어 있기 때문에 '국가개입'이라든가 '시장원칙'의 개념도 생겨나게 된 것이다.[6]

신자유주의 담론은 이 정경분리라는 존재론적 특징을 시장규범으로서 강조하고 있는데 이것은 19세기 고전적 자유주의 시각에 맞닿아 있다. 고전적 자유주의자의 대표격인 애덤 스미스(Adam Smith)와 데이비드 리카도(David Ricardo)는 정치영역과 경제영역의 분리를 보면서 시장에서 합리적으로 이익을 추구하는 개인의 자유롭고 자발적인 상호거래를 시장원리의 기본으로 인식하였다. 그들은 시장의 자율규제적인 성격을 강조하면서 국가는 야경국가 수준의 개입기능에 만족해야 하고 정치와 경제는 분리되어야 한다는 일종의 규범을 확립해

인 반면, FTA는 양자주의 및 지역주의적인 특혜무역체제로, 회원극에만 무관세나 낮은 관세를 적용한다. 특정국가 간의 물자나 서비스 이동을 자유화시키는 협정으로, 관세, 비관세장벽을 철폐하면서 무역자유화를 실현하는 특혜무역협정인 FTA가 WTO의 세계무역자유화의 원칙에 역행하는 것은 일견 FTA가 세계자유무역주의를 지향하는 GATT체제와 WTO체제정신에 상충하는 것으로 보이지만, GATT와 WTO는 FTA의 지역경제통합이 반드시 무역의 장애요인이 아니며 부분적으로 무역자유화에 긍정적인 역할을 하게 된다는 인스에서 FTA의 결성을 인정하고 있다. 이를 테면 GATT 제24조와 WTO의 서비스무역일반협정(GATS)에서는 지역무역협정이 무역 촉진적이어야 한다는 규정을 두고 있다. 오래전부터 GATT체제와 WTO체제와 함께 양자간 FTA 그리고 다자간 FTA(지역경제통합)은 함께 존재하여 왔다.

6) 필자가 보기에 정경분리의 개념은 정치경제학에서 매우 핵심적인 개념이지만 국내 학계에서 이에 대한 충분한 논의가 전개되어오지 않은 것으로 보인다. 자세한 연구를 위해서는 다음 참조(Jessop, 1990: 175~181; Poulantzas, 2000: 11~27; 송백석, 2008).

놓았다(Harmes, 2006: 728). 이에 반해 반자유주의적 전통의 대표격인 맑스주의 접근은 정치경제의 분리에 관해 매우 다른 인식을 가지고 있다. 맑스의 급진적 정치경제학으로부터, 이 접근을 국제적 수준에서 발전시킨 레닌의 제국주의론, 이를 좀 더 세련화시킨 종속이론과 세계체제론, 그리고 그람시의 이론을 국제정치경제학에 접목시킨 콕스(Cox, 1987)가 주창하는 비판이론 등은 자본주의 체제의 정경분리를 인정은 하지만 사회관계라는 것은 정치경제의 불가분적 상호작용이라는 것을 강조한다. 이러한 인식은 국제관계 연구에 반영되어, 자유주의 접근이 개별국가 단위의 전략이라든가 정치경제적 자산을 매우 중시하고 있는 데 반해 맑스주의 접근들은 국민국가 경제단위보다는 세계자본주의를 하나의 시스템으로 보려는 경향이 강하다.

정경분리의 규범적 성격은 자본주의 역사에서 국면적으로 그 구속력을 달리해왔다. 19세기 고전적 자유주의 시기에 정경분리의 규범은 '보이지 않는 손'의 깃발 뒤에서 정부정책노선을 규정하는 기본 원칙이었다. 그러나 1930년대의 경제대공황과 전후 복지국가 시대의 개막 이후 정경분리원칙은 인간적 자본주의를 표방하는 국가개입의 원칙에 자리를 내주게 된다. 그러나 정경분리 원칙은 신자유주의 시대의 전개와 함께 다시금 정치경제규범으로 재확립되어 오고 있으며 더 나아가 시대의 이데올로기로까지 기능하고 있다. 70~80년대의 대처리즘과 레이거노믹스는 모두 정경분리원칙에 입각한 경제정책을 관철하겠다는 의지이며 90년대 이후 서구자본세력의 연대인 '워싱턴 컨센서스'는 시장원칙이 주도하는 신자유주의적 세계자본주의가 보편타당함을 강조하고 있다.

우리는 정경분리라는 구조적 특징이 야기하는 현상들을 제대로 느끼지 못하지만 그 구조의 효과는 우리의 일상에서 나타나고 있다.

이를테면 서구 자본주의 사회에서의 낮은 투표율은 자본주의의 체제적 특징과 무관하지 않다. 정치와 경제가 융합된 구조인 봉건주의 사회체제에서 정치는 일상생활의 중심이며 상존하고 있다. 역시 계획경제의 사회주의 체제에서 계획의 주체인 정치는 생산, 유통, 분배를 관할한다. 봉건주의와 사회주의 하에서 정치는 먹고사는 일상생활의 핵심적 변수이다. 이와는 달리 정치와 경제가 분리된 자본주의 사회에서 정치는 기본적으로 '관심거리'라 하겠다. 나와 나의 가족이 먹고사는 문제에 직접적으로 작용하지 않는다. 정치는 사활의 문제가 아니다. 노동자는 시장이라는 공간에서 자본가와 경제적 관계 속에서 임노동을 팔고 그에 대한 대가를 받고 자신의 육체와 가족의 단위를 재생산할 수 있는 한 정치에 대한 관심은 선택의 문제이며 필수가 아니다. 따라서 대중의 대표적인 정치행위라 할 수 있는 투표의 참가율이 낮다면 거기에는 자본주의체제의 구조적 요인도 작용하기 때문에 그러하다는 것을 고려해야 하며 이러한 구조적 토대 위에서 정세적 상황에 따라 투표율은 높을 수도 낮을 수도 있다는 것을 이해해야 할 것이다. 선진자본주의 국가에서 낮은 투표율이 나오는 것은 그 체제의 시공간에 존재하는 사람들의 민주의식, 정치의식이 낮아서 그러한 것만이 아니라는 것을 염두어 두어야 한다. 마찬가지로 사회주의 사회에서 투표율이 매우 높게 나타나는 것을 이해할 때 그것의 변수로서 정치권력의 독재성 이외에 정경이 융합된 사회주의 체제의 구조적 특징을 감안해야 한다. 비슷한 맥락에서 흔히 하는 '재력 가진 사람이 정치권력까지 가지려 한다'는 우려와 분노는 자본주의적 우려이고 자본주의적 분노라고 말할 수 있을 것이다.

2) 신자유주의 국가관

자유주의가 앞서 본 정경분리의 존재론적 특징을 시장규범의 시각에서 강조해 온 것이 우리가 국가와 시장을 양분하면서 두 영역의 사이에는 제로섬관계가 존재하는 것이라고 인식하는 것에 크게 기여하였다(송백석, 2008). 특히 이 정경분리의 문제는 국제정치경제학인 지구화연구에서 국가를 주변화시키고 있다. 지구화연구에서 국가는 정치학, 사회학, 국제정치학에서의 국가와는 상이한 인식의 구도 안에 놓여 있다. 정치학과 사회학에서 국가는 일반적으로 국가/사회의 구도에서 연구되면서 국가의 자율성, 국가와 계급, 국가와 이익집단, 국가와 시민사회 등이 연구의 주요 주제가 되어왔다. 정도의 차이는 있지만 국가중심적 접근이든 사회중심적 접근이든 국가는 사회과학자의 인식 속에 상시적으로 존재한다. 국제정치학에서도 현실주의와 자유주의 양대 접근에서 국가는 국가/국가의 인식의 구도 속에서 주요 변수로 가정되어 왔다. 두 가지 접근은 '국가행위를 대립인가 아니면 협력의 맥락에서 볼 것인가' 그리고 '국가행위의 동기가 영합적인 상대적 이익(zero-sum relative gains)에 근거한다고 볼 것인가 아니면 총합적인 절대적 이익(positive-sum absolute gains)에 근거한다고 볼 것인가'에 대해서 차이를 나타내지만(Phillip, 2005b: 88) 두 접근 모두 기본적으로 국가의 중심성을 전제하고 있다. 뒤를 이어 신현실주의가 국제관계의 구조적 측면을 중시하거나, 국가의 중심성이 복합적 상호의존(complex interdependence) 접근에 의해 약화되기도 하였으나(Keohan and Nye, 2004) 국가는 국제정치학에서 중심적 변수가 되어왔음은 두말할 나위가 없다. 그러나 국제정치경제학인 지구화연구는 정경분리의 인식을 배경으로 하여 행해진다.

국가/시장 혹은 국가/경제의 양분법적인 인식의 구도에서 국가는 연구자의 인식망과 관심망에서 쉽게 벗어나는 경향을 가진다. 이러한 배경을 등지고 신자유주의가 시장원칙을 내세우며 정치와 국가를 경시하는 경향은 오래전부터 시작되었다. 자유주의자 해리존슨(H. G. Johnson)은 "결국에는 경제적 힘이 정치적 힘을 압도하게 될 것이고, 이것은 10년 내에 현실화될 것이다"라고 단언한 바 있으며(Johnson, 1970: 24), 비슷하게 콘드리프(J. B. Condliffe)는 "국가영역은 어떠한 경제적 중요성도 못 가지게 되고 무역발전은 세계 모든 사람들을 평화와 번영으로 인도할 것"이라고 말하였다(Condliffe, 1950: 136).

신자유주의 국가관은 제로섬 관계를 염두에 두고 경제논리의 입각하여 생산의 국제화, 무역의 개방화, 금융의 자유화라는 지구화현상이 필연적으로 국가의 쇠퇴를 촉진한다는 것을 강조한다. 생산분야에서 2004년 기준으로 6만여 개의 다국적 기업이 15,680조 달러에 달하는 상품과 서비스를 매년 판매하고 있고 1990년보다 두 배 많은 인력을 고용하고 있으며 세계 생산의 25%와 세계 무역의 70%를 담당하고 있다. 무역 분야는 2차 세계대전 이후 세계무역의 급속한 성장이 지구화를 촉진하였다. 1947년에 GATT체제가 수립되어 1980년에 이르러 세계 총 GNP대비 총 무역량은 16.9%까지 증가하였다. 그리고 1990년 이후 2000년에 세계무역 증가율이 최고치를 경신하여 GDP에 대한 세계무역의 비율이 29%를 기록하였다. 지구화를 추동한 또 하나의 요소는 금융분야로서 인터넷으로 상징되는 과학기술의 발달은 세계금융시장은 단일권으로 만들어 놓았다. 대규모의 외환이 거래되고 공격적 헤지펀드의 자금들이 촌각을 다투며 거래되고 있다. 1970년대 이후 급격히 늘어난 외환시장의 일일 거래량은 이제는 1.2조 달러를 초과하고 있다(Held 2004: 21~33). 이러한 제동할 수 없는 시장의 파워는 필연적으로 국가의 위축을 가져온다. 잘 알려진 과대지구화론자들 중에서(Ohmae, 1990, 1995; Strange, 1990, 1995, 1996; Cerny, 1994a; Drucker, 1993; Cable, 1995) 스트레인지(Strange)는 지구화시대에 국가 권위의 실종을 말하는 대표적인 학자이다. 역시 폭넓게 인용되는 오마에(Ohmae)는 사회 경제적 과정이 이미 전 지구적 수준에서 이루어지고 있고 국가는 정책결정자가 아니라 정책수임자로 변하고 있다고 말한다.[7]

신자유주의 국가관은 지구화시대의 국민경제를 담당하는 국민국가 기능의 한계를 조명한다. 1970년대 이후 변동환율제의 확산으로 금융의 지구화가 본격화되고 화폐와 자본은 국경을 자유롭게 이동하게 되자 국민국가 경제시스템을 전제로 처방되었던 케인스주의적 수요관리는 혼란에 빠지기 시작하였다. 케인스주의 거시경제관리는 각국의 국민정부가 규제할 수 있는 상대적으로 폐쇄적인 국민경제를 전제로 한다. 개방된 경제 하에서는 어떤 한 국가가 수요관리를 통해 완전고용을 달성하는 것은 더 이상 가능하지 않게 된다. 결과적으로 자본주의 운영방식과 국제체제는 갈등과 긴장의 관계로 접어들 수밖에 없다(Mishra, 2002: 26~28).

신자유주의 국가관은 계급갈등의 조정 역할에 있어서도 지구화시대에는 국가가 물러나 있는 것이 당연한 것임을 강조한다. 지구화시대에 자본은 투자처를 찾아 원활하게 이동하면서 국가에 압력을 행

---

7) 지구화 회의론자들 중에서(Hirst and Thompson, 1999; Hay, 2004, Gilpin, 2002, Rugman, 2000; Mann, 1993; Ruigrok and Tulder, 1995; J. Zysman, 1996) 대표적으로 알려진 허스트와 톰슨(Hirst and Thompson)은 '국가간경제'와 '지구경제'라는 두 가지 모델을 국제정치경제에 대입한 후 여전히 국가간경제모델이 현실을 읽어내는 데에 더 적합하다는 주장을 하고 있다. 한편 과대지구화론과 회의론의 중간적 입장을 견지하는 학자들은 (Held and McGrew, 1999, 2002; Weiss, 1998; Kobrin, 1999; Keohane and Nye, 2003) 지구화의 영향력을 인정하면서도 국가쇠퇴 테제를 수용하기보다는 국가의 적응과정에서 일어나는 변화에 관심을 기울이고 있다.

사할 수 있다. 지구화는 자본에게 '자본파업'의 무기를 선사하면서 정부와 노동에 대한 자본의 협상력을 크게 강화시켰다. 국내 투자를 거부하거나 생산입지를 옮기겠다는 위협만으로도 자본은 임금과 노동조건에 관한 양보를 이끌어 낼 수 있다(Mishra, 1999: 6). 이 결과 국가는 세금인상, 사회지출의 증대 등과 같은 기업의 투자환경을 저해하는 선택을 포기하게 된다(Cerny, 1994b; Strange, 1996). 세수 기반이 약화되면 국가의 재정건전성에 문제가 발생하고 국가는 이에 따라 복지수준의 저하 및 복지국가를 재구성해야 하는 압력에 봉착하게 된다(조영훈, 2004: 377). 케인스주의와 신조합주의적 수단에 의해 국민경제를 관리해오고 복지지출의 증대를 모색해온 전후의 사회민주주의적 전략은 심각한 도전을 받게 되는 것이다. 신자유주의 국가관은 이러한 과정을 받아들여야 할 필연으로 여긴다. 시장의 시대에 자본이 국가와 노동에 대한 상대적 우위를 유지하는 것이 당연하고 바람직하다. 2차 세계대전 이후 복지국가시대에 뚜렷했던 국가의 친노동적 계급성을 경고하면서 지구화시대에는 복지증진을 지향했던 사회지출의 축소가 당연한 귀결임을 역설한다. 반신자유주의 세력은 지구화가 주는 제약이 국가의 기능을 위협하고 노동계급을 점차 권력게임의 밖으로 밀어내고 있음을 우려하지만 신자유주의 국가관은 이러한 흐름은 지구화의 대세이기 때문에 포용하는 자세를 가지고 어떠한 전략을 펼쳐 국가경쟁력을 증진할 수 있는 가를 모색하는 것이 바람직함을 강조한다.

제4절 신자유주의 지구화담론 비판

1. 역사의 국면으로서의 지구화

과학기술발전이 추동하는 시공간의 압축으로서의 물리적 지구화가 필연이라는 점에 대해 부정하기는 힘들다. 맑스주의 역시 오래전부터 탈경계의 지구화에 주목해왔다. 16세기의 자본주의가 이미 하나의 시스템으로서 시작되었다는 왈러스타인의 주장(Wallestein, 2004), 20세기에 들어서야 세계가 하나의 시스템으로 변하기 시작했다는 홉스봄의 주장(Hobsbawm, 2004),[8] 현자본주의 국면에서 외부의 내재화(outside is internalised)가 완성되었다는 제국론(Hardt and Negri, 2000) 등에서 우리는 신자유주의는 물론 맑스주의도 탈경계의 물리적 지구화를 인정하고 인간의 사회관계를 전 지구적 차원에서 분석해왔다는 것을 알 수 있다.

그러나 비물리적 측면의 지구화에 대한 신자유주의 시각은 비판으로부터 자유로울 수 없다. 자유민주주의 체제를 역사의 필연으로 인식하기보다는 역사의 과정 내지는 국면으로 이해하는 접근은 적어도 목적론(teleology)의 오류에서 벗어나는 장점을 가지고 있다.[9] 문명

---

8) 홉스봄은 맑스의 1848년 공산당선언 이후 1875년까지 일어난 변화가 과장되어 논의되는 것을 지적하였다. 그의 눈에는 1970년대에 비로소 세계통합의 경제가 서서히 시작되고 있었다.

9) 목적론이라는 것은 보통 역사발전과정에서 처음과 끝을 상정하면서 역사란 하나의 완결과정이며 끝으로 나아가는 과정이 처음부터 내재해 있다는 시각을 말한다. 이러한 맥락에서 후쿠야마 테제와 맑스주의 모두 비판받을 여지를 보인다고 하겠다. 후쿠야마테제가 자유민주주의의 귀결을 강조한 반면 맑스주의는 인류역사를 생산의 역사로 전제하면서 종국에 공산주의 생산양식이 인류의 삶을 포괄하는 가장 진보적인 최종적 체제로 구현될 것임을 예견하였다. 그러나 맑스와 엥겔스가 헤겔의 목적론적 역사철학에 대하여 비판적이었고 그들이 공산주의 사회 자체도 끝이 아니라 역사발전과정의 한 계기로 보고 있었기 때문에 목적론의 오류가 아니라는 주장도 있다(강성호, 1993).

충돌론을 제시한 헌팅턴(Samuel P. Huntington)테제도 뮐러(Harald Muller)의 문명공존론과 프랑크(Andre Gunder Frank)의 아시아 중시 문명론에서의 비판으로부터 자유롭지는 듯하다. 그러나 적어도 그것은 목적론의 오류에 빠지는 후쿠야마식의 단일중심적 문명전파론에 대해서 효과적인 비판적 기능을 담당해 왔다(김명섭 2003). 또한 헌팅턴테제는 서구의 자유민주주의 가치 아래 세계 각국의 특수한 문화와 전통을 포괄해 버리는 일괄주의(subsumption)의 오류에 빠지지 않는다.[10] 헌팅턴은 후쿠야마가 서구자유민주주의에 내재된 개인적 가치들이 보편적 동의를 획득하고 있음을 선언한 것과 민주주의가 정착된 국가들 사이에서는 무력충돌이 잘 일어나지 않는다고 주장한 것을 비판한다. 헌팅턴에 따르면 자유주의라든가 민주주의의 가치는 서구사회에서 중심적이긴 하여도 그것들이 모든 문화권에서 권위를 인정받고 있는 것은 아니다. 비서구 국가들에 민주주의와 근대화를 이식하려는 노력은 오히려 대중에게 민족주의를 고취하고 근본주의자들에게 권력을 줄 수 있게 되어 전보다 잦은 전쟁을 유발할 수 있다고 말하고 있다(Kurtz, 2002: 4). 자유민주주의 지구화를 필연으로 보는 접근은 마치 모든 물이 결국 바다로 흘러갈 것이기 때문에 호수나 저수지는 필요가 없다고 보는 것과도 같다. 그것은 현재 인류는 대서양세계에 의해 만들어진 공동의 집 안에서 대서양세계의 진화에 따라 만들어진 보편적 표준에 복종하면서 살아가고 있다는 시각이다(김명섭, 2003: 439).

신자유주의 지구화담론에는 과학주의와 경제법칙에 대한 맹신이 깔려 있다. 마치 사회와 국가의 외부에서 작용하는 하나의 단일법칙

---

10) 일괄주의의 오류란 특정하고 구체적이어야 할 분석과 기술을 일반적 설명원칙 아래에 끌어들여 버리고 마는 오류이다.

(single logic)이 지구화를 진행시킨다는 인식을 확산시킨다. 자본과 경제논리가 필연적으로 자유민주주의의 완성으로 귀결될 수 없는데도 과학의 발전이 자유민주주의로 연결된다는 후쿠야마의 논리전개는 일종의 과학주의에 대한 맹신이다.[11] 일군의 네오맑스주의자들의 주장처럼 지구화에 대한 이 같은 정의는 전혀 받아들일 수 없어 더 이상 논의의 가치가 없는 것이며 다만 지구화를 하나의 '국면적인 압력(pressure)'이라든가 '흐름(trends)'으로 본다면 이것은 논의의 대상이 될 수 있다(Amoore et al, 2000: 14). 신자유주의 담론 속의 단일법칙이 지구화과정에서 정치를 실종시키고 인간이라든가 사회운동의 영향력을 무시하고 있다. 결과적으로 지구화는 본질주의적 (essentialistic)인 것으로 개념화되어 포디즘에서 포스트주의로, 근대에서 탈근대로, 산업화에서 탈산업화로의 이행이 이미 정해진 여정으로 이해된다. 지구화도 역사적이고 사회적인 조건에 의해 영향받는, 그래서 그러한 조건들이 복잡하고 구성적으로 작용하여 생긴 결과라는 것을 간과하고 있다. 자유주의 지구화담론은 또한 모든 것이 합일(convergence)한다는 전제에 근거하는 문제를 가지고 있다. 그것은 다양한 출발점과 과정의 변수가 복수로 존재하지만 결국 하나로 귀결한다는 전제아래 국가별 고유성을 무력화시키고 있다. 지구화담론이 과거 선진자본국들을 미화했던 일종의 근대화이론의 변종이 되어가고 있는데, 왜냐하면 그것은 동서의 차, 남북의 차를 무시하면서 개발도상국들의 전략은 선진 자본주의 국가의 정책으로 합일하는 것이 바람직하다는 주의를 확산시키기 때문이다(Amoore et al,

---

11) 비록 후쿠야마가 자유민주주의를 정치적 측면과 경제적 측면으로 분류하여 과학주의의 모순을 피하려는 노력이 엿보이기는 하지만 과학기술의 발전이 물질적으로 풍요로운 사회와 경제적 측면의 자유민주주의 체제의 승리로 귀결된다는 주장은 폭넓은 공감을 얻어내기가 쉽지 않다.

2000: 17).

　이처럼 현재 진행되고 있는 지구화를 역사의 필연이 아닌 국면으로 보아야 한다면 세계자본주의의 현 국면은 무엇이 문제인가? 앞서 소개한 5대 관념은 이 문제와 관련하여 다시 논의해 볼 가치가 있다. 젠틀슨과 웨버가 5대 관념을 지적한 목적은 후쿠야마와 헌팅턴이 그랬던 것처럼 변화하는 세계에 대한 효과적인 미국의 대외정책을 제시한 것에 있다. 그들은 세계금융위기의 진앙지로 전락해버린 미국에 대하여 21세기의 새로운 대외정책 방향을 제시한다. 그리고 지난 20세기 후반부에 세계정치를 포괄한 '5대 관념(five Big Ideas)'을 지적하면서 이제는 미국이 그로부터 벗어나야 할 것임을 주창하고 있는 것이다. 필자가 보기에 '평화가 전쟁보다 낫다'와 '민주주의가 독재보다 낫다'는 2대 관념을 재평가해보아야 한다는 이들의 주장이 조금 앞서 나아가는 것은 아닌가 하는 의문이 들지만 나머지 3대 관념, 즉 '패권이 힘의 균형보다 낫다', '자본주의가 사회주의보다 낫다', '서구문화가 이외의 어떠한 다른 것들 보다 낫다'는 관념들을 재검해야 한다는 주장에는 큰 공감이 가고 있다. 왜냐하면 그것은 신자유주의 지구화담론을 비판적으로 평가해 보자는 이 글의 목적과 다르지 않기 때문이다.

　이들 3대 관념은 신자유주의 지구화담론이 내포한 문제점인 제국주의 논리, 시장경제에 대한 찬양, 서구 우월주의의 문제들을 정확히 지적하고 있다. 신자유주의 지구화란 1970년대 이후 뚜렷하게 부상해 온 '강자주의'에 입각한 자본의 공세라든가 제국주의의 확산의 현상이다. 신자유주의 담론은 자유민주주의 시장경제를 절대선으로 신봉해 왔지만 시장이 본래적으로 가진 위험성을 애써 간과해왔다. 1990년대 아시아 외환위기시 아시아를 부정한 정실자본주의(crony capitalism)의 발생지로 비판했지만 그로부터 10년도 채 못 되어서 깨끗하다는 서구자본주의의 본산이 이제 글로벌금융위기의 진앙지가 되어버렸다. 무엇보다도 신자유주의 담론은 금융경제가 촉발할 수 있는 자본주의 체제의 위기를 경시해 왔다. 그것은 금융경제를 부를 축적하는 이상향으로 칭송했지만 금융경제는 세계자본주의 발달과 함께 지속적으로 영역이 확산되어 온 투기의 공간이다. 고금리 금융상품과 헤지펀드의 창궐은 생산에 기반하지 않은 잉여가치를 극도로 부풀려왔다. 금융시장에서 기대와 희망을 먹고 부풀려진 잉여가치라는 보이지 않는 유령이 자본주의 사회를 지배한다. 그러다 최근의 금융위기에서 보듯 금융시장의 불확실성이 불거지고 고도로 팽창했던 잉여가치가 급속히 수축되자 그 유령이 우리의 위장을 직접적으로 때리기 시작했다. 즉, 유령처럼 자본주의 사회를 지탱해주던 금융권이 서서히 실물경제를 몰락시키고 대규모 실업사태를 양산하기 시작한 것이다.

신자유주의 지구화담론이 설파하듯 자유주의 시장경제란 우리들의 이상적 종착역이 아니다. 자본주의 세계에서 지구화란 '자본논리'라든가 '자본주의 생산관계'의 지구화를 의미한다. 이윤을 찾아 경계를 넘는 자본의 끊임없는 확장과 이것으로 새롭게 생겨나는 생산관계의 국제화는 세계전체를 하나의 위험한 시스템으로 형성해 놓았다. 지구화는 자본논리의 지구화이고 갈등관계의 지구화이기 때문에 비물리적 지구화에 대해 신자유주의가 가지는 낙관은 새롭게 생각되어야 한다. 지구화는 곧 '자본의 공세', '착취관계의 확장', '제국주의 논리의 확산', '불평등의 심화' 등의 모습으로 전개되고 있다. 이러한 모습의 지구화는 저항의 대상이 된다. 이러한 맥락에서 전략의 효과성에 문제가 제기되기도 하지만(송백석, 2008) 워싱턴컨센서스에 대한 대응으로서 제기된 '지구적 사민주의' 전략은 현세계자본주의의 국면적 압력과 흐름에 대응하는 대안으로 주목받을 가치가 있다(Held, 2004). 지구화담론의 갈등양상은 심화되고 있다. 신자유주의는 TINA(There is no alternative)의 구호 아래 '성과지상주의', '시장원칙', '제일주의', '경쟁원칙' 등의 담론을 확산시키고 있다. 한편 저항담론은 자본논리의 구속성을 부정하면서 TATA(There are thousands of alternatives)의 구호 아래 지구화논의에서 '인간을 다시 원위치시켜 놓자(bringing people back in)'는 호소를 하고 있다(Gills, 2000: 6).

2. 반신자유주의 국가관

신자유주의 국가관은 생산, 무역, 금융의 지구화에 상응하는 국가의 쇠퇴를 가정하고, 케인스주의적 수요관리에 유효했던 국민국가의 한계를 부각하고, 복지국가의 위기가 당연한 것임을 강조하였지만 현실은 신자유주의 가정의 부정확성을 증명하고 있다. 상품시장과 노동시장의 지구화는 아직 요원한 실정이고 노동력의 이동을 방해하는 이민관련 규정들은 오히려 강화되는 추세를 쇠이고 있다. 각국에서 일어나는 생산의 90%는 여전히 국내수요를 겨냥하고 있어 예를 들면 유럽연합국가(EU)들의 무역거래도 80% 이상이 회원국들 간의 거래이다. 자본이동이나 자본전환에 수반되는 비용으로 자본의 이동이 무한정 가능한 것이 아니다(고세훈-이충묵, 2000: 13). 지구화가 복지국가를 압박할 수밖에 없다는 신자유주의자들의 가정을 공박하는 구체적 자료와 실증적 분석이 양산되고 있다(Swank, 2002b, 2005; Pierson, 2002; Iversen, 2002; Schwartz, 2002).

신자유주의 국가관은 지구화가 오로지 경제의 지구화라는 인식을 확산시키면서 지구화담론을 경제담론으로 확산시켜 왔다. 신자유주의 담론에서 국가가 약화되는 만큼 시장은 반비례하여 지배적 패러다임으로 강화되어 왔다. 신자유주의가 정경분리의 존재론적 특징을 국가개입의 규범으로 강조해온 것에 정치적 목적을 생각해 보지 않을 수 없다. 자유방임주의를 필요로 하는 정치성에 의해 국가는 지구화연구에서 더욱더 소외되어 왔다. 시장담론과 경제담론을 확산시키면서 국가를 주변화시키는 것을 통하여 신자유주의자들은 현재의 안정적 지배력을 보존시킨다. 맑스주의자들이 국가는 지배계급의 도구라고 비판했지만 정작 신자유주의자들은 국가란 자본주의 사회에서 그들이 확보한 안정적 지배에 간섭하는 정치제도로 인식한다. 그들에게 시장원칙의 강조란 현재적 지배를 유지하고자 하는 전략이며 국가개입의 구호는 지배적 지위를 위협하는 제도적 작동으로 느껴진다. 신자유주의가 정경분리의 규범을 강조하는 데에 정치적 목적이 있는지 표면적으로 분명하지 않다. 그러나 어떠한 행태의 정치성 유무를 판단하기 위해서는 행태의 표면적 의도에 분석의 초점을 맞추기보다는 행태의 효과가 누구에게 이익을 가져다주는가에 분석의 초점을 맞추는 것이 올바른 분석적 접근일지 모른다. 자유주의자들이 시장원칙을 주장하는 행태가 정치적인가 아닌가를 판단하기 위해서는 그들의 주장이 실현될 경우 결과적으로 자유주의에 이익이 되는가 아닌가를 분석하는 것으로 충분하다. 애덤 스미스가 '보이지 않는 손'을 강조하는 것을 통해서, 하이에크(Friedrich Hayek)가 가격메커니즘론을 제시하는 것으로, 프리드만(Milton Fredman)이 정부간섭억제론을 내세움으로 해서 결과적으로 자유주의의 안정적 지배가 유지되는 데 이익이 된다면 결국 자유방임주의라는 것도 정치적 구호이다.12) 국가는 이렇듯 자유방임주의의 정치성에 의해 경제영역에서 퇴각할 것을 종용받아왔다. 지구화연구에서 국가의 쇠퇴를 가정하려는 신자유주의는 정치적 목적을 가지고 있다. 지구화연구에서 국가 논의는 이론적 측면에서 크게 공헌한 것이 없으며 풍부한 경험적 자료와 구체적 분석으로 국가를 연구한 예가 매우 드물다는 한 연구자의 지적을 평가할 때(Phillips, 2005b: 90~91) 우리는 국가에 대한 신자유주의자들의 혐오가 있어 왔기 때문이라는 점을 감안해야 한다.

현 세계금융위기에서 신자유주의자들이 신자유주의 국가관을 스스로 거부하는 모습을 보이고 있는데 여기에서는 기회주의적인 모습을 읽어낼 수 있다. 금융위기가 확산되자 금융자본들은 정부의 신속한 시장개입을 요청했다. 신자유주의의 본산인 미국에서 사상최대규모인 7,000억 달러의 구제금융안이 의회를 통과했다. 은행에 대한 신속한 부분 국유화조치를 단행한 영국정부의 조치가 바람직한 모델로 등장하고 있다. 한국에서도 주가가 폭락하고 환율이 급등하자 기업은 정부의 신속한 시장개입을 요구하였다. 지난 수십 년간 시장경제 원칙의 전도사 역할을 자임했던 그린스펀(Alan Greenspan) 전미국 연방준비제도이사회 의장이 시장주의 이데올로기가 문제가 있다는 것을 시인하고 일정 수준의 정부 규제가 필요함을 인정했다.13) 현재

---

12) 이러한 맥락에서 볼 때 한국에서 일어나고 있는 흥미로운 일 중의 하나는 전경련이 대학생들은 물론 어린이들을 대상으로 해서 시장경제와 국가개입규제의 정당성을 홍보하고 있다는 점이다. 전경련은 그동안 대학가에서 시장경제 특강을 수시로 개최하고 시장경제연구 동아리 모임을 물적으로 지원해 왔다. 최근에는 『시장경제는 내 친구』라는 만화책을 펴내 전국의 초 · 중학교에 2만 부를 배포했고 독후감 모집 행사를 펼치기도 했다.

13) "In His Own Words", *Washington Post*, October 24, 2008. 그린스펀은 금융위기 이후 의회 청문회에 출석하여 "I made a mistake in presuming that the self-interests of organizations, specifically banks and others, were such as that they were best capable of protecting their own shareholders and their equity in the firms"라고 말하고 또한 조사위원회 의장 왁스맨(Henry A. Waxman)의 질문 "You found that your view of the world, your ideology was not right, it was not working?"에 대하여 "Absolutely, precisely. ······ You know, that's precisely the reason I was shocked,

의 위기가 1930년대 세계대공황에 상응하는 정도가 될지 불분명하지만 적어도 신자유주의가 경시했던 국가의 기능을 다시금 인정케 만드는 계기가 될 것으로 보인다.

눈여겨볼 점은 국가의 쇠퇴를 가정하는 신자유주의 지구화담론에 대항하여 정치의 복원과 국가의 건재를 강조하는 일종의 반신자유주의 연대가 이미 형성되었다는 것이다. 맑스주의는 물론 포스트모더니즘과 구성주의 접근에서도 경제적 지구화담론에 대한 저항의 움직임이 활발하다. 이러한 접근들이 이론적으로 매우 상이한데도 적어도 국가와 정치를 살리려는 의지에서는 일종의 연대를 형성하고 있다. 이것은 신자유주의 지구화담론이 그동안 얼마나 폭넓게 퍼져 왔고 우리의 의식을 지배해 왔는가를 반증한다 하겠다.

맑스주의는 정경분리의 구조적 특징을 자본주의 연구에 있어 중요한 변수로 간주하여왔다. 최근의 예로서 하비와 우드의 신제국주의 논쟁을 들 수 있고[14] 오래전에 맑스가 정경분리에 대한 자유주의 인식을 비판하면서, 생산의 사회관계(계급갈등)란 자본주의 생산과정에 내재해있기 때문에 시장을 개인들이 자유롭고 자발적인 상호작용하는 영역으로 간주하는 것은 잘못이라 평가한 것과(Harmes, 2006: 728), 국가론 학자 풀란차스가 "그 정경분리란 정치와 경제의 자본주의적 융합상태"(Poulantzas, 2000: 19)로 이해하는 것이 바람직하다고 강조한 것을 상기할 필요가 있다. 맑스주의는 정치가 변수로서의 중요성을 잃고 국가의 쇠퇴가 인정되는 것을 경계한다. 이러한 점은 좌파학자들이 '국가의 국제화'(internationalisation of the state)

---

because I have been going for 40 years or more with very considerable evidence that it was working exceptionally well"이라고 답하고 있다.

14) 하비는 신제국주의 권력을 경제적 권력과 그에 조응하는 정치군사적 권력의 총합으로 보고 있는 반면 우드는 정경분리를 염두에 두면서 신제국주의 권력이란 정치군사적 권력으로부터 분리되어 자본의 경제적 권력만으로도 지배가 가능한 권력을 말하고 있다(송백석, 2008).

(Cox, 1987), '슘페터적 경쟁국가(the Schumpeterian Competition State)'
(Jessop, 2002), 새로운 형태의 전지구적 주권(a new global form of
the soverignity)(Hardt and Negri, 2000) 등 제각기 다른 표현을 하
고는 있으나 그것들을 통해 모두가 지구화시대에 조응하는 국가의
새로운 유형을 강조하고 있는 것에서 잘 나타나고 있다.

　지구화시대에도 맑스주의는 국가를 버리지 못한다. 왜냐하면 국가
야말로 자본공세에 응전하는 구심점이기 때문이다. 한때 국가의 전
복을 기도하거나 국가소멸의 불가피성을 강조했던 맑스주의가 신자
유주의로부터 국가를 살리려는 모습에서 아이러니가 느껴진다. 맑스
주의자들은(Aronowitz and Bratisis, 2002) 21세기 지구화의 흐름
속에서 잊혀진 패러다임이 되어버린 국가를 복원하겠다는 의지를 보
이고 있다. 맑스주의에 있어 국가는 더 이상 부르주아지의 공무를
담당하는 지배계급의 도구가 아니다. 물론 맑스주의자들은 최종분석
에서, 즉 부르주아지에 유리한 자본주의체제가 존속하는 한, 국가는
여전히 부르주아국가라고 판단하겠지만, 가공할 자본의 공세기간으
로 규정지워지는 현신자유주의적 자본주의 국면에서 오히려 국가는
'프롤레타리아의 최소적 복지를 수호하는 대책위원회'로 인정하고 있
는 것처럼 보인다. 국가의 친자본성만을 강조하는 것은 이제 맑스주
의 시각에서도 배격되고 있다(Jessop, 1990). 맑스주의 국가론은 지
배계급을 대변하는 국가를 어떻게 폐기하느냐를 연구하는 것이 아니
라 국가권력을 어떻게 해야 종국에 휴머니즘의 고양을 위해 사용할
수 있겠느냐의 방법을 찾는 것에 목적이 있다(Panitch, 2002). 따라
서 지구화연구에 있어 신자유주의 접근에 국가는 없으나 맑스주의
접근에서 국가와 정치는 주변화되지 않는다. 맑스주의는 지구화가
국가를 쇠퇴시킨다는 명제에 저항한다.

신자유주의 경제담론에 저항하는 또 다른 흐름은 포스트모더니즘과 구성주의 연구에서 엿보이는데 이 접근들은 이상 살펴본 정경분리와는 관계없는 차별적인 논리구조 내에서 정치와 국가를 조망하고 있다. 포스트모더니즘의 시각은 일찍이 푸코가 제시한 통치성(governmentality)의 개념을 원용하면서 지구화담론의 경제 편향성에 반대한다(Douglas, 2000; Lemke, 2000). 현지구화의 실제는 통치성의 계보학적 접근에서 이해되어야 함이 강조된다. 푸코는 '통치성'으로 정부(government)와 합리성(rationality)을 결합한 일종의 정부의 합리성을 의미하였다. 그에 따르면 근대적 통치성의 실현은 국가가 백성에 대한 동원(mobilizing)과 규율(ordering)을 얼마나 성공적으로 하여 국가목표를 달성할 수 있느냐에 달려 있다. 국가의 통치성은 효과적인 동원과 규제를 통하여 영토 내 백성들을 마치 기계의 톱니바퀴처럼 정렬시켜 국가가 원하는 방향으로 나아가게 하는 일사분란성에 있다(Douglas, 2000: 116). 이에 성공하기 위해서는 국가는 백성 개개인, 집단에 권력을 행사해야 하며 이를 통해 규율사회를 만들어 나아간다. 이러한 권력을 푸코는 바이오 권력(bio power), 정치를 바이오 정치(bio politics)라 하였다. 푸코는 통치성의 연원을 그리스-로마시대에 두고 있었으며 이 통치성이 어떠한 계보를 통해 통시적으로 발전해 왔는가에 지대한 관심을 가지고 있었다. 그런데 푸코의 접근을 지구화연구에 원용하는 학자들은 지구화를 신자유주의 시대에 조응하는 '통치성'으로 이해할 것을 주장한다. 이것은 지구화를 국제적 수준의 통치성의 발현으로 볼 수 있다는 주장으로 연결된다. 이 같은 맥락에서 지구화는 단순히 경제현상이 아니라 일종의 통치의 합리성(a rationality of governmentality)이라는 것이다(Douglas, 2000: 114). 그리고 지구화시대에 국가의 존재감이 박약해 보이는 현상은 통치의 효율성의 측면에서 이해해야 할 것임을 강조한다. 통치의 효율성이 극대화 되는 과정에서 국가의 존재는 인지하기 힘들어질 뿐이며 이것을 국가의 위기로 해석하는 것은 잘못이라는 것이다.

구조와 행위자간의 상호작용을 강조하는 구성주의 입장에서 보아도 그간 지구화논의는 경제논리의 구조 중심적 시각이다(Risse, 2007). 이를테면 지구화에는 이름 모를 일종의 경제구조적 힘이라는 것이 있었다. 그리고 지구화란 일종의 이미 '주어진 것'으로 간주되면서 현국제시스템의 구조라는 식으로 인정되고 있었다. 그러나 구조와 행위자의 상호구성적 작용을 중시하는 구성주의 시각은 지구화의 사회적 구성과정을 중시한다. 구성주의자들은 지구화담론 자체가 사회적 구성물이라는 것을 강조하고 지구화란 사회적, 정치적 행위(practices)를 통해서 강화되고 재생산된다는 주장을 펼친다(Risse, 2007: 136~141).

경제적 지구화담론을 거부하는 가장 최근의 주장은 지구화를 정치군사적인 관점에서 '조직화된 폭력'[15]이라는 개념을 가지고 연구하고 있다(McGrew, 2007). 맥그루는 정치, 군사적인 관점에서 조직화된 폭력이 1차 세계대전 종료 시기에 세계를 단일권으로 형성시켰으며 이 이전까지 3번의 단계가 있었음을 말하고 있다. 첫 단계는 15세기~17세기의 '해양제국의 시기', 두 번째 단계는 17세기에서 1850년 정도까지 '화약제국의 출현 시기'로서 이 단계는 유럽이 야심차게 팽창을 했지만 여전히 세계는 단일권이 아니었다. 드디어 마지막단계(1850s~1918)로서 '산업화시대의 지구적 제국'이 완성되었다. 이 제1차 대전 이후 세계 대부분의 지역과 문명은 유럽의 군사적인 힘의 우위 아래 단일권으로 접어들었다. 계속하여 20세기의 핵무기 시대가 오면서, 즉 '조직화

---

15) 조직화된 폭력이란 "국가 혹은 비국가적 민간 및 군사조직에 의한 체계화된 폭력의 동원 및 사용"을 말한다(McGrew, 2007: 36).

된 폭력의 전 지구화'가 되면서 인류는 공멸의 두려움에서 누구도 벗어나지 못하면서(죽는 것으로서의) 운명공동체 속에서 우리는 살기 시작했음을 앤드루는 말하고 있다(MacGrew, 2007: 16~24)

이 시각은 9·11 이후에 제기된 '지구화 위기론'에 대해 그 예견 자체가 지구화를 경제적 과정으로 전제하는 것임을 비판한다. 왜냐하면 그 위기론은 지구화를 당연히 경제적 과정으로 생각하면서 9·11 테러의 정치적 갈등이 경제 과정을 중단시킬 것이라고 예견하는 논리의 연장이기 때문이다. 앤드루는 그것은 지구화라는 것이 조직화된 폭력의 과정이고 조직화된 폭력이 지구화를 구성해왔다는 역사적 사실을 간과하는 것임을 지적한다. 9·11 이후 일부에서 이제 새로운 암흑시대가 왔다고 말하지만 그것은 적절한 생각이 아니다. 세계는 지구화의 종식을 목도하고 있는 것도 아니고 현재의 분쟁이 새로운 '암흑시대'를 알리는 것도 아니다. 왜냐하면 역사적으로 글로벌리즘은 항상 조직화된 폭력에 의해서 통해서 구성되어왔기 때문이다. 그는 앞서 지구화연구에 '인간을 다시 원위치시켜 놓자'의 구호와 비슷한 형식으로 '조직화된 폭력을 지구화연구의 의제로 다시 올려 놓기(bring organized violence back onto the agenda of globalization)'를 주장하고 있다(MacGrew, 2007: 36).

제5절 맺으며

이 글은 신자유주의 지구화담론의 주요 사항인 '지구화 필연'테제와 '국가 쇠퇴'테제를 비판적으로 검토해 보았다. 물리적 측면의 지구화는 사회세력 간의 논쟁거리가 아니다. 과학기술의 발달과 지식

축적의 역사가 계속되는 한 현재 일어나는 지구화시대는 우리의 활동공간을 우주로 인도할 것이다. 문제는 비물리적 측면의 지구화이다. 비물리적 측면의 지구화는 삶의 양식, 정치사회제도, 사회관계에서 사회세력 간 갈등의 현상을 발생시키기 때문이다.

신자유주의 사회세력은 자유민주주의체제의 지구화가 필연이고 그 상태는 이미 구현되었으며 후에 국면적인 후퇴가 설사 생겨도 그 체제가 가장 발전된 형태이기 때문에 다시 복원될 것이라는 것을 강조한다. 더 이상 발전이 가능하지 않은 역사의 존언이라는 것이다. 이러한 신자유주의 지구화담론은 자본주의 경제체제에 대한 완전성을 강조하고 있기 때문에 현재의 주도적 지위를 확보하고 있는 사회세력에게 그것은 그들의 우위를 정당화시키는 이데올로기로서 기능하고 있다. 그러나 자본주의의 개혁을 모색하고 있는 사회세력에게는 저항의 대상이 된다.

'국가 쇠퇴'테제를 강조하고 있는 신자유주의 지구화담론의 문제 역시도 그것이 신자유주의 세력의 지배적 상태를 연장하는 논리로 기능하고 있다는 점에 있다. 신자유주의는 국가의 쇠퇴를 기정사실화하려는 정치적 의도를 보이고 있다. 신자유주의가 특히 정경분리라는 자본주의의 구조적 특징을 애써 규범적 측면에서 해석하고 있는 점에서 신자유주의의 이데올로기성이 뚜렷이 나타난다. 경경분리라는 자본주의 구조의 특징은 독립적이고 탈가치적으로 존재하지만 사회과학의 관찰자의 눈에 들어온 정경분리는 관찰자의 목적성에 맞춰져 상이하게 해석된다. 이러한 점에서 신자유주의든 반신자유주의든 모두 이데올로기일 수밖에 없다. 지구화담론은 사회세력의 이익과 갈등을 포괄하고 있으며 그것은 권력투쟁의 한 방편이다.

제 8 장
니코스 풀란차스와 미국제국주의

제1절 들어가며

이 글은 풀란차스가 1970년대에 유럽국가들에 대한 미국의 지배를 구조적 맥락에서 이해하고 있었음을 보여주는 것에 목적이 있다. 앞서 2장에서 삼성공화국을 연구하면서 독점자본의 지배가 구조적으로 보장받는 원리를 살펴보았는데 풀란차스는 같은 맥락에서 국제적으로 미국자본이 지배하는 미국제국주의가 구조적으로 전개되고 있는 것으로 인식하고 있었다. 이 글의 핵심은 1970년대의 미국헤게모니를 강조한 풀란차스의 분석이 맞다 혹은 틀리다에 있는 것이 아니다. 내가 부각시키고자 하는 중요성은 풀란차스가 1970년대에 미국자본이 그러했다고 하는 것처럼 국제사회에서 일개 국적 자본의 지배가 일정 수준을 넘어 절대적일 경우 그 자본의 지배가 구조적으로 보장된다는 것을 어떻게 받아들여야 하는가, 그리고 만약에 그것을 유용한 것으로 받아들인다면 향후 우리가 전개해야 할 초국민국가 연구에 그것을 어떻게 적용해야 하는가를 고민하는 계기를 가져보자는 것에 있다.

요사이 미국의 패권을 강조하고 있는 이른바 신제국주의자들에게 니코스 풀란차스(Nicos Poulantzas)가 1970년대에 실시한 미국과 유럽 관계에 대한 분석은 명시적으로 혹은 암묵적으로 그들 연구의 출발점과 준거점이다.[1] 그러나 그들은 무비판적으로 그리고 그릇되게 풀란차스의 연구를 해석하고 부적절한 방법으로 풀란차스 이론을 적용하면서 유럽에 대한 미국의 완전한 우위를 강조하고 있다. 즉, 풀란차스와 신제국주의자들 모두 유럽에 대한 미국의 우위에는 일치된 견해를 보이고는 있지만 신제국주의자들은 풀란차스가 어떠한 이론적 맥락에서 미국자본의 대유럽국가 지배를 주장하는지 정확히 알지도 못하면서 풀란차스를 원용하여 미국의 파워를 강조하고 있는 것이다. 나는 이 글에서 풀란차스가 이미 1970년대에 그의 시스템재생산원리를 국제적 수준에서 적용하여 미국제국주의를 연구하면서 미국의 초국민국가 기능을 주장하고 있었음을 보여주고자 한다. 풀란차스는 유럽국가들에 대한 미국의 지배를 시스템 재생산 과정에서 일어나는 구조적 측면에서 이해하고 있었다. 우리는 앞서 2장에서 풀란차스가 어떻게 시스템재생산원리를 분석 틀로 이용하였는지 보

---

1) Ahmad, A, 2003, 'Imperialism of Our Time', *The New Imperial Challenge; Socialist Register* 2004, 43‒62; Albo, G, 2003, 'The Old and New Economics of Imperialism', *The New Imperial Challenge; Socialist Register* 2004, 88‒113; Gowan, P, 1999, *The Global Gamble*, London: Verso; Gowan, P, 2003, 'The American Campaign for Global Sovereignty', *Socialist Register* 2003, 1‒27; Panitch, L, 2000, 'The New Imperial State', *New Left Review*, Second Series March April, 5‒20; Panitch, L and S. Gindin, 2003a, 'Global Capitalism and American Empire', *The New Imperial Challenge; Socialist Register* 2004, 1‒42; Panitch, L and S Gindin, 2003b, 'American Imperialism and Eurocapitalism', *Studies in Political Economy*, 71, 7‒39.

앉지만 이제 그가 그 분석 틀을 어떻게 국제적 수준에서 적용하여 미국제국주의를 연구하였는지 알게 될 것이다. 하트(Hardt)와 네그리(Negri)가 새로운 지구적 형태의 주권이라는 '제국'의 개념을 제시했지만 풀란차스가 이미 1970년대에 맑스주의의 전통에 충실한 방법으로 '초국민국가의 기능적 존재'를 개념화하고 있었다. 이 글은 풀란차스의 이론이 오늘날의 세계자본주의를 해석하는 데 있어 어떠한 효용성이 있느냐를 따져보고 현재에도 그의 이론의 적실성은 여전히 빛나고 있으며 더 나아가 지구화의 파고가 거세질 향후의 세계자본주의를 올바로 연구하기 위해서는 그의 이론과 사상에 대한 심도 있는 재분석이 필요함을 주장한다.

제2절 지배 – 피지배 관계로서의 광대사회구성체

풀란차스의 미국 헤게모니에 대한 분석과 관련하여 주목할 점은 '제국주의 위기'에 관한 언급이다. 우리가 알아둘 점은 그가 말하는 제국주의 위기란 바로 권위적 국가주의의 전(全) 유럽적 현상을 의미한다는 것이다. 내가 이를 강조하는 이유는 풀란차스는 제국주의의 현 국면에서 일어나는 정치 · 사회적 현상들은 국민국가의 수준(국내적 수준)과 초국민국가의 수준(국제적 수준)에서 동시에 일어나는 것으로 보고 있었음을 말하려는 것이다. 그는 이미 30여 년 전에 세계자본주의 시스템은 단일한 거대 사회구성체로서 완성됐으며 각 국민국가들은 자체의 독특한 사회구성체의 특성 내에서 세계 자본주의 시스템의 전체를 반영하고 있는 것으로 생각했다. 즉 제국주의 현 국면에 조응하는 자본주의 사회는 전체 손에 부분이 있고 부분 속에 전체가 있는 체제로 인식했다. 이러한 인식은 "권위적 국가주의는 **세계적 그리고 국민국가적 수준에서** 현 간계를 특징짓는 생산 관계의 변화 그리고 사회의 노동분업의 과정과 관련되어 있다"라고 말하는 것에 잘 반영되어 있다(Poulantzas, 2000: 204, 인용자 강조). 그의 눈에는 자본주의 위기란 국내적으로 그리고 국제적으로 동시에 일어나고 있었다. 그는 그 위기를 국내수준에서 '권위적 국가주의' 그리고 국제수준에서 '제국주의 위기'라고 명명하고 있는 것이다. 지금의 자본주의 발전 단계에서는 한 국가의 자본주의 위기란 유럽 전체 그리고 세계 전체의 자본주의의 위기와 구별되어서는 분석될 수 없다는 것이다. 풀란차스는 이미 30여 년 전 제국주의 현 국면에 조응하는 세계자본주의 시스템을 단일 거대 사회구성체로 인식하고 있었다.

나의 분석이 일견 과장으로 들리는 독자들은 풀란차스가 왜 '생산양식'이란 개념과 '사회구성체'라는 개념에 특별한 구분을 가하려 했느냐를 이해해야 한다. 두 단어에 대한 역사유물론에서의 일반적 구분을 넘어서 풀란차스는 특별한 구분을 가하려고 했다. 풀란차스 자신이 "구분의 이론적 중요성을 가지고 있다"(Poulantzas, 1979: 22)라고 밝히고 있듯이 이 구분에 대한 이해는 그의 정치경제 세계관을 이해하는 데 있어 결정적이다. 지금까지 모든 비평가들이 이러한 점에 대한 분명한 이해를 결여한 채 그릇된 해석을 남발해 오고 있다. '생산양식'과 '사회구성체' 사이의 특별한 구분은 풀란차스가 자본의 국제화, 노동의 국제분업, 유럽 국민국가들의 역할, 그리고 미국제국주의 등을 연구함에 있어 이론적 기초가 되기 때문에 여기서 잠시 살펴보자.

풀란차스는 사회구성체를 지배 – 피지배의 실재물(entity)로 본다. "생산양식이란 추상적이고 형식적인 것이다. 그것은 모델이 아니고 개념이다"(Poulantzas, 1979: 49). 사회구성체란 "구체적이고 단일한 실재물이기 때문에 언제나 유일한 것이다"(Poulantzas, 1979: 22). "생산양식들이란 역사적으로 명확한 사회구성체 내에서 자신들을 존재시킬 수 있고 재생산할 수 있다"(Poulantzas, 1979: 22). "계급투쟁이 실현되고 있는 사회구성체들이야말로 생산의 양식들과 형태들이 존재하고 재생산되는 실제 공간들이다. 생산양식은 순수한 상태에서 스스로 재생산하는 것이 아니고, 존재할 수도 없으며, 따라서 시대구분이 가능한 것도 아니다"(Poulantzas, 1979: 23). 이에 반해 그는 사회구성체란 지배 및 피지배의 실재물이라고 생각한다. 왜냐하면 그것이 바로 지배와 피지배를 전제하는 계급투쟁의 공간이기 때문이다. 따라서 풀란차스는 "사회구성체들 내의 계급투쟁이 진정한 역사의 모터"라고 믿고 있다(Poulantzas, 1979: 23). 이 구분을 개념화하는 데에 대한 이해를 돕기 위해서 최선의 것은 아니지만 다음과 같은 비유가 필요하겠다. '관계 양식'과 '상호작용의 장'의 구분이라는 것으로 이해를 도울 수 있을 것 같다. 관계 양식(예를 들면 커플이나 결혼)은 추상적이고 형식적인 것이다. 그것은 기껏해야 개념에 불과하다. 상호작용의 장이라는 것은 언제나 유일한 것이고 그것은 구체적이며 단일한 실재물이다.[2] 결혼은 상호작용의 장 내에서만 존재하고 재생산할 수 있다. 양자 간 갈등이 일어나는 상호작용의 장이야말로 결혼이 존재하고 재생산되는 실제 공간이다. 결혼이란 순수한 상태에서 스스로 재생산하는 것도 아니고 존재할 수도 없다.

---

[2] 적절한 어휘의 부족으로 '사회구성체'에 상응하는 것으로 '상호작용의 장'을 채택한다. 유물론적인 관점에서 이 비유는 최선의 것이 될 수 없다는 것을 알고 있으나 투쟁과 갈등에 내재하는 '지배 – 피지배'의 개념에 대한 이해를 돕고자 한다.

이 같은 지배 - 피지배의 실재물인 사회구성체 안에는 여러 개의 생산양식들이 존재한다. 이들 중 하나가 지배적인 것이다. "특정한 시기의 구체적 사회(사회구성체)는 그 내부에 동시에 존재하는 여러 개의 생산양식들과 형태들로 구성되어 있다"(Poulantzas, 1973b: 33). 아주 일반적 특징으로 사회구성체 안에는 하나의 지배적 생산 양식이 대두하는데 이로 인해 이 지배적 생산양식은 다른 생산양식들에 분해(dissolution)와 보존(conservation)이라는 복잡한 영향을 미치고 있다(Poulantzas, 1979: 22). 계속하여 그는 이 지배 - 피지배 현상의 원천으로서 계급투쟁을 강조한다. 그에 따르면 사회구성체는 단순한 생산양식들의 "구체화라든가 확장"이 아니다. 생산양식들이 "공간에 단순히 쌓이고 쌓여서 만들어지는 것이 아니다." 구체적 사회(사회구성체)라는 것은 그 안에 존재하는 다수의 계급투쟁과 밀접히 관련되면서 형성되는 지배와 피지배의 실재물이라는 것이다(Poulantzas, 1973b: 33). 그에 따르면 역사의 동력이란 사회구성체 내의 계급투쟁이다. 사회구성체야말로 역사의 전개가 이루어지는 장소이다(Poulantzas, 1979: 23).

사회구성체란 '지배 - 피지배'의 실재물이란 인식은 그가 복수로 존재하는 다양한 사회구성체들이 결국 단일 거대 사회구성체로 통합될 수 있다고 생각할 수 있게 해 주는 인식론적 근거가 된다. 그는 현 제국주의 단계에서는 "외부와 관계하지 않고 독립적으로 존재하는 사회구성체들이란 있지 않다"라고 주장하고 더 나아가 "제국주의적 지배 및 피지배의 과정이 피지배 사회구성체들 자체 내에서 재생산의 형태를 띠기 시작했으며 그리고 각 피지배 사회구성체에서 독특한 형태로 그들을 제국주의 국가들에 종속시켜 주는 지배의 관계들이 재생산되고 있다"라고 분석한다(Poulantzas, 1979: 43). 따라서 한 사회구성체의 계급들은 다른 사회구성체들 계급들과 관련하여서만 연구될 수 있는 것이며 역시 한 사회구성체의 계급관계들은 다른 사회구성체들의 계급관계들과 관련하여서만 고려될 수 있다는 것이다.

이제 우리는 왜 풀란차스가 '지구화'라는 이데올로기에 불만을 표시했는지 이해할 수 있다. 그것은 지구화의 이데올로기에는 '지배 및 피지배'의 개념이 존재하지 않기 때문이다. 그는 국제관계를 지배관계 그 자체로 생각하고 있기 때문에 국제화를 여러 사회구성체들의 단순한 통합으로 생각하지 않는다. 그에 따르면 지구화의 개념은 지배의 개념을 전제하는 제국주의 사슬의 존재를 숨겨버리고 있다. 그는 "사실상 국제화란 피지배 사회구성체들 내에서 제국주의 국가들의 자본주의 생산양식이 분만(induced) 재생산되는 것을 말하는 것이다. 즉 역사적인 새로운 형태의 재생산인 것이다"라고까지 주장한다(Poulantzas, 1979: 50). 따라서 지구화의 이데올로기가 시사하는 것과는 달리 자본주의 세계에서 나타나는 불균형 발전 현상이라는 것은 지배-피지배의 결과로 이해될 수 있는 자본주의의 아주 근본적인 현상이라고 생각한다(Poulantzas, 1979: 78).

이래서 풀란차스에게 국제화란 그 자체가 제국주의다. 제국주의의 가장 큰 성격이란 것은 기타 생산양식들에 대한 자본주의 생산양식의 지배인데 이 지배는 앞서 말했듯이 분해와 보존의 복잡한 현상을 수반하고 있다. 자본주의 생산양식은 "확대 재생산되면서 두 가지 경향을 띠게 되는데 하나는 그것이 뿌리박고 지배를 구축하는 사회구성체 내에서 재생산하는 것과 그 사회구성체의 밖으로 팽창하려는 것이다. 이 두 경향은 동시에 일어난다"(Poulantzas, 1979: 42). 그는 비록 처음부터 이 두 개의 경향이 시작됐지만 외부 팽창성이 제국주의 단계에서 아주 두드러지게 나타나고 이것이 중요하게 인식되어야 한다고 주장한다. 이 중요성이란 단순한 상품수출의 형태보다 자본수출이 보편적으로 확산된다는 점에 있다고 말한다(Poulantzas, 1979: 42). 자본주의 생산양식의 지배는 기타 생산양식들에 분해와 보존의 복잡한 영향을 미쳤고 이 영향이 국제적으로 파급되어 나타난 형태에 따라 제국주의 단계의 국면으로 나타났다는 것이다. 제국주의 단계의 국면은 자본축적의 독특한 형태들, 지구적 생산관계의 독특한 형태들 그리고 국제 제국주의 노동분업의 독특한 형태들에 조응하고 있다(Poulantzas, 1979: 43).

마지막으로, 풀란차스에 의하면 제2차 세계더전 이후 점차적으로 확립되기 시작한 제국주의의 현 국면에서 "자본주의 생산양식은 피지배의 관계를 재생산하여 밖으로부터 사회구성체들을 지배하는 것이 아니라 사회구성체들의 **내부에서** 직접적으로 지배를 확립하고 있다. 제국주의 국가들의 자본주의 생산양식이 스스로 피지배 사회구성체들 내에서 각각 독특한 형태를 띠면서 재생산된다는 것"이다 (Poulantzas, 1979: 46, 인용자 강조). 제국주의 현 국면에서 조응하는 세계 사회구성체에서는 전체와 부분 그리고 부분과 전체의 구분이 따로 없음을 말한다. 그는 더 나아가 "현 국면의 특징이란 이들 피지배 사회구성체들 내에서 분만 재생산된 자본주의 생산양식은 국가기제와 이데올로기의 영역까지 확장되고 있"으며 이러한 내부적인 분만 재생산은 이제 역으로 "피지배 사회구성체에서 지배 사회구성체들에 영향을 미친다"라고 말하고 있다(Poulantzas, 1979: 46). 풀란차스는 자본주의 세계를 하나의 광대 사회구성체로 인식하고 있다. 즉 제국주의의 현 국면에 조응하는 세계 자본주의시스템의 '역사적 형태'로 인식하고 있는 것이다.

제3절 세계파워블록으로서의 제국주의 사슬

풀란차스의 미국제국주의 연구에 대한 비평에서 제솝은 풀란차스가 유럽과 동아시아 자본들이 미국자본을 따라잡고 있는 사실을 간과하고 있다고 비판하고 있다(Jessop, 2002b). 그러나 풀란차스는 이미 1970년대에 미국과 다른 제국주의 국가들 간에는 소위 경쟁이라는 것은 끝나버렸다고 단정했다. 유럽과 일본에 대한 미국의 우위는 흔들릴 수 없는 것이며 따라서 제국주의 현 국면에서는 강대국들 간의 경쟁이라는 것이 완전히 종료됐다는 말이다. 이전의 제국주의 국면과는 달리 미국의 지배는 '질적인 차이'가 존재함을 목도하고 풀란차스는 미국지배의 구조적 측면을 강조한다.

풀란차스는 먼저 미국자본의 지배를 나타내는 지수들을 보여주면서 미국의 파워를 강조한 뒤(Poulantzas, 1979: 50~7), 더 나아가 "나는 여기서 관련된 것은 단순한 **퍼센트의 문제가 아님**을 재차 강조하겠다. 제국주의 사슬의 그리고 미국과 유럽의 관계에서 현재의 변화를 특징짓는 것은 노동과정에 있어 보이는 세계적 **생산관계의 새로운 형태의 움직임이다**"라고 강조한다(Poulantzas, 1979: 57, 인용자 강조). 풀란차스는 미국의 지배는 제국주의 국가 간의 경쟁력의 문제가 아니라는 것을 강조하면서 미국과 유럽경제의 힘의 세기를 상대적으로 분석하는 시도를 비판한다(Poulantzas, 1979: 86~7). 따라서 그는 미국의 우위를 국가 간의 경쟁 측면에서 분석하려는 학자들을 "이 사람들은 그저 나무만을 보고 숲을 보고 있지 못 한다"라고 비판한다(Poulantzas, 1979: 87).

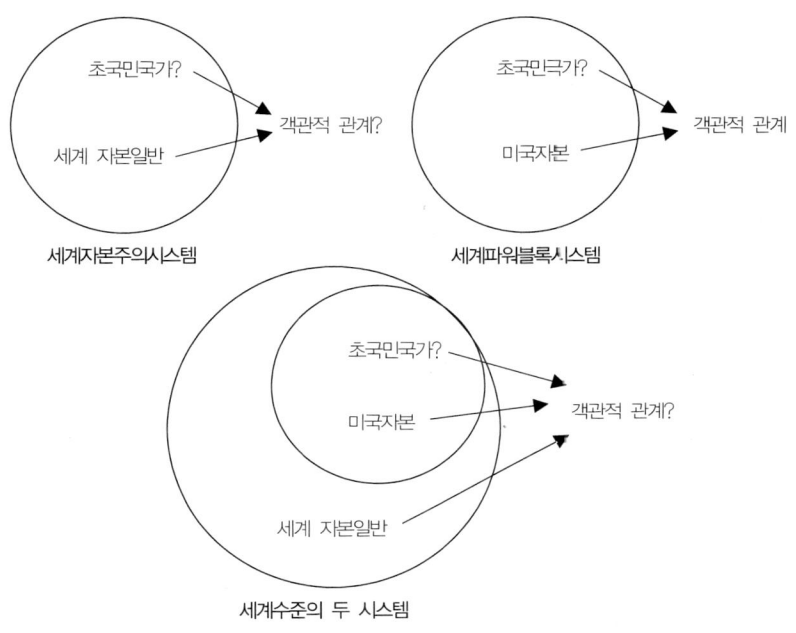

세계자본주의시스템

세계파워블록시스템

세계수준의 두 시스템

　그럼 풀란차스가 말하려는 것은 도대체 무엇인가? 나는 여기서 풀
란차스가 하나의 사회구성체에서 독점자본의 이익이 독점자본과 국
가에 존재하는 객관적 관계에 보호되고 있다고 생각하듯이 마찬가지
로 풀란차스는 국제적 수준에서 미국자본의 패권도 **객관적 메커니즘**
에 의하여 보호받고 있는 것을 의미하고 있다고 강조해야겠다. 그는
독점자본주의 현 국면에서 국내적으로 독점자본의 이익이 구조적으
로 보호받고 있듯이 세계자본주의 발달 역사의 현시점, 즉 제국주의
의 현 국면에서 국제적으로 미국자본의 이익이 구조적으로 보호받고
있음을 강조하고 있는 것이다. 앞의 그림에서 보듯이 자본주의 세계
를 단일 사회구성체로 개념화한 뒤 풀란차스는 제국주의 사슬을 하
나의 세계파워블록, 즉 시스템 그리고 미국자본을 그 파워블록 안에

존재하는 패권자본으로 생각하고 있다. 우리는 앞서 삼성공화국현상을 연구하면서 국가와 독점자본 사이에는 객관적 관계가 존재하고 있음을 보았다. 파워블록의 재생산은 국가와 독점자본의 객관적 관계 아래서 다른 계급분파들에 대한 독점자본의 우위를 보장한다. 같은 맥락에서 풀란차스는 미국자본의 지배는 세계파워블록 시스템의 재생산원리에 의해 객관적으로 보장된다고 믿는다. 그는 제국주의의 현 국면에서는 세계파워블록 내에서 국가의 기능이라는 것은 다른 계급들에 대한 패권계급의, 즉 오늘날 미국 자본의, 이익을 대표하고 구체화하는 것이라고 생각한다. 그러니까 제국주의의 현 국면에서 세계파워블록시스템 내에서는 미국자본과 국가의 기능에는 객관적 관계가 있다는 말이다. 따라서 미국의 지배라는 것은 단순히 퍼센트의 문제가 아니다. 미국의 파워는 객관적 작동에 의하여 다른 서방 선진자본주의 국가들에 대하여 흔들릴 수 없는 지배력을 가지고 있다. 그럼 여기서 아주 중요한 질문이 하나 수면 위로 떠오르는 것을 우리는 느낀다. 그럼 미국자본의 지배를 대표하고 구체화하는 국가의 기능은 도대체 어디에 있는가? 앞의 그림에서 보이는 미국자본과 객관적 관계에 있는 국가의 기능은 과연 어디에 있는 것일까? 이 문제는 다음의 부분에서 곧 살펴보기로 하자.

풀란차스는 객관적인 작동이 진행되고 있다는 것을 강조하기 위해 제국주의의 현 국면에 조응하는 자본축적의 특수한 형태, 전 지구적인 생산관계 및 제국주의적 노동분업의 특수한 형태 등 질적 변화들의 지표를 보여주고 있다(Poulantzas, 1979: 58~9). 그는 "미국의 지배라는 것은 미국이 유럽국가들 내에서 장악하고 있는 생산수단의 비율로서 단순히 측정되거나 또는 미국 자본의 장악 아래 있는 다국적 기업들의 차원에서 측정될 수 없는 것이라고 결론 내리고 있다"(Poulantzas, 1979: 65). 계속하여 마치 우리에게 밀리반드 - 풀란차스의 논쟁을 상기시키듯이, "이 회사들은 단지 현재 진행되고 있는 것의 **효과**들 중의 하나이며 이 [미국의] 지배를 아주 한정된 방법으로 반영할 뿐이다"(Poulantzas, 1979: 65)라고 말하고 다시 "유럽 산업의 섹터와 부서들에까지 뻗치고 있는 새로운 사회분업의 새로운 형태들"로 인해 우리가 "미국 자본의 지배를 강화시켜 주는 **객관적 진행**이 일어남을 믿어야 할 모든 이유가 있다"라고 말하고 있다(Poulantzas, 1979: 66, 인용자 강조). 따라서 그는 미국지배의 구조적 성격을 강조하면서 "다른 제국주의 국가들에 대한 미국의 지배를 과거 영국의 지배와 기본적으로 똑같은 것으로 보고 있는" 이론가들을 비판하고 있다(Poulantzas, 1979: 40).

풀란차스의 눈에는 1970년대(제국주의의 현 국면)는 제국주의 사슬 안에서 미국과 다른 제국주의 국가들 사이에 이미 구조적인 간극이 벌려지기 시작한 세계자본주의 발달 과정의 한 시점이었다. 그 간극이라는 것이 제국주의 국가들과 제3세계의 피지배 사회구성체들 사이의 간극만큼 명확한 것이었다. 풀란차스는 우리에게 피지배 사회구성체들에 대한 제국주의적 지배현상을 이해하는 것을 넘어 제국주의 국가들 자체 내에(미국과 다른 제국주의 국가들 사이에) 벌어진 구조적 간극의 현상을 이해하려는 노력을 하야 한다는 것을 강조하고 있는 것이다. 다른 말로 그는 제국주의 사슬이 이제는 세계파워블록이라는 하나의 시스템으로 재생산되고 있다는 것을 이해해야 한다고 강조하고 있다. 그에게 있어 제국주의 현 국면은 제국주의 사슬이 세계파워블록이라는 시스템화되어 그것의 재생산과정에서 패권자본 미국의 이익이 구조적으로 보장되는 자본주의 발달의 시점이다.

이 객관적 메커니즘의 작동이 유럽 국가들에 어떠한 영향을 미치는가를 연구하는 것이 풀란차스의 관심사이다. 제솝은 풀란차스가 동아시아 자본의 부상을 간과하고 있다고 지적하고 있으나 풀란차스가 유럽에 관심을 두고 있는 이유는 이 미국지배로 인해 일어나는 유럽의 정치적 현상, 즉 유럽국가들의 국내적으로 '권위적 국가주의', 유럽전체 차원에서 '제국주의의 위기'라는 정치적 현상의 분석 및 이에 대한 대처 방안에 그의 관심이 있기 때문이다(Poulantzas, 1979: 41).

제4절 세계파워블록의 재생산과 유럽 국가들의 기능

풀란차스는 그의 논문「자본관계의 국제화와 국민국가」중 첫 장 '제국주의의 현 국면과 미국의 지배'에서 자본주의 세계는 단일 광대 사회구성체로 간주할 수 있다는 이론적 작업을 마치고 이에 근거, 제국주의 현 국면에 있어 미국자본의 지배라는 것은 과거 다른 제국들과의 지배와는 질적으로 다른 것임을 경험적으로 증명한다. 그런 뒤 세계파워블록 시스템의 재생산을 어떻게 이해할 수 있느냐는 문제에 대한 해결을 시도하고 있다. 즉 아직도 유럽에서 개별적 국민국가로서의 중심성이 확고한 상황에서 (많은 별개의 국가들로 구성된) 제국주의 사슬을 어떻게 해야 하나의 단위로 동시에 재생산되는 시스템으로서 이해할 수 있느냐의 문제에 부닥친다. 어떻게 세계파워블록의 통합성의 개념을 가질 수 있느냐의 문제에 부심하는 것이다. 왜냐하면 세계파워블록의 통합성 개념이란 세계파워블록을 하나의 시스템으로서 사고하고 그리고 재생산의 공간으로 사고하기 위한

인식론적 절대 조건이기 때문이다. 이 논문에서 풀란차스는 제솝이
나 파니치가 말하는 것처럼 지구화시대에도 국민국가가 건재함을 강
조하는 것을 주목적으로 하고 있는 것이 아니다(Jessop, 1999; Panitch,
2000). 이와는 반대로 그는 비록 지구화 시대에도 국민국가의 위상
이 건재하기는 하지만 과연 어떻게 해야 유럽에서 국민국가 중심성
의 해체 현상을 찾을 수 있는가, 다시 말해 세계파워블록을 하나의
재생산공간으로 개념화하기 위해 필수적 인식론적 조건인 세계파워
블록의 통합성을 어떻게 이론적으로 합리화할 수 있겠느냐에 부심하
고 있다.

　다음의 장 '국민국가'에서 풀란차스가 '민족 부르주아지아'와
'국민국가'의 문제를 다루는 것은 바로 위에 언급한 문제들을 이
론적으로 정리하기 위함이다. 먼저 그는 '민족 부르주아지(national
bourgeoisie)'의 문제를 다루고 있다. 분명히 알아둘 것은 세계파워
블록의 통합성 개념이 절대적으로 필요한 풀란차스에게 이 통합성을
저해하는 민족부르주아지의 개념은 어떻게 하든 정리해야 할 장애물
이라는 것이다. 이 장에서는 민족부르주아지와 국민국가에 존재하는
민족의 '성질(property)'을 가급적 제거해야 하는 텍스트상의 목적이
있다는 것을 간파해야 한다. 그런데 여기서 풀란차스가 현 자본주의
발달 국면에서는 민족부르주아지가 사실상 사라졌다고 하자 일부 학
자들은 위에 언급한 텍스트상의 목적을 간파하지 못하고 풀란차스의
견해를 무비판적으로 받아들이고 있다(Albo, 2003; Tsoukalas, 1999:
56~75). 풀란차스의 주장대로 민족부르주아지가 사실상 사라져 가고
있는지는 모르지만 적어도 우리는 그의 주장 이면에는 이 텍스
트상의 목적이 있음을 감안해야 한다. 어찌됐든 민족부르주아지는
그가 이론을 적용함에 제거해야 할 장애물이었다. 따라서 그는 "이

제 필요한 것은 우리가 구체적인 상황, 적어도 미국자본과 관련되는 제국주의 국가들의 부르주아지들의 상황을 분석하게 해 줄 수 있는 새로운 개념을 도입하는 것이 필요하다"라고 말하고 있다(Poulantzas, 1979: 72). 그리고 그는 내부 부르주아지(internal bourgeoisie)의 개념을 들고 나온다.

민족부르주아지 문제를 해결하고 그는 이제 국민국가의 문제에 접근한다. 풀란차스는 제국주의 현 국면에도 자본주의 국가의 국민국가의 형태는 일반적인 것이라 생각한다. 제국주의 국가들이 현재 어떤 변화를 겪는 것이 사실이나 여전히 국민국가의 성격을 띠고 있다는 것이다(Poulantzas, 1979: 78). 그에 따르면 국민국가가 건재한 가장 중요한 이유 중의 하나는 각 사회구성체 고유의 구체적인 특이성과 불균등한 자본주의 발달로 인하여 계급투쟁이 여전히 국민국가 수준에서 전개되기 때문이다. 국민국가가 여전히 건재할 수밖에 없고 자본의 국제화에 상응하는 '슈퍼 자본주의 국가(super capitalist state)'란 있을 수 없다(Poulantzas, 1979: 78). 국민국가의 존재 현상이 명확하여 그것이 세계파워블록의 통일성 개념을 방해하는 한, 풀란차스는 그의 시스템 재생산 원리 이론의 적용에 필요한 인식론적 조건을 완성할 수 없다. 따라서 그는 "우리는 계급투쟁이 국민국가의 수준에서 전개되는 현상에 기인하는 국민국가 존재의 확고성 때문에 문제에 직면하게 됐다"라고 진단한다(Poulantzas, 1979: 79). 그는 이러한 문제에 직면하자 다른 각도에서 해답을 찾기 위해 다음과 같이 질문한다.

> 만약에 지금 일어나는 생산의 국제화와 생산관계의 범세계화가 국민국가적인 것을 절대로 소멸시킬 수 없다면 이것들이 적어도 사회구성체의 공간을, 즉 재생산 과정이 일어나는 장소의 지형을 변화시켜 국민국가적 사회구성체 형성이 깨

어지고 그래서 국가(state)와 민족(nation)의 연결 고리가 끊기는 정도의 일(초국민국가의 형성)은 생겨날 수 있을까? 다른 말로, 자본주의 생산양식의 확대재생산이 일어나는 공간들이 그리고 불균형 발전의 교점들(nodes)이 아직도 국민국가 수준의 사회구성체인가?(Poulantzas, 1979: 79)

풀란차스는 시스템의 재생산이 일어나는 공간 및 규모는 아직 국민국가 수준의 사회구성체라고 생각하고 있다. 그러나 동시에 그는 재생산원리이론을 적용하기 위한 이론적 조건을 완성시키려는 급한 마음에서 과연 제국주의의 현 국면에서는 국민국가의 중심성이 해체되고 그래서 초국민국가 사회구성체의 형성이 나타나고 있는지 묻고 있다. 이는 여러 국가들로 구성된 제국주의 사슬을 하나의 통합된 시스템으로 보는 이론을 적용하기에 앞서 이를 뒷받침하는 객관적 현상을 발견하기 위함이다. 국민국가의 중심성이 깨어지는 현상을 보고 싶은 것이다. 어렵사리 그는 국민국가의 중심성이 해체되는 현상을 발견한다. 그런데 그 해체란 새로운 형태의 초국민국가 사회구성체의 태동의 모습으로 나타나는 것이 아니라 국민국가의 지역화 내지는 파편화의 모습으로 나타나고 있음을 찾아낸다. 그는 "지금 우리가 직면하고 있는 것은 국민국가 수준 이상의 새로운 국가의 탄생이 아니라 현존하는 국민국가들을 지탱하는 국민국가 단일성의 파열"이라고 말하면서 그 예로 바스크 지역의 민족 분규와 같은 지역주의 현상을 들고 있다. 이러한 현상이 결코 세계파워블록의 단일 통합성을 찾으려는 그에게 최선의 만족은 아니다. 그래도 이 지역주의의 등장이 "현재 국민국가단일성이 해체되는 과정의 중심에 있다"라는 결론으로 만족하고 있다(Poulantzas, 1979: 80).

'민족부르주아지'와 '국민국가'의 문제들에 대한 이론적 해결이 끝났으니 이제 풀란차스는 세계파워블록을 재생산의 공간으로 인식하고 시스템 재생산 원리를 적용할 수 있게 되었다. 나는 앞서 풀란차스가 제국주의 현 국면에서는 시스템 재생산과정에서 국가의 기능이 미국자본의 이익을 대표하고 구체화하고 있다고 생각하고 있음을 강조했다. 그에 따르면 제국주의 현 국면에서 미국자본과 국가 간에는 객관적 관계가 있다는 것이다. 그럼 이제 미국자본과 객관적 관계에 있는 국가는 어디에 있는가를 알아보자.

풀란차스의 세계관이 기본적으로 (국내 수준의) 사회구성체의 지구적 적용이기 때문에 그가 재생산원리와 관련해 하나의 사회구성체 내의 존재하는 국가기제를 어떻게 보고 있는지 다시 한번 살펴보도록 하자. 이 부분은 앞서 삼성공화국 연구에서 살펴보았지만 이해의 연속성을 살리기 위해 독자는 다시 한번 다음의 대목을 읽어주길 바란다. 풀란차스가 생각하기에 비록 국가의 "많은 부서와 기제들 사이에 그리고 심장부에 내부 갈등"이 존재하지만 "국가의 정책은 지배계급에 우호적으로 확립된다." 왜냐하면 "국가는 보통 **구심성**(centralism)으로 지칭되는 **장치 통일성**(apparatus unity)을 가지"고 있기 때문이다(원문 강조)(Poulantzas, 2000: 132~133). 국가 내의 부서들 사이에 많은 갈등이 존재하더라도 결국에 자본계급과 독점자본계급분파의 이익과 지배를 보장하는 국가의 통합－집중화기능이 존재한다는 것이다. 그는 다음과 같이 말하고 있다.

> 오늘날 독점자본을 선호하는 국가의 통합－집중화는 따라서 아주 복잡한 과정을 통하여 확립된다. 국가제도들은 어떠한 지배적인 메커니즘들, 양식들, 의사결정체들이 독점자본 외의 이익에 대해서는 열리지 않도록 변화하며, 국가의 어떤 '다른 곳'에서 자본의 다른 분파들을 위하여 생겨난 국가정책이나 조치들을 차단하는 거점들이 된다. …… 패권계급이나 계급분파는 그들의 이익을 이미 실현시키고 있는 국가기제를 지배적지위로 확립시키기도 하고 …… 장기적으로 모든 지배적 국가기제는 패권분파의 이익을 위한 **특권처**가

되는 경향이 있고 패권관계의 변화를 반영하는 경향도 있다. 국가권력의 통일성은 어떤 기제들이 다른 것들에 종속되게 만드는 하나-의 사슬을 통하여 확립되기도 하고, 패권 분파의 이익을 구현하는 특정한 국가기제와 부서(군대, 정치경찰, 내각 등 그 무엇이든 간에)가 행하는 지배 다시 말해 파워블록 내 다른 계급분파들의 저항 거점들이라 할 수 있는 다른 부서들과 기제들에 대한 지배를 통하여 확립되기도 한다(인용자 강조)(Poulantzas, 2000: 137).

위의 주장을 지구적 수준으로 적용해 보기에 앞서 시스템 재생산 원리가 세 개의 필수 조건을 전제하고 있음을 상기해 보자. 그것은 시스템, 패권계급, 국가이다. 제국주의 사슬은 시스템이 되었음을 이미 살펴보았다. 그것은 결코 "병렬적으로 위치한 국가들과 자본들" 사이의 관계가 아니라 하나의 중심 메커니즘에 지배받는 세계파워블록 시스템이다(Poulantzas, 1979: 73). 이 시스템에서 미국자본이 패권계급이다. 미국자본은 이 제국주의 사슬 안에서 미국독점자본적 생산관계를 관철하여 다른 제국주의 국가들 내에서 실질적 지배를 확립했다. 더 나아가 새로운 피지배의 관계가 이들 국가들 내에서 재생산됐다(Poulantzas, 1979: 47). 그럼 이 세계파워블록이라는 시스템의 재생산원리에 미국 패권자본과 객관적 관계에 있는 국가의 역할은 어디에 있는가. 자 이제 위에 살펴본 이론을 전 지구적 차원으로 대입시켜 보도록 하자.

오늘날 [미국]독점자본을 선호하는 [세계]국가의 통합-집중화는 따라서 아주 복잡한 과정을 통하여 확립된다. [세계]국가제도들은 어떠한 지배적인 메커니즘들, 양식들, 의사결정체들이 [미국]독점자본 외의 이익에 대해서는 열리지 않도록 변화하며, [세계]국가의 어떤 '다른 곳'에서 자본의 [미국 외의] 다른 분파들을 위하여 생겨난 국가 정책이나 조치들을 차단하는 거점들이 된다. …… 패권계급이나 계급분파는 그들의 이익을 이미 실현시키고 있는 국가기제를 지배적지위로 확립시키기도 하고 …… 장기적으로 모든 지배적 국가기제는 패권분파의 이익을 위한 **특권처**가 되는 경향이 있고 패권관계의 변화를 반영하는 경향도 있다. 국가권력의 통일성은 어떤 기제들이 다른 것들에 종속되게 만드는 하나의 사슬을 통하여 확립되기도 하고, 패권 분파의 이익을 구현하는 특정한 국가기제와 부서(군대, 정치경찰, 내각 등 그 무엇이든 간에)가 행하는 지배 다시 말해 파워블록 내 다른 계급분파들의 저항 거점들이라 할 수 있는 다른 부서들과 기제들에 대한 지배를 통하여 확립되기도 한다(인용자 강조)(Poulantzas, 2000: 137).

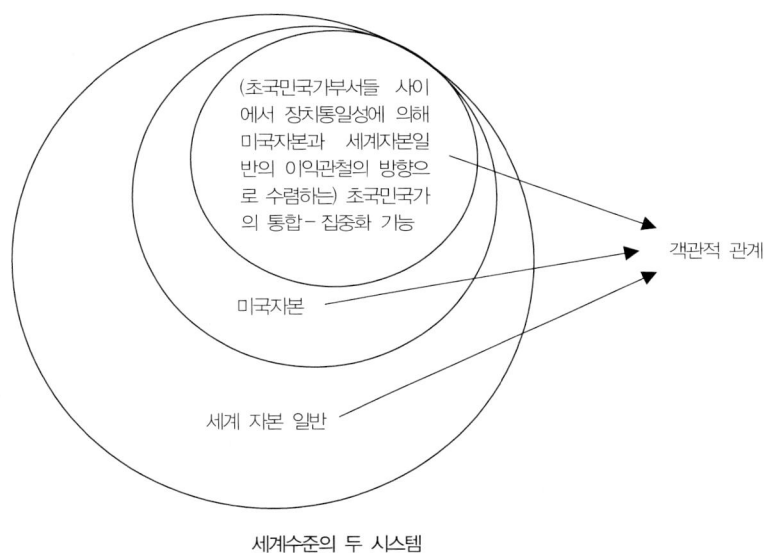

(초국민국가부서들 사이에서 장치통일성에 의해 미국자본과 세계자본일반의 이익관철의 방향으로 수렴하는) 초국민국가의 통합-집중화 기능

객관적 관계

미국자본

세계 자본 일반

세계수준의 두 시스템

<그림 2> 초국민국가의 통합-집중화 기능

풀란차스는 세계파워블록 내에서 미국자본과 객관적 관계를 유지하는 '기능적으로 존재하는 세계국가'와 그 세계국가의 국가제도들(다양한 부서와 기제들)로서 유럽 국가들을 인식하고 있다. 풀란차스가 지금처럼 지구화의 연구가 사회과학분야에서 중심적 소재로 다뤄지기 이전인 1970년도에 과연 기능적으로 존재하는 초국민국가를 생각했겠느냐 의문할 수도 있겠지만 미국자본의 지배가 절대적이었

기 때문에 패권자본의 이익을 대표하고 조절하는 기능적으로 존재하는 초국민국가를 개념화하고 있었다. 국가는 하나의 사회구성체의 수준에서 독점자본의 지배를 구조적으로 보장한다. 같은 맥락에서 그는 기능적으로 존재하는 세계국가는 세계파워블록 시스템의 재생산 중 미국패권자본의 지배를 구조적으로 보장한다고 생각한다. 오늘날 미국패권자본을 선호하는(기능적으로 존저하는) 세계국가의 통합-집중화는 따라서 아주 복잡한 과정을 통하여 확립된다. 이 복잡한 과정 속에 유럽국가들은 미국자본의 지배를 위한 통합-집중화의 메커니즘에 종속된다. 유럽국가의 국가제도들은 어떠한 지배적인 메커니즘들, 양식들, 의사결정체들이 종국에 미국자본의 이익에 대해 열리도록 변화한다. 이러한 이론적 맥락에서 풀란차스는 "이들 국가들(유럽국가들)은 자체적으로 각각의 그들의 사회구성체 내에서, 즉 그들이 지배하는 국내 부르주아지와의 복잡한 내적 관계 속에서, 지배적 패권자본의 이익의 보호를 담당한다"라고 주장하는 것이다 (Poulantzas, 1979: 73). 국가에는 최종적으로 득점자본의 이익을 위하는 장치 통일성이 존재하기 때문에 국가 내 많은 부서와 기제들 사이에 존재하는 내적 갈등은 큰 문제가 되지 않는다고 생각했듯이 역시 세계국가의 장치 통일성은 미국자본의 최종적 이익을 실현해 준다. 유럽국가들 내에서 미국자본의 이익을 저해하는 갈등, 예를 들면 영국과 프랑스의 갈등이 존재한다 해도 결국 장치통일성의 기능을 통해 미국자본의 이익은 최종적으로 실현된다는 것이다. 풀란차스에 따르면 이러한 장치통일성으로 인하여 미국패권자본과 유럽국가들의 사이에는 객관적 관계가 존재한다고 보는 것이다. 신제국주의자들은 깨닫지 못했지만 바로 이러한 이론적 맥락에서 풀란차스는 유럽국가를 지배하는 미국제국주의 현상을 분석한 것이다.

그렇다면 초국민국가 기능의 주체는 누구인가? 지금까지 살펴본 기능은 어디로부터 나올까? 미국은 뚜렷하게 국민국가 형태로 존재하고 있는데 초국민국가 기능의 주체라고 말할 수 있겠는가? 이러한 의문은 풀란차스가 '초국민국가 기능'을 '초국민국가형태'와 구분하여 개념화하고 있었다는 것을 이해할 때 풀리게 된다. 즉 풀란차스는 미국은 초국민국가형태가 아닌 국민국가형태를 가지고 초국민국가기능을 행사하고 있는 것으로 생각하고 있었다.

> 현재 진행 중인 자본의 국제화는 국민국가들을 짓누르는(supressses) 것도 그렇다고 그냥 스쳐가는(bypasses) 것도 아니다. 그것은 (국제화의 모든 과정은 특정 국가 자본의 지배 아래서 진행되는 것이기 때문에) 국가 수준 '위에서' 자본들의 평화적인 통합이 진행되는 방향으로 이루어지는 것이 아니다. 혹은 마치 미국자본이 순전히 다른 제국적 부르주아지를 조정하고 있다는 식으로 미국 슈퍼국가에 의한 국민국가 소멸의 방향으로 진행되는 식으로 그렇게 되는 것도 아니다(Poulantzas, 1979: 73).

제솝의 경우 이 구절을 인용하면서 풀란차스는 자본의 국제화 속에서도 국민국가가 여전히 중요하다는 것을 강조하고 있는 것으로 해석하고 있지만(Jessop, 2002b: 192), 그것보다 풀란차스는 이 구절에서 1970년대 자본의 국제화는 미국자본의 지배 아래에서 진행 중이었지만 그것이 미국국가에 의해 유럽국가들의 소멸을 불러일으키는 방향으로 나아가고 있지 않으면서 진행되고 있음을 강조하고 있음을 우리는 이해해야 한다. 다시 말해 미국은 국민국가 형태를 가지고 초국민국가 기능을 하고 있음을 말하는 것이다. 풀란차스의 눈에 미국은 효율적인 초국민국가라든가 슈퍼국가의 형태를 가질 필요가 없었다. 왜냐하면 미국자본은 "다수국가와 자본들이 병렬적으로 존재하면서 상호 외부적 힘의 작용을 받는 것과는 거리가 먼 일종의 시스템"을 지배하고 있기 때문이다(p.73). 만약에 국가들이 외부적이고 병렬적으로 존재하는 구도 내에서 국제화가 진행되는 것이었다면 초국민국가나 슈퍼국가의 형태가 필요했다. 그러나 미국은 초국민국가형태라는 제도적 외피가 없이도 초국민국가 기능을 수행할 수 있었는데 그것은 당시의 제국주의 사슬이란 절대적 수준에서 미국자본의 지배가 행해지는 일종의 시스템이었기 때문이다.

풀란차스는 이미 오래전에 요사이 '제국'으로 불리는 새로운 지구적 형태의 주권이 도래함을 목도했다. 그가 말한 제국주의의 현 국면이란 기능적으로 존재하는 세계국가가 세계파워블록과 세계자본주의 체제의 재생산에 구성적으로 작용하고 있는 하트와 네그리가 말하는 제국의 시대인 것이다. 이런 점에서 하트와 네그리가 "자본화의 흐름 속에 외부가 내재화돼 버린 세계에서" 오늘날 제국주의 시대는 종료됐다고 주장하는 것은 새로운 말이 결코 아니다(Hardt and Negri, 2001: 226). 그들의 말하는 제국의 시대는 이미 풀란차스가 말한 '제국주의의 현 국면'을 반복하고 있는 것과 다름없다. 하트와 네그리는 외부가 내재화된 세계를 하나의 시스템으로 전제하고 미국이 통합된 전 지구적 지휘체계에서 최초의 그리고 최상의 층위를 구성하고 있다고 생각하며 그 이하에는 세계경제를 담당하는 몇 개의 국가들로 구성된 그룹(G7, 파리 - 런던클럽, 다보스 등)에 의해 층위가 구성된다고 주장한다. 그리고 다시 그 이하에는 주권을 가진 국민국가들로 구성된 일반적 집합으로 구성되는티 이들 국가들은 다양한 기능들을 이행하고 있다고 말하고 있다. 이 국가들은 "지구적 순환의 흐름을 걸러주고 지구적 지휘체계의 집행을 조절해준다"라고 주장한다. 그리고 "이 국가들은 글로벌 파워로부터 나오는 그리고 들어가는 부의 흐름을 잡아놓기도 분배하기도 하고, 그들의 국민들을 할 수 있는 한 많이 길들이기를 한다"라고 설명하고 있다(Hardt and Negri, 2001: 309~310). 그러나 풀란차스는 이미 오래전에 자본주의 세계체제를 하나의 단일 시스템으로 인식하고 그 시스템 안에서는 초국민국가의 기능을 담당하는 미국의 국가권력을 인식하고 있었다. 그는 세계국가기능을 하는 미국이 세계자본주의 체제의 글로벌 파워 피라미드에서 최상층을 담당하고 있는 것으로 파악했을 뿐만 아니라 그 이하에는 유럽선진 자본주의 국가들이 층위를 구성한 것으로 인식하고 있었다. 그러니까 풀란차스는 하트와 네그리가 지구적 형태의 주권개념을 제시한 시기에 훨씬 앞서 정통 맑스주의의 전통에 충실한 경제적 접근에서 기능적으로 존재하는 초국민국가를 개념화하고 있었던 것이다.

제5절 맺으며

이상 살펴본 미국제국주의에 대한 풀란차스의 분석이 오늘날 우리에게 주는 이론적 함의는 무엇인가? 무엇보다도 그것은 국제사회에서 일개 패권자본의 지배력이 절대적인 경우 국제사회의 연구는 시스템재생산원리의 맥락에서 진행될 수 있다는 방향제시에 있는 것이 아닌가 생각된다. 과연 어느 정도의 지배력이 절대적이고 어느 시점부터 시스템화된다고 말할 수 있겠는가의 문제는 향후 풀어나가야 할 어려운 이론적 과제이지만, 적어도 현시점에서 우리는 풀란차스의 통찰을 통하여 지구화와 국가에 관한 연구를 새로운 각도에서 시작하는 전기를 마련할 수 있겠다.

첫째, 유럽국가들을 미국자본에 봉사하는 초국민국가의 부서들로 인식하며 유럽국가권력을 최종적으로 미국자본권력으로 보았던 풀란차스의 관점은 향후 우리가 초국민국가 이론을 연구하기 위한 매우 중요한 출발점을 제공하고 있음을 깨달아야 한다. "국가권력이라는 것은 국가 부각성(the state's articulation)이라든가 국가개입의 방식(mode)을 의미하는 것이 아니라 그것은 국가기능이 조응하는 특정계급의 권력을 말한다"(Poulantzas, 1973: 100; 115)라고 하면서 국가권력은 계급권력임을 정의하고 있다. 같은 맥락에서 우리는 미국국가권력이란 미국국가의 부각성과 개입의 방식을 의미하는 것이 아니라 그것은 미국국가 기능이 조응하는 특정계급권력을 말한다. 따라서 미국국가가 미국자본의 이익에 조응하기 때문에 미국국가권력은 미국자본권력이고 역으로 미국자본권력이 미국국가권력이다. 더 나아가 IMF와 World Bank 같은 국제기구가 지구적 수준에서 지배적인 미국자본의 이익에 조응한다면 그들은 미국국가기구이다. 즉 미국 초국민국가의 기구들이라고 말할 수 있다. 따라서 '미국'이라는 명찰이 붙은 초국민국가는 존재하지 않지만 현존하는 국가가 혹은 국제기구가 미국자본의 이익에 조응한다면 그것은 미국국가기구이다. 향후 초국민국가 이론은 지배계급의 권력이 어떻게 국제적 수준에서 그에 상응하는 정치제도권력을 발생시키는가를 연구하는 맥락에서 발전되어야 할 것이다.

둘째, 지구화가 진척됨에 따라 국민국가가 스멸된다거나 혹은 초국민국가가 태동한다는 양자적 가정에서 연구를 출발할 것이 아니라 국민국가는 건재하면서도 초국민국가가 형성된다는 일견 역설적인 가정을 염두에 두고 국가연구를 진척시킬 필요가 있다. 즉 지구화와는 무관하게 국민국가 영토에 근거한 국적 자본의 지배력 정도에 따라 초국민국가의 기능이 부상할 수도 있다는 풀란차스의 연구는 지구화와 국민국가 운명의 필연적 상관관계를 전제하는 연구방향을 새롭게 재고하게 만드는 계기를 가져다준다 하겠다. 이러한 문제의식과 함께 10장에서 나오는 우드(Wood)의 주장을 이해해 볼 필요가 있다.

이 같은 이론적 차원 외에 지금까지 살펴본 풀란차스의 연구는 경험적 수준에서 많은 문제를 곰곰이 생각하게 해주고 있다. 첫째, 미국이 제국으로 논의되는 작금의 상황에 비추어 과연 현재의 세계자본주의 발달이 '보이지 않는 세계자본주의 국가'를 이미 형성시킨 시점인가 그렇다면 혹시나 알게 모르게 미국이 세계자본주의 국가의 역할을 수행하고 있지는 않은지 연구해 볼 만하다. 만약에 미국이 그러한 역할을 수행하고 있다면 그 세계자본주의 국가(미국)와 세계자본의 일반 이익을 대표하는 국제기구들(IMF와 World Bank) 사이에는 '객관적 관계'가 형성된 것은 아닌지 의문해야 한다. 미국의 정치적 이익이 다자간 국제기구의 정책결정에 기준이 되고 특히 IMF 안에서 중추적 역할을 한다는 평가를 받아왔다(Jameson, 2000: 49~68; Thacker, 1999). 미국과 이들 기관들 사이의 긴밀한 관계는 미국이 IMF의 최대 재정 후원자라는 사실에 의해서 설명되어 왔고 또 하나의 설명은 World Bank에 속한 대부분의 경제 전문가들이 그들의 국적이 무엇이든 간에 북미대학에서 대학원학위를 받은 사실이다 (Wade, 2001: 124~137). 또 다른 이는 "미국의 세계 최강의 지배적 군사력의 역할로 인해 IMF/World Bank 시스템 그리고 UN시스템은 미국 국가정책의 수단들로서 작동한다"라고 설명한다(Gowan, 2003: 13). 이 모든 설명들이 자본주의 국가의 계급성격과 관련한 밀리반드 – 풀란차스 논쟁을 상기시키고 있다. 지구화의 파워로 가속화되는 세계자본주의 시스템의 단일성을 감안해서 미국과 그들 국제기구들 사이에는 이미 알게 모르게 객관적 관계가 형성되어 그들의 밀월관계가 세계자본주의 시스템의 단순한 효과일지도 모른다고 생각하면 너무 앞서가는 것인가?

미국이 세계자본주의 국가의 역할을 하지는 않으나 만약에 그러고 싶다면 '객관적 관계'와 관련하여 신중히 생각할 만한 것이 있다. 미국이 세계자본주의 국가가 되려면 그것은 미국 사회구성체뿐 아니라 세계파워블록 그리고 세계자본주의 체제의 국가가 되어야 한다. 이 경우 미국 국가와 미국 자본은 객관적인 것이 되어야 하며 적어도 객관적으로 보이도록 노력해야 할 것이다. 그것이 객관적으로 보일 경우에만 미국이라는 국가는 세계파워블록과 세계자본주의 시스템의 통합을 순조로이 할 수 있다는 말이다. 그렇지 못하면 세계파워블록 내에서 서로 경쟁하고 반목하는 유럽국가들의 통합성을 미국의 지도 아래 구축하는 길은 요원하다. 다른 말로 미국은 "국내에서나 국외에서나 이미 노출된 제국의 혐오감"을 숨겨야 한다는 말이다(Panitch and Gindin, 2003a: 33). 그렇지 않으면 "이미 제국의 핵심에 위치한 부유한 자본주의 국가들에서도 그리고 주변부에 위치한 가난한 나라들에서도 존재하는 반제국주의 투쟁은 강력한 대중 호소력을 갖게 될 것이다(Panitch and Gindin, 2003a: 33)." "[미국] 자본주의 국가는 다양한 제도적 장치를 통하여 [세계] 공동의 선과 사회의 공익을 추구하고 권력에 동일한 정도의 접근을 허용하고 [세계] 민중의 요구에 민감한 것처럼 보이는 조치를 취하는 듯이 보일 경우에만 자본축적의 기능을 제대로 수행할 수 있다(Offe, 1975: 127)."

마지막으로 생각해볼 문제는 현재의 전 세계적 위기가 진정 제국주의의 현 국면의 구조적 측면에서 비롯되는 위기가 아닌가 하는 점이다. 오늘날의 위기는 풀란차스가 30여 년 전에 깊이 우려했던 그

제국주의의 위기인가? 풀란차스는 당시 제국주의의 위기가 패권 미국자본의 유럽 인민 대중에 대한 강화되는 착취와 여기에 패권자본의 지배를 유지시키는 시스템재생산원리에 종속되어 미국자본에 기계적으로 봉사하는 유럽국가들의 역할이 맞물려 생겨난다고 진단했다. 이로 인해 정치적 현상으로 유럽 선진 각국에서는 국내적으로 권위적 국가주의의 확산 그리고 유럽 전체적으로 제국주의의 위기가 온다고 역설한 것이다. 이러한 착취와 위기는 구조적으로 지구적 생산관계의 변화와 제국주의적 노동분업에 조응하고 있다고 생각했다. 그렇다면 우리는 현재 자본주의 세계 시스템의 구석구석에 급격한 변화를 초래하는 가열찬 지구화 광풍의 한복판에서 미국과 유럽의 관계에만 국한하지 말고 세계자본주의 체제 전체로 더욱더 시야를 넓혀 볼 필요가 있다. 그리고 피상적으로 미국제국에 대항하는 종교 근본주의자들의 반동으로 여겨지는 9 · 11 사태라든가 현재 아직도 끝났다고 볼 수 없는 이라크전쟁의 기저에는 미국 자본에 의한 가혹한 착취와 이에 맞서는 피지배 사회구성체 인민대중의 몸부림이 그 근본원인으로 도사리고 있는 것이 아닌지 자문해 보아야 한다. 오늘날 우리를 감싸고 있는 제국주의의 위기가 제국주의 현 단계의 구조적 측면에 비롯되고 있지나 않은지 생각해 볼 문제다.

풀란차스 연구의 분석 대상은 30여 년 전의 세계자본주의였지만 그의 업적은 오늘날 더욱더 빛나고 있다. 이 글을 맺으면서 필자는 풀란차스의 업적과 사상에 대한 재검토에 착수할 것을 제안하고 싶다. 주지하듯이 로버트 콕스(Robort W. Cox)와 스티븐 길(Stephen Gill)은 그람시의 이론을 국제적 수준에서 적용한 네오그람시안 접근(Neo - Gramscian approach)을 발전시켜 국제정치연구의 새 지평을 열었다. 그들은 그람시의 '헤게모니'와 '역사적 블록'을 국제화시킨

'초국적 헤게모니(transnational hegemony)'와 '초국적 역사적 블록 (transnational historic bloc)'의 개념적 기제(conceptual apparatus)를 통하여 국제정치의 주류 패러다임에 대한 대안적인 틀과 문제의식을 성공적으로 제공하였다. 나는 우리가 지구화시대의 국가연구에 있어 풀란차스의 국가론을 국제적 수준에서 적용하는 것을 골자로 하는 네오풀란차스안 접근(Neo – Poulantzasiar. approach)을 채택할 것을 제안한다.3) 네오풀란차스안 접근의 궁극적 목표도 네오그람시안 접근의 콕스와 길이 그람스 이론을 국제적 수준에서 적용했던 것처럼 풀란차스 국가론의 국제적 적용을 모색하면서 국민국가 건재론, 국민국가 쇠퇴론의 논쟁에 건설적 해결점을 제공하고 더 나아가 초국민국가론의 정립을 통하여 21세기 세계자본주의 정치경제의 실제를 최대한 정확히 읽어내는 것을 최종적으로 지향한다. 세계자본주의를 연구했던 그의 통찰과 업적은 향후 거세지는 지구화의 자본주의에 부닥쳐야 할 후학들이 반드시 의지해야 할 교과서다. 그에 대한 재연구는 오늘날 그리고 미래에 우리가 풀어야 할 중요한 문제인 지구화, 주권의 지구화, 자본의 지구화, 국민국가의 자율성, 미국제국주의 등에 대한 이해의 지평을 넓힐 것임이 분명하다.

---

3) 독일의 한 연구자는 풀란차스 국가론을 국제적 수준에서 적용시켜 국제정치기구(International Political Institution)를 분석하는 것을 내용으로 하는 소위 '너오풀란차스안 접근(Neo – Poulantzasian approach)'을 주창하고 있다(Brand, 2006; 2007). 그의 한계는 풀란차스 국가론의 핵심인 시스템재생산원리를 읽어내지 못하고 풀란차스의 부분적인 주장들을 국제적 수준에 적용시키려 하고 있다는 것이다.

제 9 장
유럽연합(EU), 초국민국가인가 아닌가?

제1절 들어가며

2009년 12월 1일 유럽연합(EU)의 리스본조약이 발효되었다. 리스본조약은 27개 회원국의 서명을 거쳐 공식 발효된 것이다. 조약에 따라 EU는 EU대통령을 선출하고 외무장관도 둘 수 있게 되었다. 리스본조약은 2005년 유럽연합에서 통과된 유럽헌법이 너무 강력한 국가성을 부여하고 있다는 우려가 생겨나자 유럽헌법의 국가성을 조금 완화시켜 회원국 전체의 비준을 받은 '미니 헌법'이다. 이처럼 유럽 국가 스스로가 두려워할 정도로 유럽연합의 국가성이 짙어가는 상황에서 유럽연합을 초국민국가로 보는 시각이 대두한 것은 놀랄 만한 일이 아니다.

표 1) 유럽통합 과정[1]

일자	주요내용
1951년 4월	독일, 프랑스, 벨기에, 이탈리아, 룩셈부르크, 네덜란드 등 6개국 유럽석탄철강공동체(ESCE) 창설(파리조약)
1957년 3월	유럽경제공동체(EEC)와 유럽원자력공동체(EURATOM) 창설(로마조약)
1967년 7월	EEC,ECSC,EURATOM을 통합한 유럽공동체(EC) 출범
1990년 6월	국경통제를 폐지하는 셍겐협정 체결
1992년 2월	유럽통화동맹(EMU)과 EC를 유럽연합(EU)으로 개칭하는 마스트리히트조약 체결. 단일통화정책 시작
1995년 1월	오스트리아, 스웨덴, 핀란드 EU 가입(15개 회원국)
1999년 1월	단일 화폐인 유로화 출범
2000년 12월	회원국 확대 위한 기구 개혁 합의(니스조약)
2004년 5월	헝가리, 폴란드, 체코, 에스토니아, 라트비아, 리투아니아, 몰타, 슬로바키아, 슬로베니아, 키프로스 EU 가입(25개 회원국)
2004년 6월	정상회의서 헌법조약 합의
2005년 5월	프랑스 국민투표서 헌법조약 비준동의안 부결
2005년 6월	네덜란드 국민투표서 헌법조약 비준동의안 부결
2007년 1월	루마니아, 불가리아 EU 가입(27개 회원국)
2007년 6월	정상회의서 헌법조약 대체 개정조약(리스본조약) 초안 합의
2009년 11월	체코, 27개 회원국 마지막으로 리스본조약 비준안 서명
2009년 12월	리스본조약 발효

2005년에 EU의회에서 유럽헌법이 통과하면서 유럽연합의 국가성에 대한 관심이 급속히 고조되기 시작하였다. 유럽연합은 최종적으로 유럽연방국가(European Federal State)로 발전해 나아가고 있다는 의견이 힘을 얻고 있다. 예컨대 유럽헌법 중 Article 1 - 10은 "유럽헌법과 유럽연합의 기구들에 의해서 채택된 법률은 회원국 법률에 우선한다"

---

1) 2005년 5월과 6월에 있었던 프랑스와 네덜란드의 국민투표에서 헌법조약의 비준동의안이 부결되었다. 이는 헌법조약이 가진 강력한 국가성 때문이었다. 이에 2007년 6월 유럽의 정상들은 몇몇 회원국이 거부 반응을 보였던 국기, 국가 등 국가적 상징과 용어들을 삭제하여 리스본조약을 마련했다. 그러나 리스본 조약은 헌법조약이 추구했던 혁신적 내용을 대부분 반영해 '미니 헌법'으로 불리기도 한다.

라는 것을 분명히 규정하고 있는 점 그리고 유럽헌법조약이 발효될 경우 EU는 '법인격(legal personality)'을 갖추게 되어 EU가 국제법상 주체성을 가지고 유럽의 대표자 역할을 수행할 수 있다는 점이 강조되고 있다. 유럽연합은 위원회(European Commission)와 각료이사회(Council), 유럽의회(European Parliament), 유럽사법재판소(European Court of Justice)의 입법, 행정, 사법의 삼주체제를 갖추고 있을 뿐만 아니라 주지하듯이 EU대통령까지 선출하고 있는 상황이다.

EU의 국가성이 강화되기 시작하자 국내외에서 이에 대한 활발한 분석이 나오고 있다.[2] 이전에 주로 EU연구가 유럽통합이론에[3] 관한 것이 주를 이루었지만 이제는 유럽연합의 국가성에 대한 연구가 단연 인기 있는 관심사가 되었다. 유럽헌법이 유럽의회를 통과하기 이

---

[2] 국내에서도 유럽헌법의 탄생을 전후로 하여 유럽연합의 국가성에 관한 연구가 활발하게 진행되고 있으며(정창화, 2004; 2005; 전학선, 2005) 유럽연합과 관련된 다양한 이론을 종합해서 평가한 연구(진시원, 2004), 유럽연합이 직면하고 있는 "민주적 결팝"은 유럽통합이 낳은 독특한 정치 제도적 결과, 즉 국민 국가적 수준에서의 의회민주주의의 모델과 초국가적 수준에서의 다원주의적 민주주의의 모델과의 불일치와 긴장 때문에 발생한다는 것을 분석한 연구가 존재한다(김미경, 2005). 그리고 유럽연합의 국가성과 화폐통합을 네오그람시안 접근에서 분석한 작업이 나와 있으며(구춘권, 2002; 2004) 유럽연합 노동시장 발전에 관한 연구도 나와 있다(윤여덕, 2004). 이외에 새로운 추세인 거버넌스 연구에 맞추어 유럽연합의 역동성을 거버넌스 시각에서 분석하는 논문도 다수 존재한다(이수형, 2004; 강원택, 2000; 이호근, 2001).

[3] 유럽통합이론에는 주지하듯이 양대 흐름인 초국가주의적 시각과 국가 중심적 시각이 존재한다. 초국가주의적 시각은 신기능주의(neofunctionalism)이론으로 유럽통합은 초국가적 행위자인 다양한 이익집단과 초국가적 기구들의 역할을 통해 이루어진다고 보는 견해이다. 하스(Hass)로 대표되는 신기능주의자들은 유럽통합이 한 정책 분야에서 시작되면 연쇄적으로 다른 부문으로 확산되는 파급효과(spill-over effect)가 일어나 통합이 가속화된다고 주장해 왔다(Haas, 1964). 현실주의적 접근인 국가중심적 시각은 유럽통합의 원동력은 유럽 국가들에서 나오는데 자국의 이익을 추구하기 위한 상호작용인 정부 간 관계가 통합의 원동력이라는 것이다(Hoffman, 1964; Grieco, 1993; 1996; Moravcsik, 1991). 이 시각의 대표자인 모라브치크는 '자유주의적 정부 간 협상론(liberal intergovernmentalism)'을 펼치면서, 1990년대 이후 EU의 발전과 정책결정과정을 회원국 정부 사이의 관계를 중심으로 설명하고 있다(Moravcsik, 1991; 1995). 특기할 만한 것은 이들 양대 이론 사이에서 요사이 논쟁이 다시금 불붙고 있는 바, 이미 유럽통합이 상당 정도 진척된 이상 통합과정을 주로 연구했던 하스의 신기능주의 이론은 이제는 적실성이 없다는 주장과(Moravcsik, 2005) 하스를 옹호하며 여전히 신기능주의 이론이 타당하다는 주장이 대립하고 있다(Rosamond, 2005).

전까지는 아직 유럽연합이 연방적 성격을 가졌다고 보기 힘들다는 연구가 많았지만(Elazar, 2001; Moravcsik, 2001; Riker, 1996; Scharpf, 2001; Schmitter, 2000) 유럽헌법의 탄생 이후에는 유럽연합은 완전히 연방국가의 성격을 가지고 있다는 주장(Auer, 2005)으로부터 유럽연합이 연방국가로 가는 통합을 어렵게 만드는 요인을 구체적으로 분석하면서 어떻게 이를 극복할 것인가를 연구한 작업도 있다(Trechsel, 2005).4)

그러나 국내외의 어떠한 연구도 유럽연합의 초국민국가인가 아닌가의 문제를 직접적으로 다루고 있는 것으로 코이지 않는다. 왜 그런가? 아마도 가장 큰 이유는 '과연 초국민국가의 태동적 현상을 무엇을 기준으로 하여 말할 수 있겠느냐'에 답하지 못하고 있기 때문일 것이다. 법인격, 주권보유, EU회원국들의 졀합근거, 존속의 안정성, 주민의 국적, 대내적 통치권, 대외적 통치권, 국제책임 등과 같은 부분적이고 파편적인 기준들로 EU국가성을 연구(Auer, 2005: 428; 정창화, 2005)하는 것을 넘어서 우리가 초국민국가의 태동 현상을 시사해 주는 총체적이고 포괄적인 기준에 의거해 EU의 국가성을 연구할 수 있을까? 나는 이미 풀란차스가 이러한 문제에 예리한 통찰을 남겨 놓았음을 강조하고자 한다. 이 글에서 나는 앞장에서 계속 살펴본 풀란차스의 시스템재생산원리와 그가 30여 년 전에 EEC에 관하여 남긴 몇 가지 주목할 만한 주장에 근거하여, 향후 유럽연합의 통합이 가속화되면 부닥쳐야 할 '유럽연합, 초국민국가인가 아닌가'의 문제에 대한 연구방향을 짧게 제시하고자 한다. 이 글이 '현재로서 유럽연합은 국가가 아니다'라는 대답에 기울고 있지만 유럽연

---

4) 유럽연합이 통합되는 과정에서 유럽의회 수준에서 일어나는 '민주적 결핍(democratic deficit)'을 지적하거나(Majone, 2006) 거버넌스의 시각에서 유럽연합을 분석하면서 국가와 사회의 관계를 분석한 작업이 존재한다(Yee, 2004).

합의 정치적 통합이 여전히 초기단계임을 감안한다면 유럽연합의 국가성 여부에 대한 확정적 대답보다 중요한 것은 이 글이 짧게나마 초국민국가 태동현상을 가늠하는 기준들을 역사유물론의 측면에서 소개하고 있다는 점일 것이다.

제2절 유럽의 국민국가

국가 유형은 여러 기준에 따라서 정의할 수 있기 때문에 여러 가지 유형의 국가 개념이 우리의 귀에 익숙하다. 이를테면 고대국가, 중세국가, 신정국가, 절대주의 국가, 자본주의 국가, 공산주의 국가, 민주국가, 독재국가 등이 있다. 그렇다면 국민국가란 무엇인가? 국민국가란 인류역사상 나타난 다양한 국가유형 중에서 1648년 유럽에서 체결된 베스트팔렌 조약 이후 태생한 하나의 국가 유형이라고 정의할 수 있다. 국민국가란 주로 국제정치의 시각에서 지칭되는 것으로서 유럽의 베스트팔렌 조약 이후 국제사회에 등장하여, 명확한 영토의 경계를 가지고, 구성원의 강한 일체감에 기반하면서, 배타적인 주권을 행사하는 새로운 국가 유형을 지칭한다. 현재 세계의 국제정치는 이 국민국가들이 중심행위자로 기능하면서 펼쳐지고 있다. 따라서 이 국민국가 체제는 베스트팔렌 조약 이후 생겨나 정착되었기 때문에 베스트팔렌 체제라고도 불린다. 이 체제는 인류 역사에서 대략 350년 정도의 짧은 기간 동안 지속되어 왔다는 것을 알 수 있다.
  국민국가의 등장은 유럽사회 변화의 소용돌이 속에서 이루어졌다. 1648년의 베스트팔렌 조약은 30년 종교 전쟁(1618~1648)의 평화조약이다. 30년 전쟁은 원래 독일 내에서의 신교와 구교와의 전쟁이었지만 국제전쟁으로 번지면서 유럽의 전쟁으로 확산되었다. 유럽을 휩쓸던 이 전쟁이 끝나면서 유럽사회는 근본적인 변화를 맞이하게 된다. 이 변화란 '신 중심 세계관의 약화와 세속적인 정치권력의 강화'로 요약될 수 있다. 베스트팔렌 조약은 가톨릭 제국으로서의 신성로마제국을 사실상 붕괴시켜 유럽사회에 지속되어 오던 신 중심 세계관을 인간 중심의 세계관으로 변화시키는 하나의 계기를 제공하였다. 그리고 교황이 가진 종교권력이 약화되었는데 이것은 가톨릭 제국이 실질적으로 붕괴하면서 정치권력의 주체인 제후들에게 완전한 영토적 주권과 통치권이 인정되었기 때문이다. 종교권력은 약화되었으며 정치는 종교의 영향에서 벗어났다. 유럽사회가 더 이상 가톨릭 세계라는 느슨한 틀 속에서 종교권력 하에 존재하는 것이 아니라 서로 경쟁하는 작지만 결속력 강한 정치권력의 단위들로 존재하기 시작한 것이다. 새로운 국제체제의 질서는 정치권력의 단위인 국가 간의 세력 균형으로 유지되기 시작하였다. 이제 국제사회에서 주권, 외교권 등의 새로운 개념이 등장하기 시작하였다. 현재 21세기에 우리가 속한 국제체제처럼 명확한 영토의 경계를 가진 국가 단위가 배타적인 주권을 행사하며 세력 균형 속에 질서를 유지하는 국민국가 체제가 시작된 것이다.

국민국가는 국민국가 이전의 국가 유형과는 여러 가지 측면에서 비교 된다(성경륭, 2003: 199~209). 아래 도표에서 보듯이 국민국가 이전의 국가들은 영토의 경계가 불명확하여 국경(border)이라기보다는 구성원들이 경계 주위에서 흩어져 살면서 넘나들 수 있었던 변경(frontier)의 성격을 띠고 있었다. 경계가 불명확하다는 것이 시사하듯이 이 국가들은 강압력의 축적 수준과 집중 수준이 모두 낮았다. 이를테면 현재의 국가들이 가진 '폭력의 정당한 독점적 사용권 (monopoly on the legitimate use of violence)'을 찾아보기 힘들었다는 것이다. 결과적으로 내부의 저항과 외부의 침략에 효과적으로 대응하는 능력이 취약하였다. 국가기구의 발전도 취약하여 행정기능도 단순하게 분화되었을 뿐이었다. 그러나 국민국가는 명확한 경계를 가진다. 아프리카 지도를 보면 나타나는 국가 간의 자로 그은 듯한 직선의 국경은 국민국가 체제의 소산이며 이제 월경(越境)은 매우 심각한 범죄로 인식된다. 강압력의 축적과 집중의 정도가 모두 높아져서 국가는 공권력을 인정받아 필요 시 백성들에 대한 폭력의 정당한 독점적 사용권을 적절히 행사한다. 국가기구의 분화도 복잡하고 세분화되면서 행정이 전문화되고 관료체제가 발전한다. 또한 중요한 것은 주권 개념의 정착이었다. 일국가의 주권은 배타적 권한으로 인정받아 외국의 개입은 불경한 내정간섭으로 간주된다. 주권의 절대성 강화는 필히 내셔널리즘의 고취로 이어지며 국민의 내부 동질성은 크게 증가한다. 국민국가는 적극적인 국민형성 노력을 기울인다. 국가들은 이질적인 국민들을 동질화하고 국가의식을 고취시킨다. 국기와 국가를 제작하고, 국어와 국사를 통일하여, 체계적인 국민교육을 시키기 시작했다.

표 2) 국민국가의 주요 특징

구성요소	국민국가 이전의 국가	국민국가
영토와 경계	경계가 불분명한 변경(frontier)의 성격	경계가 분명한 국경(border)
강압력	축적과 집중의 수준이 모두 낮음	축적과 집중의 수준이 모두 높음
기구의 분화	미분화(국방 · 치안 · 조세기구 중심)	고도로 분화(전통적 기구 외에 교육 · 복지 · 환경관리 · 문화 기능도 추가)
지배방식	간접지배(부족 · 귀족연합 지배체제)	직접지배(중앙 기구와 관리의 지방파견)
주권	대내적 · 대외적 주권 취약	대내적 · 대외적 주권 모두 강화
국민	이질성이 높고 공동의 국가의식이 낮음	동질성이 높고 공동의 국가의식이 높음
하부구조적 권력	사회에 침투 · 동원하는 힘이 취약	사회에 침투 · 동원하는 권력이 강력

출처: (성경륭, 2003, 188~192)을 재구성함.

제3절 유럽연합과 풀란차스

풀란차스는 유럽의 국민국가 체제에 나타나는 변화에 주목하였다. 유럽연합의 국가성을 시스템재생산원리의 맥락에서 연구하기 위해서는 2장과 8장에서 살펴본 재생산의 세 가지 전제를 다시 점검할 필요가 있다. 자본주의 시스템이 재생산된다는 것은 시스템, 패권계급, 국가의 세 요소가 동시적으로 존재하고 기능하면서 현재의 지배관계를 변화 없이 유지시키는 것을 말한다. 시스템은 주요행위자의 중심 질서가 유지되는 상태를 전제하기 때문에 자본주의 시스템이란 주요행위자인 자본의 지배질서가 존재함을 전제로 하는 것이며 이것의 재생산은 정치적 지배 없이는 불가능하기 때문에 재생산이 된다 함은 국가의 존재를 전제로 하는 것이다. 이처럼 시스템이 재생산된다는 것은 세 가지 요소가 동시적으로 존재하고 기능하고 있음을 말한다. 이는 만약에 유럽연합이 국가라면 그것은 유럽은 이미 주요행위자인 유럽자본이 지배하는 질서가 형성된 유럽사회 시스템이 재생산되고 있다는 것을 의미하는 것이다. 그러나 우리는 아직 '시스템은 국가가 지배계급의 이익을 보호하면서 계급들로 갈라진 사회를 통합하는 가운데 재생산된다'는 풀란차스의 명제를 유럽에 대입해 볼 때, 유럽사회 시스템은 유럽국가가 유럽자본의 이익을 보호하면서 계급들로 갈라진 유럽사회를 통합하는 가운데 재생산된다고 말할 수 없기 때문에 유럽은 아직 시스템이 아니고 전 시스템에 걸친 지배계급도 없고 결국 유럽연합이 국가도 아닌 것이다.

그렇다면 유럽시스템, 유럽자본, 유럽연합국가가 동시적으로 존재하고 기능하는 상태, 다른 표현으로 유럽연합이 초국민국가로 태동하는 상태가 오고 있다는 판단을 하기 위해서는 무엇을 보아야 할 것인가? 풀란차스는 이 같은 문제의식의 맥락에서 '계급투쟁의 국제화'와 '국제기구의 정치적 기능화'라는 두 가지 현상을 초국민국가 태동의 기준으로 주목하고 있었다. 그는 국민국가 수준에서 일어나던 계급투쟁이 유럽화되고 있는지의 여부에 주목했으며 당시만 해도 모든 이들에게 경제기구로만 여겨지던 EEC가 점차 정치적 기능을 갖추어 가는 것이 아닌가 의문한 것이다. 풀란차스는 시스템 재생산의 세 가지 요소 중 시스템과 패권계급을 염두에 두고 유럽을 영국, 프랑스, 독일 따위의 국민국가 사회구성체 시스템으로 보지 않고 유럽 전체가 하나의 광대사회구성체 시스템으로 변하기 시작한 것이 아닌가 의문하면서 이것을 판단하기 위하여 유럽 내에서 혹시나 계급투쟁의 국제화가 일어나고 있는 것은 아닌가, 다시 말해 국민국가 수준에서 노사분규가 일어나는 것이 아니라 전(全) 유럽자본동맹 대 전(全) 유럽노동동맹의 전선이 범유럽 차원에서 형성되고 있는 것이 아니냐는 점에 주목하였다. 그리고 시스템 재생산의 세 가지 요소 중 국가를 염두에 두면서 EEC에 주목했다. 그는 '국제기구의 정치적 기능화' 여부와 관련해서 당시의 EEC를 유럽국가들에 나란히 병렬해 존재하는('added on' the European national states) 경제공동체로 인식하지 않고 유럽 국민국가들의 친자본적 기능의 국제화를 향한 내적변형(interiorised transformation)이 이미 일어나고 있으며 (Poulantzas, 1974a: 173) 이것의 효과로서 EEC가 종국에 계급 지배의 억압적이고 이데올로기적 기능(repressive or ideological role)까지도 포함하는 정치적 기능까지 갖추는 정치체로서 변화할 수도 있다고 생각한 것이다(Poulantzas, 1979: 81~82).

중요한 것은 그가 당시에 유럽변화의 결과에 대한 단정까지는 못했지만 그가 '시스템재생산원리'를 국제적 수준으로 확대 적용하여, (계급투쟁의 국제화를 통해 이루어진) 광대사회구성체 시스템은(장차 초국민국가 형태로 발전해 나갈) 친자본적 정치적 기능을 가진 국제기구가 지배계급의 이익을 보호하면서 계급들로 갈라진 유럽사회를 통합하는 가운데 재생산되는 방향으로 나아가는 것이 아니냐는 문제의식을 가지고 있었다는 점이다. 따라서 우리는 풀란차스 사후(死後) 유럽에서 일어난 급속한 변화와 현재 진행 중인 유럽연합의 정치적 통합을 감안해 볼 때, 유럽사회구성체 시스템은 유럽연합(EU)이 지배계급의 이익을 보호하면서 계급들로 갈라진 유럽사회를 통합하는 가운데 재생산되고 있는 것이 아닌가라는 물음을 던질 가치가 있는 것이다. 이러한 질문의 방향에서만이 유럽연합의 국가성 여부를 정면에서 다룰 수 있다는 것이 나의 생각이다. 현재 유럽연합 발전과 관련되어 연구되고 있는 많은 이론들인 '신기능주의이론', '정부 간 협상론', '신제도론', '다층거버넌스이론' 들이 EU통합배경과 과정, EU거버넌스, 정책네트워크, 정책결정과정, 이익집단 로비활동, EU집행위원회와 이익집단 사이의 관계, EU집행위원희의 역할과 권한 등에 관한 무수한 자료를 양산해 오기는 하지만 '유럽연합은 초국민국가인가'라는 질문에 직접적으로 관계하지 않을 뿐만 아니라 그것들은 초국민국가 태동현상을 찾는 노력과도 동떨어져 있다.

제4절 연구과제

향후 연구 과제는 과연 유럽에서 전 유럽자본동맹 대 전 유럽노동동맹의 계급투쟁이 일어나고 있는가 하는 것과 유럽연합(EU)의 정치적 기능이 과연 어느 수준까지 행해지고 있는가를 분석하는 것이다. 유럽연합이 정치공동체라는 평가에는 이제 이견이 없지만 과연 유럽연합이 풀란차스가 전망한 계급 지배의 억압적이고 이데올로기적 기능(repressive or ideological role)까지도 포함하는 정치적 기능을 서서히 갖추어가는 조짐이 있는 것인가를 경험적 수준에서 분석해 보는 것이 필요하다.

계급투쟁의 유럽화는 비교적 명시적으로 일어나고 있다. 전 유럽 노동조합의 대표 격인 유럽노동자 연맹(ETUC: European Trade Union Confederation)은 거의 대부분의 유럽노동조합을 산하기구로 두고 있는데, 1973년 14개국 3천 6백만의 노동자 회원을 가지고 출범했으며 이제는 유럽 35개 국가 6천 만 명의 노동자를 대표하면서 유럽 전체 노동조합원들의 90%를 대표하는 조직으로 발전하였다(European Commission, 2004: 27~28). 한편 유럽의 자본을 대표하는 연맹으로서는 유럽기업인연합(UNICF: the Union of Industrial and Employer's Confederations of Europe), 유럽중소기업연합회(UEAPME: European Assoication of Craft and Small and Medium − Sized Enterprises), 유럽공공기업센터(CEEP: the European Centre of Enterprises with Public participation and of Enterprises of General Economic Interest)가 있다. 이 중 대표적인 자본가 동맹인 UNICF는 EU의 기존 15개국에 존재하는 대부분의 민간 기업 사용자 단체를 대표하고 있으며 10개 신생 가입국 중에서도 7개국의 자본가단체를 산하에 두고 있으며 기업인간의 정보를 교환할 목적으로 European Employer Network(EEN)를 조직하여 가동시키고 있는 상황이다(European Commission, 2006).

유럽연합의 '정치적 기능화'도 구체적으로 분석될 필요가 있다. 여기서의 정치적 기능이란 유럽연합 통합과정과 관련한 일련의 정치현상을 의미하는 것이 아니라 계급 지배를 위한 정치적 기능을 말한다.

풀란차스는 EEC와 같은 경제적 국제기구가 필연적으로 정치공동체로 발전할 것이라고 예견하면서 그 이유로서 경제적 기능이라는 것이 자체 내에 정치적 기능을 포함하고 있다는 것에 주목했다(Poulantzas, 1979: 81). 당시 많은 학자들이 경제기능은 EEC 같은 경제공동체가 담당해도 계급 지배의 억압적 기능은 국민국가가 가질 수밖에 없기 때문에 EEC와 같은 경제공동체가 정치기능을 가진 초국민국가성을 가질 수 없을 것이라고 주장한 것에 반해, 풀란차스는 EEC와 같은 국제기구가 경제적 기능을 담당하고 국민국가가 계급 지배의 정치적 기능을 담당하는 것은 초기적 현상이며 점차 EEC와 같은 경제공동체가 최종적으로 억압적이고 이데올로기적 기능까지 포함하는 정치적 기능을 갖추게 될 것임을 예견하였다. 따라서 현재 유럽연합이 계급 지배의 정치적 기능이라고 할 만한 현상을 확연하게 보이는 상황은 아니지만 급속히 전개되는 유럽연합의 발전을 주시할 때 그의 예견이 경험적 수준에서 시급히 분석될 만한 가치가 있다.

유럽연합은 이미 유럽자본대표와 유럽노동대표를 협상테이블에 모아 경제정책과 노동정책을 관장하는 정치적 기능을 하고 있다. 유럽연합이 유럽통합의 과정에서 이미 생산관계에 깊숙이 개입하고 있는 것이다. 범유럽수준에서 생산관계의 정치화가 이루어지고 있는 것이 분명한 현실이며 유럽전체수준에서 유럽연합이라는 정치체가 주도하는 코퍼러티즘의 작동이 일어나고 있다. 1985년부터 유럽연합위원회(EU Commission)는 앞서 언급한 유럽자본대표인 UNICF, UEAPME, CEEP 그리고 유럽 노동대표인 ETUC가 참여하는 3자협의체인 소위 '유럽사회적대화(ESD: European Social Dialogue)'를 실시해오고 있으며 이것을 발전시켜 2005년에는 범유럽 사회적 대화 정상회의(Social Dialogue Summit)를 개최하기도 하였다. ESD에서 합의된 사항은 EU위원회에 의해 권고안(directives)으로 전환되어 EU회원국들에 부과되면서 각 국가의 국내법에 우선하는 위상을 가지게 되는데 'Agreement on Part Time Work'와 'Agreement on Parental Leave'가 매우 좋은 예이다(Andersen, 2000). 이뿐만 아니라 3자간 협의체인 ESD는 유럽노사관계에 있어 매우 중요한 사안을 협상 어젠다로 올려놓고 있다. 예컨대 유럽 근로위원회(EWCs: European Works Concil)의 개혁조치, 노동법 개정안, 더 나아가 초국적 단체교섭안(transnational collective bargaining)까지 협상 대상으로 두고 있는 상황이다. EU수준의 코퍼러티즘을 겨우 "의사-코퍼러티즘(quasi-corporatism)"에 불과한 것이 아니냐는 평가도 있지만(구춘권, 2006) 정치공동체로서 출범한 EU가 불과 10여 년 정도에 불과하다는 점을 감안한다면 현재 진척된 정도보다는 미래에 생겨날 변화의 잠재성에 관심이 모아져야 할 것이다. 이런 맥락에서 보면 이제 풀란차스가 말한 관점에서 유럽노사관계 및 국제기구의 정치적 기능화를 분석하는 시도는 결코 이르다고만은 할 수 없을 것이다.

두 가지 현상에 대한 분석은 다음과 같은 문제의식을 배경으로 하여 전개될 필요가 있다. 노사분규의 범유럽화가 어떠한 양상으로 전개되는가? 양대 계급이 투쟁한다고 말할 정도의 자본연맹과 노동자조합연맹의 일체성이 각각 존재하는가? 전 유럽수준의 자본동맹/노동조합동맹과 EU회원국 내의 자본단체/노동조합 사이의 갈등과 긴장은 있는 것이며 있다면 어떻게 형성되는가? 유럽연합이 유럽자본과 유럽노동 사이에서 조정적 기능을 하는 것을 넘어 자본이 지배하는 유럽자본주의 체제의 재생산을 위하여 억압적이고 이데올로기적 정치적 기능을 하는 방향으로 발전하는가? 다시 말해 노사분규의 해결을 위해 공권력까지 발동하는 권한을 가지는 방향으로 유럽연합이 변화하는 조짐이 보이는가? 코퍼러티즘을 자본주의 국가의 기만적 전술로 보았던 시각(Panitch, 1979)을 정당화하듯이 범유럽코퍼러티즘이 결국 기만적으로 발전해 나간다고 볼 수 있겠는가?

또한 우리가 유럽연합의 변화를 앞에 두고 구체적 수준에서 두 가지 현상을 연구하는 것과 함께 매우 추상성이 높은 연구가 되겠지만 정치경제의 근본적인 문제를 탐구해 볼 필요가 있다. '자본주의 발전과 국가형태의 관계'에 관한 것으로서 'EU의 통합은 유럽지역 생산력의 고도화에 상응하는 새로운 형태의 정치체 형성으로서 이해할 수 있는가'라는 질문에 대한 탐구인 것이다. 물론 우리는 인류역사에서 생산의 고도화와 상관없이 제국적인 정치체의 형성을 목도하기는 했으나 그것과는 별개로 과연 생산력의 발달과 정치체 형태의 사이에는 어떠한 상관관계가 존재하는가라는 근본적인 질문을 던져 보아야 한다. 현재 유럽에서 벌어지는 EU의 발전은 한정된 지역에서의 생산의 숙성화가 가져오는 정치체 형태의 변형인가, 다시 말해 자본법칙에 조응하는 변화로서 벌어지는 EU통합을 이해할 수 있는가의 문제를 탐구해야 한다.

이러한 문제의식은 사실상 네그리가 새로운 형태의 전 지구적 주권(a new global form of sovereignty)으로서 '제국'의 개념을 제시할 때 이미 엿보이고 있다. 그가 자본 법칙은 필연적으로 경계를 내재화(the outside is internalized)한다고 주장하는 데에서 자본법칙과 정치체 영역의 상관관계는 탐구의 대상이 된 것이다(Hardt and Negri, 2001: 309~310). 또한 비슷한 맥락에서 일단의 맑스주의자들이 역사유물론적 시각에서 자본주의 발달과 국가형태의 상관관계에 대한 연구를 활발히 진행시키고 있다(Wood, 2002; Lacher, 2002; Robinson, 2002). 이들의 논문은 모두 '영토를 가진 국가의 존재(국민국가)가 자본주의 발전의 전제라면 자본주의는 국민국가를 반드시 필요로 하는가'라는 문제의식에서 출발한다. 이러한 질문에 대해 우드 (Wood)는 '그렇다, 자본주의(자본관계)는 국민국가와 절대적인 관계이다'라는 답을 하고 있으며 래쳐(Lacher)는 자본주의가 국가를 필요로 하지만 맑스주의 이론은 그것이 왜 국민국가형태이어야 하는지는 설명하지 못하고 있다는 것을 말하면서 자본주의 생산관계와 국민국가형태 사이에 필연적인 상관관계가 존재하는 것이 아니라면 자본주의는 국민국가 영역을 넘어서는 그래서 그것을 대체하는 새로운 형태의 정치체를 필요로 할 수 있다는 주장을 하고 있다. 이러한 래쳐의 주장에서 한 걸음 더 나아가 로빈슨(Robinson)은 현재 이미 초국적 자본은 국민국가 시스템을 대체하고 있으며 IMF, World Bank, WTO와 같은 다양한 국제기구들의 중층적 조정으로 형성되고 있는 초국적 국가기제(TNS: Transnational State Apparatus)가 탄생하고 있다고 말하고 있다.

유럽연합을 토대에 조응하는 상부구조로서 연구하려는 시도가 매우 어렵지만 역사유물론적 시각에서 새로운 정치 사회적 변화를 읽어내려는 사람들이 반드시 부닥쳐야 할 과제가 아닐 수 없다. 그러한 시도는 다음과 같은 문제의식을 배경으로 하여 추진되어야 한다. 첫째, 이제 재생산의 공간(the site of reproduction)은 유럽자본주의 시스템 전체이며 국민국가수준의 개별사회구성체의 재생산은 유럽시스템 재생산의 부분으로 기능하는 것에 불과한 단계에 이른 것은 아닌가? 그렇다면 이러한 변화를 이끄는 역사유물론적 동인은 무엇인가? 어떠한 자본법칙이 존재하고 있는가? 둘째, 정치공동체 유럽연합의 태동이 자본주의 발달이 파생시키는 자본법칙의 효과에 불과한 것이라면 유럽통합을 위한 유럽지도자들의 정치행위는 기껏해야 자본주의 발달에 상응하는 결과적 현상에 불과한 것이며 그래서 그들의 정치도, 야심도, 진정, 맑스가 말한 대로 '구조의 부가물(trager)'로서 나타나는 현상에 불과한 것인가? 셋째, 만약 유럽연합이 초국민국가의 태동으로 생각될 수 있다면 유럽연합의 계급적 성격은 향후 어떻게 나타날 것인가? 유럽경제시스템이 자본주의 경제시스템인 이상, EU는 부르주아 계급성격을 띨 수밖에 없으며 유럽연합은 결국 최종분석에서 유럽 부르주아지의 공동의 이익을 관장하는 집행위원회에 불과할 것인가? 넷째, 자본주의 국가정책은 파워블록을 구성하는 지배계급분파의 이익을 보장하는 방향으로 궁극적으로 집행되는 것처럼, 유럽연합정책은 궁극적으로 EU 파워블록 내의 지배계급분파라 할 수 있는 영국, 독일, 프랑스의 부르주아지를 위하는 방향으로 집행되는 것인가?

시스템재생산원리로 유럽연합의 국가성 여부를 판단하려는 시도에는 유의할 점이 있다 하겠다. 앞에서 강조한 두 가지 기준을 통해 유럽연합을 관찰하려는 시도가 토대의 변화에 조응하는 상부구조의 변화를 주목하려는 기본적이고 일차적인 접근이라고 평가할 수 있지만 기타 변수들이 유럽연합의 초국민국가성의 형성에 미칠 수 있는 영향력을 무시한다면 그러한 시도는 필히 경제환원론의 오류에 빠진다고 말할 수 있을 것이다. 유럽통합에 관여하는 유럽지도자들의 정치행위가 유럽자본주의 체제라는 경제적 토대변화의 결과적 현상이 아닌가 의문하는 것이 생산적 질문일 수는 있지만 그렇다고 그들의 비경제적 의도와 야심이 유럽통합의 중요한 동력으로 기능하고 있는 것이 아니냐는 문제의식을 과소평가할 수도 없다. 우리는 일찍이 토대의 경제적 변화와 별 상관없이 광대 정치체가 형성되어 온 역사적 사실을 로마제국과 몽고제국 등에서 보아왔다. 경제적 측면과 밀접히 관계된 것으로 보이지 않는 히틀러의 야심이 관철되어 유럽에서 초국민국가적 독일제국이 형성될 수도 있었다. 역사 속에서 새로운 국가의 형성이 지극히 정치-군사적 의도에서 비롯된 경우를 빈번하게 보아왔기 때문에 유럽연합의 초국민국가성을 연구함에 있어서도 앞서 제기된 경제적 측면의 두 가지 기준만을 주목할 경우 상부구조와 토대의 관계를 연구함에 있어 기계론적 오류에 빠질 높은 위험을 동반할 것이다.

제 10 장

신제국주의와 국가: 데이비드 하비(David Harvey)와 엘런 메익신즈 우드(Ellen Meiksins Wood)의 논쟁[1)

제1절 들어가며

국가범죄처럼 음험하게 들리던 제국주의는 이제 더 이상 좌파의 용어만도 아니다. 21세기 디지털시대에 100여 년 이전에 유행하던 용어가 국제사회의 현실을 반영하는 개념으로 받아들여지고 있다. 제국주의 논쟁이 다시 일어나고 있는 것이다. 그런데 제국주의 논쟁이기는 하지만 정확히 말하면 1세기의 간극을 반영하는 '신제국주의' 논쟁이다. 신제국주의를 연구하는 학자들 사이에는 레닌(Lenin), 룩셈부르크(Luxemburg), 부하린(Bukharin) 등의 고전적 제국주의론이 식민지의 형성과 두 차례의 세계대전의 배경을 설명하는 데 있어 매

---

1) 이 글은 *The New Imperialism*(Harvey, 2003), *Empire of Capital*(Wood, 2003), 그리고 저널 *Historical Materialism*의 14집 4호와 15집 3호에 실린 하비와 우드의 논문을 참조하였다. 두 학자의 사상을 간단하면서도 체계적으로 소개하기 위하여 나름대로 필요하다고 생각되는 부분을 발췌하여 의역과 직역을 병행하면서 재구성하였고 이들의 신제국주의에 대한 필자의 분석을 첨가하였다.

우 유용한 분석틀이었지만, 탈식민지화와 거센 지구화 그리고 아프가니스탄전쟁과 이라크전쟁 같은 분쟁으로 점철되고 있는 현재의 세계자본주의를 분석하는 것에는 별 효과가 없다는 공감대가 형성되어 있다. 신제국주의는 특히 냉전종식 이후 서서히 가시화되기 시작한 미국의 일방주의 패권 노선을 어떻게 이해해야 하는가의 미국 제국주의 문제를 중심적 연구대상으로 삼고 있다. 미국의 절대적 지배력을 인정하는 대표적 학자로는 하트와 네그리(Hardt and Negri, 2001), 고완(Gowan, 2001; 2003), 파니치와 긴딘(Panitch and Gindin, 2003a; 2003b) 등이 있지만 미국의 지배력을 부인하면서 미국은 강대국 중의 하나에 불과하다는 주장(Callinicos, 2002)과 미국의 힘은 이미 오래전부터 쇠퇴일로를 걷고 있다는 주장(Wallestein, 2003)도 맞서고 있다.

그런데 신제국주의 연구 중에서도 요즈음 특별한 관심을 끄는 것은 데이비드 하비와 엘런 메익신즈 우드의 논쟁이다. 이들의 작업이 주목받는 이유는 이전의 기타 분석들보다 심도 있게 신제국주의의 '새로운 것'에 대한 세련된 이론화를 모색하고 지구화와 제국주의의 맥락에서 국가의 문제를 밀도 있게 다루고 있기 때문이다. 이러한 중요성을 반영하듯 최근 몇 년 사이에 비판적 맑스주의 연구의 새로운 장을 성공적으로 열고 있는 저널 *Historical Materialism*에서는 2006년의 14집 4호와 2007년 15집 3호의 지면을 할애하여 하비와 우드의 논쟁의 장을 펼쳐 놓았다. 저널은 14집 4호에서 하비의 저서 *The New Imperialism*에 대한 심포지엄을 열고 우드의 비평을 실었다. 그 외에 샘 애시먼(Sam Ashman), 봅 서트크리프(Bob Sutcliffe), 로버트 브레너(Robert Brenner), 알렉스 칼리니코스(Alex Callinicos), 벤 파인(Ben Fine) 등의 비평이 소개되어 있다. 마지막으로 이러한 비평에 대한 하비(Harvey)의 대응을 싣고 있다. 2007년의 15집 3호에는 이제 우드의 저서 *Empire of Capital*을 심포지엄의 주제로 삼고 있다. 여기에는 역으로 우드에 대한 하비의 신랄한 비평이 소개되어 있으며 그 외에 폴 블랙리지(Paul Blackledge), 윌리엄 로빈슨(William I. Robinson), 프라센지트 보세(Prasenjit Bose), 프랑수와 셰네르(Francois Chesnais) 등이 심포지엄에 참가하고 있다. 그리고 마지막으로 다수 비평에 대한 대응으로서 우드의 글이 이어지고 있다.

내가 보기에 하비와 우드의 연구가 결코 신제국주의의 완성된 이론은 아니지만 당분간 학계의 관심의 대상이 될 수밖에 없다. 그 이유는 무엇보다도 이들의 논쟁이 '신제국주의는 고전적 제국주의와는 무엇이 다른가', '신제국주의에서 국가의 역할은 무엇인가'라는 현 세계자본주의 체제의 매우 중요한 관심사를 다루고 있기 때문이다.

제2절 데이비드 하비의 신제국주의

1. 신제국주의: '강탈에 의한 축적'

데이비드 하비의 신제국주의를 이해하기 위해서는 간단하게나마 자본주의의 공간성과 자본주의 위기에 대한 하비의 이해체계를 살펴볼 필요가 있다. 하비는 지리학자로서 자본주의 공간성을 연구하면서 이른바 '비대칭성(asymmetries)'으로 인하여 세계자본주의 체제에는 필연적으로 불균등한 발전상태가 일어날 수밖에 없다는 것을 말하고 있다. 그 비대칭성이라는 것은 공간적 교환 관계(spatial exchange relations)로 인하여 필연적으로 생겨난다. 공간적 교환관계란 불공정하고 불평등한 교환, 지역에 따라 지배적으로 존재하는 독점권력, 제한된 자본의 흐름과 연계된 폭리적인 활동, 그리고 독점적 지대의 추출 등에서 표현되고 있다(Harvey, 2003: 31). 특정한 영토의 부와 복지는 다른 영토의 희생의 대가로 증가한다. 불균등한 지리적 조건이라는 것은 단지 자연 자원의 분포라든가 위치적 유리함에서 기인하는 것이 아니다. 이것보다 더 중요한 것으로서 비대칭적 교환관계로 인해 부와 권력이 특정지역에 집중되는 것에서 기인한다. 바로 여기에 정치의 중요성이 있다. 국가의 핵심적 과업 중의 하나는 바로 이 비대칭의 패턴을 보존하여 상대적인 이익을 지켜내는 것에 있다. 국가라는 것은 이러한 비대칭성의 이점을 유지시켜야 하는데 만약에 이것에 실패한다면 그 국가의 부와 권력의 감소로 이어진다(p.32). 이런 맥락에서 제국주의 활동이란 불균등한 지리적 조건을 착취하는 것이며 공간적 교환관계에서 불가피하게 발생하는 '비대칭성'의 이점을 다양한 방법을 동원하여 지속적으로 강대국에 유리하게 지속시키는 것이다(p.31).2) 패권적 국가권력은 국제기구까지도 조정하여 패권권력에 순기능하는 교환관계의 비대칭성(the asymmetries of exchange relations)을 유지시킨다(p.133).

하비는 맑스주의자로서 자본주의의 내재적 위기에 주목하면서 과잉축적(overaccumulation)이 자본주의체제의 근본위기라고 생각하고 있다. 과잉축적은 잉여노동(증가하는 실업)과 잉여자본(손실을 발생

---

2) 하비는 국가는 지배적인 자본의 이익에 유리한 교환의 비대칭성(asymmetries in exchange)의 패턴을 유지시키기 위해 제도적인 조정을 총괄한다고 주장한다. WTO가 자유무역을 주창하면서도 실제로 불공평한 무역을 전개시켜 부자나라들이 유리한 여건을 유지하게 만들고 있다 해도 별로 놀랄 것도 없다. 이것은 아주 전형적인 제국주의적 관행이라는 것이다(p.133). 영국은 19세기에 자유방임원칙을 설파하였지만 그 원칙이 다른 나라에 도움이 되자 곧 철폐하였고 제국주의라는 것은 다른 나라에 제도적 조정과 조건을 부과하는 것을 말하며 이것은 항상 보편적 복지(universial well-being)의 이름으로 행해져 왔음을 지적하고 있다.

하지 않고서는 처분될 수 없는 많은 상품들, 유휴생산능력 그리고/또는 생산적이고 이익이 나는 투자처를 찾지 못하고 있는 유휴화폐자본)이 있다는 것을 의미한다. 이를 해결하기 위해서는 잉여상태를 흡수(absorb)하는 시공간적 조정(the spatio - temporal fix)이라는 것이 필요하다. 이것은 구체적으로 다음과 같은 것이다. 첫째, 시간적인 치환조치(temporal displacement)라고 할 수 있는데 자본가치가 유입되는 것을 지연시켜 주는 장기적 자본 프로젝트라든가 교육과 연구 분야 같은 사회적 지출에 대한 투자를 통해서 가능하다. 둘째, 공간적인 치환조치(spatial displacement)라고 할 수 있는데 새로운 시장, 새로운 생산설비, 새로운 자원을 개척하고 가능한 곳에서 노동잠재력을 확장시키는 것을 통해서 가능하다. 셋째, 이 두 가지 조치를 적절히 결합시키는 것이다(p.109).

자본과 국가는 과잉축적의 위기를 해소하기 위해 잉여상태의 흡수(surplus absorption)에 나서야 한다. 국가의 지정학적인 팽창과 재조정이라는 것도 결국 이러한 과잉축적의 위기를 해소하기 위한 시공간적 조정이라고 볼 수 있으며 지구화라든가 제국주의 따위들도 이러한 위기를 해결하기 위한 법석에 다름 아니다(Harvey, 2007: 64~70). 신제국주의도 이러한 맥락에서 이해될 수 있다. 1970년대 과잉축적의 세계적 위기가 나타난 이후부터 자본은 유럽, 북미, 일본의 헤게모니 아래에서 잉여상태의 흡수를 방해하는 모든 장벽을 붕괴시키기 시작했다. 이 과잉축적의 위기를 해결하기 위해 미국은 국내적으로 노력을 하기도 했지만 이에 실패한 미국은 외향적 노력을 경주해 왔다.3) 과잉축적에 대한 주된 전략은 신자유주의적 민영화이다. 하비

---

3) 이러한 미국주도의 신제국주의는 영국의 제국주의와 비교되고 있다. 하비에 따르면 영국의 조지프 체임벌린(Joseph Chamberlain)이 20세기 초반 보어전쟁(Bcer War)을 일으킨 배경에는 영국 안에서 존재하던 과잉축적의 만성적 문제를 대응할 수 있는 해결책을 국내에서 찾을

는 특히 민영화라는 신자유주의적 조치를 '강탈에 의한 축적(accumulation by dispossession)'이라는 개념으로 강조하고 있다. 하비는 로이(Roy)를 인용하면서 원론적 측면에서 민영화의 야만성을 지적한다. 민영화라는 것은 생산적인 공적 자산을 국가로부터 민간기업에 이전하는 것인데 이 생산적 자산은 지구, 삼림, 물, 공기 등의 자연자원을 포함한다. 이것들은 국가가 신용으로 국민들을 대신해서 보유하고 있는 것이다. 이러한 자산을 낚아채어 주식으로 민간기업에 파는 것은 이전 역사에서는 볼 수 없었던 야만적인 강탈행위라고 볼 수 있다(Harvey, 2003: 161). 민영화의 이러한 측면과 함께 하비는 자본의 무기 혹은 전략으로서 민영화가 가진 교묘한 축적의 모습에 주목하고 있다. 공동으로 소유되었던 자산이 시장으로 나오게 되면서 이윤활동을 위한 새로운 지형이 펼쳐졌고 민영화는 잉여상태를 흡수(absorb)하는 시공간적 조정(the spatio－temporal fix)으로서 각광받기 시작했다. 이것은 잠시나마 과잉축적의 문제를 풀 수 있었다. 그러나 한번 궤도에 오르자 이 운동은 국내적으로 국제적으로 민영화의 압력을 행사하기 시작했다(p.158). 민영화의 바람은 남아공과 아르헨티나에서 무섭게 진행되었다. 민영화, 자유무역, 열린 자본시장이라는 것은 무역, 생산, 서비스, 금융을 지배하는 선진자본주의 국가의 독점자본의 권력에 봉사하는 주요한 수단이다. 미국의 지원을 받는 IMF, WTO와 같은 국제기구의 압력은 '강탈에 의한 축적'을 증진하는 강압적 시장개방을 추진해 왔다. 이 개념을 통한 하비의 의도는 자본축적의 위기 상황에서 자본이 국가권력을 업고 '다른

수 없었기 때문이었다. 이러한 무능력은 국내에서 사회적 개혁과 기간산업에 잉여자본을 투자하는 것을 반대하는 국내 계급구조가 버티고 있었기 때문이다. 이것과 마찬가지로 미국 내에서 계급이익에 의해 봉쇄된 개혁과 기간산업에 대한 투자의 문제는 미국정치가 제국주의노선을 점차적으로 꺼안게 되는 데에 결정적으로 작용하게 된다(Harvey, 2003: 180).

수단'을 통해 축적을 모색하는 경향을 비판적으로 표현하는 것에 있다. 이 강탈에 의한 착취란 어감은 매우 폭력적으로 들리지만 실제 이것의 주된 형태는 1970년대 이후 표면적으로는 폭력을 별로 수반하지 않는 것처럼 보이는 신자유주의의 민영화 조치이다.[4] 자본주의는 기본적으로 잉여가치의 생산과 전유(appropriation)에 관한 것이고 생산을 통해 전유가 이루어지는 것이 일반적이다. 그런데 비정상적으로 전유가 생산이 없이도 일어나는 경향이 최근 수십 년간 뚜렷하게 나타나고 있었음에 하비는 주목하는 것이다. 국가권력에 지원받은 금융자본은 비정상적인 '다른 수단'에 의존하여 자본축적을 도모한다. 국가권력과 금융자본의 약탈적 속성은 서로 결탁하여 식인적인 독수리 자본주의(vulture capitalism)를 전개하고 있다(p.136). 민영화, 시장개혁, 복지정책축소, 그리고 신자유주의라는 가면 아래 강탈에 의한 축적이 일어나고 있다. 이러한 성격이 바로 자본주의 초창기에 일어났던 것들과는 질적으로 틀린 '새로운 것'이며 그가 '신제국주의'라고 명명하는 것도 이를 두고 말하는 것이다.

2. 제국주의 권력: 영토논리와 자본논리

하비는 제국주의 권력을 어떻게 이해하고 있을까? 자본주의 권력은 자본주의 이전 시대의 권력과 어떻게 다른 것인가? 이와 관련, 포착해 내야 할 것은 뒤에서 살펴보게 될 우드와 마찬가지로 하비도 맑스주의자로서 자본주의 생산관계의 정경분리를 제국주의 권력 연

---

4) 하비의 강탈에 의한 축적이라는 개념이 지나치게 대중영합적이고 선정적이 아니냐는 지적에 "정치적으로 효과적이라면 사용을 주저해야 할 이유가 무엇인가"라고 대응하고 있다(Harvey, 2007: 6).

구의 출발점으로 삼고 있다는 점이다. 하비는 '자본주의 제국주의(capitalist imperialism)', 좀 더 정확히 표현하면 '자본주의적' 제국주의를 연구하면서 아리기가 한 것처럼 권력논리(logics of power)를 영토논리(logic of territory)와 자본논리(logic of capital)로 구분하는 것이 필요하다고 말하고 있다(p.27). 그러나 이 영토논리와 자본논리라는 것은 아리기와 하비식 표현일 뿐 결국 오래전부터 맑스주의에서 주목해 온 자본주의 생산관계의 특수성에 기원하는 정치적 권력과 경제적 권력의 분리를 말하는 것이다.

하비는 자본주의 제국주의는 권력의 영토논리와 자본논리 관계의 변증법적 작용에서 나오는 것이라고 말하고 있다. 두 논리는 차별적이고 하나로 환원될 수 없으며 서로 견고하게 엮어져 있다. 그것들은 서로에게 내적인 관계라고도 말할 수 있다(p.183). 이 자본주의 제국주의는 '국가와 제국의 정치'와 '시공간 속에서 일어나는 자본축적의 분자적 과정'의 모순적 융합이다. 하비는 '국가와 제국의 정치'를 통해 영토논리를 말하면서 "영토를 관할하는 가운데 인적, 자연적 자원을 특정한 정치적, 경제적, 군사적 목적의 실현을 위해 동원하는 행위자들의 정치 프로젝트로서의 제국주의 측면"을 의미한다. '자본축적의 분자적 과정'을 통하여 자본논리를 말하면서 "시공간 속에서 일어나는 포착하거나 헤아리기 힘든, 그리고 그 무엇보다도 자본에 대한 권한과 이용이 절대적으로 중요할 수밖에 없는, 정치-경제적 과정으로서의 제국주의"의 측면을 지칭하고 있다. 전자의 측면에서, 하비는 "한 국가가 세계에서 그 자신의 이해관계를 역설하고 그 목적을 달성하고자 하면서 고취하고 사용하는 정치적, 외교적, 군사적 전략들"을 강조하고 있다. 후자의 측면에서, 그는 "경제 권력이 생산, 교역, 상업, 자본 흐름, 화폐이전, 노동 이주, 기술 이동, 외환투기, 정보의 흐름, 문화적 충격 등과 같은 것을 통해 국가들 사이에 걸쳐 흐르는 양상”에 초점을 맞추고 있다(p.26). 이것은 매우 어렵고 복잡하게 들리지만 결국 자본주의 제국주의란 ‘정치권력’과 ‘자본권력’이 변증법적으로 상호작용하던서 행사되는 것이라고 하비는 말하고 있는 셈이다.

두 권력의 상호영향력은 어떻게 이해되어야 하는가? 그는 경제적인 것의 중심성을 인정하는 맑스주의자로서 “자본주의 제국주의를 [자본주의 이전의] 제국의 개념으로부터 구별 짓는 것은 영토논리가 [정세적으로] 강한 경우가 있기는 하지만 전형적으로 자본논리가 지배적이라는 사실이다”라고 말하고 있다(p.33). 이것은 이를테면 자본주의 체제의 미국제국주의가 과거 로마제국과 다른 것은 정경분리가 없는 로마시대 사회체제에서 일반적으로 정치가 중심적이었다고 말할 수 있으나 정경분리를 특징으로 하는 자본주의 체제에서는 예외적으로 정치(영토논리)가 우세한 경우는 있지만 전형적으로 경제(자본논리)가 우선하는 것이라고 말하고 있는 것으로 비유될 수 있겠다. 그러나 이것은 높은 추상성 수준의 일반론일 뿐이다. 따라서 좀 더 경험적 수준에서 하비가 영토논리와 자본논리의 상관관계에 대한 나름대로의 이해를 갖지 못하는 한 두 측면의 변증법적 융합의 결과로 나타나는 (미국)제국주의를 설명할 수 없다. 따라서 다음의 질문을 던지고 있다. “공간적으로 어색한 모습으로 고정되는 경향을 가진 영토적 권력은 끝없는 자본 축적의 열린 공간적 동역학(open spatial dynamics)에 어떻게 조응하는가? 자본축적의 무한적 경향이 영토적 권력에 의미하는 것은 무엇인가? 역으로, 만일에 세계체제의 헤게모니라는 것이 국가 또는 국가의 집합으로부터 나오는 것이라면 자본논리는 어떻게 조정되어 그 헤게모니를 유지시켜 주는 것인가?”(p.33).

하비는 이에 대한 해답을 아렌트(Arendt)에게서 구한다. 아렌트는 "자산(property)의 끝없는 축적은 권력의 끝없는 축적으로 뒷받침되어야 한다. …… 자본축적의 무한한 과정은 '무한한 권력'의 정치구조를 필요로 하며 권력은 계속적으로 성장하여 보다 강력해짐으로써 자산의 증가를 보호할 수 있게 된다"라고 말하고 있다(p.34). 이 주장을 인용하는 것을 통하여 하비는 "어떠한 패권국이 있어 그것이 끝없는 자본축적과 관련, 그것의 지위를 유지하려면 그것의 권력을 끝없이 강화하고 확장해야 한다"라고 주장하고 있다(p.35). 영토논리와 자본논리의 두 관계는 권력의 상보성으로 서로를 지지해 주어야 함을 강조하고 있는 것이다.

이론의 원론적인 큰 틀을 설정한 하비는 이제 구체적인 수준에서 영토논리와 자본논리의 상호조응성의 실패에 기인하는 긴장성, 국가 거버넌스의 다양성, 국가의 대내외적 관계 등의 변수가 중층적으로 작용한 결과 제국주의도 역사적으로 특수한 성격을 갖게 될 수밖에 없다는 것을 강조하고 있다. 하비가 "끝없는 자본축적이 영토논리 내에서 주기적 위기를 발생시키는데 왜냐하면 상응하는 정치적, 군사적 권력을 축적해야 할 필요성이 생겨나기 때문이다. 영토논리 안에서 정치적 지배의 변경이 생긴다면 자본의 흐름도 이를 소화하면서 같이 변화해야 한다"(p.183)라는 언급에서 부조응성의 긴장관계를 강조하거나, "국가라는 것은 국정을 운영함에 있어 매우 독특한 나름의 규칙과 전통에 근거하여 차별적인 거버넌스를 보여준다" 하면서 국가 거버넌스의 다양성을 주장하거나(p.183), 그리고 "자본주의 제국주의란 영토논리와 자본논리 그리고 자본주의 국가의 내적관계와 외적관계의 이중의 변증법적 작용으로 이해되어야 한다"(p.184)라고 주장하며 국가의 대내외적 관계의 변수를 부각시키는 일련의

의도는 역사적으로 전개된 제국주의의 특수성을 강조하기 위해서이다. 이러한 변수들이 복합적으로 작용하여 역사에서 저마다의 차별적인 제국주의가 형성되었다는 것이다. 이것은 1870년부터 1945년까지 영국, 프랑스, 네덜란드, 벨기에 등의 경우에서 볼 수 있고 미국이 보여주는 현재의 제국주의도 이러한 맥락에서 이해해야 하며 왜 지금 미국에서 네오콘이 주도하는 신보수주의 제국주의가 일어나는지 알 수 있다는 것을 하비는 강조한다.

　미국헤게모니의 성장은 3단계로 구분된다. 미국은 첫 번째 국면(1870~1945)과 두 번째 국면(1945~1970)에서 크게 성장했으나 세 번째 국면(1970~2000)에서 약해지기 시작했다(p.26~86). 1970년대부터 세계경제와 미국권력은 금융산업 주도의 신자유주의적 자본논리에 의해 주도되고 있었지만 그것은 모순을 내포하고 있었다. 자본주의 세계경제는 1973~5년의 과잉축적위기로 인해 급진적인 재조정을 겪었는데 여기서 금융 부분은 재조정의 핵심 사항이었고 그 결과 종전과는 다른 새로운 시스템이 세계경제에 등장했다. 화폐자본은 자유롭게 떠돌면서 국가통제로부터 벗어나게 되었으며 미국의 뉴욕은 지구경제의 금융센터가 되었다. 생산 부분에서 고전하던 미국은 금융을 통하여 헤게모니를 유지할 수 있었다(p.62~63). 금융자본이 주도권을 잡으면서 이 권력은 국가제도와 국가장치를 변형시켜 미국과 영국은 신자유주의 국가가 되었고 뒤이어 국지사회에서 신자유주의적 국가의 숫자가 확산되고 IMF 등 국제기구도 신자유주의적으로 변하게 된다(p.184). 이러한 변화의 결과는 신자유주의 국가들과 금융자본의 동맹이었다. 이것은 다국적 기업의 간부들, 금융자본가들, 금리, 지대, 배당 등으로 수익을 얻는 부유한 불로소득자 등 한정된 계급에만 혜택을 주는 시스템이었는데 그들은 자신들의 자산가치와 기득권을 보호하고자 미국에 기대게 되었다(p.186). 그러나 금융자본 세력은 매우 이기적이어서 그들 이익을 위해서는 본국의 제조산업이 약화되든 이웃나라가 고통을 받든 전혀 안중에 두지 않았다. 이러한 것은 생산 부분에 있어 미국헤게모니의 쇠퇴와 1997~8년 아시아의 경제위기 때 미국, 일본, 유럽의 금융센터들이 거의 공짜로 아시아의 자산을 낚아채어 간 경우에 잘 드러나고 있다(p.187).

이 같은 신자유주의 제국주의는 위기를 가져왔다. 국제사회에서 '강탈에 의한 축적'은 국내적으로 민족주의 갈등과 인종갈등을 촉발시키게 되었다. 국제적으로 Wall Street－Treasury－IMF 복합체에 대한 저항이 확산되면서 반지구화 운동이 세계적으로 전개되기 시작했으며 과거에 순종적이던 민중들도 미국헤게모니에 저항하기 시작했다. 그러나 이러한 저항기간에도 신자유주의 국가는 여전히 자본가의 편에 서서 강탈에 의한 축적을 계속하고 있었다. 이후 반신자유주의 운동은 시민사회운동의 영역으로까지 확산되었고 이로 인해 신자유주의 제국주의에 대한 저항적 사회운동은 더욱더 뿌리를 깊이 펼치게 되었다(p.189). 하비에 따르면 이러한 신자유주의 자본논리의 문제는 결국 1999년부터 신자유주의 본산인 미국의 심장을 건드리기 시작했다. 1999년 닷컴산업(dot.com economy)에서 시작된 경제 붕괴는 분식회계와 거품자산의 문제점을 가지고 있었던 금융산업 쪽으로 옮겨갔다. 9·11사태 이전에 이미 신자유주의 제국주의는 내부에서 쇠약해지고 있었고 월스트리트 자산가치는 위협받기 시작했다. 이미 이때부터 신자유주의적 자본논리가 지배하는 제국주의의 양상은 쇠퇴하고 새로운 모습의 제국주의가 나타나게 되는 조짐이 일어났다(p.190).

부시 대통령이 집권하면서 제국주의는 새로운 양상을 띠면서 신보수주의 제국주의가 전면에 등장한다. 즉 신자유주의 자본논리가 약화되고 신보수주의 영토논리가 새로운 중추세력이 되었다는 것이다. 부시가 대통령이 되면서 신보수주의자들이 국가권력을 장악하게 되었는데 그들 집권의 주된 목적은 국내외적으로 질서를 확립하는 것이었다(p.190). 신보수주의자들은 미국 주도의 리더십은 미국은 물론 세계 전체에도 좋다는 인식을 가졌고 그러한 리더십을 위해서는 강력한 군사력이 필요하다는 것도 인정했다. 이러한 영토논리는 클린턴 정부하에서는 루빈(Rubin)과 서머스(Summers) 등이 일하던 재무부(the Treasury)가 핵심기구였지만 부시정부에서의 핵심부서는 체니(Cheney)와 럼즈펠드(Rumsfeld) 등이 일하던 국방부서였던 점에서 상징적으로 잘 나타나고 있다(p.192). 신보수주의자들은 그들의 비전을 추진하기 위한 어떠한 계기가 필요했는데 9·11사태는 마치 기다리던 감이 떨어진 격이었다. 아프가니스탄전쟁과 뒤이어 이라크전쟁이 발발했다. 현재 미국의 신보수주의자들은 미국이 2차 세계대전 후 일본과 독일에서 바라던 목표를 실현하는 방향으로 이라크 재건을 기대하고 있다. 그러나 이것이 그들 야심의 전부가 아니다. 이들은 사우디, 이란, 시리아까지 통제에 성공하여 석유생산의 중추적 기지이고 미국에 대한 잠재적 도전지역인 유라시아 지역을 통제하는 것을 통하여 향후 적어도 50년 동안은 걱정 없이 세계 패권을 유지하는 것을 기도하고 있다(p.198~199).

그러나 하비가 예상하건데 이러한 목표는 달성하기 쉽지 않다. 신보수주의자들이 추구하는 영토논리에 대한 미국 내 정치세력의 지지가 미약할 뿐만 아니라 국제사회의 저항은 더욱더 큰 문제이다. 게다가 영토논리와 자본논리의 불일치가 존재하고 있다. 부시행정부는 점증하는 전쟁비용의 부담을 감당할 수 없고 전반적으로 미국경제의 상황이 낙관적이지도 않다. 신보수주의자들의 영토논리를 자본논리

가 지지해 주지 못하는 것이다. 이러한 문제는 이미 미국제국주의의
호전성으로 나타나고 있다. 부시 행정부가 다자주의보다는 일방주의
로, 동의보다는 강제로, 외교보다는 막강한 군사력에 의존해 가고 있
는 것은 미국 지배를 유지하는 데 수반된 높은 위험을 보여주고 있다.
미국이 생산과 금융 분야에서 고전하고 헤게모니의 하강을 느끼면 느
낄수록 폭력적이고 착취적인 지배의 유혹은 더 강한 것이다(p.75).

제3절 우드의 신제국주의

1. 보편적 자본주의: 자본주의 요청성과 시장의 요청성

우드의 '신제국주의'에서 '새로운 것'은 그녀가 일컫는 이른바 '보
편적 자본주의(universal capitalism)'라는 변화된 물질적 조건에서
기원하는 제국주의 모습을 말한다. 우드는 *Empire of Capital*에서
오늘날 세계를 자본주의 초창기와 구분시켜 주고 있는 것으로서 자
본주의 요청성(capitalist imperatives)의 보편화를 들고 있다. 초창기
때와는 달리 제2차 세계대전 이후에는 세계 대부분의 지역이 자본주
의 시장경제 체제이기 때문에 우리들의 전체적인 삶의 양식이 자본
주의 시장성에 구속되고 있다는 강조이다. 우리는 더 이상 중심자본
주의 세력과 종속적인 비자본주의 세력 사이의 외부적 관계 속에 살
고 있지 않고 자본주의 시스템의 내적 요청성과 모순에 의해서 추동
되는 세상에 살고 있다. 자본주의 요청성과 자본주의의 경제적 지배의
새로운 형태가 지구를 감싸고 있다. 이러한 자본주의 요청성은 선진국

가 경제 안에서 생활의 모든 부분에 침투하고 있는데 그것은 생활의 모든 영역이 상품화되고 있기 때문이다. 그리고 주요 선진자본주의 국가들이 종속경제를 지배하는데, 식민지시대에 그랬던 것처럼 비경제적 강제력으로 하는 것이 아니라 시장의 요청성(imperatives)을 부과하고 조정하는 방식으로 그렇게 하고 있다(Wood, 2007: 165~167).

이 자본주의 요청성과 정경분리의 문제는 매우 밀접한 이론적 관련성을 가지고 있다. 하비의 주장과는 달리 우드는 정치와 경제의 자본주의적 관계에서 가장 독특한 점은 정경분리로 인하여 경제권력이 정치의 직접적 강제로부터 자신을 떼어놓은 능력이라는 것이다. 이로써 정치와 경제의 분리를 강조하고 있는데 이것은 하비가 자본축적은 정치권력의 끊임없는 축적을 필요로 한다고 강조하는 것과는 크게 차별적이다. 우드에 따르면 자본주의의 경제영역은 스스로 자체적인 강제력을 가지고 있으며 그것으로 인하여 비경제적 힘에 직접적으로 의존하지 않고 착취와 자본축적이 가능하다. 전 지구적 시장에서 자본은 패권국가와 정치권력의 영토적 확장이라는 뒷받침이 없이도 스스로 영역을 넓혀갈 수 있다. 여러 가지 지정학적 이유로 인해 자본주의 국가가 정치적 지배를 모색하는 경우가 생길 수도 있지만 자본주의 경제권력의 지구화과정은 정치적 지배력에 의존하지 않는다. 우드는 끊임없이 스스로 확장하는 자본의 능력은 경제권력이 정치권력으로부터 이탈(detachment)하는 능력에서 기인한다고 말하면서 이것이 바로 자본주의의 독특한 힘임을 강조한다(Wood, 2006: 18; 25).

경제권력의 이탈하는 능력, 자본주의 요청성, 보편적 자본주의 등의 개념을 좀 더 명확히 알기 위해서는 우드가 봉건주의 생산관계와 비교하여 자본주의 생산관계를 어떻게 이해하고 있는지 살펴볼 필요가 있다. 이것은 책의 1장에서 이미 다룬 내용이기도 하다. 우드에 따르면 자본주의 이전 사회에서는 법적, 정치적, 또는 군사적 지배라는 강제는, 즉 포괄적인 의미에서 '정치적인 것'은 잉여가치의 전유(surplus appropriation)에 직접적인 역할을 하였다. 봉건주의 사회에서 이 전유의 권력은 군주의 법적, 정치적, 군사적 지위에 근거하였고 봉건시대의 국가기관과 봉건군주의 경제권력은 정확하게 그들의 정치권력의 수준에 비례하였다고 말할 수 있다. 다른 말로 표현하면 그러한 사회 내의 '자산(property)'이라는 것은 '정치적으로 구성'되었다고 말할 수 있다. 이러한 맥락에서 자본주의 이전 시대의 제국주의라는 것은 영토의 지배라든가 조공의 강제적 징수와 같은 비경제적 착취를 확장시킨 형태로 볼 수 있다. 자산의 축적과 정치권력의 축적은 본질적으로 연계되었고 경제적 착취란 그에 상응하는 정치권력을 필요로 했다(p.15).

그러나 자본주의에서 자산이라는 것은 정치권력과는 독립적으로 존재하며 기본적으로 '정치적인 것'의 주요 역할은 착취과정으로부터 외재적인 것이다. 자본주의 이전 사회에서 착취계급들은 잉여가치 추출(extraction)의 수단으로 직접적인 정치권력을 필요로 하였지만 자본주의에서는 직접생산자를 부린다는 것(expropriation)은 직접적인 정치권력이 전유자들(appropriators)에게 이제 필요하지 않다는 것을 의미하는 것이다. 봉건시대의 자산은 군주의 정치권력이라는 것과 밀접한 관계를 가진 것이지만 - 즉 법적, 정치적, 군사적 기능으로부터 떨어질 수 없는 전유의 권력(a power of appropriation), 자본주의시대에 자산권이라는 것은 법적, 정치적, 군사적 기제에 대한 직접적 권한 혹은 통제를 전제로 필요로 하지 않는다. 착취(exploitation)라는 것은 어떠한 공공적이고 공동적인 기능의 행사와 연계되어 있지 않다. 사적재산권으로부터 떨어진 정치권력은 재산권시스템을 보호하는 수단으로 한정되고 사회질서와 자본축적을 위한 조건들을 유지하는 기능을 하고 있다(p.16).

이렇게 자본주의 체제에서 전유계급인 자본과 직접생산자인 노동자는 직접적 정치개입이 배제된 순수한 경제관계를 형성한다. 이러한 순수하고 자율적인 경제영역 안에서 지배의 다른 형태가 탄생하였다. 자본주의하에서 전유자(appropriators)와 생산자(producers)는 모두 그들 자체의 재생산 조건을 위하여 시장에 의존하게 된다. 그들의 관계는 시장에 의해서 중재된다. 노동자들은 정치적 강제력이 없어도 자본이 이윤을 낳을 수 있도록 일하는데 그것은 자본의 이윤이 없다면 기본적인 수준에서 그들 자신의 필요를 충족시킬 수도 없기 때문이다. 그들은 임금과 교환하는 그들의 노동력을 팔지 않고서는 자신들의 생활을 재생산할 수 없다. 따라서 그들을 종속시키는 지배력이라는 것은 기본적으로 시장에 존재하고 그들은 시장에 기댈 수밖에 없다. 그리고 자본가 역시 자본과 노동을 확보하기 위해 시장에 종속적일 수밖에 없다. 그러나 우드는 이 사실이 자본가들이 노동자와 동등할 수밖에 없다는 해석으로 연결되어서는 안 된다는 것을 강조한다. 반대로 시장의 본질성, 요청성(imperiatives)은 자본으로 하여금 노동으로부터 더 많은 잉여가치를 추출하여 이익을 극대화하도록 추동한다. 시장은 자본이 노동자들에 대한 새로운 형태의 지배를 가질 수 있도록 한다. 그래서 두 계급 간의 시장관계는 지배관계를 줄여주는 것이 아니라 강화시켜 주는 것이다(p.17).

2. 신제국주의와 국가의 기능

이 같은 정경분리의 자본주의 생산관계의 구조적 특성이 우드의 신제국주의에 어떻게 연결되는가? 앞서 보았듯이 우드에 따르면 자본의 끝없는 확장은 자본이 스스로를 비경제권력으로부터 이탈시켜버리는 능력 때문에 가능하다. 이탈이라는 표현은 자본의 주체성을 강조하는 것일 뿐 결국 자본의 끝없는 확장이란 우리가 익숙한 개념인 정경분리에서 비롯되는 것으로 이해할 수 있다. 이 분리 개념이 우드의 제국주의 연구에서 중요한 이유는 그녀는 이 분리가 바로 자본권력이 영토의 한정성을 극복하고 국제적 착취를 가능하게 만드는 근본요소로 인식하기 때문이다. 자본주의 보편성으로 특징되는 세계자본주의체제에서는 시장의 요청성, 자본의 요청성으로 인하여 비경제권력의 개입이 없이도 자본은 이윤추구의 확장을 계속하며 지배의 재생산을 할 수 있다. 자본은 영토성에 종속된 법적, 정치적, 군사적 조직에 직접적인 도움을 받지 않아도 그리고 식민지 영토를 정치적, 행정적으로 확보하지 않고서도 자본 권력만으로도 착취를 할 수 있게 되었다. 하비가 끝없이 확장하는 자본축적은 끝없이 확장하는 정치권력을 동반해야 하고 이것이 자본주의 제국주의 논리라고 주장하는 반면에 우드는 정반대의 측면에서 주장한다. 즉 자본주의 제국주의의 특수성은 자본이 영토적, 정치적 권력의 확장이라든가 도움이 없이도 그것의 헤게모니를 부과할 수 있는 능력에 있다. 자본주의 이전의 모든 사회에서 제국의 헤게모니라는 것은 지정학적이고 군사적인 힘에 직접적으로 의존했으나 자본주의는 자율적인 경제적 지배형태를 발전시켰다. 자본주의 제국주의는 이같은 순수한 경제적 착취양식을 국민국가 경계를 넘어서 확장시키는 것을 말하며 하위 국민국가경제의 시장종속성에 기반하고, 그 종속성을 부과하고, 그리고 강화하는 것을 의미한다. 글로벌 자본이 경제적 수단을 통해서 자본축적이 가능한 이유는 하위경제들이 시장의 요청성으로 인하여 지구적 시장의 궤도 안쪽으로 유입되면서 강대국으로부터 나오는 경제적 압력에 종속되기 때문이다(p.17).[5]

이 정경분리가 자본주의 국가의 기능에 시사하는 것은 무엇일까? 정경분리가 있기 때문에 자본주의 국가의 기능은 잉여가치 징수도구로서의 기능이 아니라 사회적 재생산관계를 관리하고 유지하는 기능, 자본주의가 필요로 하는 예측 가능한 사회적, 행정적 질서를 유지하는 기능, 그리고 자본축적에 유리한 조건을 제공하는 기능이다. 그런데 국가의 핵심적 역할이 이와 같다면 이것은 한 국가의 국내적 수준에서 그러한 것은 물론이고 국제적 수준의 자본주의 제국주의에서도 그러해야 한다. 신제국주의에 자본주의 국가의 기능이란 과거처럼 영토확장과 식민지의 정치적 지배가 아니다. 국내자본이 국민국가수준에서 국가의 질서관리를 요구하는 것처럼 신제국주의시대에 자본의 지구적 확장은 국가가 지구적 수준에서 자본축적의 조건과 질서의 유지 역할을 해 줄 것을 요청하고 있다(p.17).

그런데 여기서 문제가 발생한다. 내가 보기에 이 문제의식이 우드의 신제국주의 연구에 중요한 방향을 설정해 주고 있다. 그 문제라는 것은 경제적 한계거리와 정치적 한계거리의 부조응이다. 자본의 경제적 한계거리는 지구적 수준인 데 반해 이를 관리해 주어야 할 정치적 한계거리는 아직도 영토국가 수준이라는 제한성을 가지고 있다. 아직도 자본이 필요로 하는 섬세하고 믿을 만한 행정조치를 제공할 수 있는 진정한 세계국가는 생각할 수 없다. 비록 한쪽에서 지역화(regionalisation) 다른 한쪽에선 지방화(localisation)가 일어나면서 현재의 영토적 경계가 새롭게 그려지고 있기는 하지만 우드는 자

---

5) 누군가는 국가가 식민지 사람들에 대한 직접적인 영토적, 정치적 지배를 하지 않는다면 과연 그것이 진정한 의미의 '제국주의'인가 반문할 수도 있을 것이다. 그러나 우드는 그러한 이유로 제국주의라는 용어를 쓰는 데에 주저한다면 자본과 노동의 관계를 '계급'관계라고 규정하기도 역시 힘들게 된다는 점을 강조한다. 왜냐하면 그 계급관계도 자본주의 제국주의가 이전 제국주의와 구별되는 같은 방식으로 자본주의 이전의 계급관계와 차별적이기 때문이다. 두 경우 모두 잉여가치의 착취를 위한 방식이 비경제적 직접적 지배에서 시장의 중재를 통해 작동하는 경제적 형태에 의해 대체되었다는 점이 강조되고 있다(p.17).

본이 필요로 하는 일정수준 이상의 질서와 안정성을 제공하는 주목할 만한 '지구적 거버넌스'를 아직 발견하지 못했음을 강조한다. 더욱이 아이러니하게도 지구적으로 팽창하는 자본은 그들 이익을 극대화하기 위해서 영토국가에 더욱더 기대고 있다. 지구적 자본이라는 것은 다양한 측면에서 현존하는 국민경제단위의 불평등 발전과 영토국가의 노동인구 이동에 대한 통제로부터 혜택을 받고 있다. 자본은 세계국가 따위의 글로벌 거버넌스의 출현보다는 국민경제단위의 파편화가 지속되는 상태로부터 도움을 받게 된다. 다른 말로 지구적 자본이란 정치적 공간의 파편화를 필요로 한다는 것이다(p.25). 경제가 지구화가 되면 될수록 경제적 순환은 더욱더 영토적 국민국가와 국가 간 관계에 의해 조직화된다. 예를 들면 오늘날 지구적 자본은 그것의 신자유주의적 전략을 유지하기 위해 더욱더 국민국가에 의지하고 있다. 자본이 지구경제의 순항을 용이하게 하기 위해 초국민국가적 조직체를 이용해 오고 있고 영토국가들도 지구자본의 필요에 변화해 온 것이 사실이긴 해도 자본주의는 지구시스템을 국민국가적 형태로 파편화시켜 왔지 일종의 세계국가를 탄생시키는 방향으로 발전해 오지 않았다. 그래서 지구자본주의의 정치적 형태는 세계국가가 아니라 다중의 국가로 구성된 지구적 시스템이다(p.26). 지구자본은 세계국가에 의해 지탱받는 것이 아니라 다중의 영토국가로 구성된 지구적 시스템에 의해 지탱받고 있다. 지구화가 초국민국가의 발전을 가져오지 않는다. 국민국가 수준의 영토국가가 여전히 지구체제 재생산을 위한 권력의 본산이다. '신제국주의'를 연구함에 있어 자본축적의 규모에 상응하는 정도의 끝없이 확장하는 정치구조를 찾으려는 노력은 잘못된 것이다. 왜냐하면 신제국주의란 영토국가들 사이에서 벌어지는 복잡다단한 관계에 관한 것이기 때문이다(p.12).

결국 지구적 수준에서 자본의 요청성에 부응하는 비경제적 권력은 국민국가형태의 패권국으로부터 나와야 한다. 이 패권국의 역할은 지구적 수준에서 사회적, 법적, 행정적 질서를 관리하는 것이다. 제국 주의는 이제 더 이상 영토의 어느 일부를 점령한다거나, 식민지 사람 들을 지배한다거나, 경쟁하는 국가를 물리쳐야 한다거나의 문제가 아 니다. 새로운 제국주의 프로젝트라는 것의 성공 여부는 이제 국민국 가들로 구성된 전 지구적 시스템을 어떻게 잘 순찰하고 패권자본이 어떻게 이익을 내면서 안전하게 항해할 수 있도록 보장하느냐에 달려 있다. 자본에 유리한 지구질서를 유지하는 데 필요한 비경제적 권력 은 세계국가가 없는 상태에서 영토국가인 국민국가들에 의해 행사될 수밖에 없으며 이제 이 영토국가들은 반대로 패권국에 의한 순찰의 대상이 되어야 한다. 그래야 지구적 수준에서 비경제적 권력이라는 것은 자본운동에 순기능적인 국제질서로서 기능할 수 있기 때문이다.

보편적 자본주의에서 국민국가 시스템을 순찰하는 신제국주의는 패러독스를 안고 있다. 신제국주의는 보편적 자본주의에서 시 장의 요청성(market imperatives)이 강해질수록 이를 집행하기 위한 강력한 비경제적권력이 필요하다는 것이다(Wood, 2003: 152~58). 신제국주의는 강력한 군사력으로 뒷받침되어야 한다. 패권자본을 위 하여 지구자본주의 경제를 순찰 및 관리해야 하는 과업은 과거 영토 적 식민지 팽창시기의 과업과는 매우 다른 것이다. 이러한 맥락에서 우 드는 '잉여제국주의(surplus imperialism)'라는 표현을 통하여 미국 군 사력의 압도적인 우위를 지칭하면서 다음과 같은 질문을 던진다. 미국 이 국내의 열악한 복지문제 등 풀어야 할 많은 문제를 가지고 있는데 도 왜 세계군사비의 40%를 차지할 정도의 군사비 지출을 해야 하는 가? 미국의 군사력은 왜 미국 뒤를 잇는 8개 강대국의 군사력을 모두 합친 것보다 큰 군사력을 유지해야만 하는가?(p.143). 이 같은 미국의 잉여제국주의의 배경에는 시장의 요청성이 강해질수록 이를 집행하기 위해 강력한 비경제권력이 필요하다는 패러독스가 있다는 것이다. 따라서 미국이라는 패권국이 압도하는 신제국주의 현상은 보편적 자본주의의 물질적 조건에 근거하는 것이다. 다중의 국민국가시스템은 막강한 군사력을 요청하고 있으며 이것은 패권국뿐만이 아니라 전체 시스템을 위해서 바람직한 것이다. 이것을 통해 왜 미국주도의 헤게모니에 서방국가들이 크나큰 저항을 하지 않은 것을 이해할 수가 있다. 2차 세계대전 이후 주요 자본주의 국가들의 군사정책은 복수국가시스템의 질서와 안정을 유지하기 위해 독보적으로 우뚝 선 군사패권국이라는 필요하다는 전제 아래서 확립되었다. 미국이 강력하고 독보적인 군사력을 확보하는 것이 1950년대부터 외교정책의 기조였고 이러한 기조는 대부분의 동맹국들에게 받아들여졌다. 선진서방국가들이 미국의 군사적 우위를 인정하고 포용하는 이유는 현재의 제국주의 속성이 하나의 슈퍼파워를 필요로 하고 있기 때문이다(Wood, 2007: 167).

또한 미국대외정책의 기조도 현재의 압도적인 미국 군사력에 작용하였다. 1950년대부터 미국외교정책의 기조는 패권의 확보와 유지였다. 미국의 목표가 세계국민국가시스템에서 일방적인 확고한 세계지배인 이상 절대적인 군사적 우위를 추구할 수밖에 없고 이미 확보한 우위의 기득권을 유지하기 위해서는 어떠한 조치라도 취할 수 있다(p.164). 부시행정부의 외교노선이 이전 행정부와 차별적이라고 주장하는 사람이 있지만 기본적으로 부시행정부의외교정책은 2차 세계대전 종전 이전부터 계속되어 온 미국외교정책노선에 충실한 것이다. 부시행정부의 전략은 석유공급의 확보를 넘어 미국에 대한 잠재적 도전자의 야심조차도 제어한다는 '전방위지배(full spectrum dominance)'전략이다(p.159). 하비와 마찬가지로 우드도 9·11은 이러한 전략을 구사하는 데 있어 좋은 구실로 사용되었음을 인정한다. 미국이 주권국가로 구성된 지구적 시스템에서 헤게모니를 유지하고 이것의 실현을 위해 압도적인 군사적 우위를 추구한다는 것은 오래전부터 지금까지 계속되어 온 외교정책의 기조이다.

국민국가시스템을 순찰하는 신제국주의 기능은 새로운 군사독트린을 불러일으켰다. 그것은 전면적이고 무한한 전쟁이다. 쉬지 않고 계속된다는 전쟁이 아니라 기간과, 목적, 수단, 공간적 한계의 측면에서 한정 없는 전쟁이다. 초창기 제국주의 프로젝트는 그것의 목적과 범위가 영토, 자원, 노예 등을 탈취한다던가, 무역로를 독점한다던가, 단순히 경쟁국가를 격퇴시킨다던가 하여 상대적으로 잘 규정되어 있어서 속내를 잘 알 수 있었다. 그러나 신제국주의의 경우에는 군사목적이 전 지구적 시스템을 감독하는 것이기 때문에 군사적 모험이 어떠한 목적, 영역, 명백한 전략을 가지고 있는지 명확히 나타나지 않는다. 시간과 장소에 구애받지 않고 전쟁을 계속하는 부시행정부의 군사정책은 신제국주의에 구성적으로 내재한 공개적 군사주의 논리가 좀 극단적 형태로 나타난 것일 뿐이다. 또한 패권국가가 영토적 한계를 가진 국민국가이기 때문에 군사력을 원하는 대로 언제든지 그리고 어디든지 신속히 투입할 수만은 없다는 점은 정권교체(regime change)를 위한 전쟁은 물론이고 이른바 전시효과(demonstration effect)를 위해서도 전쟁을 일으켜야 할 긴급성을 높여주고 있다. 일개 영토국가가 군사적 수단을 통해 자본을 위해 전 지구적 시스템을 순찰하는 것은 처음부터 모순적이고 매우 위험한 프로젝트이다(p.166).

제4절 비교평가

　하비와 우드의 연구가 '신제국주의'를 중심주제로 다루면서도 연구 방향의 차이로 논쟁의 생산성과 파급성에 한계가 보이는 것은 매우 아쉬운 일이다. 논쟁이 생산적이고 격렬할 수 있으려면 일차적 조건으로 각자의 주장은 서로 공유하는 영역 안에서 이루어져야 할 것이다. 그러나 이러한 기대를 충족시키지 못하는 한계가 나타나는데 그것은 두 학자가 신제국주의에 대한 연구의 방향을 달리하면서 하비가 인식론적인 측면에서 신제국주의를 연구하는 반면에 우드는 존재론적 측면에서 접근하고 있기 때문이다. 이러한 차이는 사실 논쟁 당사자 중의 한 명인 하비에 의해 정확히 지적되었다. 하비는 신제국주의라는 것은 두 가지 관점에서 이해될 수 있는데 하나는 그동안 존재하던 물질적 조건이 변했기 때문에 '새로운 것'이 생겨났다는 차원에서 신제국주의를 말할 수 있을 것이고 다른 차원에서 새로운 개념기제(conceptual apparatus)를 도입하여 제국주의를 재해석한 결과 신제국주의라고 말할 수 있을 것임을 언급하면서 우드는 주로 전자에, 하비 자신은 주로 후자에 해당되는 것으로 평가하고 있다(Harvey, 2007: 57).

　하비는 지리학자이고 맑스주의자로서 자본축적의 공간이론과 국가 간 지정학적, 지경학적 투쟁을 일으키는 제국주의 이론을 어떻게 통합시켜 이해할 수 있느냐 하는 인식론적 문제에 고민해 왔다. 이러한 문제의식은 이미 맑스가 제시하기는 했지만 레닌과 같은 제국주의의 고전 이론가들이 적절한 해답을 제시하지 못하였다고 진단하고 있다. 하비는 *The Limits to Capital*과 *The New Imperialism*의 저술을 통하여 이 같은 문제를 풀려고 시도하고 있으며 시도의 한 단계로서 *The New Imperialism*에서 '강탈에 의한 축적'이라는 개념기제를 도입하여 제국주의를 재해석하면서 특히 1970년대 이후 세계 자본주의에서 어떠한 '급진적인 것'이 일어났는지를 분석하려 하고 있다(p.58~59). 하비는 아렌트가 '수세기 전 시원적 자본축적을 촉발시키고 그 이후 일어났던 모든 축적을 가능케 한, 그러나 축적의 모터가 갑자기 꺼지지 않도록 계속 반복되어야 했던, 작은 강도질의 원죄(original sin of simple robbery)'를 말했음을 인용한다. 그 강도질은 제국주의를 통하여 자본축적의 수단이 되어 왔다. 그런데 하비는 한 걸음 더 나아가 아렌트의 주장을 발전시켜 강탈에 의한 축적의 개념을 고안해 낸다. 이 개념은 맑스의 '원시적이고 시원적 축적(primitive or original accumulation)'에 기초한 것이지만 맑스의 개념이 편협한 면이 있고 자본축적의 과정을 제대로 포함하지 못하고 있다고 판단하는 하비는 강탈에 의한 축적이라는 새로운 개념기제를 도입하여 1970년대 이후의 신제국주의를 분석하고 있다. 반면에 우드는 존재론적 측면에서 2차 세계대전 이후에 생겨난 보편적 자본주의라는 물질적 조건의 변화가 가져온 제국주의의 새로운 모습에 분석의 초점을 맞추고 있다. 보편적 자본주의가 추동하는 시장의 요청성이 국민국가의 필요성을 증대시키고 있기 때문에 세계체제에서 국민국가 중심성은 계속될 것이라는 것이 그녀의 핵심적 주장이고, 부연해서 권력의 소재가 국민국가이니만큼 신제국주의에 대한 저항 권력의 원천도 역시 국민국가 수준에서 행사되어야 할 것임을 강조하고 있다. 그녀는 국민국가적 수준의 투쟁이 편협한 경계를 넘어서야 한다는 것에는 공감하지만 그렇다고 초국민국가적 투쟁의 효율성에 하비만큼은 확신이 없다는 것을 강조하고 있다(Wood, 2006: 31). 우드는 상기한 모든 논의를 보편적 자본주의라는 토대적 변화에 기초해 논리를 전개하고 있다.

그러나 연구방향성의 차이에도 불구하고 그들의 논쟁은 매우 중요한 이론적 지점에서 충돌하면서 맑스주의의 전통적인 쟁점사항을 지구화의 맥락에서 숙고하게 만드는 계기를 가져다주고 있다. 그들의 주장이 만나는 지점에는 정치권력과 경제권력을 어떻게 이해해야 하는가라는 실로 맑스주의 국가론 연구의 핵심적 질문이 기다리고 있다. 사실 이 문제는 국가론 영역에서 국가독점자본론, 국가도출론, 풀란차스 국가론, 제솝의 국가론 등을 관류하는 쟁점일 뿐만 아니라 맑스주의 전(全) 영역에서 상부구조와 토대의 문제라든가 경제적 환원론의 문제가 논의될 때 다루어져 왔던 핵심사항이다. 이 정경분리의 문제가 그동안 일국가 사회구성체 수준에서 연구되던 것을 하비와 우드가 이제 이 문제를 세계자본주의의 변화를 반영하면서 지구화와 제국주의의 맥락에서 국제적 수준에서 연구하기 시작했다는 것을 매우 중요하게 받아들여야 할 것이다.

이 정경분리 문제가 하비와 우드가 대립하는 지점이 되었다. 결국 미국제국주의 권력을 이 정경분리의 맥락에서 어떻게 이해하는가의 문제로 그들이 대립하는 것이다. 하비는 정경분리를 별로 의식하지 않고 미국제국주의 권력을 미국자본권력과 미국국가권력의 총합적 작용으로 보는 반면에 우드는 정경분리를 강하게 염두에 두면서 미국 제국주의 권력을 미국 국가권력과는 크게 상관없는 미국 자본권력으로 이해하고 있다. 정치 – 군사적 권력과 동떨어진 자본권력으로도 제국이 될 수 있다는 주장이다. 그녀의 책 제목이 *Empire of Capital*인 이유가 여기에 있다. 다시 말하면 우드에게 있어 국제사회를 형성하는 주된 변수는 경제적 측면의 자본권력이다. 따라서 우드의 관점에서 하비가 영토논리와 같은 정치적인 것을 강조하는 한, 그것은 자본주의의 정경분리를 간과하는 것으로 이해될 수밖에 없다. 우드는 하비의 영토논리, 즉 "영토를 관할하는 가운데 인적, 자연적

자원을 특정한 정치적, 경제적, 군사적 목적의 실현을 위해 동원하는 행위자들의 정치 프로젝트로서의 제국주의 측면"(Harvey, 2003: 26)이라는 것은 비록 자본주의시기에 없는 것은 아니지만 그러한 것은 기본적으로 자본주의 이전 제국의 본질로서(essence of pre‐capitalist empires)로 이해되어야 할 것임을 주장한다(Wood, 2006: 15). 그러한 것은 정치적 지배와 영토에 대한 직접적 지배가 없이는 식민지 사람들과 자원에 대한 착취를 할 수 없었던 자본주의 이전 시기에 가장 중요한 중심적 권력이라는 것이다. 하비가 '끝없는 자본축적은 끝없는 정치권력의 확장을 요구한다'고 강조한다는 것은 결과적으로 자본주의의 정경분리를 인정하지 않고 자본주의시기를 정치와 경제의 융합이 존재하던 자본주의 이전 시기와 동일하게 여기는 것과 마찬가지임을 우드는 강조하는 것이다. 하비가 정경분리를 염두에 두지 않고 미국제국주의를 연구하는 한, 자본주의 이전의 로마제국의 제국주의와 자본주의의 미국제국주의의 차이를 불가능하게 하고 있다는 것을 우드는 비판하고 있는 것이다.

이러한 차이 때문에 하비와 우드는 미국이 식민지라는 직접적인 영토적 지배 없이도 하위국가들을 실제적으로 종속시킬 수 있는 배경에 대해서도 분석을 달리한다. 하비는 "미국은 지배받는 국가의 독립을 명목적으로나마 인정하는 지배형태를 고안해 내었다"라고 말하는 것에서 보듯이 패권국가가 직접적인 영토적 관리 없이 지배하는 현상을 인정하고 있다. 그러나 우드는 하비가 미국의 그러한 지배형태를 고전적 제국주의 모습을 가장하려는 전략에서 비롯된 것으로 생각하고 있기 때문에 자본지배는 영토적 지배를 동반해야 한다는 하비의 본래의 주장에서 크게 벗어난 것이라고 생각하지 않는다. 하비를 비판하면서 우드는 "미국이야말로 최초로 진정한 의미의 자본주의 제국이라고 생각하는데 왜냐하면 미국은 영토적인 야심이 없이도 헤게모니를 유지시킬 수 있는 정도의 경제권력을 소유한 최초의 제국주의 패권국가이기 때문이다"라고 강조한다(Wood, 2006: 13). 이를 통해 미국주도의 자본주의 제국주의의 현 시기는 정치적 권력과 군사적 권력 등의 비경제적 권력을 통한 식민지에 대한 영토적 지배가 없이도 패권국이 경제력만으로도 지배를 행사할 수 있는 신제국주의 시대라는 것을 분명히 하고 있다. 하비가 영토적 지배를 동반하지 않는 소위 '열린문 제국주의(open－door imperialism)' 따위를 말하지 않은 것은 아니지만 그가 그것을 국내의 반식민지정서를 고려한 미국국가의 차선적이고 대안적인 지배형태로서 분석하고 있는 데 반해, 우드는 그러한 지배형태를 영토적 장악이라는 직접적인 정치적 지배로부터 파생하는 비용과 위험을 치르지 않고도 헤게모니를 유지할 수 있는 미국권력의 선호된 선택(preferred option)으로 바라보고 있는 것이다(Wood, 2006: 13). 결국 우드는 현재의 미국제국주의란 기본적으로 미국국가의 정치권력과는 직접적인 상관이 없는 미국자본권력의 제국(Empire of American Capital)으로 해석해야 성에 차는 것이다.

하비는 우드의 비판에 맞서 "정경분리라는 것이 우드에게 그렇게 중요한 것인가" 하고 대응한다(Harvey, 2006: 159). 정경분리에 집착하는 우드의 접근은 "매우 취약한 국가이론으로 이어질 수밖에 없다"라는 것이다(p.159). 하비에 따르면 우드가 주장하는 것처럼 국가는 단순히 영토적으로 그리고 제도적으로 자본을 뒷받침하는 기능을 하는 것이 아니라 그 이상을 한다. 제국주의가 끊임없는 전쟁이라 한다면 그 전쟁을 도발하고 수행하는 것은 바로 국가이다. 경제권력과 비경제권력의 분리란 경험적 수준에서 실제적으로 나타나지 않는다. 국가와 자본의 활동은 제도적, 정치적, 이데올로기적으로 매우 상호 침투적이다. "만약에 자본이 정치체인 국민국가의 시스템을 자유롭게 횡단하고 다닐 수 있을 정도로 영토논리에서 벗어나 있다면 미국의 정치, 군사적 권력은 왜 그토록 중요한 것인가"라며 반문하고 있다(p.159). 하비는 결론적으로 두 논리의 변증법적 상호 작용 모델이 맞으며 우드의 정경분리 모델은 맞지 않다는 것을 주장하면서 자본주의 제국주의에 대한 연구란 차별적이면서도 밀접히 연계된 두 논리의 상호작용을 어떻게 연구하느냐가 가장 중요한 것임을 강조한다. 연구에 있어 어려운 점은 실제상황의 구체적 분석을 하면서 변증법적인 두 측면을 모두 고려하는 것이며 일방적으로 정치적 또는 경제적 논의로 빠져드는 것을 경계하는 것임을 강조한다(Harvey, 2003: 30).

정경분리를 둘러싼 하비와 우드의 충돌지점이 그들 논쟁의 뇌관인데 나는 향후 논쟁 당사자뿐만 아니라 관객들이 이것을 얼마나 잘 건드려주느냐에 따라 지구화, 신제국주의, 초국긴국가 연구의 성공 여부가 달려 있다고 생각한다. 이 정경분리는 자본주의 체제를 이전 체제와 구분 짓는 가장 명료한 구조적 특징임에도 불구하고 그 분리를 어떻게 이해해야 하는가는 여전히 미완의 이론적 과제이다. 하비와 우드 모두 맑스주의자로서 정경분리를 연구의 출발점으로 삼는다. 그런데 그들이 일견 이 분리문제에 매우 차별적인 접근을 보이는 것 같지만 다른 한편에서 볼 때 그들의 접근은 별 차이가 없는 것으로도 보인다. 하비가 영토논리와 자본논리의 상호작용을 강조하는 자체가 그는 정경분리를 전제로 연구하고 있음을 말해 준다.

하비가 우드로부터 분리라는 것을 간과하고 있다는 비판을 받고 있지만 하비가 "일종의 자본주의적 제국주의(imperialism of the capitalist sort)의 권력은 영토논리와 자본논리의 변증법적 작용으로부터 나온다"(Harvey, 2003: 183)라고 말하거나 "권력의 영토논리와 자본논리의 상호작용과 자본주의 국가의 내적관계와 외적관계의 상호작용을 교차적으로 연구하는 이중의 변증법을 통하여 제국주의의 매우 자본주의적인 형태(the distinctively capitalistic forms of imperialism)를 연구할 수 있다"(p.184)라고 주장하는 것에서 그 역시 정경분리를 염두하고 자본주의 제국주의를 정의하고 있는 것이다. 다만 하비는 자본주의체제의 정경분리를 의식은 하되 이 분리의 영역이 서로 변증법적으로 밀접하게 작용하는 것으로 인식함에 따라 결과적으로 분리를 심각하게 생각하지 않고 있다. 이에 반해 우드는 이 분리를 매우 중요하게 생각하면서 바로 자본이 국가(정치)로부터 스스로 이탈(detachment)하는 능력, 이것이 바로 자본주의 제국주의의 핵심적 본질이라고 말하고 있는 것이다. 두 학자 모두 이 정경분리를 염두에 두되 이 구조적 특징에 차별적으로 접근하고 있는 것이다. 필자가 보기에 자본주의 체제의 정경분리를 인정할 수는 있지만 어느 정도의 분리를 인정해야 하는가는 우리가 풀어야 할 매우 어려운 이론적 과제이다. 우드가 정경분리에 근거, 자본이 비경제적권력으로부터 이탈하는 능력을 강조하기는 하지만 그녀가 신제국주의의 역설(the paradox of new imperialism)을 재차 강조할 때 자가당착의 모순을 보이는 것이 아닌가 생각된다. 왜냐하면 그녀가 자본주의에서 "시장의 요청성은 비경제적 권력으로 집행되어야 하는 역설이 있다"라고 말하거나 뒤이어 "역설적으로 경제적 제국이라는 것이 확장될수록 [정치권력의 본산인] 국민국가는 확산되어 왔다"라고 하거나(wood, 2003: 154), "경제적 지구화가 강화될수록 역설적으로 새로운 비경제적 독트린, 특히 군사 독트린이 절실히 요청되고 있다"라고 강조하는 것은 끝없는 자본축적은 끝없는 정치권력의 지원으로 뒷받침되어야 한다는 하비의 주장과 별반 차이가 없기 때문이다.

제 11 장
데이비드 헬드의 '지구적 사민주의' 전략 비판

제1절 들어가며

1970년대 후반부터 본격화된 신자유주의 세계화라는 자본의 전일
적 압박에 수세에 몰리던 사민주의 정치세력은 활로를 타개하기 위
한 조치로서 다양한 정치적 슬로건을 내걸었다. 토니 블레어 정권의
'제3의길'이라든가 독일 슈뢰더 정권의 '신중도'와 같은 노선은 신자
유주의 정치경제적 속성을 일정 정도 수용하는 것을 통하여 수세에
서 벗어나려 한 유럽사민주의 세력의 전략이라고 볼 수 있다. 이 같
은 신자유주의 세력의 공세와 사민주의 세력의 응전의 가운데에서
데이비드 헬드(David Held)는 '지구적 사민주의(global social democracy)'
라는 사민주의 전략을 내세웠다(Held, 2004). 헬드 자신은 이것이
신자유주의적인 워싱턴 합의(Washington consensus)를 대체하는 사
민주의적 대안 프로그램임을 강조하고 있다. 이전의 다른 전략들이

국민국가수준의 것인 데 반해 지구적 사민주의 프로그램은 지구화에 의한 국민국가시스템의 변화를 인정하는 것을 전제로 하는 지구적 수준의 전략이라는 점에서 외국학계에서는 매우 커다란 관심을 끌어오고 있다(Nakano, 2006; Kolers, 2006; Commissiong, 2005). 그러나 이 전략은 평등과 정의의 가치를 구현하여 인간의 얼굴을 가진 세계사회를 실현하고자 하는 헬드의 진정성에도 불구, 실현 가능성의 측면에서 달성하기란 요원한 것으로 평가될 수밖에 없다. 첫째, 새로운 국제질서의 형성이 인권, 민주주의, 시민권 등의 가치를 공유하는 정치세력의 연대에 의해 가능할 것이라는 지나친 낙관의 시각이 엿보이고 있다. 둘째, 사회시스템재생산의 공간이 여전히 국민국가임에도 불구하고 초국민국가 수준에서 일어나는 글로벌 거버넌스라든가 글로벌 네트워크 현상에 과도한 의미를 부여하면서 그것들이 세계질서 형성의 동인으로서 간주되고 있다. 이 글은 헬드의 제안을 비판하며 국제질서의 형성은 지배/피지배 맥락에서 분석하는 것이 타당하다는 것과 세계질서의 동인은 여전히 권력의 소재인 국민국가로부터 비롯됨을 강조한다.

제2절 ‘지구적 사민주의’란 무엇인가?

새로운 세기의 출발을 알린 것은 공포의 굉음과 화염이었다. 2001년 9월 11일 미국 본토에 대한 알카이다의 공격은 아프가니스탄전쟁과 이라크전쟁으로 이어졌다. 그리고 미국 대통령 조지 부시는 이라크전쟁 개시 이후 40여 일 만에 신속하게 종전을 선언했다. 그러나 종전선언 이후 수년이 지났지만 이라크사태는 악화되고 있으며 알카이다 테러에 대한 미국의 대응이 성공적이었다는 평가는 찾아보기 힘들다. 헬드는 9·11사태를 뒤이은 미국의 노선을 부정하면서 미국 일방주의에 근거한 대응은 테러의 뿌리에 어떠한 처방도 내놓지 못할 것임을 확신한다. 헬드는 미국식 노선을 대치해야 할 전략이란 사해동포주의 원칙(cosmopolitan principles)에 근거한 다자주의 전략임을 주장한다. 이러한 노선만이 전쟁발발의 악순환을 막고 궁극적으로 국제사회의 평화와 안녕을 보장할 수 있다고 생각한다. 또한 지구화가 동반한 세계의 양극화 문제를 해소하면서 평등과 정의의 가치가 존중되는 인간사회를 만들어 내는 유일한 길이다. 지구적 사민주의란 인간사회를 만들기 위해 사해동포주의 원칙을 존중하는 다자가 참여하는 반신자유주의적 프로그램을 말한다. 이것은 워싱턴 합의(Washington consensus)에 대한 대안이면서 지구화시대에 인간의 얼굴을 가진 지구사회를 만들어 내자는 공동의 프로그램이다. 그러나 이 프로그램은 지구화의 부작용을 우려하는 반지구화운동이 아니다. 오히려 국민국가 시스템의 변화와 지구화가 대세임을 인정하고 국제수준에서 전향적인 프로그램을 도입하자는 주장이다. 이를 위해 헬드는 전 세계가 지구적 계약(global covenant)에 조인해야 함을 강조하고 있다.

그렇다면 지구적 사민주의가 변화시켜야 할 세계자본주의는 어떠한 문제를 가지고 있는 것일까? 헬드는 세 가지 측면에서 문제점을 지적한다. 경제적 측면에서 생산, 무역, 금융의 급격한 변화가 일어나고 있다. 국민국가의 경제는 지구적 생산과 교환 시스템에 내장되어 가고 있는데 이것의 중심에는 다국적 기업들이 있다는 것이 헬드의 생각이다. 2004년에 6만여 개의 다국적 기업이 15,680조 달러에 달하는 상품과 서비스를 매년 판매하고 있고 1990년보다 두 배 많은 인력을 고용하고 있으며 전 세계 생산의 25퍼센트, 세계 무역의 70퍼센트를 차지하고 있다. 다국적기업과 함께 국가 간 무역관계 역시 지구생산시스템의 변화를 가져왔는데 상품과 서비스 분야의 세계 무역은 1999년에 6.8조 달러에 달하였으며 수출은 세계총생산에 대한 비율로서 1913년에 7.9퍼센트였던 것이 1998년에는 17.2퍼센트로 증가하였다. 그리고 1990년 이후 2000년에 세계무역 증가율이 최고치를 경신하였는데, GDP에 대한 세계무역의 비율이 29퍼센트를 기록하였다. 한편 금융거래 역시 경제적 지구화의 중요한 부분을 차지하는데 금융거래는 1970년대 이후 급격히 늘어나서 외환시장의 일일 거래량이 1.2조 달러를 초과하고 있으며 수십억 달러의 금융자산이 전 지구적으로 거래되고 있어 어느 나라도 지구적 금융시장의 작동으로부터 자유로울 수없는 상황이다(Held, 2004: 21~33).

이러한 경제적 측면의 지구화는 심화되는 계층화 그리고 불평등을 가져왔다고 헬드는 평가한다. 서방국가에 사는 운 좋은 9억 명의 사람들이 세계소비지출의 86퍼센트를 차지하고, 세계소득의 79퍼센트, 에너지소비의 58퍼센트, 전화망의 74퍼센트를 확보하고 있다. 이에 반해, 가장 가난한 12억의 인구는 전 세계소득의 1.4퍼센트, 4퍼센트의 에너지 소비, 5퍼센트의 어류와 육류의 소비, 그리고 1.5퍼센트의 전화망을 차지하고 있다. 한편 부자 국가들과 가난한 나라들의 격차는 더욱더 가속화되고 있어 세계의 양극화가 진행 중이다. 1960년에 세계의 부유한 20퍼센트의 사람들의 소득이 가난한 20퍼센트 사람들의 30배에 달했지만 1997년에는 74배로 늘어났다. 오늘날 최고부자 5퍼센트의 사람들은 가난한 5퍼센트 사람들 소득의 114배에 해당하는 소득을 가지고 있고 부유한 1퍼센트의 소득은 가난한 57퍼센트의 소득을 벌고 있다(Held, 2004: 34~44).

이처럼 지구화가 지구상의 모두에게 좋은 결과를 가져다주는 것은 아닌데도 불구하고 IMF나 World Bank는 자유무역과 자본 자유화를 일률적으로 모든 개발도상국들에게 부과하고 있음을 헬드는 지적한다. 지구화와 분배문제를 연구한 제프리 개릿(Geoffrey Garrett)의 연구를 인용하면서 지구화라는 것은 제각기 다른 수준의 발전 정도에 처해 있는 국가들에게 모두 좋은 효과를 내는 것은 아니라는 점을 강조한다. 지구화로부터 혜택을 받기 위해서는 인적 자본, 사회간접자본, 정치제도 등의 측면에서 일정수준을 넘어서야 하며 소득이 너무 낮은 나라에게는 지구화가 오히려 부정적 영향을 미친다는 것이다. 소득이 낮은 국가들은 저조한 사회경제적 조건들이 열악한 정치적 조건(독재정권, 부정부패실태, 교육수준의 열악함)들과 맞물리면서 지구화로부터 경제적 이득을 얻지 못한다는 것이다. 이러한 결과로 인해 가난과 불평등의 악화되고, 전통생활습관의 파괴되고, 불안정한 시장조건에 국가가 노출되는 문제가 생겨나고 있다는 것이다(Held, 2004: 45~54).

정치적 측면에서 지구화는 다중심 거버넌스(multicentric governance)라는 글로벌 거버넌스를 형성하고 있음을 헬드는 진단한다. 국제질서의 중심 행위자들은 더 이상 국가수반이나 외무부장관들뿐만이 아니라 행정부 부서, 법원 그리고 의회를 포함한다. 통합적이던 국가는 이제 파편화된 국가(disaggregated state)가 되었고 복잡한 정부 간 네트워크가 형성되었다. 이러한 네트워크가 다양한 기능을 행사하면서 '다정부 간 조정 협력의 새 시대(a new era of transgovernmental regulatory co-operation)'를 열고 있으며 이것은 새로운 글로벌 거버넌스 양식이다. 새로운 형태의 정치적 조정기구의 발달하면서 다자간 기관이라든가 횡국가적 기구가 급속하게 대두되는 현상을 낳고 있다. 새로운 형태의 다자간 그리고 지구적 정치는 정부, 정부간기구(IGOs), 국제비정부기구(INGOs), 다양한 이익 집단, 그리고 다른 비정부기구들을 포함하면서 형성되어 왔다. 20세기 초반만 해도 소수의 정부간기구와 국제비정부기구들이 있었지만 1996년까지 4,667개의 정부간기구 그리고 25,260개의 국제비정부기구가 활동하고 있다. 거미망처럼 연결된 정치적 연계성은 UN, G7, IMF, World Bank, WTO와 같은 핵심 국제기구들의 정례적인 모임과 활동으로 더욱더 복잡한 양상을 띠고 있다. 오늘날의 글로벌 거버넌스는 다층의, 다차원의 다행위자 시스템이다(Held, 2004: 73~88).

그러나 글로벌 거버넌스는 다양한 문제점을 노정하고 있다. 첫째, 수많은 국제 정부 기구가 존재하고 있으나 이들 사이에 뚜렷한 노동분업이 없고 이러한 문제는 지구적 문제에 대한 신속한 문제해결을 어렵게 만들고 있다. 둘째, 국제기구 시스템의 무기력증 역시 우려되는 것으로서 이 국제기구들은 집합적 문제해결책을 추진하는 능력을 갖추지 못했다. 셋째, 의사결정자들과 의사결정수임자들 사이에 존재해야 할 상응성이 없다는 것이다. 즉 의사결정수임자들이 의사결정으로 인하여 생기는 효과에 영향을 받으면서도 그것들에 대한 조항과 규정을 만드는 것에 발언권을 가지지 못하고 있다는 것이다. 예를 하나 들면 IMB이라든가 Microsoft와 같은 대규모의 미국 기업들의 결정이 인도 같은 국가들의 경제적 기회에 중대한 효과를 미치지만 인도 사람들은 결정과정에 상응하는 발언권을 가지지 못하고 있다. 또한 전쟁의 의사결정자들과 전쟁의 발발로 영향을 받는 의사결정수임자들 사이에는 매우 명백한 불일치가 존재한다는 것은 매우 좋은 예가 될 수 있다(Held, 2004: 89~93).

법적 측면에서 지구화는 '자유적 국제 주권 레짐(the regime of liberal international sovereignty)'을 형성시키고 있음에 헬드는 주목한다. 법은 인권과 자유주의적 가치를 신장시키는 방향으로 발전되어 왔는데 이것은 인간의 기본적 가치를 보호하는 국제 규범(international rules)이 국내법(state laws)과 상충될 경우에 므든 개인은 국내법을 위반해야 한다는 뉘른베르그 결정 이후 가속화되었다. 머리에 총구가 겨누어진 경우가 아니라면 국내법을 핑계로 인간의 기본적 가치를 훼손하는 것을 허용할 수는 없다는 인권가치에 대한 국제적 합의가 성숙되어 왔다는 것이다. 주권이라는 것은 이제 더 이상 국민국가 시스템 시대에 있어 속박받지 않았던 자유토운 권력의 범주로서 이해될 수 없다. 국가가 어떻게 국민들을 다루느냐의 문제는 이제 오로지 국가의 내적문제가 아니다. 21세기에 접어들어 과거의 전통적 주권에 근거한 법률은 이제 재평가의 대상이다. 또한 국가 리더십의 정통성이라는 것은 당연히 주어지는 것이 아니며 인권과 자유민주 규범의 기준으로 국제사회의 검증과 시험을 거쳐야 한다. 전쟁법과 인권법 그리고 기타 법적 영역에서의 변화는 개인들, 정부 및 비정부 기구들을 새로운 규제시스템 안으로 놓으면서 국가 경계의 법적 의미를 새롭게 변모시키고 있다. 자유적 국제 주권 레짐은 국가의 권리와 의무 등을 새롭게 형성하고 있는데 이로 인해 국가의 영역과 경계에 대한 전통적인 개념이 변하고 국내법과 갈등적이고 상충적인 모습도 나타나고 있다(Held, 2004: 119~136).

법적인 측면에서의 지구화가 긍정적인 모습을 보이기는 해도 자유적 국제 주권 레짐에서 주의 깊게 관찰되어야 하는 점들이 있다. 먼저 법적, 정치적 변화들이 의사결정적, 절차적, 제도적, 또는 정체(polity)의 구조적 차원에서 모든 나라와 지역에 일률적으로 작용하지 않고 있다. 한 국가가 지구적수준의 법적 그리고 정치적 구조에 편입되는 정도, 성격 그리고 형태는 매우 차별적이다. 둘째, 자유적 국제 주권 레짐에 내재한 강한 자유적 정치질서는 폭군의 오만함을 제거하는 데 성공하기는 했지만 바로 그 질서가 역설적이게도 다른 오만함을 불러일으키고 있다. 민주시대의 지도자들은 그들의 힘의 원천인 투표행위자인 대중의 요구에는 민감하기는 하지만 그들이 펼치는 정책이 국경 넘어 미치는 효과에 대해서는(the border spillover effects) 별 관심도 없고 책임감도 없다. 과연 누가 정치적 책임의 주체인가의 문제가 새롭게 대두되고 있다. 이러한 것은 특히 환경 분야에서 잘 나타나고 있는데 교토의정서의 비준을 거부하는 부시의 경우가 대표적인 예이다. 금융시장 규제로부터 유전공학의 조정 문제 등과 같은 많은 시급한 정책 이슈들이 국경을 초월하는 도전을 제공하고 있는데 현존하는 정부 간 조직 기구들은 이러한 문제들을 풀기에는 너무 미흡한 역량을 가지고 있다. 더 나아가 World Bank, IMF와 같은 기구들이 강대국의 이익에 편향적인 모습을 보이는 것이 사실이다. 자유 국제 주권 레짐의 발전과 강화에도 불구하고 아직 권력과 경제적 재원의 분배에서 상당수준 불평등이 존재하고 있다(Held, 2004: 137~143).

헬드는 이처럼 세 분야에서 전개되는 흐름과 문제점을 진단하고 나름대로 해결방안을 내놓고 있다. 그 해결방안이란 다름 아닌 지구적 사민주의 프로그램의 구체적 방안을 말하는 것이다. 경제적 측면에서 자유무역의 공정한 규칙 시스템과 시장접근 방안을 마련할 것, 사회 통합과 의료, 교육 등의 인적 토대에 투자를 목적으로 하는 단기 펀드를 조성할 것, 금융 거버넌스의 투명성, 책임성, 민주주의 원칙을 보장할 것, 다국적 기업의 바른 운영과 이해관계자들과의 의사소통을 보증할 것 그리고 이를 위해 기업을 철저히 규칙의 틀 내에 종속시킬 것을 강조하고 있다(Held, 2004: 55~72). 정치적 측면에서는 글로벌 거버넌스를 강화하여 국제 범죄 네트워크 확산의 예방, 광범위한 정부 간 연대 전략의 수립, 정부간기구(IGOs)역량을 강화할 것을 강조하고 있다. 구체적으로 지구문제네트워크(GINs: global issues networks)를 구축할 것을 제안한다. 또한 매우 중요한 노력 중의 하나는 사민주의적 다자주의(social democratic multilateralism)를 확립하는 것이다. 헬드가 이것을 말하는 배경에는 우리가 그의 표현인 '운명공동체(overlapping communities of fate)'에 살고 있다는 인식이 자리 잡고 있다. 배타적이 아니고 포용(inclusiveness), 보조(subsidiarity), 그리고 상응(equivalence)의 원칙이 적절하게 초국민국가 맥락에서 받아들여지고 집행될 때 사해동포주의적 정책의 심의와 결정의 본산이 확립될 수 있다는 것이다. 이를 통해 지구적 사민주의적 정체(global social democratic polity)가 탄생할 수 있음을 헬드는 강조한다. 마지막으로 중요한 또 한 가지는 다층적 시민권(multilevel citizenship)을 형성하는 것이다. 지구화 시대의 시민권은 다층적이고 다차원적이며 그것은 공동의 규칙과 원칙에 기반하고 있음을 강조한다. 이는 지구적 시민권을 말하는 것으로서 인권과 민주주의 원칙에 충실하면서 모든 사람들의 자율성을 존중하고 그들의 자치 능력을 인정하는 것이다(Held, 2004: 94~118). 법적 측면에서는 안보와 법 집행의 틀을 새롭게 모색해야 할 것이 강조되고 있다. 구체적으로 법치와 다자간 제도(multilateral institutions)확립에 대한 의지, 안보와 평화유지를 담당하는 국제 제도의 정치적 정통성 확립을 위한 꾸준한 노력, 그리고 부, 소득, 권력의 세계적 양극화로 인하여 생겨난 윤리와 정의의 문제는 단순히 시장의 기능에 맡길 수 없고 경제적 지구화는 반드시 사회정의의 원칙과 연계되어야 한다는 것을 헬드는 역설한다. 또 하나 강조되고 있는 것이 시장의 재구성(reframing the market)이다. 여기서 시장을 재조정한다는 것은 국제사회에서 인권과 민주주의 원칙을 반영하는 사해동포적인 법제도의 틀을 어떻게 경제적 권력과 사회 – 환경적 문제들과 연계시키면서 발전시킬 수 있느냐 하는 것이다. 즉 건실한 경제적 행위와 정당한 기업의 이익을 손상시키지 않고 어떻게 사해동포적인 가치들을 보존하느냐가 중요한 문제이다. 헬드는 지구적 수준에서 게임의 규칙이 구조적으로 변형되어 시장이 노동, 사회, 환경규범의 틀 내에서 번성하는 것이 중요하다는 것을 강조한다(Held, 2004: 144~160).

그렇다면 이 같은 세 가지 측면의 해결방안은 어떠한 전략을 통해서 완수될 수 있을까? 다시 말해 지구적 사민주의는 어떻게 구현할 수 있겠는가? 헬드는 정치세력들 간 시급한 연대(a compelling coalition)가 지구적 사민주의의 실현에 핵심적 요소라고 보고 아래와 같은 구체적 전략을 내놓고 있다.

1. 유럽의 선도국들은 다자주의 질서(multilateral order)의 형성에 노력해야 하는데 이것은 그들의 국가 이익만을 무엇보다 우선적으로 추구하는 다극질서(multipolar order)와는 차별적인 것이다.
2. 유럽연합(EU)은 신속대응군을 발전시키고 공동방위군을 창설하는 것을 통하여 취약한 지정학적 – 전략적 능력을 보완해야 한다.
3. 미국은 장기적인 전략적, 경제적, 환경적 이익이란 오로지 공동의 노력으로 성취될 수 있다는 것을 인정할 필요가 있다. 그리고 다자 제도와 국제 레짐에 의해서 생겨나는 기회와 억제를 원칙으로서 받아들여야 한다.
4. 원조와 해외투자(공공이든 민간이든)를 원하는 개발도상국들은 투명하고 선한 거버넌스의 확립이 그들 경제와 사회의 인프라에 대한 투자를 가능케 하는 조건의 일부가 된다는 것으로 받아들일 필요가 있다.
5. 비정부기구들은 지구적 문제에 관한 그들의 목소리가 중요하기는 하지만 그

것은 특정한 이익을 대표하고 있다는 것을 이해해야 한다. 특정한 이익은 넓은 책임과 정의의 틀과는 구분되어야 하며 그 틀 안에서 활용되어야 한다.

6. 공공재원의 중요성을 알고 활용하는 정부 간 기구들은 그들이 특정 국민국가라든가 국지적 이익을 위해 기능하는 전초기지가 아니라 핵심적 공익을 위해 일하는 국제 공무의 한 부분이라는 것을 인식해야 한다. 불분명하고 상충적인 정부간기구의 업무나 관할을 다듬고 명료화하여야 한다.

7. 지역 거버넌스 구조는 회원 국가의 발전기회를 향상시키면서도 역외 국가와의 경제적 외교적 협력을 위해서 지역을 개방해야 한다. 즉 열린 형태의 지역주의를 추구해야 할 것이다.

8. 국민정부는 그들이 전 지구적 문제의 직접적 이해당사자라는 것과 이러한 인식이 문제해결의 결정적이라는 것을 인정해야 한다. 국민국가 수준과 지역 수준의 의회들은 초국민국가 거버넌스와의 의사소통과 교류를 증진해야 한다 (Held, 2004: 166~167).

제3절 지구적 사민주의의 전제(前提)

헬드가 지구적 사민주의 프로그램의 실행을 통해 사회민주적 정체(polity)를 구축하자고 제의하고 있는데 그의 제의에는 두 가지가 전제되고 있다. 첫째, 인권과 민주주의 가치를 공유하는 국제세력의 연대가 매우 낙관적이라는 것과 둘째, 지구화가 츠국민국가적 글로벌 거버넌스를 강화시키고 있음에 따라 국제사회의 국민국가 중심성이 이미 약화되고 있다는 것이다.

헬드는 국제적 수준에서 연대의 성공 가능성은 이미 제도적으로 가시화되고 있음에 주목하고 있다. 사해동포주의 정신에 입각한 EU의 법적장치와 국제인권레짐의 형성으로부터 무기감축시스템과 환경레짐에 관한 다양한 협약의 수많은 법적규제들이 존재하고 있음을 강조한다. 사해동포주의란 미래의 정치적 이상이 아니라 이미 국가

주권을 변형시켜 놓은 규칙 시스템과 제도에 뿌리박혀 있다는 것이다(Held, 2004: 171). 기본적으로 지구화시대에 있어 국제질서 형성의 동인을 세력 간 연대라든가 권력의 수평적 네트워크로 보고 있는 바, 그의 이러한 관점은 지구화시대에 있어 미국의 권력을 바라보는 것에도 잘 나타나 있다. 헬드는 지구화를 미국화로 보는 시각을 반박한다(Held, 2004: 41). 지구화를 미국화라든가 서구제국주의의 동의어로 간주되어서는 안 될 것임을 강조하면서, 비록 지구화가 서방국가들의 이익을 편향적으로 반영하는 일면이 있기는 하나 세계무역시스템의 성장, 현대 통신시스템의 등장, 국제법과 규칙의 발달, 지구적 환경의 변형 등과 같은 지구화가 가져온 현대사회조직의 심층적인 구조적 변화에 더욱 주목해야 함을 강조한다. 미국은 경제적 지구화의 성격과 양태를 형성하는 핵심적 행위자라기보다는 행위자 중의 하나라는 사실을 헬드는 강조하고 있으며 세계 전체의 수입량과 수출량에 미국기업이 차지하는 비율이 각각 5분의 1과 4분의 1에 불과하다는 것을 상기시키고 있다(Held, 2004: 4).

헬드는 글로벌 거버넌스가 초국민국가적 수준에서 부상하고 있음에 주목하면서 2차 세계대전 이후에 국민국가 시스템을 기반으로 형성되었던 '제한적 자유주의(embedded liberalism)'의 국제정치경제체제가 변모하고 있음을 강조하고 있다.[1] 제한적 자유주의란 존 러기(Ruggie, 1982)에 의해 2차 세계대전 이후 유럽지역 국민국가의 사민주의적 성격과 자유주의적 국제경제체제가 서로 맞물리면서 형성된 이전과는 차별적인 체제로서 분석되었다. 국내적으로 사회적 목적(social purposes)을 실현하기 위해 복지국가 정책을 추구

---

1) 'embedded liberalism'은 국내 학자들에 의해 '내장된 자유주의', '내장형 자유주의', '제한적 자유주의' 등으로 번역되어 소개되어 있다.

하던 사민주의 세력과 국제적으로 GATT체제의 이상을 정책적으로 관철하려 하였던 자유주의 세력 사이의 타협의 부산물로서 일반적으로 평가되고 있다(Steffek, 2006; Blyth, 2002; Pitruzzello, 2004). 이 제한적 자유주의는 지역별로 상이한 타협의 유형을 나타내 미국에서는 '뉴딜'로 유럽에서는 사민주의 또는 사회시장경제(social market economy)의 모습을 띠게 되었다. 그러나 상이하기는 하지만 모두 공통적인 근간을 공유한다. 그 근간이란 사회의 모든 분야가 열린 시장 원칙에 동의하면서도 그 열린 시장이 필히 발생시키는 사회조정적 비용을 모두 분담한다는 대사회협약정신이다(Ruggie, 2003: 93). 즉 자유주의가 사회공동체 정신에 제한된(embedded) 타협안이라는 것이다. 이러한 타협을 수행함에 있어 국민국가 정부의 역할이 매우 중요한 것으로 평가된다. 정부는 시장의 거래가 갖는 폭발성을 조절하고 수요 정도를 조정하며 사회적 투자, 안전망 구축 등의 프로그램을 기획하고 실행하는 주체로 인정되었다.

그러나 헬드는 지구화의 압력이 제한적 자유주의를 변형시키는 현실에 주목한다. 제한적 자유주의라는 국제체제의 형성을 말하면서 '타협'의 개념에 의지했던 존 러기와 마찬가지로 헬드도 전통적 사민주의, 즉 국민국가 내에서 발전하였던 사민주의의 형성배경을 말함에 있어 '타협'의 개념을 도입한다(Held, 2004: 13). 그에 따르면 전통적 사민주의가 기초한 두 가지 제도적 타협(institutional compromises)은 국민국가라는 공간성에 조응하였지만 지구화가 가져다준 압력으로 인하여 국민국가는 이제 더 이상 그 사민주의를 담을 수 없게 되었다는 것이다. 사민주의는 그동안 자유민주주의 사상의 핵심인 시민과 통치자 사이의 제도적 타협에 기반을 두었다. 이 타협을 통해 사민주의는 민주주의를 발전시킬 수도 있었으며 '국민국가적 운명공동체(the fate of a national community)'를 형성해 왔다. 그리고 사민주의는 또 다른 측면의 타협, 즉 자본, 노동, 국가 사이의 제도적 타협과 관련되어 있는데 이것 역시 국민국가의 맥락에서 이해될 수 있다는 것이다. 사민주의자들은 국민국가 수준의 통합성을 지향하며 자본, 노동, 국가의 이해를 융합시켜 시장경제, 사회복지, 정치적 규제가 조화된 균형적인 일괄 타결을 모색한다. 그러나 헬드는 현대의 지구적 권력과 네트워크는 새로운 상황을 만들어 내고 있다고 말한다. 2차 세계대전 이후 몇 십 년 동안 적어도 대부분의 서방국가에서 사민주의적 사회적 연대와 국제 경제적 자유주의 사이에서 만족할 만한 균형이 유지될 수 있었지만 이러한 균형은 이제는 유지되기 힘든 것이 되었다는 것이다. 지구화 시대에 자본, 상품, 사람, 사상 그리고 오염원의 이동은 각 정부들이 스스로 사회적이고 정치적인 타협을 국민국가의 한정된 경계 안에서 일구어 내는 능력을 빼앗아 가고 있는 점에 헬드는 주목한다. 경제적 사회적 운동의 외부지향성과 국가기반의 정치적 통제 메커니즘 사이의 점증하는 괴리로 인해 새로운 문제들이 생겨나고 있다. 헬드는 지구화가 국가 주도의 선택이나 정치적 전략의 종식을 알리는 것은 아니지만 국가의 조절능력은 초국민국가적 수준의 지역적이고 지구적 수준의 협력적 작동 메커니즘의 발전으로 보완되어야 한다는 것을 강조한다. 왜냐하면 국가주도의 정책도구는 더 이상 사민주의적 가치분배를 위한 수단이 될 수 없기 때문이라는 것이다. 이러한 맥락에서 사민주의의 전통적 모델은 더 이상 유효하지 않아 지구적 사민주의가 필요하다는 것이 그의 진단이다(Held, 2004: 13~17).

제4절 비판적 검토

세력 간 연대(coalition)에 의한 지구적 사민주의 프로그램의 실천에 낙관적인 헬드가 제한적 자유주의라는 새로운 국제체제 부상의 저변에 '타협'이 있었다고 분석한 존 러기의 접근에 공감을 표하고 있는 것은 이해할 만하다. 제한적 자유주의를 타협의 산물로 보는 시각은 보편적으로 받아들여지고 있어 이것은 국내 한 연구자(조찬수, 2003a; 2003b)에 의한 소개에서도 잘 나타나고 있다. 제한적 자유주의가 "하나의 국제경제체제로서 창설되고 유지될 수 있었던 것은 주요 참가국들이 공통의 사회적 목적, 즉 국내적 안정과 국제 자유주의 경제의 추구를 병행하는 데 **합의**했기 때문"이라는 것이다(인용자강조)(조찬수, 2003a: 321). 그러나 합의, 연대, 타협 등의 맥락에서 접근하는 것은 국가 간 역학관계의 효과로서 생겨나는 지구화의 지배적 측면을 간과하고 있으며 이것은 헬드가 지구적 사민주의 프로그램의 비현실성을 간파하지 못한 채 이상주의적 호소에 주력하고 있는 것과 밀접한 관련성을 가진다. 제한적 자유주의 질서의 형성 배경에는 '타협'이 존재했다기보다는 국내경제와 세계전략적 문제 때문에 전후 패권국가였던 미국이 스스로 자유주의 경제원칙을 유럽국가의 국내정책에 관철시키지 않았다는 사실이 고려되어야 한다. 전후 미국은 경제정책에서 일면 뉴딜정책의 기조를 유지해야 했을 뿐만 아니라 대외적 측면에서도 세계자본주의 체제에서 패권국가였지만 공산주의 세력의 부상은 서유럽국가들에 대한 미국의 억제력을 약화시켰다. 유럽 국가들은 국내적으로 사회보장 프로그램을 확대시켜 사회통합을 조성해야 하는 필요성이 높아갔고 자유주의 정책과 상반된 케인스안 거시경제정책의 도입을 통해 국가의 시장개입을 확대시켜 갔지만 새롭게 부상한 냉전의 현실은 미국으로 하여금 브레턴우즈 체제의 자유주의적 기조를 유럽국가의 국내정책에 반영하도록 압력을 행사할 것을 허락하지 않았다. 그렇지만 이 같은 환경적 제약은 70년대 들어서 변화를 맞기 시작하면서 미국의 전략은 새로운 성격을 띠게 된다. 70년대 일본과 유럽경제의 성장 그리고 베트남 전쟁의 실패는 미국에서 강한 미국의 재건에 대한 열망을 고조시켰고 80년대에는 고조된 열망에 부응하는 '힘에 의한 위대한 미국'을 재건하려는 레이거노믹스가 전개되었다. 그리고 90년대 공산권 몰락이라는 외부환경의 변화와 재정적자와 경상수지적자로 인한 미국 경제의 위기라는 국내적 요인 등은 미국의 대외정책을 신자유주의적 공세의 성격으로 변화시켰다. 미국의 지배력에 주목하는 학자들은 그 지배력의 정도에는 다른 견해를 가지고 있지만 기본적으로 국제질서형성의 동인을 재배/피지배의 맥락에서 분석하고 있다는 점에서 헬드와 러기식 접근과는 매우 차별적이다. 하트와 네그리(Hardt and Negri, 2001)는 미국지배에 의한 '제국'의 현상을 분석하고 있다. 그들에 따르면 미국은 오래전부터 제국을 향한 출발점을 떠나왔는데 그것은 뉴딜정책으로부터 시작되었다. 미국은 뉴딜에 의한 '규율사회(Disciplinary Society)'를 완성하고 뉴딜개혁의 세계화를 이룩하고 이 성공의 바탕 위에 탈식민지(Decolonization), 탈중심(Decentering), 규율(Discipline)을 완성하여 제국주의의 시대를 제국의 시대로 열었다(Hardt and Negri, 2001: 241~259). 데이비드 하비(David Harvey)의 경우 『신제국주의』에서 제국주의를 '권력의 영토적 논리'와 '자본주의적 논리'란 변증법적 또는 모순적 관계로 규정하면서 세계 역사 속에서 미국의 지배력이 어떻게 성장하였는가를 고찰하고 있다(Harvey, 2003).

　지구화는 연대의 지구화가 아니며 지배/피지배 관계의 지구화이다. 니코스 풀란차스의 경우 '지구화' 이데올로기가 사회에 존재하는 '지배/피지배'의 속성을 반영하지 못한다는 이유로 불만을 표시하였는데 이것은 타당한 인식이다. 그에 따르면 지구화 이데올로기는 지배의 개념을 전제하는 제국주의 사슬의 존재를 숨겨버리고 있다는 것이다. 그는 "사실상 국제화란 피지배 사회구성체들 내에서 제국주의 국가들의 자본주의 생산양식이 분만(induced)재생산되는 것을 말하는 것이다. 즉 역사적인 새로운 형태의 재생산인 것이다"라고까지 주장한다(Poulantzas, 1979: 50). 풀란차스에게 국제화란 그 자체가 제국주의이다. 현재 보편화되어 버린 듯한 신자유주의적 국제질서란 국제적 연대에 기반을 둔 것인가? GATT체제의 출범과 마감, WTO 체제의 등장, FTA의 확산 등과 같은 국제적 수준의 신자유주의적 질서의 확립은 미국, 캐나다, 호주 등의 신자유주의 정권의 연대가 낳은 신자유주의적 현상인가? 국제사회의 신자유주의적 권력의 우위적 현상은 국제사회의 사민주의 세력과의 타협의 결과인가? 거센 신자유주의 국제권력은 국민국가 수준의 신자유주의적 권력이 병렬적으로 합산되어 총합적으로 작용하기 때문인가? 권력의 총합은 지배적 총합이며 병렬적 총합은 존재하지 않는다. 국제관계에서의 권력도 역시 지배적으로 존재한다. 신자유주의 현상의 국제화는 신자유주의적 미국지배정치세력의 국제적 지배의 결과이다.

　지구화의 본질이 지배 / 피지배관계의 국제화타는 인식을 헬드가 가졌다면 유럽선도국들의 노력에 호소한다거나 미국 대외정책 기조의 전향적 변화를 희망하는 비현실적인 기대를 하지 않았을 것이다. 그런데 헬드 자신도 그의 희망이 이상주의적이며 현실적이지 못하다는 것을 인식하고 있는 것처럼 보인다. 헬드는 과거에 유럽국가들이 현재처럼 경제적, 금융적, 정치적 제도에 공동으로 참여할 것이라고 상상이나 했었겠느냐 하면서 현재 가능성이 희박해 보이는 지구적 사민주의도 언젠가는 현실로 다가올 수 있다는 가능성을 강조하고 있다. 그는 또 냉전도 평화적으로 종식될지 누가 예상이나 했었느냐 의문하고 있다. 넬슨 만델라가 풀려나고 인종차별정책이 커다란 폭력 없이 끝나게 될 줄은 많은 사람들이 예상하지 못했다 한다. 중국과 인도가 세계에서 가장 빨리 성장하는 경제를 가지게 될지 전혀 기대할 수 없었다는 것이다. 뒤이어 결론적으로 헬드는 지금 현재로는 먼일처럼 어려워 보여도 글로벌 거버넌스를 재구성(reframing)하는 과업도 비슷하게 가능한 것이라는(similarly possible) 희망을 품어보자고 제의하고 있다(Held, 2006: 256).

헬드에 대한 비판은 그렇다면 무엇이 지구적 사민주의를 실현하기 위한 좀 더 현실적 전략이냐는 물음으로 연결된다. 국제질서의 형성을 지배/피지배의 맥락에서 분석하는 것이 바람직하다면 대안전략이란 사민주의 세력의 국제적 수준의 지배를 의미하는 것으로 귀결된다. 그 지배의 유형은 물론 사민주의가 전제하는 민주적 선거의 과정을 통해 정당성을 갖추는 지배이다. 지배전략이라면 국가권력의 문제와 분리되어서 고려될 수 없다. 왜냐하면 헬드의 지구적 사민주의는 사민주의의 가치를 지구적 수준에서 현상으로 나타나게 하겠다는 프로그램인데 모든 가치는 국가권력과 맞물리는 과정을 통하여 정책으로 물질화되었을 때만 배분되어 현상으로 나타나기 때문이다. 신자유주의는 시장의 시대로 인식하는 소위 '신자유주의 시대의 지적 오류(neoliberal intellectual tendency)'로 말미암아 신자유주의를 국가권력의 약화로 사고하는 경향이 강하지만 신자유주의 시대란 친자본적 국가권력의 강화시기로 보는 것이 옳다. 신자유주의 현상은 곧 신자유주의 지배정치세력에 의한 국가권력의 획득을 전제로 하는 것이고 사민주의 현상이란 사민주의 지배정치세력에 의한 국가권력의 획득을 전제로 하는 것이다. 국가권력에 의해 뒷받침되지 않는 신자유주의, 사민주의 현상이 존재하기는 해도 그것은 기껏해야 비주류일 뿐이다. 우리가 서구사민주의의 위기를 말하곤 하는데 위기란 결국 유럽에서 사민주의 정당이 선거에 패배해 국가권력을 우파에 넘겨주었다는 사실이다. 이것이 매우 당연하게 들리지만 이러한 것은 국가/시장 관계의 맥락에서 정확히 이해되어야 한다. 1990년대 선풍을 일으키며 등장했던 유럽좌파정권들은 2000년 이후 대부분 우파정권으로 교체되었다. 2007년 11월 현재의 프랑스 대중운동연합, 아일랜드 피아나 페일당(FIANNA FAIL), 벨기에 자유당, 네덜란드 기민당, 덴마크 자유당, 스웨덴 보수당, 독일 기민당, 룩셈부르크 기독사회인민당, 포르투갈 사민당 등의 우파 집권을 지목하면서 '미국식 시장경제 바람'을 말하고 국가권력을 대치하는 시장의 강화가 이루어지고 있음을 강조하지만 우파집권은 시장강화로 보기보다는 국가권력의 친자본적 기능이 강화되는 국가권력의 이동으로 이해되어야 한다. 따라서 전통적 사민주의의 위기라든가 지구적 사민주의의 실현과 관련된 논의는 국가권력의 문제로부터 벗어날 수 없다.

그렇다면 국제질서를 형성하는 기초가 되는 국가권력의 소재지는 어디인가? 이 문제는 사실 이미 오래전부터 학계에서 논의의 대상이었다. 권력이 여전히 국민국가에 근거한다는 주장과 국민국가는 이제 그 권위를 상실했다는 주장이 대립되어 오고 있다. '국민국가 건재론'(Mann, 1993; Lambert, 1991)과 '국민국가 쇠퇴론'(E. Toffler and H. Toffler, 1993; Radice, 1984; Held, 1989)의 논쟁 구도가 형성되어 왔다. 최근의 논의 중 가장 주목받는 주장은 아로노위즈와 브래티스(Aronowitz and Bratsis, 2002)에 의해 편집된 *Lost Paradigm*에서 제기되는 국민국가 중심성 테제이다. 이들은 저서에서 '제국'의 패러다임을 제시한 하트와 네그리를 비판하면서 국민국가 패러다임을 복원해야 할 것을 역설하고 21세기 지구화의 시대에도 국민국가가 여전히 권력의 원천임을 강조하고 있다. 저자가 이들의 주장에 공감하는 이유는 이들은 국제질서를 형성시키는 동인을 권력에 있음을 인식하면서 그 권력의 소재라든가 권력의 원천을 국민국가의 주권과 국민국가의 영토성에서 찾으려 하는 올바른 접근을 택하고 있기 때문이다. 그들 주장의 핵심은 권력이란 주권과 영토를 떠나서 생겨날 수 없는데 현재 주권과 영토란 국민국가 단위로 존재하기 때문에 오직 국민국가만이 권력의 소재가 될 수밖에 없으며 국민국가 영토를 넘어 권력이 존재한다는 것을 말하는 '제국' 따위의 초국민국가적 개념은 잘못되었다는 주장이다. 국가영토성의 위에(above) 또는 저편에(over) 또는 넘어서(beyond) 권력이 존재한다는 하트와 네그리의 주장은 국가 이외의 어떠한 공간이 대안적인 정치권력의 발생기(generator) 또는 소재(locus)로서 확인되지 못하는 이상 반드시 잘못된(necessarily incorrect) 것이라고 강조하고 있다. 즉 대안적인 권력의 공간적이고 제도적인 조직체가 없는 이상 국가 중심성을 부정할 수 없다는 것이다(Aronowitz and Bratsis, 2002: xx). 이들의 주장을 시스템 재생산 이론으로 자본주의를 연구한 풀란차스가 가졌던 문제의식으로 표현하면 국민국가 시스템이야말로 현 지구화의 시대에도 시스템 재생산의 공간이라는 것이다. 그는 지구화가 수반하는 생산관계의 국제화가 국민국가 단위로 재생산되어 온 현상에 어떠한 변화를 가하는가, 다시 말해 재생산의 공간이 국민국가 단위를 넘어 일종의 초국민국가 수준에서 일어나는가 의문하였지만 앞의 6장에서 본 약간의 변화에도 불구하고 여전히 재생산의 공간은 국민국가 시스템임을 분석하고 있다. 또한 나카노의 헬드에 대한 비판은 비록 영토성이라든가 주권에 관한 이론적 맥락에서 가해진 것은 아니지만 지구적 사민주의에 나타난 비현실성을 정확하게 지적하고 국민국가 중심성을 강조하고 있다는 점에서 경청할 만하다. 나카노는 헬드가 미래에 대한 낙관의 증표로 내세우는 지금까지 성취된 "사해동포주의적 현실(cosmopolitian realities)은 매우 과장된 것"이며 그것은 실상 국민국가 시스템의 "국제적 현실(international realities)"이라고 주장하고 헬드가 말하는 초국민국가 시민사회(transnational civil society)도 사실상 국민국가 시스템의 산출임을 강조한다(Nakano, 2006: 33). 국민국가의 역사는 유럽에서는 200여 년 그리고 비서구 국가들에게는 경우 50여 년 정도밖에 되지 않은 국제질서라고 말하면서 국민국가시스템과 국제질서가 세계질서를 위한 충분조건은 아니지만 필요조건 혹은 전제조건임을 주장하면서 세계질서를 위해 유지시켜야 할 것임을 주장한다. 그는 사해동포주의적 도덕원칙에 기반을 두는 규칙과 제도들은 세계질서를 유지할 수 없기 때문에 국민국가 권력을 통해 글로벌 거버넌스를 기대할 수 있다고 말하고 있다(Nakano, 2006: 47~48). 전 지구적 문제에 대처하기 위해 최선의 길은 국민국가의 능력을 강화시키고 기존의 국제질서를 발전시키는 것이 최선임을 강조한다.

제5절 맺으며

권력의 소재로서 국민국가는 국제질서형성의 모터(motor)이다. 국민국가영토를 넘어서 현상으로 나타나는 권력이란 어떠한 초국민국가의 권력이 아니며 패권국민국가권력의 국제적 수준의 지배적 현상이다. UN, IMF, G7 등의 권력이 그 자체의 기구와 제도에서 나오는 것으로 보이지만 그것의 원천은 국민국가 회원국에 있다. 그리고 외견상 합의에 근거한 수평적이고 병렬적 총합으로 보이지만 그것은 회원국 국민국가 사이의 역학관계를 거친 지배적 총합이다. 그 지배는 인권, 민주주의, 시민권 등의 근대적 가치에 채색되고 과학기술발전이 추동하는 경제적 지구화에 의해 변형된 새로운 유형이다. 이에 현혹된 헬드는 권력이 이미 국민국가 영토를 벗어나 글로벌 네트워크에 소재하고 있다는 부정확한 판단에 근거해 앞서 살펴본 지구적 사민주의 프로그램을 제안하고 있다.

마지막으로 우리가 의문할 것은 국민국가가 권력의 원천이라면 이것이 지구적 사민주의의 목표에 주는 전략적 함의는 무엇인가 하는 것이다. 그것은 사민주의 가치를 실현하려는 세력이 헬드처럼 권력의 소재들을 비켜가면서 그 소재들을 글로벌 네트워크라는 화려한 견사로 엮어 내려는 시도를 하기보다는 권력의 최강 소재에 자리를 잡고 그 권력을 사민주의화하고 그 지배력을 국제적 수준으로 확산시켜 지구적 사민주의를 실현하는 것이다. 이러한 전략을 구체적으로 논하는 것은 지구적 사민주의를 꿈꾸는 정치세력의 몫이며 필자는 본문에서 강조한 '국민국가권력'의 맥락에서 다음과 같은 방향만 제시하고 글을 마치고자 한다.

첫째, 현실적 어려움을 인정은 하지만 신자유주의적 재생산이 지속되는 미국자본주의 시스템에서 사민주의 세력이 국가권력을 획득하는 것이 최선일 것이다. 신자유주의 본산이기 때문에 그래서 자본의 헤게모니가 강성한 미국자본주의 시스템에서 사민주의 세력이 국가권력을 획득하기란 어려운 일이다. 정치경제의 변화, 사회의식의 변화, 효율적인 선거전략 등 복합적인 조건들이 뒷받침되어야 할 것이다. 공화당은 물론이고 민주당 역시 사민주의 정책과 별 연대성을 보여 오지 못해 온 것을 감안해 볼 때 미국자본주의 시스템에서 사민주의 세력의 국가권력 획득은 난망한 일인지 모른다. 그러나 헬드의 전략처럼 신자유주의와 신보수주의 세력에 전향을 호소하고 사민주의 정치세력에 비현실적 국제적 연대를 재촉하는 것보다는 훨씬 실현가능한 전략이 될 수 있다. 이러한 전략의 성공은 그 무엇보다도 국제적 수준에서 강력한 효과를 낼 수 있을 것이다. 미국 국가권력의 크기만큼, 그것이 미치는 경계만큼 신자유주의가 탈색되고 사민주의화될 것이기 때문이다.

둘째, 자본주의 시스템 재생산의 공간은 여전히 국민국가 단위라는 인식하에서 유럽국가들은 개별적으로 국민국가시스템의 사민주의적 재생산에 주력해야 한다. 사민주의 세력은 저마다 자본주의 국가경제에 대한 성공적인 개입, 사회통합의 달성, 국가와 시민사회의 통합성의 구축 등을 통해 민주적 선거에 승리하는 것을 통하여 국가권력을 유지하거나 새롭게 확보해야 할 것이다. 이렇게 하여 유럽 내에서 사민주의적 시스템의 재생산이 많아지면 많아질수록 EU의 사민주의 세력화는 강화되는 것이며 결과적으로 신자유주의에 공세에 대한 막강한 보루로서 자리 잡게 될 것이다.

제 12 장
동북아체제구조 측면에서 본
한국의 '동북아중재자' 역할[1)

제1절 들어가며

제4차 6자회담이 마무리되면서 발표된 2005년의 9 · 19 공동성명은 2차 북핵 위기 발발 이후 증폭되어온 동북아의 긴장이 폭발 직전에 극적인 평화적 타협으로 전환된 것으로서, 대타협을 통해 동북아 고강도 분쟁의 위험이 일단 불식되었다는 점에서 다행스러운 일이다. 그러나 이 대타협이 도출되기까지 회담 과정에서 나타난 분쟁당사국들의 첨예한 갈등은 향후 동북아의 평화정착을 위한 다자간 노력이 얼마나 험난한 것인가 그리고 다자간 안보체제의 필요성이 얼마나 절실한 것인가를 새삼 깨닫게 해주었다.

---

1) 이 글은 필자가 2006년 『한국과 국제정치』 통권 53호에 게재하여 동북아 체제구조의 측면에서 한국의 평화유지 역할을 모색한 글이다. 시간이 적지 않게 흘렀지만 2010년 현재 천안함 사태가 발발하고 동북아의 긴장이 고조되는 상황에서 필자는 이 글의 주장을 오히려 강조하고 싶다.

한국은 동북아 평화정착을 위한 방안으로 오래전부터 다자안보체제구축의 필요성을 역설해 왔는데, 노무현 정부는 동북아 다자안보체제 구축이라는 장기적 목표가 달성되기 이전까지 한국의 자율적인 노력으로서 소위 '동북아균형자'의 역할에 주력하겠음을 천명했다. 그런데 동북아균형자론은 한국정부의 외교 능력에 대한 회의 그리고 한미동맹의 균열에 대한 우려 등과 맞물려 국내외에서 강도 높은 비판을 받아온 것이 사실이다. 그럼에도 불구하고 한국정부가 적극적으로 개입한 6자회담이 종전과는 차별적인 획기적 성과를 도출함에 따라, 향후 동북아지역의 안정과 평화구축을 위한 한국정부의 역할이 중요한 외교적 변수로 작용할 수 있다는 기대가 고조되어 왔다.

이 글은 동북아체제구조의 분석을 통해 동북아 평화정착을 위한 한국정부의 바람직한 정책방향을 모색해 보는 것에 그 목적을 가지고 있다. 특히, 9·19 공동성명에서 "동북아시아의 항구적인 평화와 안정을 위해 공동 노력할 것을 공약하면서 직접 관련 당사국들은 적절한 별도 포럼에서 한반도의 영구적 평화체제에 관한 협상을 가질 것"이라고 6개국이 합의함에 따라 동북아체제구조 분석을 통해 평화정착 방안을 찾아보려는 것은 시의 적절한 시도가 아닌가 생각된다. 필자는 '동북아균형자' 역할을 높은 수준에서 '동북아조정자'와 낮은 수준에서 '동북아중재자'로 이원 구분하여, 한국정부의 바람직한 역할이란, 낮은 수준의 동북아균형자 역할, 즉 '동북아중재자'의 역할을 통해 동북아체제가 과거의 냉전 양극체제로 회귀하는 것을 방지하는 것에 주력하는 데에 있음을 주장한다. 노무현 정부의 출범 이후 한국정부의 역할은 동북아가 냉전체제로 회귀하는 것을 방지하는 데에 있다는 주장이 빈번하게 제기되어 왔지만 이전의 어떠한 연구도 동북아를 체제구조 측면에서 분석하여 냉전체제로의 회귀를 경계한 경우는 없는 듯하다.2) 이 글은 이 점에 착안하여 동북아 체제의 역사적 변천을 분석하면서 현 체제(system)에 속한 하나의 행위자 (actor)로서의 한국이 동북아 체제의 안정과 평화유지를 위해 기능 할 수 있는 방향은 '동북아중재자'의 역할을 표방하는 것에 있음을 주장한다.

제2절 체제형태와 평화의 상관관계

1. 구조, 체제, 그리고 행위자

동북아체제형태의 변천과 그 체제 내 행위자로서의 한국의 역할에 대한 연구를 하기에 앞서, 구조(structure), 체제(system), 행위자(actor) 의 개념 중에 구조와 체제에 대해서 좀 더 명확한 구분이 필요한 것 같다. 우리가 특별히 주의를 기울이지 않으면 체제를 곧 구조로 이 해해버리기 쉬우나 '구조주의'나 '구조화이론'의 연구영역에서 구조 는 행위자의 활동을 제어하는 일종의 틀로서 그리고 체제는 그 틀 안에서 행위자들 사이에서 일어나는 "규칙적인 행태 양식(regularized pattern of behaviors)", 즉 일종의 '질서'로서 명확히 구분되어 쓰이 고 있는 점에 주목할 필요가 있다. 웬트(Wendt)와 듀발(Duvall)은 구조와 행위자를 "상호 결정적 관계(codetermined irreduciblity)"로 인식하면서 체제란 구조 내에서 존재하는 "행위자들의 규칙적인 실

---

2) 노무현 정부의 동북아균형자론에 대한 학술적 연구가 많지 않은 가운데 동북아균형자론을 '중
   약국 외교정책의 한 단면'으로 분석한 연구가 주목받는다. 김기정, 2005, 「21세기 한국 외교
   의 좌표와 과제: 동북아균형자론의 국제정치학적 의미를 중심으로」『국가전략』 11권 4호.

천 (regularized practices of agents)"으로 이해하고 있다(Wendt and Duvall, 1989: 58-59). 그들은 행위자들의 상호작용이 사회구조를 형성하고 역으로 사회구조는 행위자들의 상호작용에 영향을 미친다고 주장하였는데 이것은 앤서니 기든스(Anthony Giddens)가 행위자는 사회를 형성하고 동시에 사회는 행위자의 행태를 제어한다고 말한 것과 같은 맥락에 있다. 기든스 역시 그의 구조화이론에서 구조와 차별되는 개념으로서의 체제를 언급하고 있다. 그에 따르면 행위자들은 구조에서 활동한다. 그러면서 행위자들은 시간이 경과함에 따라 "재발하는 행태 양식(recurrent behavioral patterns)"을 발생시킨다고 생각하면서 이것을 체제라고 인식하고 있다. 따라서 구조와 체제는 구조화과정에서 상호 불가분적으로 결합되어 있다는 것이다 (Giddens, 1984: 17). 종합하면, 그는 구조와 체제의 이원성(duality)에 주목하면서, 구조 안에서 행위자들이 상호작용하는 가운데 체제라는 규칙적인 행태양식이 나타나고 있음을 강조하고 있다. 이에 따라 우리는 구조(structure)를 체제가 형성되기 전의 구조인 비체제적 구조(non-system structure) 그리고 체제가 형성된 구조인 체제구조 (system structure)로 이분하여 구조를 개념화할 수 있다. 다시 말해, 질서가 존재하지 않는 구조를 비체제구조 그리고 질서가 존재하는 구조를 체제구조로 구분하여 개념화할 수 있는 것이다.

국제정치학 분야에서 구조, 체제, 행위자의 문제에 심도 있는 이론화 작업을 전개한 학자는 역시 구조현실주의라고도 불리는 신현실주의 대가인 월츠(Kenneth N. Waltz)라고 말할 수 있을 것이다. 그는 신현실주의가 국제정치를 무정부상태로 전제하면서 구조라든가 체제의 개념을 강조하는 것이 서로 상충적인 것이 아니냐는 비판에 답하면서 "문제는 질서유지자 없이 위계를 생각해 내는 것이며 공적 조직체가 없는 곳에서 조직체의 영향을 상상해 보는 것"(Waltz, 1997: 147)이라고 말한다. 그리고 그는 미시경제학을 비유로 들면서 경제 주체들이 시장의 구조에 결국 영향을 받을 수밖에 없듯이, 국제정치에서도 자기 이익을 추구하는 단위들은(도시국가, 제국, 국민국가 등), 즉 이 글에서 말하는 행위자들은, 국제정치구조에 제약받게 될 수밖에 없음을 강조하고 있다. 월츠가 강조한 '무정부상태의 국제정치구조'가 언뜻 보면 자가당착으로 보이지만 그는 국제정치의 단위에 대한 구조와 체제의 구속성을 매우 강조한 구조현실주의자였다. 이것은 그가 "국가들은 각기 자율성을 보유하고 있지만 서로에게 구체적인 관계 속에 놓여 있다. 그들은 일종의 질서를 형성하고 있다"(p. 162)라고 말하거나 국제정치학자들을 향하여 "국제정치를 단위들의 상호작용의 결과로 상정하면서 체제수준의 변수들이 단위들에게 영향을 준다는 사실을 간과하고 있다"(p. 161)라고 비판하고 있는 데서 잘 나타나고 있다. 3)

2. 단극체제, 양극체제, 다극체제, 양-다극체제

주로 국가단위의 사회체제를 연구하는 수준에서 분석틀로 유용되었던 체제이론(system theory)이 국제정치학에 도입되었던 배경에는 국제평화는 국제체제의 형태와 밀접한 상관관계를 가지고 있는 것이 아니냐는 국제정치학자들의 관심이 자리 잡고 있었기 때문이다. 한 구조현실주의자가 "전쟁과 평화에 대한 열쇠는 개별국가들의 국가성

---

3) 월츠는 일반적으로 받아들여지는 행위자의 개념을 대신하면서 그의 연구에서 '단위'라는 개념을 채택하고 있다. 그가 구조, 체제, 단위들의 개념을 어떻게 종합적으로 사고하고 있는가를 심층적으로 알기 위해서는 그의 대표작 중의 하나인 *Theory of International Politics*의 제5장 참조요.

격보다는 국제체제의 구조에 달려 있다"(Mearshimer, 1990: 7)라고 주장할 정도로 국제평화는 국제체제의 형태와 밀접한 관계를 가지고 있다는 인식이 넓게 확산되었다.

단극체제(unipolarity)와 평화의 밀접한 상관관계에 주목한 대표적인 학자는 '패권안정론(Hegemonic Stability Theory)'을 주장한 로버트 길핀(Robert Gilpin)인데 그는 패권국가가 국내 정부와 같은 역할을 함으로써 무정부상태인 국제정치의 약점을 극복하고 국제정치의 안정을 가져 올 수 있음을 강조하였다. 냉전 종식 이후에는 미국주도의 단극체제가 많은 학자들 사이에서 주된 연구의 대상이 되었다(Wohlforth, 1999; Krauthammer, 1990; Layne, 1993; Mastanduno, 1997). 대표적으로 울포스(Wohlforth)에 따르면 단극체제란 일개 국가의 국력이 다른 국가들의 그것에 지배적으로 우위를 점하고 있어 모든 다른 국가들이 힘의 균형을 맞출 수 없는 상태를 말하는 것으로서, 20세기 초반의 미국이나 공산권 몰락 이후 현재 미국이 누리고 있는 헤게모니를 지칭할 수 있다는 것이다.

냉전이 종식된 현재의 세계체제가 미국 주도의 단일체제라는 점에는 좌파나 우파학자들 사이에 별다른 의견차이이 없는 것으로 보인다. 최근 좌파학자들 사이에서 미국지배의 세계자본주의 체제에 대한 경계의 목소리가 높아지고 있는 가운데 하트(Hardt)와 네그리(Negri)는 미국은 최강대국의 지위를 넘어선 '제국'이며 이 제국이란 '새로운 형태의 전 지구적 주권'으로 받아들여질 수 있다고 말한다. 따라서 강대국들 사이의 경쟁을 전제하는 제국주의의 시대는 끝났으며 이제 미국주도의 단극세계체제, 즉 제국의 시대에 우리는 살고 있다고 주장한다(Hardt and Negri, 2000).

단극체제가 평화체제라는 주장과는 별도로 양극체제와 다극체제의 평화유지에 대한 순기능성은 치열한 논란의 대상이 되어왔다. 최근까지도 논란이 식지는 않았지만 그 논란이 국제정치학계에서 중심적 논의가 되었던 시기는 역시 2차 세계대전 이후 시작된 냉전의 한복판에서였다. 양극체제(bipolarity)의 안정성을 주장한 대표적 학자인 월츠(Waltz)는 양극화가 가져다주는 "상시적 압력과 견제"가 분쟁의 위기를 촉발하기보다는 안정적인 균형을 유지시킨다고 역설하였다. 다시 말해, "두 개의 거대권력 이외에 주변이 존재하지 않는다"라는 것으로서(Waltz, 1964: 883) 이것이 분쟁으로 가기보다는 상대에 대한 끊임없는 견제로 이어져 강력하고 결정적인 힘의 균형이 존재하게 된다고 주장하고 있다. 월츠 이외에, 호프만(Hoffmann, 1972)은 1970년대에 존재했다는 5극체제를, 야렘(Yalem, 1972)은 새로 부상하기 시작하던 미국, 소련, 중국의 3극체제의 위험성을 각각 경고하면서 양극체제의 안정성을 높이 평가했고, 사페르스테인(Saperstein, 1991)은 체제 내에 행위자의 숫자가 많아지면 많아질수록 체제는 더욱 예측 불가능해지고 불안전성이 증가한다고 주장했다.

다극체제(multipolarity)의 안정성을 주장하는 대표적 학자들인 도이치(Deutsch)와 싱어(Singer)는 "양극에서 다극으로 변화하는 체제는 전쟁의 강도와 빈도가 줄어드는 것으로 기대된다"(Deutsch and Singer, 1964: 390)라고 강조하면서 이에 대한 근거로서 하나의 동맹에 속하지 않은 행위자들의 숫자가 많을수록 국제사회에서 잠재적 동반자의 숫자가 증가하는 것을 들고 있다. 국제사회에서 한 쌍의 관계 (dyadic relationship)가 많이 존재하면 할수록 국가들 사이의 반목이 줄어들 가능성이 높다는 것이다. 다극체제의 주요 강점은 그것이 국가 간 상호 교류의 기회를 극대화할 수 있는 체제로서 두 강대국 사이에 존재하는 제로섬게임을 방지할 수 있다고 말하고 있다(Deutsch and Singer, 1964: 393~400).

　이처럼 양극체제와 다극체제에 대한 평가가 양분되는 가운데 로즈
크랜스(Rosecrance)는 양 체제의 약점을 모두 지적하고 평화유지를
가장 용이하게 할 수 있는 "대안체제(Alternative system)"로서 소위
양－다극체제(bi-multipolarity)에 주목했다(Rosecrance, 1966: 320).
그에 따르면 양－다극체제란 양극체제와 다극체제의 특성이 결합된
체제로서 체제에 존재하는 두 적대적 강대국의 행위가 역시 체제 내
에 존재하는 다수국가의 의지에 상당한 수준의 제약을 받는 체제를
말한다. 로즈크랜스가 양－다극체제에 주목한 이후 후속 연구가 진
행되지는 않았지만 현재의 동북아시아 체제를 분석하는 데에 있어
그의 통찰은 매우 중요하다. 로즈크랜스가 보기에 양극체제의 가장
큰 문제점은 두 행위자 중 하나의 행위자가 추하는 조치가 무엇이
되든 그것은 상대 행위자에게 힘의 확장인 공세적 도발로서 받아들
여진다는 것이다. 양극체제가 도발을 제어하는 측면을 가진 것은 사
실이지만 그러나 그것은 체제 내 행위자의 팽창동기를 억제하기보다
는 오히려 증가시킬 뿐이라는 것이다. 양극 간의 경쟁이란 기본적으
로 확장적인 것이기 때문에 한쪽의 움직임은 다른 쪽에 의해 숨은
의도를 가진 것으로 보여지며 국내수준의 정책들까지도 체제경쟁적
인 것으로 보이기 쉽다는 것을 그는 지적한다. 다극체제 역시 많은
문제점을 내포하기는 마찬가지이다. 무엇보다도 다극체제는 심각한
수준의 분쟁은 아니더라도 국제분쟁을 빈번하게 일으킬 수 있는 체
제라는 점을 로즈크랜스는 지적한다. 양극체제에서 상대 행위자의
일거수일투족에 모아지는 경계적 관심이 다극체제에서는 체제 곳곳
에 분산되면서 국제적 긴장은 줄어들 수 있지만 다양한 사안들에 국
가적 이해관계가 충돌하면서 분쟁의 가능성이 고조된다는 것이다(pp.

315~320).

이처럼 양극체제와 다극체제의 문제점을 지적한 후 로즈크랜스는 양-다극체제의 중요한 장점으로서 양극영역의 적대적인 두 국가의 관계가 다극영역의 다른 국가들의 존재와 활동에 크게 제약받게 됨에 따라 두 적대국 간의 경쟁이 제로섬 게임이 될 수 없다는 점을 강조하고 있다. 물론 양-다극체제의 안정성이 구조적으로 보장받는 것은 아니다. 로즈크랜스는 양-다극체제의 불안정을 야기시키는 경우로서, 양극영역의 강대국과 다극영역의 국가 사이에 존재하던 정치적 연대가 변화를 맞을 경우를 지적한다. 만약 이러한 변화가 나타날 경우 양극 영역의 국가는 체제 내에 긴장을 유발시키면서 다극영역에 존재하던 변심한 이전의 "예속국가(a multipolar client)"에게 과거의 연합과 동맹이 얼마나 중요했던 것인가를 깨닫게 해줄 수 있다고 말하고 있다(p. 321). 그러나 로즈크랜스는 이처럼 체제 내의 불안정이 조성될 수는 있으나 기본적으로 정치적 동맹이 변화한다고 해도 그것이 다극영역 국가들의 자율성을 크게 제어하지는 못한다는 점을 강조하고 있다(p. 321). 왜냐하면 양-다극체제에서 두 강대국의 경쟁이 양극영역에서만 일어나는 것이 아니라 다극영역에서도 일어나기 때문이다. 국제체제의 재원(the resources of the international system)은 양자적 경쟁에 의해 양분될 수 없기 때문에 양-다극체제에서 양극 국가들의 충돌은 다극영역에서 나오는 힘에 의해서 조정되고 안정화된다는 것이다(p. 320). 다음과 같은 두 가지 이유 때문에, 즉 첫째, 양대국 중 어느 한 국가도 상대에게 절대적 우위를 확보하기가 어렵다는 인식 때문에, 둘째, 다극영역의 국가들로부터 절대적 수준의 이익을 얻어내기란 매우 어렵고 따라서 현 상태를 유지하는 것이 미래에 악화될 수 있는 상황보다 유리하다는 인식 때문에,

두 강대국들 간의 경쟁이 약화되고 데탕트를 모색하지 않을 수 없다는 것이다(p. 321). 이처럼 양-다극체제에서는 양극영역의 경쟁이 다극영역에 의해서 중재될 수 있을 뿐만 아니라 다극영역에 존재하는 분쟁도 양극영역에 의해 쉽게 조정될 수 있는 것이 장점임을 로즈크랜스는 강조한다. "두 강대국은 다극영역의 분쟁에 대한 조정자(regulators)의 역할을 하고 다극영역의 국가들은 두 강대국 사이에서 중재자(mediators)의 역할을 통하여 완충역할을 하면서 체제 내의 분쟁을 완화시킬 수 있다"라는 것이다(인용자 강조 p. 322). 양-다극체제에서 국가들 간 이해관계의 특징은 그것이 "부분적으로 서로 상반되고 동시에 부분적으로 조화스럽다"라는 것이며 이로 인해 체제 내 국가들의 이해관계가 제로섬(zero-sum) 게임이라든가 콘스턴트섬(constant-sum) 게임 속에서 형성되지 않는다(p. 322). 두 강대국은 상대를 직접적으로 맞서지 않으려 하고 다극영역의 국가들 역시 그들 사이에서 되돌릴 수 없는 수준의 분쟁을 발전시키려 하지 않는다. 양극영역과 다극영역 사이에서 집단적인 대립이 일어날 가능성이 적을 뿐 아니라 각 영역 안에서의 국가 간 분쟁, 그리고 영역사이에서의 국가 간 분쟁이 모두 억제될 수 있는 장점을 양-다극체제는 가지고 있다.

제3절 동북아 구조와 체제의 변천

동북아구조와 동북아체제가 형성된 기점을 규정하기란 어려운 일이다. 구조를 행위자들의 활동영역으로 정의한다면 동북아 구조는 역사적으로 계속 확장되어 왔다고 보아야 한다. 동북아 행위자들은 인류역사 과정에서 과학기술을 포함하는 생산력의 발달에 따라 점진적으로 활동 영역을 넓혀 왔기 때문이다. 지구화 및 정보화로 특징되는 21세기의 자본주의에 조응하는 동북아의 구조란 이미 지리적으로 동북아 지역 외의 역외 행위자들을 정치, 경제적으로 역내행위자로 포함하고 있다. 동북아 구조는 지속적으로 영역이 넓어지는 가운데 정세적으로 행위자들의 의도, 능력, 그리고 일어나는 사건의 성격 등에 따라 영역의 경계가 수축 및 확장하는 유동적인 열린 공간이다.

동북아체제의 형성은 언제를 기점으로 보아야 할 것인가? 다시 말해 동북아에 행위자들 간에 '재발하는 규칙적인 행태양식'이라 할 수 있는 질서가 생겨난 것을 언제로 보아야 할 것인가? 일반적으로 동북아 행위자들 사이에는 중국 중심의 질서가 존재했다는 점에 의견이 일치하고 있다. 그렇다면 중국대륙의 한 정치세력이 중국대륙을 통일하고 정치적 영향력을 대륙외부까지 펼치려는 정치적 행위의 시발점으로부터 동북아가 하나의 체제로 형성되기 시작한 것은 아닌가? 이에 근거한다면 중국에서 춘추전국시대가 끝나고 진(秦)의 중국통일이 완성되어 중국의 정치세력이 변방지역으로 정치적 영향력을 행사하기 시작한 시점인 기원전 2세기를 전후로 동북아에서 하나의 체제가 형성되기 시작한 것이 아닌지 조심스럽게 말할 수 있을 것 같다.

1. 중화 일극체제: 19세기 중반까지

기원전 2세기 이후에 나타난 중국 중심질서의 동북아 체제는 역외 행위자가 동북아 구조에 개입하면서 기존질서를 붕괴하기 시작하던 시기까지 2천 년 동안 존재하였다고 평가할 수 있을 것이다. 19세기 중반 청나라가 서양세력에 의해 침략받고 동북아에서 일본이 중국에

도전함에 따라 중국이 곧 천하라는 중화사상이 일거에 깨어지기 전까지 동북아는 중국 중심질서체제였다. 물론 중국 중심의 질서는 7세기까지 한반도 북부와 남만주 일대에 존재하던 고구려, 13세기의 몽고제국, 16세기에는 강성해진 일본에 의해 크게 도전을 받고 간헐적으로 단절되기도 하였지만 그 단절은 뒤에서 살펴보겠지만 19세기 이후 생겨난 동북아의 구조적 변화와 비교해 볼 때 극히 미약한 것으로 보인다. 이러한 중국 중심질서는 뚜렷한 주권 확립을 특징으로 하는 17세기 서양의 베스트팔렌 체제와 차별적이며, 한때 그 질서는 동북아체제의 평화를 유지하는 근간이 되어 18세기를 전후한 250년 동안에 동아시아에서는 국가 간에 전쟁이 존재하지 않고 동북아의 "현실적 평화질서"가 구축될 수 있었던 배경이었다는 점이 강조되고 있다(남궁곤, 2003: 8). 한발 더 나아가 동아시아는 앞으로도 중국의 지도력 하에 평화체제가 유지될 것으로 낙관하면서 중국일극체제의 영향력을 다소 과대평가하는 주장까지 있다(Kang, 2004).

2. 비체제적 구조의 동북아: 아편전쟁-일본의 패전까지

긴 역사 동안 중국 중심 체제를 유지하던 동북아구조는 19세기 중반 드디어 역사상 가장 획기적인 구조적 변화를 맞이하게 되었다. 획기적이라 말함은 첫째, 19세부터 동북아구조는 더 이상 독립된 단일구조로 존재하지 않고 세계구조에 종속되는 하위구조로서 존재하기 시작했기 때문이다. 인류 과학기술의 발달로 가속화된 시공간의 압축이 필연적으로 세계를 하나의 광대 단일구조로 변화시키는 과정에서 동북아는 이제 독립된 구조가 아닌 상위구조에 종속된 하위구조로 존재하기 시작하였는데 그 기점을 19세기로 볼 수 있다. 둘째, 획기적이라 함은 동북아에서 이전에 존재하지 않았던 역외 행위자의 개입이 본격화되었다는 점을 말한다. 19세기 중반 아편전쟁으로부터 개입하기 시작한 서양 역외행위자는 이미 동북아에서 중심행위자로 자리를 굳히기 시작했다.

19세기 중화일극체제가 붕괴되자 행위자들 사이에 받아들여지던 질서는 실종되었다. 동북아가 비체제적 구조(non-system structure)로 된 것이다. 동북아 무질서의 시작은 장기간에 걸친 대규모 전쟁의 서막이었다. 새로운 동북아체제가 형성되기까지 동북아구조는 역내행위자와 역외행위자와의 대결 그리고 새로 부상하기 시작한 역내행위자의 패권노선으로 인하여 장기간 포연으로 가득 차게 되었다. 1840년 아편전쟁으로 시작해서 1945년 일본이 패망하기까지 전쟁의 연속이었다. 아편전쟁(1840), 청일전쟁(1894), 러일전쟁(1904), 일본의 대한제국합병(1910), 중일전쟁(1937), 태평양전쟁(1941)이라는 일련의 혼란은 2천 년의 중국 중심의 동북아 체제가 깨지고 동북아에서 새로운 체제가 형성되기 전까지 일어난 과정이다.4)

3. 양극체제의 형성과 충돌

역내외 행위자들의 충돌이 뒤엉킨 기나긴 전쟁은 일본의 패망으로 종식되었다. 미국과 소련이라는 중심행위자를 주축으로 한 동북아에서는 새로운 체제가 형성되게 되었는데 그 체제란 분쟁의 높은 가능성을 내포한 양극체제였다. 특히 그 양극체제의 전선(戰線)이 정확

---

4) 조성환은 이 시기 동아시아의 변화를 유럽적 근대의 팽창이라는 외발적 힘과 동아시아의 전통적 질서의 붕괴차원에서 분석하고 있다. 조성환, 「동아시아주의의 정치사상」 한국동북아지식인연대 엮음. 『동북아 공동체를 향하여』(서울: 동아일보사. 2004).

히 한반도의 중심부를 가로지르고 있었다는 좀에서 식민지배에서 갓 해방된 한반도 사람들은 다시 한번 민족적 비극을 경험하게 되는 구조 안에 놓이게 되었다.

동북아 구조는 세계최강의 미국과 소련이라는 국가가 중심행위자로 확고하게 자리를 잡음으로써 이제 세계체제구조에 종속되는 하위 체제로서만 존재하지는 않게 되었다. 세계 속에 동북아가 존재하고 동북아 안에 세계가 존재하는, 그래서 하위구조와 상위구조가 상호 중층 결정하는 것이 20세기 중반 이후의 동북아 체제의 모습이다. 이것은 동북아에서 발발한 한국전쟁이 세계의 냉전체제를 더욱 확고하게 형성시키는 역할을 한 것에서도 한 예를 찾아 볼 수 있다(김명섭, 2003). 동북아 양극체제는 조정기간을 거친다. 이 기간에 일어난 것이 가장 큰 물리적 충돌이 한국전쟁이다. 한반도 이북에서의 공산주의 종주국 소련의 영향력의 확대, 1949년 중국대륙의 중화인민공화국과 조선인민민주주의공화국의 성립과 함께 동북아에서 자본주의 대 공산주의라는 적대적 양극 구도가 뚜렷하게 부상하게 되었다. 이것은 1950년 한국전쟁의 발발로 이어졌고 전쟁 종식 후 "1953년 체제"라고 부를 수 있는 정전체제가 시작되었으며 이로 인해 동북아 및 전 세계의 양극체제가 고착화되었다(박명림, 2006: 7).

주목할 것은 한국전쟁의 종료와 함께 동북아체제는 새로운 두 개의 적대적 하위체제를 포함하게 되었다는 것이다. 그것은 한국, 미국, 일본으로 구성된 남방삼각체제와 북한, 소련, 중국으로 구성된 북방삼각체제를 말한다. 북방삼각체제는 1949년의 조소군사비밀협정과 북중상호방위조약의 체결 그리고 1950년 중소우호동맹상호원조조약의 체결로 결속이 강화되었으며 이에 맞서 남방삼각체제 내에서 미국은 1951년 9월 대일강화조약과 미일안전보장조약을 체결하여 미일동맹체제를 더욱 확고하게 다지고 한국과도 1953년 한미상호방위조약을 체결하는 것을 통해 탄탄한 삼국협력관계를 구축하였다.

4. 동북아체제의 복합성과 양-다극체제

70년대 미중관계개선과 90년대 동구권의 몰락으로 냉전의 양극체제는 역사의 뒤안길로 사라졌다는 인식이 보편화된 후 동북아를 포함하는 동아시아에 새롭게 형성된 체제는 무엇이냐에 대한 의견이 난무했다. 그러나 현 체제형태에 대한 의견의 일치는 없는 듯하다. 동아시아는 미국헤게모니가 지배하는 단극체제하에 있다는 주장으로부터(Berger, 2000; Goldstein, 2003) 이제 미국 이외의 국가들의 위상을 인정하면서 다극체제의 현실을 받아들여야 한다는 목소리(Kerr, 2005; Kupchan, 1998; Zhao, 1997), 그리고 동아시아는 독특한 지역구조를 가지고 있으며 그것은 단극체제나 다극체제의 개념으로 설명할 수 없다는 주장까지(Buzan, 2003) 동북아 혹은 동아시아의 현존 체제형태에 대해서 의견의 일치가 존재하지 않는 것처럼 보인다. 이처럼 동북아체제의 복합성에 대한 의견이 분분한 가운데 필자는 현재의 동북아를 로즈크랜스가 주목했던 양-다극체제의 틀에서 분석해보는 시도가 동북아평화유지를 위한 한국정부의 정책방향을 설정하는 데 있어 매우 중요한 지침을 제공할 수 있다는 것을 강조하고자 한다. 그러나 동북아를 양-다극체제의 틀에서 분석한다 하여 냉전이후에 동북아에서 양 다극체제가 형성되었음을 주장하는 것은 아니다. 다만 그동안 동북아체제의 복합성에 내포된 일극체제와 다극체제적 모습에만 편향적으로 관심을 보였던 것에서 벗어나 전혀 주목하지 않았던 동북아의 양 다극체제 성격에 관심을 돌려보는 것을 통해 평화유지에 순기능할 수 있는 한국 정부의 정책방향을 모색해 보자는 것이다.

2005년 9월 6자회담이 공동성명을 낼 수 있었다는 점이 시사하듯이 동북아의 다극체제적 성격은 뚜렷하다. 북핵위기에서 나타난 것과 같이 동북아 국가들이 미국에 대해 보이는 억제력은 동북아 다자체제의 특성이며 이것은 세계가 미국중심의 단극체제하에 있다는 주장을 무색하게 만들고 있다(Kerr, 2005). 냉전시기 양삼각체제구도하에서 체제 간의 적대적 관계 그리고 체제 내의 우호적 관계를 특성으로 하던 행위자 간의 질서가 근본적으로 변화하였다. 대결적 삼각체제의 구속성에서 벗어나 행위자별로 관계를 모색하면서 각국은 중일평화우호조약(1978년 8월), 중미수교(1979년 1월), 한소수교(1990년 9월), 한중수교(1992년 8월)로 이어지는 화해적 외교 조치를 취했고 북방삼각 내에서 갈등을 겪던 중국과 소련도 1989년 고르바초프가 베이징을 전격 방문, 역사적인 정상회담을 가짐으로써 1960년대 국경분쟁 이래 지속되어 온 대립관계에 종지부를 찍고 관계를 정상화하였다. 현재 동북아의 각국들은 활발한 무역과 경제협력을 통해 다시는 과거의 적대적 양극체제로 쉽게 복귀할 수 없는 다극적 협조체제를 구축하게 되었다.

그러나 동북아는 다극체제적 성격과 함께 아직도 냉전의 유물인 양극체제적 성격을 유지하고 있음을 간과할 수 없다. 냉전종식 직후 한 연구자는 동아시아의 안정상태를 예견하는 대다수의 주장과는 상반되게, 90년대 이후 동아시아는 미국의 이해에 더 중요한 전략지역으로 변화하겠지만 동시에 더욱더 불안정한 지역이 될 것으로 전망하고 이 지역의 평화유지를 위해서 미국이 지불할 비용이 점차 증대

될 것이라고 예상하였는데 이러한 전망은 매우 정확한 예측이 되어 가고 있다(Betts, 1993). 화해의 시대에도 동북아가 여전히 양극체제적 성격을 유지하는 것은 무엇보다도 한국전쟁의 충돌세력인 북한과 미국이 지난 50여 년간 줄곧 첨예한 대결 양상을 보여 왔다는 점에 기인한다. 북미 간의 대결을 양극체제현상의 근거로 분석한다고 하여 북한을 미국에 대칭적 국력을 가진 국가로 인정한다는 말은 아니다. 미국은 북한에 비해 "134배의 군사비규모"를 가진 국가로서 미국과 북한에 대칭적인 관계가 형성될 수 없다(이유림 · 김용호, 2004: 255). 그러나 이처럼 미국과 북한을 '양극'으로 평가할 수 없음에도 불구하고 미국과 북한의 첨예한 대립이 '양극적 성격'을 가지고 있는 것으로 볼 수 있지 않나 생각된다. 다시 말해 미국과 북한이 동북아 구조 내에서 양극영역에 속한다고 함은 대칭적 국력차원에서가 아니라 구조 내의 다수행위자 중 뚜렷한 적대적 관계를 가진 당사자들이라는 차원에서 양극영역에 속한다고 말할 수 있다. 게다가 이미 국제 관계이론은 군사력에 있어 비대칭 국가 사이에도 왜 세력 균형의 효과가 나타나는가에 대해 적절한 설명력을 보여주고 있다. 공격 – 방어 균형의 비대칭은 국제사회의 전쟁과 분쟁의 발발로 직결될 수 있다는 '공격 – 방어 균형이론'이 현실을 언제나 정확히 반영하는 것이 아니다(Biddle, 2001; Gortzak et al, 2005). 북한의 공격적 의도가 인정되기만 한다면, 예를 들어 "핵무기는 고사하고 북한이 소유한 견착발사식 수류탄(RPG) 하나라도 미국에 치명적인 위협이 될 수 있다"라는 것이 미국에 인식된다면 미국과 북한에 존재하는 비대칭적 군사력도 대칭적 군사력의 국가들 사이에 형성되는 세력 균형효과가 생겨날 수 있다는 것이다(이유림 · 김용호, 2004: 256). 북한과의 전쟁은 복잡하고 위험한 결과를 수반할 수밖에 없다는 미국의 우려는,

즉 북한과 미국 사이에 열전이 발발하면 그것은 두 행위자 간의 상호작용으로 끝나는 것이 아니라 필연적으로 동북아 다수 행위자들의 개입을 초래하면서 동북아 구조의 안정체제를 깨버릴 가능성이 매우 높다는 우려는 비대칭국가 북한을 미국과 대결하는 양극영역에 존재하는 국가로 위상을 격상시키는 결과를 낳았으며 그러한 북한의 위상은 1차와 2차 북핵위기 과정을 통해서 잘 드러났다고 볼 수 있다.

동북아의 양극체제적 성격은 향후 미국과 북한과의 대결구도가 크게 해소된다 해도 그대로 남아있을 가능성이 크다. 중국과 미국의 "전략적 밀월시기"가 1989년 톈안먼사태(천안문사태)로 인하여 마감된 이후 소위 "탈냉전적 양면기"에 접어들면서 양 국가 사이에 일어난 일련의 갈등은 새로운 형태의 동북아 양극체제를 예고하고 있다(한석희, 2002: 118). 새로운 형태라 함은 진정한 대칭적인 국가 간의 대결체제라는 것이다. 미국의 대만에 대한 150대의 F 16전투기 판매결정(1992), 리덩후이(이등휘) 대만총통의 미국방문 허가(1995), 대만 주변에 대한 중국의 미사일 훈련 사건과 중 미 간의 군사적 대치(1995, 1996), 리덩후이 대만총통의 양국론 발언(1999), 미국의 대만에 대한 최신 무기 판매(2001) 등의 일련의 사건들은(p. 131) 동북아에서 북한과 일본을 둘러싼 양국의 입장 차이와 함께 대만을 둘러싸고도 향후 간극을 좁히기 힘든 구조적 갈등을 내포하고 있음을 잘 보여주고 있다. 이러한 갈등은 중국이 당면 극가목표인 산업국가 건설의 토대구축이 달성되고 나면 더욱 더 표면화될 수도 있다. 'Pax Americana'에 대칭되는 개념으로 21세기 아시아 태평양지역에서 중국의 부상을 염두한 "Pax Sinica"가 언급될 정도로 미국과 중국의 대결구도의 도래는 일반적인 관측이다(Hsiung, 2003).

제4절 동북아체제와 북한핵 갈등

2005년 9월의 6자 공동성명은 동북아 양 – 다극체제에서 존재하던 양극영역의 대결을 다극영역 국가들이 중재해 이루어낸 결과이다. 북한핵문제는 기본적으로 양극영역의 갈등이었지만 지난 10여 년 동안 동북아 전체를 긴장의 도가니로 몰아넣었던 주된 요인이었다. 동북아 체제형태 측면에서 본 북한핵문제의 심각성은 그것이 평화적 해결을 보지 못할 경우 동북아의 양 – 다극체제적 성격을 희석시키고 동북아를 과거의 양극체제로 회귀시킬 수 있는 가능성을 내포하고 있다는 점에 있다. 2차 북핵위기의 해소과정은 체제평화유지를 위한 다극영역국가들의 기능이 얼마나 중요한 것인가를 예증해 주고 있다.

1차 핵위기는 남북한의 관계가 개선되지 않은 상황에서 발발한 위기이다. 동북아 행위자들은 여전히 냉전 양극체제의 구조 안에서 기능하던 상황이었다. 미국과 북한은 어떠한 완충 없이 직접적 적대관계 속에서 마주쳤다. 미국은 '강압외교'를 펼치면서 전쟁대비를 위해 1994년 4월 패트리어트 미사일 등 각종 첨단무기를 한국에 배치하고 1천여 명의 병력을 파견하였고 한반도에서는 일촉즉발의 위기감이 조성되었다(윤태영, 2003). 이 과정에서 위기해소를 위한 주변국가들의 북한과 미국에 대한 억제 작용은 실현되지 않았다. 1차 북핵위기 과정에서의 한국은 북미 간 중재역할을 할 수 있는 위치가 아니었으며 오히려 한국도 북한과 직접적 대결의 상대였다고 평가된다. 카터 전 미국대통령의 방북으로 극적인 전환점이 마련되고 1994년 10월 21일 북미 간 제네바기본합의문이 타결되는 것으로 1차 핵위기는 막을 내렸지만 동북아에서는 한국전쟁 이후 최고의 긴장이 팽배하게 되었다.

2001년 1월 부시행정부의 출범 이후 북미관계는 다시 급속도로 냉각되었다. 2차 북핵위기 동안 미국의 핵포기 요구와 북한의 선 불가침조약주장이 맞서는 가운데 미국은 2002년 11월 북한에 중유지원을 중단하였고 이에 북한은 12월 12일에 헉동결 해제선언, 12월 27일 IAEA사찰단원 추방선언으로 맞섰다. 더 나아가 북한은 2003년 1월 10일 NPT탈퇴를 선언하였다. 그런데 이처럼 북한과 미국의 대결이 다시 고조되었지만 이것은 과거 1차 토핵위기처럼 극단적인 형태로까지는 발전하지 않았다. 이것의 배경에는 과거 북한과 미국의 대결이 직접적 대결의 성격이 강했던 반면에 2차 북핵위기는 다극체제의 틀 속에서 논의되었기 때문이다. 2003년 8월에 시작된 6자회담은 2005년 9월 19일 "북한은 모든 핵무기와 현존하는 핵계획을 포기하고 빠른 시일 안에 NPT와 IAEA의 안전조치에 복귀"하는 것을 그리고 "미국은 한반도에 핵무기가 없으며 핵무기나 재래식 무기로 북한을 공격하거나 침략할 의사가 없다는 사실을 확인"했다는 것을 골자로 하는 공동 성명을 발표하면서 획기즈인 성과를 도출하게 되었다.

6자회담의 타결과정은 양−다극체제란 두 적대적 국가의 행위가 역시 체제 내에 존재하는 다수국가의 의지에 상당한 수준의 제약을 받는다는 로즈크랜스의 주장을 뒷받침하고 있다.

일본은 기본적으로 미국의 입장을 추종하는 데에 충실했지만 독자적으로 제4차 6자회담 2단계 회의에서 북한과 5차례 양자접촉을 가지면서 북한의 호응을 얻어내고 성과를 일구었다. 공동성명에서 "북일은 평양선언에 따라서 그들의 관계를 정상화하기 위한 조치를 취하기로 승낙했다"라고 명문화했다.5)

동북아문제에 관한 한 전통적으로 다자주의적 접근을 선호해온 러시아는(김덕중, 1999) 과거 자신이 배제된 4자회담에 비판적이었지만 이번 6자회담에서는 적극적으로 참여하면서 편향적인 친북한 자세를 지양하고 주변국과의 연대 속에 6자회담에 임하였다.

한국정부는 적극적 중재자 역할을 하면서 미국에 북핵 문제의 평화적 해결과 북한에 대한 안전보장을 요구했으며, 북한엔 핵폐기의 결단을 요구했다. 한국정부는 4차 회담 1단계회의(2005, 7.26-8.7)에서 양자 및 3자 협의 등을 수시로 개최하면서 입장조율에 앞장섰다. 이를 통해 북한의 핵포기와 여타국의 상응조치를 집약적으로 반영한 중국 측 초안에 6개국이 대체적으로 합의하도록 하는 데 공헌하였다. 그리고 핵폐기 범위 및 평화적 핵이용 권리 등 핵심쟁점에 대한 이견으로 합의를 도출치 못하여 휴회가 결정되자 휴회기간 중 한국정부는 외교부장관 등 고위급 인사를 미·일·중·러 등 관련국에 파견, 핵심쟁점 타결방안을 모색하고, 북측과도 8·15행사, 뉴욕채널을 통한 접촉을 통해 합의 도출 여건을 조성하는 데 주력하였다(외교통상부, 2005). 이후 열린 2단계회의(9·13~19)에서 공동선언의 구체 문안을 제시해 가면서 관련국을 설득하고 민감한 문제였던 경수로문제를 최종수정안에 포함시키게 하는 등 한국의 구상을 상당부분 반영하여 참가국 만장일치로 공동성명 채택되는 데에 크게 역할을 하였다.[6] 또 다른 특기할 만한 것은 6자회담 협상이 난관에 부닥치자 북한이 핵을 포기하면 200만kW 전력을 공급하겠다는 소위 '중대제

5) 『제일경제』(2005. 9. 20)
6) 외교통상부는 2단계회담이 노무현 대통령 및 외교부장관의 유엔 방문 및 평양 남북 장관급회담 개최시기와 중복되면서, 회담 타결을 위한 미국의 설득에 결정적 역할을 한 것으로 분석하고 있다. 외교부장관은 라이스 미 국무장관과 총 7여 차례의 긴급통화 및 회담 등 접촉을 통해 중국 측 최종수정안 수락 설득 및 전체회의 운영 방안에 관한 조율을 가졌으며, 중국·일본 등 관련국 외교장관 등과의 협의 포함 시 10여 차례 이상 협의 개최하였다.

안'을 하여 북한의 제4차 6자회담 복귀에 결정적인 역할을 하였다는 점이다.

중국은 2002년까지만 해도 북핵 위기를 북미 간 양자적 성격의 것으로 이해했다. 그러나 중국은 비록 "정직한 브로커"는 아닐지 모르지만 "치어리더"의 역할을 하기 시작했다(Kim, 2002: 32). 2003년 중국은 적극적으로 위기해결의 역할에 참여하기 시작하였는데 중국의 첫 번째 조치는 전기침(錢其琛) 부총리를 파견, 북한이 미국과의 양자협상만 고집하는 것을 포기할 것을 촉구하는 것이었다(Kerr, 2005: 426). 이후 2003년 4월 중국은 북한·중국·미국의 3자 다자간 회담과 2003년 8월의 6자회담 성사에 기여했다. 중국은 6자 간 공동선언을 이끌어 내었던 제4차 6자회담뿐 아니라 회담 전 과정에서 북한을 설득하고 회담의 장을 마련하였다. 중국은 4차 1단계회담 13일 동안 150차례가 넘는 양자 및 다자 접촉을 가졌고, 2단계 회담 일주일 동안에는 수십 차례 각국 대표단을 오가며 협상을 시도했다. 이를 통해 중국은 1단계 회의 과정에서 회의에 참여하는 각국의 입장을 종합해 4차례에 걸쳐 6개항의 공동성명 초안 및 수정초안을 마련했고 2단계 회의에서도 북한의 반발을 감안하여 4차 초안 재수정안을 만들었으며 그것으로 미국을 설득해 공동성명을 나올 수 있도록 하는 데 커다란 역할을 하였다.

제5절 '동북아 중재자'의 조건

로즈크랜스는 양 다극체제 내에서 두 강대국은 다극영역의 분쟁에 대한 조정자(regulators) 역할을 하고 다극영역의 국가들은 두 강대국

사이에서 중재자(mediators) 역할을 하는 것을 통하여 체제의 안정을 유지시킬 수 있음을 강조하고 있다. 이러한 역할 구분을 동북아에 대입시켜 본다면 북한이 미국과의 뚜렷한 적대적 행위자로서 양극영역에 속하기는 하지만 비대칭적 국가이기 때문에 동북아의 조정자 역할을 할 수는 없으며 현 상황에서는 미국만이 동북아 조정자의 역할을 할 수 있다고 평가된다. 미국의 동북아 조정자 역할은 한·중·일 3국이 역사왜곡과 영토분쟁문제로 인해 갈등관계로 치닫자 이를 조정하려는 노력에서도 잘 나타났다. 다극영역에 속하는 동북아 국가들의 중재자 역할은 앞서 살펴보았듯이 북핵문제타결과정에서 매우 잘 나타났다고 볼 수 있다. 동북아의 중재자 역할은 한국정부만이 지향해야 할 정책방향이 아니며 적대적 양극영역의 외곽에 존재하는 한국을 비롯한 중국, 일본, 러시아가 함께 지향해야 할 바람직한 노선이다. 따라서 중국과 러시아가 과거 북방삼각체제의 결속에서 보였던 것처럼 일방적으로 친북한적인 자세를 보이는 것은 적절하지 못하다. 그리고 북미 간의 갈등 상황에서 한국과 일본이 북한을 배격하고 한미일의 대북적대공조체제를 구축하는 것 역시 바람직하지 못하다. 대북적대공조체제구축은 느슨해진 남방삼각체제를 재구축하는 것이며 이것은 이미 와해되어 버린 북방삼각체제의 재형성으로 이어질 수 있다는 가능성을 배제하지 못한다.

중재자의 등거리 유지 전략은 향후 동북아에서 미국과 중국의 적대적 양극체제가 출현한다 해도 유효한 것이다. 미국과의 동맹관계를 적절히 유지해야 하지만 대중(對中) 적대연합의 한미일의 삼각축을 만드는 것은 바람직한 것이 될 수 없다. 이 같은 맥락에서도 북미 관계개선은 절실하다고 말할 수 있다. 즉 동북아에서 미국과 중국의 대결구도가 가시화되는 경우 북한도 친중(親中) 일변도의 노선을 취하면서 중국과 대미(對美) 적대적 연합을 형성해서는 안 되며 미국과 중국 사이에서 중재자 역할을 할 수 있을 정도로 충분한 수준에서 미국과의 관계개선을 이루어야 한다.

동북아 다극 영역의 국가들 중에서도 한국정부의 중재자 역할이 특히 어렵다는 것은 자명하다. 한국을 제외한 3국은 양극대결의 균형이 깨지는 급변의 정세 속에서 양극국가에 대한 양자택일을 한국보다 상대적으로 쉽게 결정할 수 있다. 이에 반해 한국은 '미국은 놓칠 수 없는 동반자'라는 현실인식과 '한반도 내의 전쟁발발 방지라는 절체절명의 과제' 사이에서 딜레마에 빠져 있다. 따라서 한국정부의 중재자 역할은 고도의 외교역량을 필요로 한다. 이 같은 고도의 외교역량이란 한국정부가 전통적 우방 및 전통적 적대국과 맺었던 종전의 외교관계와는 근본적으로 다른 성격의 외교관계를 고려하지 않을 수 없다는 것을 의미한다. 이것은 곧 한국이 중재자가 되기 위해서는 어쩌면 전통우방과의 우호가 일정 정도 훼손되는 것조차 감내해야 한다는 것을 의미하는지도 모른다.

1. 양극영역의 우방국가로부터의 자율성 유지

6개국의 공동성명은 회담의 완전타결이라든가 동북아안보협력체의 출범을 의미하는 것이 아니다. 단지 종전과는 차별적인 성과라는 것이다. 위조지폐문제의 공방에서 보듯이 북한과 미국의 양극적 대결은 상존하기 때문에 동북아체제의 불안전성은 여전히 위협적 요소로 남아있을 것이다. 한국의 동북아중재자 역할의 조건은 크게 두 가지이다. 첫째, 양극영역에 존재하는 전통적 우방국가와 큰 틀에서 우호관계를 유지하되 적절한 수준의 자율성을 확보하는 일이다. 로즈크랜스가 양-다극체제의 특성을 다극영역 국가들이 양극영역의 분쟁을 중재할 수 있는 점이라고 강조할 때 그는 다극영역국가들의 자율성을 전제하고 있다는 것에 주목할 필요가 있다. 물론 다극영역의 국가들이 양극 중의 일개 국가와 선호도의 차이를 보이는 것이 불가피하겠지만 양극영역의 두 국가가 첨예하게 대립할 때 다극영역 국가들은 중간자적 입장을 유지하면서 중재의 역할을 하는 것이 양-다극체제의 바람직한 지역 내 평화유지 기능이라는 것이다.

이 점에서 한국정부가 '동북아균형자' 역할을 주창하면서 북한과 미국의 어느 한쪽에 편향적 자세를 견지하지 않은 것은 바람직한 것이며 추종적 친미 노선으로부터의 탈피는 다자간협력체제가 구축될 때까지 취해야 할 정책방향이다. 노무현정부는 미국과의 전통적 우호관계를 유지하는 대전제를 실현하면서 동시에 미국이 일방주도하는 혈맹관계를 거부하는 균형을 유지하기 쉽지 않은 줄타기를 해왔다고 볼 수 있다. '작계 5029' 문제 등에서 보듯이 한미 간 갈등과 이견이 계속 노출되어 온 것이 사실이지만 한국군의 이라크 파병, 주한미군의 '전략적 유연성'에 대한 합의 등에서 보듯이 전통적인 우호의 틀은 커다란 균열 없이 유지되어 왔다고 평가해야 한다. 따라서 이처럼 큰 틀에서 한미우호를 공고히 하는 한 동북아 중재자의 역할을 수행하는 과정에서 일어나는 한미 간의 마찰은 일정 정도 불가피한 것으로 받아들일 준비가 되어야 한다. 한국의 변심에 대한 미국관리들의 분노성 발언 등은 과거의 혈맹관계가 새로운 성격의 우호관계로 변화하는 과정에서 나타나는 현상으로 이해할 필요가 있다.7) 물론 로즈크랜스가 앞서 말했듯이 과거의 '예속국가'였던 한국

---

7) 스티븐 보스워스 전 주한 미국대사도 "한국의 현 집권세력은 김정일 북한 국방위원장이 제정신이 아니며, 매우 불안한 인물임을 전혀 인정하지 않은 채 북한 정권을 지지하고 있다"라며 고강도로 비판한 바 있다. 힐러리 클린턴 당시 뉴욕주 상원의원 역시 "한국의 경제 발전과 자

에 한미동맹이 얼마나 중요한지를 깨우쳐 주기 위해서라도 미국은 충격적인 조치를 취할 수도 있으며 이에 따라 과거의 예속국가는 안보위협을 느끼게 된다. 이런 맥락에서 '주한미군 한강이남 재배치'의 미국정부 발표에 미군이 대북인계철선역할을 포기했다며 한국사회가 매우 민감하게 반응하기도 했다. 그러나 주한미군재배치 계획은 해외주둔미군재배치계획이라는 미국의 장기정책변화의 큰 틀에서 이루어지는 것이며 미국도 노무현정부의 소위 '협력적 자주국방'을 인정하고 있는 것이 사실이다(김일영, 2005). 한국정부는 동북아중재자의 역할을 수행하는 과정에서 미국과 불가피하게 생기는 마찰은 받아들일 준비가 되어 있어야 한다.

그렇다면 동북아균형자론을 비판하는 사람들이 우려하듯이 미국이 자율성을 추구하면서 종속적 혈맹관계에서 벗어나려는 한국을 포기해 버릴 것인가? 필자는 한국이 미국과 미국의 경쟁국가 사이에서 균형을 유지하면서 대미 자율성의 증대를 모색해도 큰 틀에서 미국과의 전통적 우호관계를 흔들림 없이 하는 한 미국은 한국을 포기할 수 없을 것이라고 생각한다. 왜냐하면 국제정치 무대는 그 행위주체들의 역할과 비중에 따라서 "주연, 조연, 엑스트라"의 위계로 나누어질 수 있는데(하영선·김영호, 2005: 24), 한국도 이제는 더 이상 엑스트라가 아닌 '조연'으로서 다극영역에 존재하는 극의 지위를 가진 국가이기 때문에, 그리고 미국의 적대국과의 경쟁은 양극영역에서만 일어나는 것이 아니라 다극영역에서도 일어나기 때문에, 미국은 다극영역에 있는 어느 한 국가가 미국에 특별히 적대정책을 취하지 않는 이상, 미국은 다극영역의 국가들을 포섭해야 하는 위치에 있기

유에 대한 미국의 기여를 인정 않는 한국 때문에 한미 관계는 역사적 망각 상태에 빠져 있다" 라고 말하면서 노무현정부의 정책노선에 반감을 표시하였다. 『세계일보』(2005. 11. 5).

때문이다. 한미양국은 현재 양국 간 FTA체결을 위한 협상을 전개하고 있다. 미국이 동북아국가 중 최초로 한국과 FTA를 체결하려는 적극성을 보이는 배경에는 중국 주도로 재편되는 동아시아 정치경제 구도를 견제하려는 미국의 의도도 있는 것이다. 그동안 노무현정부의 대미정책이 가져다주는 한미동맹의 균열을 우려하는 목소리가 높았지만 결국 한미양국은 50년간의 안보동맹체제를 경제동맹을 포함하는 포괄적 동맹관계로 한 단계 발전시킬 것으로 전망되는 FTA체결 협상을 전개하고 있다.

2. 양극영역의 적대국가와의 신뢰증진

중재자 역할을 위한 두 번째 조건은 양극영역에 존재하는 전통적 적대국가와 관계개선을 모색하고 신뢰를 증진하는 일이다. 양－다극체제의 평화를 유지하기 위해서는 다극영역의 국가들이 양극 중의 일개 국을 중심으로 배타적 연합을 형성하지 않는 것이 매우 중요하다. 이를 위해서는 양극영역의 두 국가 중 적대국가와 화해를 모색하고 관계를 정상화시키는 것이 바람직한 방향이다. 한국은 대(對)북한 유화정책을 지속하여 북한과의 관계를 더욱더 개선하고 신뢰를 증진해야 한다. 이것은 감상적인 '민족공조'구호에 빠져 '한미동맹'의 중요성을 간과해도 좋다는 말이 아니다. 민족공조를 외치기에는 북한정권이 너무나 비합리적인 모습을 남북관계에서 보여 왔고 이로 인해 한국에서 남－남 갈등의 골이 깊어진 것이 사실이다. 강조하고자 하는 것은 대북유화정책은 동북아 양－다극체제에서 한국정부가 다극영역 중 하나의 행위자로서 체제안정을 위하는 순기능으로서 정당하다는 것이다.

북한이 1차 핵 위기 당시 보였던 한국 배제 원칙을 깨고 10년 후 2차 핵 위기 시 한국의 중재를 적극 수용한 배경에는 지난 90년대 말부터 계속되어온 일관된 대북포용정책으로 가능해진 남북한 사이의 관계개선이 자리 잡고 있다. 김대중정부의 햇볕정책에 대한 구조적 한계를 지적하기도 하고(신진, 2003), 그 시기 남북한 사이에 균형적 상호주의가 이루어졌느냐의 의문을 제기하기도 하지만(박재민, 2003) 김대중정부의 대북유화정책은 남북한 관계개선에 크게 공헌하였다. 이러한 대북유화정책기조를 이어받은 노무현정부의 대북정책 역시 남북사이의 신뢰를 고양시켰으며 이것이 2차 북핵 위기에서 한국이 중재자의 역할을 성공적으로 할 수 있었던 배경이었다는 점은 인정받아야 한다.[8]

대북관계개선은 한국에서 향후 어떠한 정권이 들어서더라도 동북아의 안정을 위해서 채택해야 하는 대북정책기조가 아닌가 생각된다. 한국에서 새로운 정권이 출범하여 미국과 북한 사이의 중재자 역할을 포기하면서 미국과 배타적 연합을 강화할 경우 이것은 동북아의 냉전체제회귀로 이어질 수 있는데 그 이유는 동북아체제가 한국의 정치체제에 일방적으로 영향을 미치는 것이 아니라 한국정치체제의 변화 역시 동북아체제 변화에 변수로 작용하기 때문이다. 좀 더 구체적으로 말해 '누가 한국의 국가권력을 잡느냐'에 따라 동북아체제가 변화할 수 있다는 주장이다.

국제체제의 변화는 일개 국가의 국내정치체제의 변화에 필연적으

---

8) 김정일 위원장이 북한을 방문한 정동영 장관에게 "노 대통령께 안부 인사를 전해 달라. 노 대통령이 한미정상회담을 비롯해 여러 가지로 한반도 평화를 위해 노력하고 있는 데 대해 고맙게 생각한다"라고 말한 것에서 보듯이 노무현 정부의 대북유화정책이 남북한 신뢰를 구축하는 데 크게 일조한 것으로 보인다. 『조선일보』(2005. 6. 17).

로 작용한다. 그러나 동시에 국내정치체제의 변화가 국제체제의 변화에 영향을 주는 것을 부정할 수 없기 때문에 상호작용의 맥락에서 체제변화는 분석되어야 한다. 국제정치의 양극체제하에서 국내정치체제는 두 강대국의 대결에 의해 제시된 모델에 따라 결정되기 쉬우며 다극체제하에서 국내정치체제는 정치적, 군사적 요소들에 의해 작용받기보다는 국제경제나 국내의 복잡다단한 정세적 변화에 의해 영향을 받게 된다. 다극체제하에서는 극단적 이념 대결의 양상도 희석되고, 다양한 이데올로기들이 호소력을 가지며 서로 경합한다(Vayrynen, 1995: 362).

1차 핵 위기와 2차 핵 위기 해결과정에서 보이는 차이는 한국정치체제 변화의 맥락에서 이해할 수 있다. 1998년 이후 들어선 한국의 새로운 성격의 정권들이 펼쳐왔던 대북 정책은 2차 핵 위기가 1차와는 차별적인 양상으로 전개되어 갔던 것에 중요한 변수로 작용했음을 주목해야 한다. 90년대 초반 동북아체제의 탈냉전적 변화가 한국에서 새로운 정치체제, 즉 김대중정권과 노무현정권의 연이은 탄생에 작용했다면 역으로 김대중정권과 노무현정권의 대북유화정책은 6자회담이 결렬되지 않게 하고 현 동북아체제가 냉전적 양극체제로 회귀하는 것을 방지하는 기능을 하고 있다는 점에 주목해야 하는 것이다. 이처럼 한국정부의 정책방향이 동북아체제성격에 영향을 미치고 있다는 분석은 향후 한국에서 보수정권이 대북강경노선을 채택할 경우 이것은 불안정하게나마 평화를 유지하고 있는 동북아체제의 붕괴로 이어질 수 있다는 가능성을 말하고 있다. 동북아 중재자의 역할을 포기하고 한쪽에 편승하는 것이 국익에 충실한 외교노선이라는 주장이 설득력이 높아 보이지 않는다. 동북아 체제구조에 대한 분석적인 이해를 통해 향후에도 계속하여 대북유화정책노선을 펼치면서 동북아 중재자 역할을 하는 것이 국가의 운명을 자주적으로 개척하는 길이다.

제6절 맺으며

이 글은 동북아 체제구조 측면에서 평화유지를 위한 한국정부의 바람직한 역할을 살펴보았다. 한국정부의 역할이란 양－다극체제적 성격을 내포한 동북아 체제의 균형이 깨지고 냉전시기의 양극체제로 회귀하는 것을 막아내는 것에 있다.

이를 위해서는 실천적 정책방향으로서 첫째, 미국과의 동맹유지라는 큰 틀을 손상시키지 않으면서 대외 자율성을 유지하는 것이며 둘째, 지속적인 대북 포용정책을 유지하면서 북한과 신뢰를 쌓는 일이다. 대미 자율성을 유지해야 한다고 해서 동북아의 세력균형관계에 한국이 적극적으로 나서야 한다는 것을 의미하는 것이 아니다. 한 연구자가 적절히 제안하듯이 한국의 동북아균형자 역할은 안정, 정의, 순리라는 개념을 포괄하는 중용(中庸)성을 핵심으로 하는 "동북아 중용 국가"의 기능을 지향하는 데에 있으며(박건영, 2006), 이 방향이 본 논문이 주장하는 '동북아중재자'의 역할과 같은 선상에 놓여져 있다고 말할 수 있다. 미국의 지위는 이미 초강대국의 지위를 넘어 '제국'이 아니냐는 논의가 활발한 작금의 국제정치의 상황에서 일부에서 그렇듯이 미국과의 동맹을 편협하게 비관적으로만 볼 것이 아니라 장기적 국익을 고려하는 현실적 시각이 절실히 요청된다 하겠다. 이처럼 미국과의 유대를 철저히 하면서 미국의 적성국가인 북한과의 신뢰를 구축해야 하는 딜레마에 빠진 것이 한국정부의 입장이다. 북한과의 신뢰 구축을 강조한다고 하여 이것이 김정일정권에 대한 지지를 의미하는 것이 아님은 두말할 나위가 없다. 다시 한번 강조하고자 하는 것은 본문에서 언급하였듯이 대북 유화정책은 한국이 양－다극체제적 특성을 가진 동북아 구조에서 하나의 행위자로서 평화유지에 순기능하기 위한 것으로서 정당한 외교 노선이라는 점이다. 동북아가 양－다극체제의 성격을 보이는 현 상황에서 한국의 외교 노선은 과거 냉전시기의 그것과 차별적일 수밖에 없다. 양분법적인 외교관계의 설정은 국제사회에서 한국의 입지를 오히려 어렵게 만들 것이다.

지금까지 강조한 정책노선은 향후 미중의 양극구도가 가시화되는 경우에도 유효한 방향이며 그것은 한국뿐만 아니라 다극영역에 속하게 되는 동북아 국가들이 모두 지향해야 할 정책 방향이다. 동북아 체제는 앞으로도 양－다극체제 성격을 내포하게 될 것으로 전망되며 다자간 안보체제의 구축이라는 궁극적 목표가 실현될 때까지 한국은 '동북아중재자' 역할에 충실해야 할 것이다.

| 참고문헌

강기홍. 2004. "3.12 탄핵소추에 대한 헌법적 고찰", 『공법학연구』, 한국비교공법학회.

강문구. 1995. "변혁 지향 시민사회운동의 가능성과 한계, 그리고 일 전망", 유팔무·김호기 편, 『시민사회와 시민운동』, 한울.

강명세. 2006. "한국 복지국가의 기원: 의료보험제도의 기원과 변화", 『사회과학연구』 14집 1호: 6~33.

강민아-장지호. 2006. "방사선폐기물처리장 입지선정 과정에서의 담론분석", 한국정책학회 동계학술대회 발표논문집.

강성호. 1993. "마르크스-엥겔스의역사발전론에 있어서의 목적론의 의미", 『서양사론』 제40호.

강원택. 2000. "유럽통합과 다층 통치체제: 지역의 유럽 혹은 국가의 유럽?", 『한국정치학회보』 40집 1호.

고세훈-이충묵. 2000. "세계화, 복지국가 위기론, 사민주의" 『세계지역연구논총』 제14집.

구춘권. 2002. "유럽연합의 화폐통합에 대한 네오그라시안적 접근; 팍스 아메리카나의 위기와 유럽의 신자유주의적 재편", 『국제정치논총』 42집 3호.

_____. 2004. "유럽연합과 국가성의 전환; 조절이론의 네오그람시안적 확장을 통한 접근", 『국제정치논총』 44집 4호.

_____. 2006. "코포라티즘의 전환과 노동관계의 유럽화", 『국제정치논총』 46집 4호.

곽준혁. 2008. "『로마사논고』에 기술된 민주적 권위", 『한국정치학회보』 제42집 제2호.

김광선. 2004. "분권형 대통령제에 관한 연구", 『중앙법학』 제6집 제2호.

김경희. 2005a. "마키아벨리의 국가전략: '저변이 넓은 정치(governo largo)'에 기반한 힘과 유연성의 전략", 『정치사상연구』 제11집 1호.

김경희. 2005b. "비르투 로마나(Virtù romana)를 중심으로 본 마키아벨리의 공화주의", 『한국정치학회보』 제39집 1호.

김기정. 2005, "21세기 한국 외교의 좌표와 과제: 동북아 균형자론의 국제정치학적 의미를 중심으로", 『국가전략』 11권 4호.

김덕중. 1999, "북한 러시아 관계와 6자회담", 『슬라브학보』 제13권 2호.

김명섭. 2003. "탈냉전기 국제정치학의 문명패러다임", 『한국정치학회보』 37집 3호.

_____. 2003, "한국전쟁이 냉전체제의 구성에 미친 영향", 『국제정치논총』 제43집 1호.

김미경. 2005. "초국가적 수준에서의 다원주의적 민주주의와 유럽연합의 민주적 결핍; 비교민주주의 관점에서", 『한국정치학회보』 39집 2호.

김병국. 1995. "전환기의 한국정치", 최장집·임현진 공편, 『시민사회의 도전』, 사회비평사.

김상조. 2005. "삼성의 지배구조 - '금융'을 통한 지배와 '배임'에 의한 승계", 『역사비평』.

김세균 편역, 1987 『자본주의 위기와 파시즘』, 동녘.

김세균. 1992a. "시민사회론의 이데올로기적 함의 비판", 『이론』 가을호.

_____. 1992b. "그람시를 넘어서 나아가야 한다", 『경제와 사회』 겨울호.

김성희. 2003. "노동시가단축, 미래를 위한 선택", 이주희 엮음. 『21세기 한국노동운동의 현실과 전망』, 한울 아카데미.

김시윤. 1995. "전자산업의 발전과 메조 코프라티즘 - 제3～5공화국을 중심으로", 『한국정치학회보』 29집 3호.

김지희. 1999. "내각안정성의 정치, 경제적 인자에 관한 경험적 탐색: 21개 대통령제 국가를 중심으로", 『한국정치학회보』 제33집 4호.

김호기. 1993. "조절이론과 국가이론: 제솝의 전략 - 관계적 접근", 『동향과 전망』 19.

_____. 2001. 『한국의 시민사회, 현실과 유토피아 사이에서』, 아르케.

김호기 · 김영범. 1995. "권위주의 정권의 해체와 헤게모니 프로젝트", 임현진 · 송호근 공편, 『전환의 정치, 전환의 한국사회』, 사회비평사.

김연명 편. 2002. 『한국 복지국가 성격논쟁 1』, 인간과 복지.

김연명. 2002. 「김대중정부의 사회복지정책: 신자유주의를 넘어서」, 『한국 복지국가 성격논쟁 1』, 인간과 복지.

김인영. 1998. "한국경제성장과 삼성의 자본축적", 『한국정치학회보』 제32집 1호.

김일영. 2005, "미국의 안보정책 및 주한미군 정책변화와 한국의 대응", 하영선 · 김영호 · 김명섭 편, 『한국외교사와 국제정치학』(서울: 성신여자대학교 출판부).

김종철. 2004. "노무현 대통령 탄핵심판사건에서 헌법재판소의 주요논지에 대한 비판적 검토", 『세계헌법연구』, 국제헌법학회.

나성린. 2004. "총선, 탄핵정국 후 한국경제의 나아갈 방향; 새로운 경제비전의 정립", 『International Trade Business Institute Review』 국제무역경영연구원.

남궁곤. 2003, "동아시아 전통적 국제질서의 구성주의적 이해", 『국제정치논총』 43집 4호.

남궁영. 2002. "국제정치경제학의 '개념적 틀'을 위한 시론: 자유주의와 국가주의", 국제지역연구 6권 3호.

남찬섭. 2002. "신자유주의론의 내용과 평가: 조영훈의 입장을 중심으로", 김연명 편, 『한국 복지국가 성격논쟁 1』, 인간과 복지.

노무현. 2008. "전직 대통령인터뷰3(노무현 전 대통령)", 『한국정치학회소식』 제32권 제3호.

노중기. 1997. "한국의 노동정치체제 변동, 1987~1997", 『경제와 사회』 36.

_____. 2000. "한국사회의 노동개혁에 관한 정치 사회학적 연구", 『경제와 사회』 48: 166~201.

로택환. 2006. "세계화(世界化)와 국민국가(國民國家)의 역할(役割) 전환(轉換) - 세계화와 국민국가의 정치경제론", 산경연구.

문병주. 2005. "한국의 산업화 시기 노사관계와 복지체제의 성격", 『한국정치학회보』 39(5): 153~176.

문종욱. 2006. "헌법제도와 대통령제", 『법학연구』 제23집.

박길성. 2001. "세계화와 한국사회의 변화: 굴절과 동형화의 10년", 『사회과학』 40권 1호.

_____. 2007. "문화와 국제정치: 세계화와 문화 - 자본, 소통, 정체성의 긴장과 이완", 『세계정치』 28집 1호.

박건영. 2006, "한반도 평화체제 구축을 위한 동북아 다자간 안보협력전략", 『한국과 국제정치』 22권 제1호.

박명림. 2004. "탄핵사태와 한국민주주의: 의미와 파장", 『당대비평』 제26호.

_____. 2005. "헌법, 헌법주의, 그리고 한국 민주주의: 2004년 노무현 대통령 탄핵사태를 중심으로", 『한국정치학회보』, 한국정치학회.

_____. 2006, "한반도 정전체제: 등장, 구조, 특성, 변화", 『한국과 국제정치』 22권 제1호.

박상섭. 1998. "Virtù의 개념을 중심으로 본 마키아벨리의 정치사상 연구", 『세계정치』.

_____. 2002. 『국가와 폭력: 마키아벨리의 정치사상연구』, 서울대학교 출판부: 서울.

박재민. 2003, "김대중정부 시기 남북한 간 상호성에 관한 연구", 『국제정치논총』 43집 1호.

박찬욱. 2004, "한국 통치구조의 변경에 관한 논의: 대통령제의 정상적 작동을 위하여", 『한국정치연구』 제13집 1호.

박찬응. 1998. "국가능력과 국가개입방식에 대한 제도적 접근: 1970년대 한국

국가의 경제정책과 의료복지정책에 대한 비교연구", 『한국사회학』 제32
집 겨울호.

박효종. 2002. "제왕적 대통령제가 저질 대통령 낳는다", 『한국논단』.

배용수. 2003. "발전국가 경제자유화 논리와 방향", 『한국정책과학학회보』 제7
권 제2호.

선학태. 2005. "한국 민주주의 공고화의 가능성과 한계: 김대중 정부의 사회복
지개혁", 『한국정치학회보』 39(5): 179~198.

성경륭. 2002. "민주주의의 공고화와 복지국가의 발전", 『한국 복지국가 성격논쟁 1』,
인간과 복지.

_____. 2003. "국민국가의 위기와 재편: 제3차 국가형성에 관한 연구", 『한국
과 국제정치』.

손호철. 1991. 『한국정치학의 새구상』, 풀빛.

_____. 1999. 『신자유주의 시대의 한국정치』, 푸른숲.

_____. 2002. 『근대와 탈근대의 정치학』, 문화과학사.

_____. 2004. 『현대한국정치: 이론과 역사 1945～2003』, 서울: 사회평론.

_____. 2005. "김대중정부 복지개혁의 성격: 신자유주의로의 전진?", 『한국정
치학회보』 39집 1호.

_____. 2006. 『해방 60년의 한국정치, 1945～2005』, 서울: 이매진.

_____. 2006. "세계화와 한국국가의 성격 변화", 동아연구.

송기춘. 2004. "판례평석: 대통령노무현탄핵심판사건결정(헌법재판소 2004. 5. 14.
선고, 2004헌나1)의 몇 가지 문제점", 『민주법학』 민주주의법학연구회.

송백석. 2004. "국가와 시장, 제로섬관계인가?", 『진보평론』 22, 겨울호.

_____. 2006. "김대중정부의 정책성격분석 비판: 복지국가성격논쟁을 중심으
로", 『경제와 사회』 71호.

_____. 2006. "동북에 체제구조 측면에서 본 한국의 동북아 중재자 역할", 『한
국과 국제정치』.

_____. 2008. 『지구화와 자본주의 국가』, 한국학술정보.

송원근. 2005. "삼성의 경제력과 성장의 그늘", 『역사비평』.

송원근·이상호, 2005. 『재벌의 사업구조와 경제력 집중』, 서울: 나남출판.

송호근. 1999. 『정치 없는 정치시대』, 나남.

신동면. 2006. 『한국의 생산체제와 복지체제의 선택적 친화성』 40(1) 115~135.

신진. 2003, "김대중정부의 햇볕정책과 구조적 한계", 『국제정치논총』 43집 1호.

신진욱, 2008, "정당정치와 정책담론: 이명박 정권의 정책 프로그램에 대한 비판
적 담론분석", 한국정치사회학회 창립기념심포지엄, 서울대학교, 2008년
5월 28일.

안재흥. 2004. "생산레짐과 복지국가체제 상호연계의 정치", 『한국정치학회보』 38(5): 391~416.

오승용. 2004. "한국 분점정부의 입법과정 분석: 13~16대 국회를 중심으로", 『한국정치학회보』 38집 1호.

오연호. 2009. 『노무현 마지막 인터뷰』, 오마이뉴스.

양승태. 2008. "대통령이란 무엇인가? 한 공직의 실체에 대한 새로운 접근을 위한 시도", 『한국정치학회보』 제42집 1호.

양재진. 2001. "구조조정과 사회복지: 발전국가 사회복지 패러다임의 붕괴와 김대중 정부의 과제", 『한국정치학회보』 35(1): 210~227.

_____. 2002. "대통령제, 이원적 정통성, 그리고 행정부의 입법부 통제와 지배: 한국 행정국가화 현상에 대한 함의를 중심으로", 『한국행정연구』 제11권 제1호.

_____. 2003. "노동시장 유연화와 한국 복지국가의 선택: 노동시장과 복지제도의 비 정합성 극복을 위하여", 『한국정치학회보』 37(3): 403~425.

_____. 2004. "한국의 산업화시기 숙련형성과 복지제도의 기원", 『한국정치학회보』 38(5): 85~102.

_____. 2005. "한국의 대기업중심 기업별 노동운동과 한국복지국가의 성격", 『한국정치학회보』 39(3). 395~412.

유팔무. 1995. "한국의 시민사회론과 시민사회 분석을 위한 개념틀의 모색", 유팔무 · 김호기 편, 『시민사회와 시민운동』, 한울.

윤여덕. 2004. "유럽연합 노동시장 발전에 관한 연구: 독일 노동시장과 노동정책의 변화를 중심으로", 『한독사회과학논총』 14권 2호.

윤종빈. 2005. "17대 총선에서 나타난 탄핵쟁점의 영학력 분석", 『한국정당학회보』 제4권 1호.

윤태영. 2003, "북한핵문제와 미국의 '강압외교': 당근과 채찍접근을 중심으로", 『국제정치논총』 43집 1호.

외교통상부 북핵기획단. 2005, "제4차 6자회담 경과 및 주요결과"(서울: 외교통상부).

이근-윤민호. 2004. "총선, 탄핵정국 후 한국경제의 나아갈 방향; 경쟁력이 우선이다: 특허 통계로 본 한국의 산업경쟁력", 『International Trade Business Institute Review』 국제무역경영연구원.

이동형. 2004. "헌재의 절충적 판단은 역사의 한 점일 뿐 정의는 승리한다는 확신 속에 살아야", 『한국논단』.

이명남. 2002. "분점정부와 정치 효율성관계의 비교 연구", 『한국동북아논총』 제25집.

이병천. 2000. "발전국가체제와 발전딜레마: 국가주의적 발전동원체제의 재조명",

『경제사학』 제28호.

이상일. 2005. "복지국가의 발전과 정부-의사집단의 관계에 관한 연구", 『한국 정치학회보』 66(여름호): 177~206.

이수석. 2001. "마키아벨리와 홉스의 권력에 관한 연구", 『정치사상연구』 5집.

이수형. 2004. "다층 거버넌스로서의 유럽연합체제", 『세계지역연구논총』 22집 1호.

이연호. 2002. "한국에서의 금융구조개혁과 규제국가의 등장에 관한 논쟁", 『한 국사회학』 제36집.

이유림·김용호. 2004, "국가 간 갈등에 있어 공격-방어균형의 변화와 인식에 대한 고찰: 북한 핵문제와 북미관계를 중심으로", 『한국정치학회보』 38집 1호.

이인실. 2004. "총선, 탄핵정국 후 한국경제의 나아갈 방향: 금융정책의 방향", 『International Trade Business Institute Review』, 국제무역경영연구원.

이재현, 2007, "마하티르의 동아시아 지역주의 담론 분석; 서구에 비판적인 아시아주의적 발전연대의 추구", 『국제정치논총』 제47집 1호.

이치왕. 2004. "탄핵정국을 왜곡하지 말라", 『한국논단』, 한국논단.

이호근. 2001. "세계화 경제 속의 국가의 변화와 서유럽 다층적 통치체제의 발전", 『한국정치학회보』 35집 2호.

이화용. 2005. "지구화와 민주주의: 국가, 민주주의, 세계질서", OUGHTOPIA.

이혜경. 2002. "한국복지국가 성격논쟁의 함의와 연구방향", 『한국 복지국가 성격논쟁 1』, 인간과 복지.

임성학. 2000. "재벌개혁과 정부, NGO 역할", 『한국정치학회보』 제34집 4호.

임영일. 1992. "한국의 산업화와 계급정치", 한국사회학회·한국정치학회, 『한국의 국가와 시민사회』, 한울.

_____. 1998. "한국노동체제의 전환과 노사관계: 코포라티즘 혹은 재급진화", 『한국정치학회보』 제40호.

임혁백. 1995. "민주화 시대의 국가-시민사회 관계의 틀 모색", 최장집·임현진 공편, 『시민사회의 도전』, 사회비평사.

_____. 2005. "유신의 역사적 기원: 박정희의 마키아벨리적인 시간(하)", 『한국정치연구』 제14집 1호.

장준호, 2007, "후쿠야마 역사종언 테제에 대한 비판적 재검토", 한국정치학회보 41집 1호.

장지호. 2004. "정책결정의 제도적 지속성 고찰: 외환위기 이후의 재벌개혁", 『인문사회학학논문집』 34집.

장지호, 2007, "한미자유무역협정(FTA)의 내부 담론분석", 『한국정책과학회보』, 제11권 제2호, 29~51.

장훈. 2001. "한국 대통령제의 불안정성의 기원: 분점정부의 제도적, 사회적, 정치적 기원", 『한국정치학회보』 제35집 4호.

전기원. 2002. "대통령중심제의 공동정부: 3당 정책연합을 중심으로", 『21세기 정치학회보』 12집 2호.

전학선. 2005. "유럽연합의 국가성 여부와 법적 성격", 『공법학연구』 6권 1호.

정태석·김호기·유팔무. 1995. "한국의 시민사회와 민주주의의 전망", 유팔무·김호기 편, 『시민사회와 시민운동』, 한울.

정무권. 2002. "국민의 정부의 사회정책", 『한국 복지국가 성격논쟁 1』, 인간과 복지.

정종섭. 2005. "판례평석; 탄핵심판(彈劾審判)에 있어 헌법재판소의 탄핵여부결정권(彈劾與否決定權)[헌법재판소 2004. 5. 14. 선고 2004헌나1 결정]", 『서울대학교 법학』, 서울대학교 법학연구소.

정창화. 2004. "초국가공동체로서 유럽연합 형성에 관한 연구 - 유럽연합법의 수용에 대한 이론과 실제", 『행정논총』 42권 1호.

_____. 2005. "유럽연합의 국가성에 관한 연구", 『정부학연구』 11권 1호.

조갑제. 2004. "헌재는 노무현의 유죄와 국회 탄핵소추의 정당성을 인정했다", 『한국논단』, 한국논단.

조성환, 2004, "동아시아주의의 정치사상", 한국동북아지식인연대 엮음, 『동북아 공동체를 향하여』(서울: 동아일보사).

조정현. 1995. "3당 통합의 원인: 3당 통합과정과 원인에 대한 정당체제론적 접근", 『한국과 국제정치』.

조지형. 2004. 『탄핵, 감시권력인가 정치적 무기인가』, 책세상.

조영훈. 2002. "현정부 복지정책의 성격: 신자유주의를 넘었나?", 『한국 복지국가 성격논쟁 1』, 인간과 복지.

조영훈. 2004. "사회변동, 복지정책, 복지국가의 변화", 『한국사회학』 제38집 1호.

조찬수. 2003a. "전후 국제경제질서의 국내정치적 기반: 내장된 자유주의에 대한 하나의 역사제도주의적 설명", 『한국정치학회보』 37집 2호.

_____. 2003b. "전후 미국의 정치연합과 국제경제질서", 『국제정치논총』 제43집 1호.

조태훈. 2006. "세계화와 더불어 국민국가는 소멸하는가?", 윤리연구.

조홍석. 2004. "탄핵결정의 법리적 음미", 『공법학연구』, 한국비교공법학회.

조희연. 2008. "글로벌 체제의 민주화: 민주주의의 지구적 차원"(미발표 논문).

조현연·조희연. 2001. "민주주의 이행 시대의 시민사회와 운동정치", 조희연 편. 『한국 민주주의와 사회운동의 동학』, 한울.

지만원. 2004. "노무현 탄핵 기각을 보고", 『한국논단』, 한국논단.

진시원. 2004. "유럽연합에 대한 이론적 고찰; 쟁경이론들의 장단점 비교연구", 『한국정치학회보』 38집 2호.

차강진. 2004. "대통령에 대한 탄핵심판 - 헌재 2004. 5. 14. 2004헌나1 사건의 주요쟁점을 중심으로”, 『공법학연구』, 한국비료공법학회.

참여연대. 2005a. 『삼성보고서1: 삼성의 인적네트워크를 해부한다』.

_____. 2005b. 『삼성보고서2: 삼성, 4대재벌 그리고 언론에 관한 보고서』.

_____. 2006. 『삼성보고서3: 삼성전자 적대적 M & A위협론』.

_____. 2007. 『경제 및 건설관료의 퇴직 후 재취업 실태 보고서』.

최장집. 1991. “민중 민주주의의 조건과 방향”, 『사회비평』 6호.

_____. 2003. 『민주화 이후의 민주주의』, 후마니타스.

최준영, 조진만, 가상준, 손병권. 2008. “국무총리 인사청문회에 나타난 행정부
    －국회 관계 분석: 회의록에 대한 내용 분석을 중심으로”, 『한국정치학
    회보』 제42집 2호.

최치원. 2005. “탄핵문제를 둘러싸고 나타난 한국 정치인의 행위에 대한 하나의
    해석: 베버(Max Weber)의 관점에서”, 『사회과학연구』, 서강대학교 사회
    과학연구소.

최한수. 2005. “한국 역대정권의 대통령제 권력 구조 특성에 관한 연구”, 『한국
    정치학회보』 13집 2호.

최한수. 2006. 노무현 대통령 탄핵에 관한 소고, 『대한정치학회보』, 대한정치학회.

하영선 · 김영호. 2005, “한국외교사와 국제 정치학”, 하영선 · 김영호 · 김명섭
    편, 『한국외교사와 국제정치학』(서울: 성신여자대학교 출판부).

한국노동연구원. 2000. 『노동통계 2000』, 서울: 한국노동연구원.

_____. 2001. 『노동통계 2001』, 서울: 한국노동연구원.

한석희. 2002, “탈냉전기 중－미관계에 있어서 중국 민족주의의 역할”, 『중소연
    구』 제6권 3호.

한완상. 1992. “한국에서 시민사회, 국가 그리고 계급”, 한국사회학회 · 한국정치
    학회, 『한국의 국가와 시민사회』, 한울.

함성득. 1998. “성공적인 대통령을 위한 국정운영 리더십”, 『한국정치학회보』
    32집 1호.

함성득. 2004. “새로운 거버넌스 하의 미국 대통령－의회 관계의 발전적 변화”,
    『한국행정논집』 제16권 제1호, p.21.

함성득. 2005. “노무현 대통령의 집권 전반기 리더십 평가”, 『행정논총』 제43권
    제2호.

황인학. 2004. “총선, 탄핵정국 후 한국경제의 나아갈 방향: 한국경제, 문제와
    극복과제”, 『International Trade Business Institute Review』, 국제무역
    경영연구원.

황태연. 2005. “유럽 분권형 대통령제에 관한 고찰”, 『한국정치학회보』 39집 2호.

황혜성. 2006. “세계화와 국민국가: ‘리바이어던’의 회귀?”, 서양사론.

Ahmad, A. 2003. "Imperialism of Our Time", *The New Imperial Challenge: Socialist Register* 2004.

Anderson, J. P. 2000. "The Development of Corporatism on the EU level", the International Communist Seminar, Brussels 2‒4 May 2000.

Antoniades, Andreas, 2007, "Examining facets of the hegemonic: The globalization discourse in Greece and Ireland", Review of International Political Economy, 14:2, 306-332.

Albo, G, 2003. "The old and New Economics of Imperialism", *The New Imperial Challenge; Socialist Register 2004.*

Albrow, M. 1996. *The Golbal Age.* Cambridge: Polity.

Althusser, L and E Balibar, 1970. *Rereading Capital,* London: NLB.

Altvater, E 1979. "Some Problems of State Interventionism: the 'Particularization' of the State in Bourgeois Society" *State and Capital,* London: Edward Arnold, 40‒42.

Amin,S. 1997. *Capitalism in th Age of Globalization.* London: Zed Press.

Amoore, Louise, Richard Dodgson, Barry Gills, Paul Langley, Don Marshall and Iain Watson. 2000. "Overturning 'Globaliztion': Resisting Teleology, Reclaiming Politics" in B.K.Gills ed, *Globalization and the Politics of Resistance,* (London: Macmillan Press).

Appadurai, A. 1998. *Modernity at Large.* Minneapolis: Minnesota University Press.

Armour, J. and Deakin, S. 2000. "Norms In Private Insolvency Procedures: The 'London Approach' to the Resolution of Financial Distress", *ESRC Centre for Business Research*, University of Cambridge Working Paper No.173.

Aronowitz, S and Bratsis, P. 2002. "State Power, Global Power" in Stanley Aronowitz and Peter Bratsis, eds., *Paradigm Lost: State Theory Reconsidered* (Minneapolis: University of Minnesota Press).

Aronowitz, Stanley and Bratsis, Peter. 2002. *State Theory Reconsidered,* Minneapolix: University of Minnesota Press.

Auer, A. 2005. "The constitutional scheme of federalism" *Journal of Europena Public Policy* 12(3).

Balaam, D. N and M Veseth, 1996. *Introduction to International Political Economy*, New Jersey: Prentice‒Hall Inc.

Baldwin, R. E. and P. Martin 1999. Two Waves of Globalization: Superficial Similarities, Fundamental Differences. Retrieved November 2003 from www.nber.og/papers/w6904.

Baumgartner. J. C. 2003. "Introduction: Comparative Presidential Impeachment" Jody C. Baumgartner and Naoko Kada, *Checking Executive power: Presidential Impeachment in Comparative Perspective*, Westport, Connecticut; Praeger.

Beck, U. 1999. *What is Globalization?* Cambridge: Polity.

Bello, W. 2002. *Deglobalization.* London: Zed Press.

Betts, Richard K.. 1993, "Wealth, Power, and Instability: East Asia and the United States after the Cold War", *International Security*, Vol. 18, no. 3.

Berger. R. 1973. *Impeachment: The Constitutional Problems*, Cambridge, Massachusetts: Harvard University Press.

Berger, Thomas. 2000, "Set for stability? Prospects for Conflict and Cooperation in East Asia", *Review of International Studie*s, Vol. 26.

Bernstein, E. 1988. "Evolutionary Socialism" in McLellan, D. ed., *Marxism; Essential Writings,* Oxford: Oxford University Press, 76 – 86.

Biddle, Stephen. 2001. "Rebuilding the Foundations of Offense-Defense Theory", *The Journal of Politics*, Vol. 63, no. 3.

Blanke, B., Jurgens, U. and Kastendiek, H. 1979. "On the Current Marxist Discussion on the Analysis of Form and Function of the Bourgeois State" in Holloway, J. and Picciotto, S. eds., *State and Capital: A Marxist Debate,* London: Edsward Arnold, 108 – 147.

Blyth. M. 2002. *Great Transformations: the Rise and Decline of Embedded Liberalism.* Cambridge University Press.

Bordo, M., A. M. Talor et al., eds 2003. *Globalization in Historical Perspective.* Chicago: National Bureau of Economic Research/Chicago University Press.

Boyer, R. and D. Drache, eds. 1996. *States against Markets.* London, Routledge.

Brown, T. 1999, "Challenging globakization as discourse and phenomenon", International Journal of Lifelong Education, 18:1, 3-17.

Brand, U. 2006. "The Internationalised State and its Functions and Modes in the Global Governance of Biodiversity: A Neo – Poulantzasian Interpretation" Conference paper.

Brand, U. 2007(to be published soon). "Theorising the Internationalised State: A Neo – Poulantzasian approach to 'the international' today", a personally acquired paper from Brand via email.

Browne, E.C., Frendreis, J.P. and Gleiber, D.W. 1986b. "Dissolution of Governments in Scandinavia: A Critical Events perspective" *Scandinavian Political Studies* 9(2), 93 – 107.

Buzan, Barry. 2003, "Security architecture in Asia: the interplay of regional and global levels", *The Pacific Review*, Vol. 16, no. 2.

Cable, V. 'the Diminished Nation-State: A Study in the loss of Economic Power.' *Daedalus: Journal of the American Academy of Arts,* Vol. 124, No. 2 (1995), p. 27.

Callinicos, A. 2002. "The Actuality of Imperialism", *Millennium: Journal of International Studies*, Vol.31 (2), 319 – 326.

_____. 2003. *An Anti-Capitalist Manifesto.* Cambridge: Polity.

Campbell, J. 2004. *Institutional change and Globalization.* Princeton: Princeton University Press.

Castells, M. 2000. *The Rise of the Network Society.* Oxford: Blackwell.

Cerny, P. 1994a. "The Infrastructure of the Infrastructure? Toward 'Embedded Financial Orthodoxy' in the International Political Economy", in Ronen P. Palan and Barry Gills (eds) *Transcending the State-Global Divide: A neostructuralist Agenda in International Relations.* Boulder, Co: Lynne Rienner, 223-49.

_____. 1994b. "The Dynamics of Financial Globalization" *Policy Sciences* 27.

Chase – Dunn, C. 1981. "Interstate System and Capitalist World – Economy: One Logic or Two?", *International Studies Quarterly* 25(1).

Cho, H. Y. 2002. "Democratisation, Neo – Liberal Globalisation and NGOs", in Cho, H.Y. and Hirsch, J. eds., *The State and NGOs in the Context of Globalisation.* Seoul: Hanul Publishing Co.

Chopra, A., Kang, K., Karasulu, M., Liang, H., Ma, H., and Richards, A. 2001. *IMF Working Paper: From Crisis to Recovery in Korea: Strategy, Achievements, and Lessons(WP / 01 / 154),* presented at the Conference on the Korean Crisis and Recovery, Seoul, Republic of Korea, May 17 – 19.

Clapham, David, 2006, "Housing Policy and the Discourse of Globalization", Europena Journal of Housing Policy, 6:1, 55-76.

Clarke, S. 1978. "Capital, Fractions of Capital and the State: 'Neo – Marxist' Analysis of the South African State" *Capital & Class* 5 Summer, 32 – 77.

_____. 1991. *The State Debate*, London: Macmillan.

Clubb, J.M., Flanigan, W.H. and Zingale, N.H. 1980. *Partisan Realignment: Voters, Parties, and Government in American History*, London: Sage Publication.

Commissiong. A. B. 2005. "Review of David Held's Global Covenant", *Logos,* 4(2).

Condliffe, J. B. 1950. *The Commerce of Nations.* New York, Norton.

Cowen, T. 2004. *Creative Destruction: How Globalization is Changing the World's Cultures.* Princeton: Princeton University Press.

Cox. R. W. 1987. *Production, Power, and World Order,* New York: Columbia University Press.

_____. 1996. *Approaches to World Order,* Cambridge: Cambridge University Press.

Cumings, B. 1998. "The Korean Crisis and the End of 'Late' Development" *New Left Review*, 231, September/October, 43－72.

Darian－Smith, E. 2004. "Globalization of capital and the nation－state: Imperialism, class struggle, and the state in the age of global capitalism" *Contemporary Sociology －A Journal of Reviews* 33(4).

Deutsch, Karl W. and Singer, J. David. 1964, "Multipolar Power Systems and International Stability," *World Politics*, Vol. 16, no. 3.

Dicken, P. 1998. *Global Shift.* London: Paul Chapman.

Douglas, Ian R. 2000. "Globalization and the Retreat of the State" in B.K.Gills ed, *Globalization and the Politics of Resistance,* London: Macmillan Press.

Drucker, P., 1993. *Post-Capitalist Society.* New York: HarperBusiness.

Ehrlich. W. 1974. *Presidential Impeachment: An American Dilemma.* Saint Charles, Missouri:Forum Press.

Einhorn, B. 2005. "Citizenship in an enlarging Europe: Contested strategies" *Czech Sociological Review* 41(6).

Elazar, D. J. 2001. "The United States and the European Union: models for their epochs", in K. Nicolaidis and R. Howse, (eds), *the Federal Vision: Legitimacy and Level of Governance in the United States and the European Union*, Oxford: Oxford University Press.

Engels, F. 1988. "Socialism: Utopian and Scientific", in D. Mclellan ed, *Marxism; Essential Writings,* Oxford: Oxford University Press, 62－75.

Eschele, C. 2005. 'Constructing the Antiglobalization Movement', in *Critical Theories, International Relations and the Antiglobalization Movement: The Politics of Resistance,* ed. C. Eshele and B. Maiguashia. London: Routledge.

Esping‒Andersen. G. 1990. *The Three Worlds of Welfare Capitalism,* Cambridge: Polity Press.

European Commission. 2004. *Industrial Relations in Europe 2004.*

_____. 2006. *Industrial Relations in Europe 2006.*

Eriksen, D. O. 2006. "The EU‒a cosmopolitan polity?", *Journal of European Public Policy* 13(2).

Feldstein, M 1998. "Refocusing the IMF" *Foreign Affairs,* 779(1), 20‒33.

Frank, A. G. 1998. *Re-Orient: Global Economy in the Asian Age.* New York: University of California Press.

Fukuyama, F. 1992. *The End of History and the Last Man,* New York: Penguin.

Gamble, A. 1989. *The Free Economy and The Strong State: The Politics of Thatcherism,* London: Macmillan.

Garrett, G. 1998. 'Global Markets and National Politics', *International Organization,* 52.

_____. 1999. *Partisan Politics in the Global Economy.* cambridte University Press: Cambridge.

Giddens, A. 1984. *The Constitution of Society,* Los Angeles: University of California Press.

_____. 1990. *The Consequences of Modernity,* Cambridge: Polity.

_____. 1991, Introduction to Sociology, Norton & Company: New York.

Gills, B. K. 2000. "Introduction: Globalization and the Politics of Resistance", in B.K.Gills ed, *Globalization and the Politics of Resistance,* (London: Macmillan Press).

_____. *Power and Resistance in the New World Order.* Basingstoke: Palgrave.

Gilpin, R. 2002. *The Challenge of Global Capitalism.* Princeton: Princeton University Press.

Goldstein, Avery. 2003, "Balance-of-Power Politics: Consequences for Asian Security Order, in Muthiah Alagappa"(ed), *Asian Security Order*(Stanford: Stanford University Press).

Gortzak, Yoav, Hftel, Yoram Z., and Sweeney, Kevin,.2005, "Offense-Defense Theory", *Journal of Conflict Resolution,* Vol. 49, no. 1.

Gowan, P. 1999. *The Global Gamble,* London: Verso.

_____. 2001. "Neoliberal Cosmopolitanism" *New Left Review,* 11, Second series September October, 79 – 94.

_____. 2003. "The American Campaign for Global Sovereignty" in Panitch, L. and Leys, C. eds, *Socialist Register 2002: Fighting Identities: Race, Religion and Ethno – Nationalism,* 1 – 25.

Gramsci, A. 1983. *Selections from the Prison Notebooks.* London: Lawrence & Wishart.

Grieco, J. M. 1993. "Understanding the Problem of International Cooperation: The Limits of Neoliberal Institutionalism and the Future of realist Theory" in David A Baldwin, ed. *Neorealism and Neoliberalism.* New York: Columbia University.

_____. 1996. "State Interests and institutional Rule Trajectories; A Neorealist Interpretation of the Maastricht Treaty and European Monetary Union" *Security Studies* 5(3).

Gritsch, M. 2005. "The nation – state and economic globalization: soft geo – politics and increased state autonomy?" *Review of International Political Economy* 12(1).

Haas, E. B. 1958. *The Uniting of Europe: Political, Social and Economic Forces, 1950 ~ 1957,* Stanford: Stanford University Press.

_____. 1964. *Beyond the Nation State: Functionalism and International Organization.,* Stanford: Stanford University Press.

Habermas, J. 1988. *Legitimation Crisis,* Cambridge: Polity Press.

Hardt, M. and Negri, A. 2000. *Empire,* Massachusetts: Harvard University Press.

Harmes, Adam. 2006. "Neoliberalism and Multilevel Governance", *Review of International Political Economy* 13 (5).

Harvey, D. 1989. *The Condition of Postmodernity.* Oxford: Blackwell.

_____. 2003. *The New Imperialism,* Oxford University Press: New York.

_____. 2006. "Comment on Commentaries" *Historical Materialism* 14(4).

_____. 2007. "In What Ways Is 'The New Imperialism' Really New" *Historical Materialism* 15(3).

Hay, C. 2004. Globalization and the State', in *Global Political Economy*, ed., J. Ravenhill. Oxford: Oxford University Press.

Hay, C. and M. Watson. 1998. *Rendering the Contingent Necessary: New*

Labour's Neo-Liberal Conversion and the Discourse of Globalization. Cambridge, Mass Center for European Studies, Harvard University.

Held, D. 1989. "The Decline of Nation－State" in Stuart Hall, et al., eds., *New Times.* London: Verso.

_____. 1991. "Democracy, the Nation-State, and the Global System", in D. Held, ed., Political Theory Today, Cambridge: Polity Press.

_____. 2004. *Global Covenant; The Social Democratic Alternative to the Washington Consensus.* Cambridge: Polity Press.

_____. 2006. "Reframing Global Governance: Apocalypse Soon or Reform!" In D. Held and A. McGrew(eds), *Globalization Theory.* Cambridge: Polity Press.

Held, D., A. McGrew et al. 1999. *Global Transformations.* Cambridge: Polity.

_____. 2002. *Globalization/Anti-Globalization,* Cambridge: Polity Press, 2002.

_____. 2007. "Introduction: Globalization at Risk?" in David Held and Anthony McGrew, eds., *Globalization Theory: Approaches and Controversies* Cambridge: Polity Press.

Hirsh, J. 1979. "The State Apparatus and Social Reproduction: Elements of a Theory of the Bourgeois State, in Holloway, J.and Picciotto, S. eds., *State and Capital: A Marxist Debate,* London: Edward Arnold, 57－109.

Hirst, P. and G. Thompson. 1999. *Globalization in Question.* Cambridge: Polity.

Hobsbawm, E. J. 2004. "Part II Explaining Globalization" in Lechner, Frank J. and Boli, John (eds), *The Globalization Reader,* (Oxford: Blackwell Publishing).

Hoffmann, S. 1964. "Europe's Identity Crisis: Between the Past and America" *Daedelus* 93.

_____. 1972. "Weighing the Balance of Power", *Foreign Affairs*, Vol. 50.

_____. 2002. The Clash of Globalizations, *Foreign Affairs.*

Holloway. J and Picciotto. S. 1979. "Introduction: Towards a Materialist Theory of the State" in J.Holloway and S.Picciotto ed., *State and Capital: A Marxist Debate*, London: Edward Arnold, 1－31.

Holton, R. 2005. *Making Globalization,* Basingstoke: Palgrave.

Hoogvelt, A. 1997. *Globalization and the Post-Colonial World.* Basingstoke: Macmillan.

Hopkins. A. 2002. *Globalization in World History.* London: Pimlico.

Hsiung, James C.. 2003, "Pacific Asia in the Twenty-First Century World

Order", *Asian Affairs*.

IMF. 1997a. Korea Letter of Intent, December 3, 1997.

_____. 1997b. Republic of Korea IMF Stand – By Arrangement

_____. 1997c. Korea Letter of Intent, December 24, 1997.

_____. 1998a. Korea Letter of Intent, May 2, 1998.

_____. 1998b. Public Information Notice: IMF Concludes Article IV Consultation with Korea, Public Information Notice (PIN) No.98 / 39, June 19, 1998, 15/08/2002.

_____. 1998c. Korea Letter of Intent, July 24, 1998.

_____. 1999a. Korea Letter of Intent and Memorandum on Economic and Financial policies, March 10, 1999.

_____. 1999b. Korea Letter of Intent and Memorandum on Economic and Financial policies, November 24, 1999.

_____. 1999c. Public Information Notice: IMF Concludes Article IV Consultation with Korea, Public Information Notice (PIN) No.99 / 115, December 29, 1999.

_____. 2000. Korea Letter of Intent and memorandum on Economic and Financial policies, July 12, 2000.

Iversen, T. 2002. "The Dynamics of Welfare State Expansion: Trade Openness, De-industrialization, and Partisan Politics" in Paul Pierson eds. *The New Politics of the Welfare State*. Oxford: Oxford University Press.

Jameson, F, 2000, 'Globalization and Political strategy', *New Left Review* 4, Jul / Aug 2000.

Janning, J. 2005. "Leadership coalitions and change: the role of states in the European Union" *International Affairs* 81(4).

Jessop, B. 1980. "The Political Indeterminacy of Democracy", in Hunt, A. ed, *Marxism and Democracy,* London: Lawrence and Wishart, 55 ~ 80.

_____. 1982. *The Capitalist State: Marxist Theories and Method,* New York: NewYork University Press.

_____. 1985. *Nicos Poulantzas,* London: Macmillan.

_____. 1988. Conservative Regimes and The Transition to Post – Fordism; the Cases of Britain and West Germany, *Essex Papers in Politics and Government*, Essex: University of Essex.

_____. 1989. Thatcherism: The British Road To Post Fordism?, *Essex Papers in Politics and Government,* Essex: Department of Government, University of Essex.

_____. 1990. *State Theory: Putting the Capitalist State in its Place.* Cambridge: Polity Press

_____. 1991. "Accumulation Strategies, State Forms and Hegemonic Project", in S. Clarke ed., *The State Debate.* London: Macmillan, 157~182.

_____. 2002a. *The Future of the Capitalist State,* Cambridge: Polity.

_____. 2002b. "Globalization and the National State" in Stanley Aronowitz and Peter Bratsis eds *Paradigm Lost: State Theory Reconsidered,* Minneapolis: University of Minnesota Press

_____. 2005. "The European Union and Recent Transformations in Statehood" in Sonja Puntscher Riekmann, ed., *Transformations of Statehood from a European Perspective,* Cambridge; Cambridge University Press.

Jessop, B., Bonnett, K., Bromley, S. and Ling, T. 1984. "Authoritarian Populism, Two Nations and Thatcherism" *New Left Review* 147, September October, 32 − 60.

_____. 1988. *Thatcherism: A Tale of Two Nations.* Cambridge: Polity Press.

Johnson, H. G. 1970. International Economic Questions Facing Britain, the United States and Canada in the Seventies (London: British-North American Research Association, June.

Kada, N. 2003. "The role of investigative committees in the presidential impeachment processes in Brazil and Colombia" *LEGIS STUD QUART* 28 (1): 29-54.

Kang, David C.,. 2003, "Getting Asia Wrong", *International Security*, Vol.27, no. 4.

_____. 2004, "The Theoretical Roots of Hierarchy in International Relations" *Australian journal of International Affairs*, Vol. 58, no. 3.

Kerr, David. 2005, "The Sino-Russian Partnership and U.S. Policy Toward North Korea: From Hegemony to Concert in Northeast Asia", *International Studies Quarterly*, Vol. 49.

Kim, D. H. 1999. "IMF Bailout and Financial and Corporate Restructuring in the Republic of Korea" *The Developing Economies,* xxxvii (4), 460 − 513.

Kim, Samuel S. 2002, "North Korea and Northeast Asia in World Politics" in S.S. Kim and T.H. Lee (eds.), *North Korea and Northeast Asia* (Lanham: Rowman & Littlefield).

Krauthammer, Charle, 1990, "The Unipolar Moment", *Foreign Affairs*, Vol. 70, no. 1.

Kupchan, Charles A., 1998, "After Pax Americana: Benign Power, Regional Integration, and the Sources of a Stable Multipolarity" *International Security*, Vol. 2.

Hwang, C.S. 2003. "Impacts of the Crisis on Civil Society and Civil Society's Response to the Crisis in Korea" in Jung, K.H., Poungsomlee, A., Maksum, M. and Park, T. K. eds, *Civil Society Response to Asian Crisis: Thailand, Indonesia and Korea*, Seoul: Yonsei University Press, 257~279.

Kang, Myung Koo, 2000, "Discourse politics toward neo-liberal globalization", Inter-Asia Cultural Studies, 1:3.

KCTU(Korea Confederation of Trade Unions). 1999a. "KCTU Confronts the IMF", KCTU Position Paper presented at a meeting with Michel Camdessus, the Managing Director of the IMF, May 21.

_____. 1999b. "The KCTU Response to the Neo – Liberal Structural Adjustment Programme of the IMF and the Kim Dae Jung Government", KCTU Presentation at "The Dictatorship of Financial Markets? Another World is Possible", International Meeting, June 24~26, Paris, France.

Keaney, M. 2004. "Globalization of Capital and the Nation – State" *Millennium Journal of International Studies* 33(2).

Kelemend, R. D. 2003, "The Structure and Dynamics of EU federalism", *Comparative Political Studies.* 36(1).

Keohane, R. and J. Nye. 2003. Globalization: What's new? What's Not? (And So What?), in *the Global Transformations Reader*, ed. D. Held and A. McGrew. Cambridge: Polity.

_____. 2004. "Realism and Comples Interdependence, Part II Explaining Globalization" in Lechner, Frank J. and Boli, John (eds), *The Globalization Reader,* Oxford: Blackwell Publishing.

Kim, S. H. 2000. "The Politics of Reform in South Korea: The First Year of the Kim Dae Jung Government, 1998~1999", *Asian Perspective.* 24(1), 163~185.

Kobrin, S. J., 1999. "Back to the Future: Neomedievalism and the Post-modern Digital World Economy" A. Prakash and J. A. Hart (eds.), *Globalization and Governance.* London: Routledge.

Kolers. A. 2006. "Subsidiarity, Secession, and Cosmopolitan Democracy", *Social Theory and Practice,* 32(4).

Krasner, S. and J.E. Thompson, 1989. "Global Transactions and the Consolidation of Soverignty" in E.E. Czempiel and J. N. Rosenau (eds.), *Global Changes and Theoretical Challenges.* Lexinton: Heath.

Kurtz, S. 2002. "The Future of History" Policy Review. Jun/Jul.

Lacher, H. 2002. "Making sense of the international system; the promises and pitfalls of contemporary Marxist theories of international relations" in Mark Rupert and Hazel Smith, eds. *Historical Materialism and Globalization.* London: Routledge.

Lambert, J. 1991. "Europe: The Nation – State Dies Hard" *Capital & Class* 43.

Lawrence, R. 1996. *Single World, Divided Nations? International Trade and OECD Labour Market.* Wahington, DC: Brooking Institution.

Layne, Christopher. 1993, "The UnipolarIllusion: Why New Great Powers Will Arise", *International Security*, Vol. 17, no. 4.

Lemke, T. 2000. Paper presented at the Rethinking Marxism Conference, University of Amberst, September 21 – 24.

Lenin, V. 1988. "The State and Revolution?" in D. Mclellan, *Marxism; Essential Writings,* Oxford: Oxford University Press, 145 – 187.

Lijphart, A. 1984. "Note on the Meaning of Cabinet Durability" *Comparative Political Studies*, 17 (2).

_____. 1984b. "Measures of Cabinet Durability; A Conceptual and Empirical Evaluation", *Comparative Political Studies,* 17(2), 265 – 279.

Machiavelli, N. 1952. *The Prince*, Oxford University Press: New York

Mair, P. 1994. "Party Organizations: From Civil Society to the State" in Katz, R.S. and Mair, P. eds, *How Parties Organize,* London: SAGE Publications Ltd, 1 – 22.

Majone, G. 2006. "The common sense of European integration" *Journal of European Public Policy* 13(5).

Mann, M. 1986. *The Sources of Social Power,* vol. 1. Cambridge; Cambridge University Press.

_____. 1993. "Europe and Other Continents: Diversifying, Developing, Not Dying" *Daedadus* 122(3).

Mastanduno, Michael. 1997, "Preserving the Unipolar Moment: Realist Theories and U.S. Grand Strategy after the Cold War", *International*

Security, Vol. 21, no. 4.

Marx, K. 1976. *Capital* Volume Two, Middlesex: Penguin Books.

_____.1985. *The Communist Manifesto,* Harmondsworth, Eng: Penguin Books.

_____.1988. "The Communist Manifesto" in McLellan, D. ed., *Marxism; Essential Writings*, Oxford: Oxford University

McGrew, A. 2007. "Organized Violence in the making (and Remaking) of Globalization" in David Held and Anthony McGrew, eds., *Globalization Theory: Approaches and Controversies* (Cambridge: Polity Press).

Mearshimer, John J.1990, "Back to the Future: Instability in Europe after the Cold War", *International Security*, Vol. 15, no. 1.

Miliband, R. 1969. *The State in Capitalist Society,* London: The Weidenfeld and Nicolson.

_____. 1970. 'The Capitalist State: Reply to Nicos Poulantzas', *New Left Review* 59.

_____. 1973. 'Poulantzas and the Capitalist State', *New Left Review*, 82.

Mishra, R. 1999. *Globalization and the Welfare State.* Cheltenham: Edward Elgar.

_____. 이혁구, 박시종 옮김. 2002. "1장, 세계화의 논리 변화하는 복지국가의 맥락", 『세계화와 복지국가의 위기』, 성균관대학교 출판부.

Molnar, K. 2004. "Global order and global disorder: Globalization and the nation‒state" *Australian Journal of Political Science* 39(2).

Moravcsik, A. 1991. "Negotiating the Single European Act; national Interests and Conventional Statecraft in the European Community", *International Organization* 45(1).

_____. 1995. "Liberal Intergovernmentalism and Integration: A Rejoinder", *Journal of Common Market Studies,* 33(1).

_____. 2001. 'Federalism in the European Union: rhetoric and reality', in K. Nicolaidis and R. Howse, (eds), *the Federal Vision: Legitimacy and Level of Governance in the United States and the European Union,* Oxford: Oxford University Press.

_____. 2005. "The European Constitutional Compromise and the neofunctionalist legacy", *Journal of European Public Policy* 12(2).

Mosley, L. 2003. *Global Capital and National Government,* Cambridge: Cambridge University Press.

Myles, J. and Quadagno, J. 2002, "Political Theories of the Welfare State"

Social Service Review.

Nakano. T. 2006. "A Critique of held's Cosmopolitan Democracy", *Contemporary Political Theory.* 5. pp.33－51.

Narud, H.M. 1995. "Coalition Termination in Norway: Models and Cases" *Scandinavian Political Studies,* 18(1), 1－24.

Nicholson, N.K. 1972. "The Factional Model and the Study of Politics" *Comparative Political Studies,* 291－315.

Nordlinger, Eric. 1981. *On the Autonomy of the Democratic State,* Massarhasetts: Harvard University Press.

O' Connor, J. 1973. *The Fiscal Crisis of the State,* New York: St. Martin's Press.

Ohmae, K. 1990. *The Borderless World.* London: HarperCollins.

_____. 1995. *The End of the Nation State.* New Your: Free Press.

Offe, C. 1975. "The Theory of the Capitalist State and the Problem of Policy Formation" in Lindberg, L., Alford, R., Crounch, C. and Offe, C. eds *Stress and Contradiction in Modern Capitalism,* London: Lexingtow Books, 125－144.

_____. 1984. "Legitimacy versus Efficiency" in J.Keanes ed,. *Contradictions of Welfare State,* London: Hutchison & Co.Ltd.

O' Rourke, K. H. and J. G. Williamson. 2000. *Globalization and History.* Boston, Mass: MIT Press.

Panitch. L. 1979. "The Development of Corporatism in Liberal Democracies" in Schmitter, P.C. and Lehmbruch, G. eds, *Trends Toward Corporatist Intermediation,* London: SAGE Publications Ltd.

_____. 2000. 'The New Imperial State', *New Left Review,* Second Series March April.

_____. 2002. "The Impoversishment of State Theory" in Stanley Aronowitz and Peter Bratsis, eds., *Paradigm Lost: State Theory Reconsidered,* Minneapolis: University of Minnesota Press.

Panitch, L. and Gindin, S. 2003. "Global Capitalism and American Empire" *The New Imperial Challenge; Socialist Register.*

_____. 2003a. 'Global Capitalism and American Empire', The New Imperial Challenge; *Socialist Register* 2004.

_____. 2003b. 'American Imperialism and Eurocapitalism', *Studies in Political Economy,* 71.

Park, T. K. 2003. "Growth of Civil Society in Korea Since the Economic Crisis", in Jung, K.H., Poungsomlee, A., Maksum, M. and Park, T. K. eds, *Civil Society Response to Asian Crisis: Thailand, Indonesia and Korea,* Seoul: Yonsei University Press, 229~238.

Perkins, W. B. 2003. "The Political nature of Presidential Impeachment in the United States" in Jody C. Baumgartner and Naoko Kada, Checking Executive power: *Presidential Impeachment in Comparative Perspective*, Westport, Connecticut: Praeger.

Phillips, N. 2005a. "Globalization Studies in International Political Economy" in Nicola Phillips. ed, *Globalizing International Political Economy.* New York: Palgrave Macmillan.

_____. 2005b. "State Debates in International Political Economy" in Nicola Phillips. ed, *Globalizing International Political Economy.* New York: Palgrave Macmillan.

Pierson, P. 2002. "Post-industrial Pressures on the Mature Welfare States" in Paul Pierson eds. *The New Politics of the Welfare State.* Oxford: Oxford University Press.

Pitruzzello. S. 2004. "Trade Globalization, Economic Performance, and Social Protection: Nineteenth-Century British Laissez-Faire and Post-World War II U.S.-Embedded Liberalism" *International Organization.*

Pogge, T. W. 2001. *Global Justice.* Oxford: Blackwell.

Polanyi, K. 1957. *The Great Transformation,* Boston: Beacon Press.

Polychroniou, C. G. 2005. "A normative approach for the harmonization of national policies to supra-national frameworks with reference to Greece and the European Union" *European Planning Studies* 13(5).

Poulantzas, N. 1969. "The Problem of the Capitalist State", *New Left Review,* 58.

_____. 1973a. *Political Power and Social Classes,* London: NLB and S&W.

_____. 1973b. "On Social Classes" *New Left Review,* 78.

_____. 1974. *Fascism and Dictatorship,* London: NLB.

_____. 1974a. "Internationalisation of Capitalist Relations and the Nation-State" *Economy and Society* 3(2).

_____. 1975. *Classes in Contemporary Capitalism,* London: NLB.

_____. 1978. *State, Power, Socialism,* London: NLB

_____. 1979. *Classes in Contemporary Capitalism,* London: Verso.

_____. 1987. *Political Power and Social Classes,* London: Verso.

_____. 2000. *State, Power, Socialism,* London: NLB.

Prakash, Assem, 2001, "The East Asian Crisis and the globalization discourse", Review of International Polotical Economy, 8:1.

Radice, H. 1984. "The national Economy; A Keynesian Myth?", *Capital & Class* 22.

Riker, W, H. 1996. "European federalism: the lessons of past experience", in J. hesse and V. Wright (eds), *Federalizing Europe? The Costs, Benefits and preconditions of Federal Political Systems,* Oxford: Oxford University Press.

Risse, Thomas. 2007. "Social Constructivism Meets Globalization" in David Held and Anthony McGrew, eds., *Globalization Theory: Approaches and Controversies* Cambridge: Polity Press.

Robinson, W. I. 2002. "capitalist globalization and the transnational – ization of the state" in Mark Rupert and Hazel Smith(eds), *Historical Materialism and Globalization.* London: Routledge.

Robertson, R. 1992. *Globalization: Social Theory and Global Culture.* London: Sage.

Rosamond, B. 2004. *Globalization and the European Union.* Basingstoke: Palgrave.

_____. 2005. "The uniting of Europe and the foundation of EU studies: revisiting the neofunctionalism of Ernst B. Haas" *Journal of European Public Policy* 12(2).

Rosecrance, R. N.1966, "Bipolarity, Multipolarity, and the Future", *The Journal of Conflict Resolution,* Vol. 10, no. 3.

Rosdolsky, R. 1974. "Comments on the Method of Marx's Capital and its Importance" *New German Critique* 1(3), 62 – 72.

Rosenau, J. 1990. *Turbulence in World Politics.* Princeton: Princeton University Press.

Rosenberg, J. 2005. Globalization Theory: A Post Mortem, *International Politics,* 42.

Ruggie, J. 1982. International regimes, transactions and change; embedded liberalism in the postwar economic order, *International Organization,* 36, Spring.

_____. 2003. "Taking embedded liberalism global: the corporate connection", In D. Held and M. Koenig – Archibugi(eds), *Taming Globalization,* Cambridge: Polity.

Rugman, A. 2000. The End of Globalization, New York, Random House.

Ruigrok, W. and R. Van Tulder, The Logic of International Restructuring (Routledge, 1995).

Rupert, M and Smith, H. 2002, *Historical Materialism and Globalization*, Routledge; London.

Rus, E. P. 2004. "The lasting marriage between nation and state despite globalization", *International Political Science Review* 25(3).

Saperstein, Alvin M. 1991, "The 'Long Peace'-Result of a Bipolar Competitive World?" *Journal of Conflict Resolution*, Vol. 35, no. 1.

Sartori, G. 1976. *Parties and Party Systems; A Framework for Analysis,* New York: Cambridge University Press.

Sassen, S. 1996. *Losing Control? Sovereignty in and Age of Globalization.* New York: Columbia University Press.

Saul, J. R. 2005. *The Collapse of Globalism.* London: Atlantic Books.

Scharpf, F. 2001. "Notes toward a theory of multilevel governing in Europe", *Scandinavian Political Studies* 24(1).

Schmitter, P.C. 1979. "Still the Century of Corporatism?" in Schmitter, P.C. and Lehmbruch, G. eds, *Trends Toward Corporatist Intermediation,* London: SAGE Publications Ltd, 7 - 52.

_____. 1985. "Neo - corporatism and the State" in Grant, W. ed, *The Political Economy of Corporatism,* London: Macmillan, 32 - 62.

_____. P. 2000. "Federalism and the euro - polity", *Journal of Democracy* 11(1).

Schwartz, H. 2002. "Round Up the Usual Suspects? Globalization, Domestic Politics, and Welfare State Change" in Paul Pierson eds. *The New Politics of the Welfare State.* Oxford: Oxford University Press.

Simon, R. 1991. *Gramsci's Political Thought.* London: Lawrence and Wishart.

Sklair, L. 2000, "The Transnational Capitalist Class and the Discourse of Globalisation", *Cambridge Review of International Affair,* 14:1.

Skocpol, Theda and Rueschemeyer, Dietrich and Evan, Peter. 1985. "Bring the State Back in; Stragtegies of Analysis in Current Research" in Skocpol, T., Rueschemeyer, D. and Evan, P. eds, *Bring the State Back in*, Cambridge: Cambridge University Press, 3 - 43.

Song, B. S. 2004. State Form and State Strategy: *the Case of the Kim Dae Jung Regime in South Korea (1998 ~2003)*, Ph.D.Thesis, the University of Newcastle upon Tyne.

Steffeck. J. 2006. *Embedded liberalism and its critics: justifying global governance in the American century*. Palgrave Macmillan.

Stephan, Alfred. 1978. *The State and Society: Peru in Comparative Perspective*, Princeton: Princeton university Press.

Strange, S. 1990. 'Finance, Information and Power', Review of International Studies, Vol. 16, No. 2.

_____. 1995. "The Defective State" *Daedalus: Proceedings of the American Academy of Arts and Sciences*, 124(2), 55 - 74.

_____. 1996. *The Retreat of the State: The Diffusion of Power in the World Economy*, Cambridge: Cambridge University Fress.

Swank, D. 2002a. *Global Capital, Political Institutions, and Policy change in Developed Welfare States*. Cambridge: Cambridge University Press.

_____. 2002b. "Political Institutions and Welfare State Restructuring: The impact of Institutions on Social policy Change in Developed Democracies" in Paul Pierson eds. *The New Politics of the Welfare State*. Oxford: Oxford University Press.

_____. 2005. "Globalisation, Domestic Politics, and We_fare state: Retrenchment in Capitalist Democracies" *Social Policy & Society* 4. 2.

Tassel E. F. V & Finkelman. P. 1999. Impeachable Offenses; *A Documentary History from 1787 to the Present*. Washington. D. C.: Congressional Quarterly Inc.

Taylor, Peter J. 1995. '*Beyond Containers: Internationality, Interstateness, Interterritoriality*', *Progress in Human Geograpny*, 19.

Thacker, S. 1999. 'The High Politics of IMF Lending', *World Politics*, October 1999 - July 2000.

Thorson. 1998. "Divided Government and the Passage of Partisan Legislation 1947~1990" *Political Research Quarterly* 51(3), 751 - 764.

Toffler, E. and Toffler, H. 1993. *War and Anti - War*, NY: Little, Brown & Co.

Trechsel, A. H. 2005. "How to federalize the European Union······ and why bother", *Journal of European Public policy* 12(3).

Tsoukalas, K. 1999. 'Globalisation and 'the Executive Committee': Reflections on the Contemporary Capitalist State', Panitch, L. and C. Ley eds., *Global Capitalism Versus Democracy: Socialist Register 1999*, Merlin Press.

Urry, J. 2003. *Global Complexity*. Cambridge: Polity.

Vayrynen, Raimo. 1995, "Bipolarity, Multipolarity, and Domestic Political

Systems", *Journal of Peace Research*, Vol. 32, no. 3.

Vincent, A. 1987. *Theories of the State,* New York: B.Blackwell.

Wade, R and Veneroso, R. 1998. "The Asian Crisis: The High Debt Model Versus the Wall Street－Treasury－IMF Complex" *New Left Review,* 228, March/April, 3－23.

Wade, R. 2001. 'Showdown At the World Bank', *New Left Review* 7 Second Series January February.

Wahl, P. 1997. "Mythos und Realitaet intrnationaler Zivilgesellschaft", in Elmar Altvater(Ed.). Vernetzt und verstrickt, Nichtregierun－gsorganisationen als gesellschaftliche Produktivkraft. Müenster: Westfälisches Dampfboot.

Wallerstein, I. 1974. *The Modern World－System,* New York: Academic Press.

_____. 2003. *The Decline of American Power: The U.S. in a Chaotic World.*

_____. 2004. "Part II Explaining Globalization" in Lechner, Frank J. and Boli, John (eds), *The Globalization Reader,* Oxford: Blackwell Publishing.

Waltz, Kenneth N. 1964, "The Stability of a Bipolar World", Daedalus,.

_____. 1997, *Theory of International Politics*(Mass: Addison-Wesley), 박건영외 역, 『국제관계론 강의I』(서울: 한울아카데미).

Warwick, P. 1979. "The Durability of Coalition Governments in Parliamentary Democracies", *Comparative Political Studies* 11(4), 465－498.

Weiss, L., 1998. The Myth of the Powerless State, Cambridge, UK: Polity Press.

Wendt, A and Duvall, R. 1989. "Institutions and International Order", in Ernst-Otto Czempiel and James N. Rosenau, (eds.), *Global Changes and Theoretical Challenges: Approaches to World Politics for the 1990s,* Lexington, MA: Lexington Books.

Wohlforth, William C. 1999, "The Stability of a Unipolar World", *International Security*, Vol. 24, no. 1.

Wolf, M. 2004. *Why Globalization Works.* New Haven and London: Yale University Press.

Wood, E. M. 2002. "Global capital, national states" in Mark Rupert and Hazel Smith (eds), *Historical Materialism and Globalization.* London: Routledge.

_____. 2003. *Empire of Capital*(Vesro: London).

_____. 2006. "Logics of Power: A Conversation with David Harvey" *Historical Materialism* 14(4).

_____. 2007. "A Reply to Critics" *Historical Materialism* 15(3)

Yalem, Ronald. 1972, "Tripolarity and the International System", *ORBIS*.

Yee, A. S. 2004. "Cross – national concepts in supranational governance: State – society relations and EU policy making" *Governance – An International Journal of Policy and Administration* 17(4).

Yaffe, D.S. 1973. "The Marxian Theory of Crisis, Capital and the State" *Economy and Society* 2, 186 – 232.

Zhao, Suisheng. 1997, "Asia-Pacific Regional Multipolarity" *World Affairs*, Vol. 159, No. 4.

Zuckerman, A. 1971. *Hierarchal Social Divisions and Political Groups: Factions in the Italian Christian Democrat Party*, PhD Thesis, Princeton University.

Zysman, J. 1996. "The Myth of a 'Global' Economy: Enduring National Foundations and Emerging Regional Realities", *New Political Economy*, Vol. 1, No. 2.

송백석

인하대학교 졸업
영국 Newcastle University 정치학 박사
충북대학교 전임연구원
고려대학교 연구교수
연세대학교 연구교수

개정증보판

지구화와 자본주의 국가

초판인쇄 | 2010년 9월 1일
초판발행 | 2010년 9월 1일

지 은 이 | 송백석
펴 낸 이 | 채종준
펴 낸 곳 | 한국학술정보㈜
주   소 | 경기도 파주시 교하읍 문발리 파주출판문화정보산업단지 513-5
전   화 | 031) 908-3181(대표)
팩   스 | 031) 908-3189
홈페이지 | http://ebook.kstudy.com
E-mail | 출판사업부 publish@kstudy.com
등   록 | 제일산-115호(2000. 6. 19)

ISBN   978-89-268-1302-7 93340 (Paper Book)
         978-89-268-1303-4 98340 (e-Book)

내일을여는지식 은 시대와 시대의 지식을 이어 갑니다.